黄河文明与河洛文化丛书

主编 罗子俊　副主编 王东洋

河洛民间契约与地方社会秩序

王云红 著

人民出版社

《黄河文明与河洛文化丛书》
总　序

　　河流是陆地表面经常或间歇流动的天然水体，它为人类生存及文明发展提供了丰富的淡水资源。黄河和长江是中国最大的两条河流。江河纵横奔腾的流域，因有充沛的淡水供应和便利的水运条件，成为文明的发祥地。黄河和长江是中华文明的摇篮，黄河流域和长江流域是中华文明的两大发祥地。

　　"君不见黄河之水天上来，奔流到海不复回。"这是李白《将进酒》中的诗句。黄河在中国古代被称为"四渎之宗"、百水之首。它纵横流淌的北温带80万平方公里的黄土高原和冲积平原，曾经是林草丰茂、自然生态良好的地域。先民在黄河诸支流（如湟水、汾河、渭水、洛水等）流经的台地采集、狩猎，进而发展农耕业，奠定了文明根基，又创造了辉煌的青铜和礼乐文明。20世纪初，中国的现代田野考古在黄河流域起步，发现了仰韶、大汶口、龙山等新石器文化遗址，发掘了安阳殷墟、成周洛邑等商周故城，与《尚书》《左传》《史记》等传世史典对史前及夏商周三代文化在黄河流域繁衍的记述相印证，证明了黄河流域是中华文明的发祥地。

　　黄河文明延续数千年而不断，至南宋以前黄河中下游地区一直是中华文明的核心地区。黄河文明包括物质文明、政治文明与精神文明，也可称作物质文化、制度文化与精神文化。黄河孕育了河湟文化、关中文化、河洛文化、齐鲁文化，哺育着中华民族，塑造了中华民族自强不息的民族品格。

2019年9月18日，习近平总书记在郑州主持召开黄河流域生态保护和高质量发展座谈会并发表重要讲话，指出："黄河文化是中华文明的重要组成部分，是中华民族的根和魂。要推进黄河文化遗产的系统保护，深入挖掘黄河文化蕴含的时代价值，讲好'黄河故事'，延续历史文脉，坚定文化自信，为实现中华民族伟大复兴的中国梦凝聚精神力量。"

河洛地区是黄河与其支流伊洛河交汇之地，处于黄河中游及中下游之交。司马迁在《史记》里曾说："昔三代之居，皆在河洛之间。"河洛地区被古人称作"天下之中"，历史上长期是我国政治、经济、文化的中心。河洛文化是植根于河洛地区的历史文化，是黄河文化的源头和核心，也是中华民族最为古老的传统文化，被学者称为中华文明之源、中华文化之根。

河南科技大学位于十三朝古都洛阳，是研究河洛文化的重镇之一。此前已有多部河洛文化研究成果面世，在省内外产生了较大影响。如今又"更上一层楼"，推出本套《黄河文明与河洛文化丛书》。丛书内容大体可分为以下四个方面。

文物考古方面有两种：《石刻文献与河洛文化论稿》一书选取河洛地区出土的重要石刻，如汉魏石经、西晋《辟雍碑》、北宋富弼家族墓志等，探讨它们与河洛文化传承的关联，发掘其所涉及的时代和史事，如都城迁徙、制度改革、家族兴衰、思想风俗等，视角独特，颇具新意。毡帐是游牧文化的重要标志，公元4世纪由北方草原传入中原。《胡风东渐与族群互动——魏晋至隋唐时期帐篷形象的考古学研究》一书广泛收集与毡帐相关的考古文物资料，区分其系统，考察其源流，并探讨载帐骆驼俑的发展演变，以揭示中古时期中国北方的族群互动和文化交流，再现胡风东渐下的中原社会生活场景。

社会生活和规范方面有两种：《汉唐间河洛地区社会生活研究》一书从衣、食、住、行和民间娱乐五个方面阐述河洛地区居民的社会生活，诸如食物品种、饮食器具、饮食习惯，纺织品生产销售与服饰演变，居住环境、建筑风格与住宅类型、室内布局，交通工具、道路修建与出行习俗，节令习俗与游艺活动等，可谓应有尽有，并指出河洛地区的社会生活代表着中国北方社会生活的整体水平，居民的生活方式与理念体现了时代发展的方向。《河洛民间契约与地方社会秩序》一书在系统整理河洛地区民间契约文书的基础上，结合地方文献，从微观和宏观两个方面，对土地房产契约、钱债契约、婚书、继嗣文书、分家文书、养老契约、金兰谱等契约文书进行深入探讨，揭示其与田宅交易规范、借贷习俗、婚姻习俗、析产习俗、养老习惯及结义习俗的关系，可以加深人们对河洛地区社会规范和社会秩序的认识。

文学方面也有两种：《孔颖达与〈诗经〉学研究》一书以黄河文明和河洛文化为背景，从文学和经学两个角度对《诗经》学进行溯源性考察。《诗经》是黄河文明的产物，风、雅、颂中的很多篇什产生于以洛阳为中心的河洛地区，"三百篇"在东周洛阳做了最后的集结。唐初，李世民秦王幕府"十八学士"之一的著名经学家孔颖达，奉唐太宗之命对唐前《诗经》学进行集大成式的整理，是为《毛诗正义》。《孔颖达与〈诗经〉学研究》即是对孔颖达《诗经》学进行的拓展和深化研究：文学方面包括《诗经》的文本构成、风格审美和主题阐释；经学方面则对孔颖达的著述、学行进行考证，分析其《诗经》学的体系、价值取向及思想内涵。作者认为，《诗经》文学之美就是黄河最生动的历史映像，孔颖达经学思想的理性与担当就是黄河彰显出来的民族精神。《隋唐洛阳文学研究》一书不是单纯按文学体裁诗歌、辞赋、散文、小说等进行研究，而是紧密结合东都洛阳的历史文化进行阐述，通过文学作品探讨洛阳城的风貌，如寓居洛阳的文人群体的闲适生活、对洛阳风景名胜的咏赞、对洛阳四时节令习俗的考察等，颇具特色。

文化传承创新方面有《河洛文化循迹》一书，该书从时间和空间两个维度，展现河洛文化的历史与现实。时间层面上，追溯河洛文化的历史脉络和文化价值，呈现河洛文化的现代传承与形态转换；空间层面上，切实考察河洛山水城镇的地域空间，深入探究河洛文明的特色文化空间。该书作者通过走访洛阳的城市、乡村、特色民族村寨，考察博物馆、实体书店以及古代书院遗址，探讨河洛文化的历史传承与现代转型，揭示河洛文明既源远流长又与时俱进的精神力量。

本丛书洋洋二百万言，内容丰富。著者多为富于学养的中青年学者，且有先期研究成果。书稿选题新颖，史料翔实，研究深入，观点持之有故，言之成理，有助于人们系统、全面认识河洛文化和黄河文化，挖掘其蕴含的时代价值；有利于推进文化遗产的系统保护，延续历史文脉，坚定文化自信，可谓"开卷有益"。丛书即将由人民出版社梓行，以惠学林，可喜可贺，遂草成以上推介文字，聊以充序。

程有为

2022 年 3 月 20 日于郑州文化路洛崤斋

编者的话

2019 年 9 月，习近平总书记在郑州主持召开黄河流域生态保护和高质量发展座谈会，提出"黄河文化是中华文明的重要组成部分，是中华民族的根和魂"，作出"保护、传承、弘扬黄河文化"的重要指示。黄河流域长期是中国古代政治、经济和文化的中心，孕育了河湟文化、河洛文化、关中文化与齐鲁文化等丰富多彩的地域文化。

河洛文化根植于河洛地区，由生活在河洛地区的华夏部族、汉民族及其他民族的人民群众共同创造，并在与周边地域文化的交流中不断发展完善，最终成为中原文化、黄河文化的核心，成为中华传统文化的主根和主源。以洛阳为中心的河洛地区，横跨黄河中游南北两岸，是中华文明的重要发源地。这里成为"最早的中国"，是五帝时代以迄唐宋时期古代中国的首善之区。唐宋以后，伴随着中国政治、经济中心的转移，尽管河洛地区有所衰落，但其在中华文明进程中仍发挥着不可替代的作用。新中国成立后，古都洛阳焕发出新的生机，是"一五"时期全国八个重点建设的工业城市之一，为我们留下了宝贵的工业遗产与民族记忆。研究河洛文化，探寻黄河文明，是历史担当和时代呼唤，关乎沿黄区域经济与社会发展，更关乎中华民族的文化自信与伟大复兴！

河南科技大学坐落于古都洛阳，具备开展黄河文明与河洛文化研究得天独厚的区位优势。人文学院的教学与科研以河洛文化为特色，逐渐形成文、史、哲、法各学科协同发展的新格局，在全省乃至全国具有一定地位和影响。近年来，人文学院获批近20项国家社科基金项目，大都与黄河文明或河洛文化密切相关。围绕黄河文明与河洛文化，凝练科研方向，回答时代问题，优化科研团队，培养后备人才，积极打造更高级别的科研平台，是人文学院教学与科研的重点方向。

《黄河文明与河洛文化丛书》坚持以习近平新时代中国特色社会主义思想为指导，贯彻习近平总书记关于"保护、传承、弘扬黄河文化"的重要指示精神，推进黄河文化遗产的系统保护，深入挖掘黄河文化蕴含的时代价值，讲好"黄河故事"，延续历史文脉，坚定文化自信，为实现中华民族伟大复兴的中国梦凝聚精神力量！本丛书注重河洛文化、黄河文明与中华文明的内在学理研究，以河洛文化研究为抓手，深化黄河文明的研究阐释；以河洛文化的繁荣兴盛，助推华夏文明的传承创新！

《黄河文明与河洛文化丛书》出版得到中央支持地方高校改革发展资金项目"河南丝绸之路文化资源保护发展研究院"（17010002-2020）资助，谨致谢忱！以洛阳为中心的隋唐大运河，沟通了陆上丝绸之路与海上丝绸之路，河洛文化由陆上与海上丝绸之路传播至海内外，成为古代中国与丝路沿线诸国文明交融、文化交流的重要形式，在中外文化交流史上居于重要地位。

本丛书也是河南科技大学人文学院主持的河南高等教育教学改革研究与实践项目"'一带一路'视域下河洛文化教育资源的整合与利用"（2019SJGLX259）的成果之一。坚持教学与科研双轮驱动，注重科研反哺教学，是我们矢志不渝的教育理念。

《黄河文明与河洛文化丛书》编委会

2022年2月16日

目　录

绪　　论

契约文书是地方社会人们订立的各类规范性文书的统称。传统民间契约作为中国历史时期地方社会民事活动的真实记录和凭证，有着悠久的历史，分布也很广泛，留存数量十分巨大。除部分敦煌文书、秦汉简牍和吐鲁番文书外，绝大多数是明清以来的遗物。自19世纪以来，出于了解中国法律惯例和社会历史的需要，国内外不断展开相关民间契约文书的搜集整理和调查研究工作，已经形成一门专门的学问——中国契约学。①

契约文书作为民间文献保存了鲜活的地方史料，是为数不多的研究地方社会规范的重要文字资料。中国传统社会存在一个多层次的习惯法规和多元的权力规范体系，内容复杂，区域之间差异也很大。地方社会规范是指在地方社会中自然形成并长期为特定区域内民众遵循的原则或规则，属于"非正式的法""活法"或"行动中的法"。学界对地方社会规范见仁见智，称为习

---

① 杨国桢在20世纪80年代中期首次提出了"中国契约学"的概念，提倡通过中外法学、史学、文书学、经济学、社会学、文物学、档案学等，对中国传统契约文书进行综合性研究，参见其《明清土地契约文书研究》（中国人民大学出版社2009年修订版"前言"）；之后，张传玺进一步阐明"中国契约学"的内涵和任务，中国契约学的任务首先是要研究中国契约自身发展的历史及其规律，进而要研究与之直接有关的中国社会史、民法史、商业史、财政赋税史、土地制度史、阶级关系史、宗法制度史等。此外，契约在政治史、民族关系史、宗教史、民俗史、语言学史、文学史、文字学史上的史料价值及其反映的重要问题也要研究。参见张传玺《论中国历代契约资料的蕴藏及其史料价值》，《北京大学学报》（哲学社会科学版）1991年第3期。

俗惯例、习惯法、民间法、地方私法等。在这些概念中，社会规范更具有包容性，包括各类成文的地方法令、乡规民约、家法族规，也包括各类不成文的地方风俗习惯、道德规范、行业规范和宗教规范等。社会规范在地方治理中发挥着重要作用，但历来文字资料匮乏。新近发现的河洛近代契约文书，为进一步探讨河洛地方社会规范提供了难得的契机。

一、民间契约文书的整理概况

民间契约文书整理考释古已有之。早期整理可见清初佚名所辑《安徽歙县地契汇编》。清末民初，王昶《金石萃编》、端方《陶斋臧石记》、刘承幹《希古楼金石萃编》、罗振玉《芒洛冢墓遗文》和罗振玉、王国维合撰《流沙坠简》等相关著述，多少都涉及古代契约文书的搜集与整理。其中，1914 年出版的《流沙坠简》对敦煌存汉魏契券类简牍进行整理和考释；1918 年罗振玉将他所搜集到的 19 种地券汇编成《地券征存》，这些活动开了中国传统契约文书整理研究的先河。

清末民初立法改革中，政府曾两度组织地方民事习惯调查，形成《中国民事习惯大全》和《民商事习惯调查报告录》等重要成果。[①] 民国时期，中外机构和个人对中国进行过规模不等的调查，其中以日本的农村惯行调查为期最长、规模最大。1901 年到 1944 年间，日本在中国台湾、东北、华北三大区域的地方社会进行了有针对性的实态调查，相当一部分是关于中国农村传统习惯与秩序的内容。如日本方面通过旧惯调查，搜集了大量中国东北、华北、江南和台湾等地的契约文书，代表性成果有《台湾私法》（1909—1911）和《满洲旧惯调查报告书》（1913—1915）等。这两本书均按照类型分章，系统地论述了晚清至民国两个地区的习俗惯例，并以附录形式收录了部分民间契约文书。1937 年，日

---

① 1924 年由法政学社编纂出版了六册本的《中国民事习惯大全》一书，对民事习惯中的契约习惯进行了较为详细的调查与分类整理，该书有上海书店出版社 2002 年影印版；另有前南京国民政府司法行政部编，胡旭晟等点校《民事习惯调查报告录》，中国政法大学出版社 2000 年重排本。

本法制史学者仁井田陞以敦煌以及吐鲁番出土的契约为中心，撰写了《唐宋法律文书研究》（东方文化学院东京研究所 1937 年刊），使用古文书学的方法，从法律史的角度对于唐宋时代的契约展开了系统性研究，确立了法律史视野下中国古代契约研究的模式。1939 年至 1943 年间日本组织满铁调查部对华北地区进行农村社会调查，形成了《中国农村惯行调查》，是了解近代华北农村土地惯例的重要资料。日本还有数个收藏中国传统契约文书的机构，如 1941 年成立的东京大学东洋文化研究所所藏有数千件清代及民国时期的土地契约文书，并在此基础上进行了一定的整理和研究工作。① 此外，美、法等海外汉学界也长期对中国契约文书进行了搜集和整理研究。

中华人民共和国成立以来，各地陆续有契约文书的集中发现和整理出版。
（1）闽台地区：福建和台湾地区民间契约文书整理和研究工作展开较早，如在傅衣凌学术影响下，福州和厦门高校学者相继在福建各地搜集契约文书数千件，并形成独具地方特色的研究工作。② （2）两广地区：广东学者叶显恩、谭棣华等利用珠江三角洲的各种契约对沙田、水利以及宗祀关系的研究，广西对少数民族契约的搜集整理，有利于从西南边陲或少数民族向度观察中国。
（3）安徽地区：徽州契约文书自 20 世纪 50 年代开始发现并受到学界高度重

---

① 相关主要成果有 ［日］东洋文库明代史研究室编《中国土地契约文书集（金—清）》，东洋文库 1975 年版；［日］浜下武志等编《东洋文化研究所所藏中国土地文书目录解说》（上、下册），东京大学东洋文化研究所附属东洋学文献中心 1983—1986 年版。

② 1939 年，傅衣凌先生在福建永安黄历乡发现了一箱明中叶至清末的契约文书，利用这批契约，他写出著名的论文《明清时代永安农村的社会经济关系》《清代永安培田约的研究》，先后出版《福建佃农经济史丛考》（1944 年）、《明清农村社会经济》（生活·读书·新知三联书店 1961 年版）等书，考察了当时的租佃关系，开创了社会经济史视野下的契约学研究模式。其后的研究还有：杨国桢编《清代闽北土地文书选编》（1—3），《中国社会经济史研究》1982 年第 1、2、3 期；杨国桢编《闽南契约文书综录》，《中国社会经济史研究》1990 年增刊；唐文基等编《明清福建经济契约文书选辑》，人民出版社 1997 年版；王连茂等编《泉州、台湾张士箱家族文件汇编》，福建人民出版社 1999 年版；陈娟英等编《厦门典藏契约文书》，福建美术出版社 2006 年版；陈支平主编《福建民间文书》，广西师范大学出版社 2007 年版等。

视，据有关专家估计，现存徽州契约文书总量已经超过 100 万份。① 目前，已经得到学术界普遍认可的"徽学"，即是以保存在徽州地区数十万件宋元以降乡间文书为资料基础而产生的。除中国学者之外，美、荷、日、韩的学者也据此数据，结合图书和实地调查，研究成果丰硕。② (4) 四川地区：相继整理出版了一批契约文献，比较著名的如《自贡盐业契约档案选辑》（1985）、《成都龙泉驿百年契约文书（1754—1949）》（2012）、《岷江上游半坡寨文书汇编》（2015）。另外，巴县、南部县和冕宁县等地方司法档案中也存有部分契约文书及案例。(5) 其他地区：近年来，各地也陆续有大批契约文书得以整理和研究。如贵州"清水江文书"的发现及抢救性整理和研究、云南省博物馆馆藏契约文书整理与汇编、江西婺源村落契约文书辑录都取得了丰硕的成果；湖北地方家族契约文书的整理与研究；浙江的宁波、龙泉以及松阳的石仓等地都先后有契约文书整理出版，上海市则有清代房地契约、道契资料的整理成果③；

---

① 2010 年，学者刘伯山统计，"已发现的徽州文书的数量当不下于 40 万份"，"尚待发现的文书数量尚有 10 万份左右"，合计达 50 万份。见其《徽州传统文化遗存的开发路径与价值评估》，《探索与争鸣》2010 年第 12 期；2019 年，刘伯山重新评估指出，"已发现的徽州文书不下于 80 万份，而散落在民间尚待发现的徽州文书该有 20 万份左右"，合计到 100 万份。见其《新时代徽州传统文化遗存的开发与价值评估》，《学术界》2019 年第 4 期。

② 代表性成果见：王钰欣、周绍泉主编《徽州千年契约文书》（全 40 册），花山文艺出版社 1993 年版；刘伯山主编《徽州文书》（第 1—5 辑），广西师范大学出版社 2005—2015 年版；李琳琦主编《安徽师范大学馆藏千年徽州契约文书集萃》（全 10 册），安徽师范大学出版社 2014 年版。

③ 贵州清水江文书的整理如唐立、杨有赓、武内房司主编《贵州苗族林业契约文书汇编（1736—1950 年）》（全三卷），东京外国语大学出版社 2001 年版；陈金全、杜万华主编《贵州文斗寨苗族契约法律文书汇编——姜元泽家藏契约文书》，人民出版社 2008 年年版；张应强、王宗勋主编《清水江文书》（第 1—3 辑），广西师范大学出版社 2007、2009、2011 年版；孙兆霞等编《吉昌契约文书汇编》，社会科学文献出版社 2010 年版；《贵州清水江文书·天柱文书》，江苏人民出版社 2014 年版；张新民主编，汪文学编校《道真契约文书汇编》，中央编译出版社 2015 年版；贵州省档案馆、黔东南州档案馆、三穗县档案馆合编《贵州清水江文书》（共 5 辑 25 册），贵州人民出版社 2018 年版等。其他有吴晓亮、徐政芸主编《云南省博物馆馆藏契约文书整理与汇编》（全 8 册），人民出版社 2013 年版；黄志繁、邵鸿、彭志军主编《清至民国婺源县村落契约文书辑录》（全 18 册），商务印书馆 2014 年版；张建民等编《湖北天门熊氏契约文书》（上、下册），湖北人民出版社 2014 年版；曹树基等编《石仓契约》（第 1—5 辑），浙江大学出版社 2011—2018 年版等。2013 年以来，浙江师范大学浙学研究院张涌泉教授团队先后在浙江中南部搜集契约文书近 10 万件，并于 2017 年 11 月在该校建成中国契约文书博物馆。

华北的山西、河北、京津等地区也有部分契约文书整理出版。①

还有一些全国性的契约文书辑录工作，如田涛等主编《田藏契约文书粹编》、张传玺主编《中国历代契约会编考释》《中国历代契约粹编》等，着眼于材料的整体性，有利于较为全面地认识契约文书的基本形态。②

二、民间契约文书的研究概况

中外学者围绕契约文书在语言文字、经济、社会、法律、文化与宗教及妇女研究等方面都有丰富的研究成果。总体而言，大致有三条成熟的研究路径。

一是经济史视角的研究。以傅衣凌、杨国桢（1988）等为代表，主要根据契约记录的数据资料，关注反映历史时期经济社会状况的物价变化、赋税轻重、租佃制度、阶级分化、生产关系、所有权制度的演进等内容。近年来，相关研究更注重量化实证技术的运用和微观分析，如彭凯翔、陈志武等（2008）利用民间文书相关数据对近代中国借贷市场机制进行系统分析，探讨了各种制度或结构性因素对民间借贷的影响；美国学者曾小萍、欧中坦等围绕产权建构与商业实践对早期近代中国的契约进行了细致的研究。③

二是社会史视角的研究。陈秋坤、洪丽完主编的《契约文书与社会生活（1600—1900）》运用三百余年长时段的样本，对契约文书相关的社会经济生

---

① 华北地区契约文书整理出版代表性成果如姬脉利、张蕴芬编《北京西山大觉寺藏清代契约文书整理及研究》，北京燕山出版社 2014 年版；首都博物馆编《首都博物馆藏清代契约文书》（全 8 册），国家图书馆出版社 2015 年版；李虎主编《洛阳师范学院图书馆藏地契精选图录》，浙江人民出版社 2015 年版；康香阁主编《太行山文书精萃》，文物出版社 2017 年版；鲁书月、顾海燕主编《学术名村"十里店"文书：王氏家族文书》（上、下册），广西师范大学出版社 2018 年版；郝平主编《清代山西民间契约文书选编》（全 13 册），商务印书馆 2019 年版等。

② 田涛、宋格文、郑秦主编：《田藏契约文书粹编》，中华书局 2001 年版；张传玺主编：《中国历代契约会编考释》（上、下册），北京大学出版社 1995 年版；张传玺主编：《中国历代契约粹编》（全 3 册），北京大学出版社 2014 年版。

③ ［美］曾小萍、欧中坦、加德拉编：《早期近代中国的契约与产权》，李超等译，浙江大学出版社 2011 年版。

活各方面做了专题研究①；美国学者韩森的《传统中国日常生活的协商——中古契约研究》，结合吐鲁番文书、敦煌文书、徽州文书，围绕契约议题，展示中古中国官府、百姓、鬼神三者错综复杂的关系以及三者相互协商、相互角力的社会过程。② 近年来，诸多学者利用契约文书来研究地方社会的日常生活、社会结构、习俗、婚姻、继承以及妇女/性别等，研究的议题和方法逐渐多元化，如梁聪的《清代清水江下游村寨社会的契约规范与秩序》利用清水江文书给我们勾画了一幅18—19世纪中国南方山地少数民族法律生活的图景；王振忠（2011）利用徽州文书对明清以来徽州村落社会史进行了深入的研究；阿风（2009）利用明清契约文书对妇女地位与权利进行了微观探讨。③

三是法律史视角的研究。梁治平（1996）和黄宗智（1998）利用地方契约、档案，考察了近代中国的习惯法和民法。④ 田涛及其团队注重契约搜集整理和田野调查工作，运用法学方法对传统契约进行了系列研究⑤；霍存福团队的契约文化研究也颇有特色，既有从微观方面对契约条款的分析研究，也有从制度和观念上对中西契约的比较研究。⑥ 李倩的《民国时期契约制度研究》

①　陈秋坤、洪丽完主编：《契约文书与社会生活（1600—1900）》，（台湾）"中央研究院"台湾史研究所筹备处，2001年。

②　[美]韩森著：《传统中国日常生活中的协商——中古契约研究》，鲁西奇译，江苏人民出版社2008年版。

③　梁聪：《清代清水江下游村寨社会的契约规范与秩序》，人民出版社2008年版；王振忠：《明清以来徽州村落社会史研究》，上海人民出版社2011年版；阿风：《明清时代妇女的地位与权利——以明清契约文书、诉讼档案为中心》，社会科学文献出版社2009年版。

④　梁治平：《清代习惯法：社会与国家》，中国政法大学出版社1996年版；黄宗智：《清代以来民事法律的表达与实践：历史、理论与现实》（三卷本），法律出版社2014年版。

⑤　田涛除整理出版了《田藏契约文书粹编》（中华书局2001年版），还在《黄岩诉讼档案及调查报告》（上、下卷）中对发现档案的黄岩地区进行了两次从传统到现实的田野考察工作，调查整理了包括民间契约在内的"乡俗民约"（法律出版社2004年版）；随后他还组织了徽州地区的民间私约及民商事习惯的实地调查，相关成果见田涛、王宏治、柏桦、邓建鹏主编《徽州民间私约研究及徽州民间习惯调查》（上、下册），法律出版社2014年版。

⑥　如霍存福《论中国古代契约与国家法的关系——以唐代法律与借贷契约的关系为中心》，《当代法学》2005年第1期；《中国古代契约精神的内涵及其现代价值——敬畏契约、尊重契约与对契约的制度性安排之理解》，《吉林大学社会科学学报》2008年第5期；《契约本性与古代中国的契约自由、平等——中国古代契约语言与社会史的考察》，《甘肃社会科学》2010年第2期等。

从民法变革角度对民国时期的契约立法与民间实践进行了透彻分析。① 日本学者仁井田陞的土地法研究、矢野春隆的地契制度研究、滋贺秀三的家族法研究，都是运用民间文书资料进行实证研究的典范②；日本学者岸本美绪、森田成满在与西方民法的比较中提出了"契约秩序""私法秩序"等概念，认为这种私法上的关系并非由国家法律加以规定和调整，而是通过民间缔结的大量契约文书自发地形成和发展。③

另外，在民间契约文书和民事习惯的认识方面，日本学者戒能通孝认为尽管中国的土地所有权和商业关系中的功利主义具有接近西方近代的性质，但由于缺乏公共意识和"遵法精神"，因此并不存在真正近代意义的私法秩序。④ 滋贺秀三和寺田浩明从对传统听讼和裁判的考察出发，认为中国没有完备的成文法所构成的实体性私法体系，因此听讼不是以特定的实体法为依据，而是以情理作为判断标准。与此相反，森田成满则从法理进行探讨，认为在传统中国民事方面即使没有成文法也有准则的存在，作为风俗的民间秩序与官方准则的内容差异很小；以黄宗智为代表的部分中美学者则从具体的民事司法实践出发，认为传统中国存在基于实践的民法体系，如梁治平通过对清代习惯法的研究，认为习惯法作为地方性知识是国家法的有力补充，将地方社会导向了有规则可循的生活。然而，相关研究均未能完全摆脱西方法律体系框架的影响。近年来，已有学者从地方社会的内在理路出发，先后提出"契约秩序""契约社会"等概念，注重探讨地方社会的内在运行机制。相关

---

① 李倩：《民国时期契约制度研究》，北京大学出版社 2005 年版。

② ［日］仁井田陞：《中国法制史研究：土地法、交易法》，东京大学出版会 1960 年版；［日］矢野春隆：《华北地契制度的研究》，南满洲铁道株式会社 1935 版；［日］滋贺秀三著：《中国家族法原理》，张建国、李力译，法律出版社 2003 年版。

③ ［日］岸本美绪著：《明清契约文书》，载王亚新、梁治平等编译《明清时期的民事审判与民间契约》，法律出版社 1998 年版，第 283—305 页；［日］森田成满著：《清代中国土地法研究》，牛杰译，法律出版社 2012 年版。

④ 李国庆：《关于中国村落共同体的论战——以"戒能—平野论战"为核心》，《社会学研究》2005 年第 6 期。

议题随着新资料的发现，已为新的学术增长点提供了可能，即不仅要更加客观、细致、深入地考察社会规范在不同区域不同时期的具体表现，还要探讨地方社会秩序的内容和演变情况及其对民众社会生活的影响。

当然，以上研究路径并非总是泾渭分明，新近交叉研究方法更受研究者重视，如华南地区的部分学者倡导文献与田野互证的历史人类学方法，以"华南学派"而著称。张佩国对近代山东农村经济的研究、李金铮对近代华北乡村借贷的研究，均以社会经济史的研究方法而颇受关注。[①] 梁治平从国家和社会层面对清代习惯法的考察则是法律社会史的路径。黄宗智和他的学生更是运用多学科方法把研究从社会经济史推到法律、社会与文化史领域，形成引领学界的"新法律史"[②]。

总体而言，契约文书的整理和研究成绩显著，但仍存在一些不足：(1) 文书资料利用率区域差异较大，整理研究多集中在华南、西南和华北部分地区，河洛地区的契约文书尚未引起国内外学界的重视；(2) 各地研究水平参差不齐，仍需展开不同区域类型契约文书长时段、整体性的研究；(3) 研究方法也有待多方面的拓展，对契约文书本身的研究尤显不足。

三、河洛契约文书的特色和状况

河洛地区是指以洛阳为中心的豫西和晋南地区，属于狭义中原地区的范围。该地区是中国古代文化的核心区域，长期作为政治、经济和文化中心，国家权力对地方社会的控制更为直接，习俗文化具有正统性和根源性等特点。时至今日，河洛文化依然是实现中华民族伟大复兴中国梦的重要精神资源之

---

① 张佩国：《地权分配·农家经济·村落社区——1900—1945 年的山东农村》，齐鲁书社 2000 年版；李金铮：《借贷关系与乡村变动——民国时期华北乡村借贷之研究》，河北大学出版社 2000 年版；李金铮：《传统与变迁：近代华北乡村的经济与社会》，人民出版社 2014 年版。

② 尤陈俊：《"新法律史"如何可能——美国的中国法律史研究新动向及其启示》，《开放时代》2008 年第 6 期，另见黄宗智、尤陈俊主编《从诉讼档案出发：中国的法律、社会与文化》，法律出版社 2009 年版。

一，河洛地区作为一个区域类型值得深入发掘。该地区汉唐间的契约文书和买地券早已受到学界重视，近代契约文书的搜集、整理和研究有利于对河洛民间契约文书进行长时段的考察和区域间的比较，也为从整体上对河洛地区的社会生活进行微观考察提供了可能。

河洛民间契约文书存量较大，但整理研究工作薄弱。河洛地处中原腹地，人口众多，民俗文化更具有典型性和代表性，契约文书资料相当丰富。河南、山西和河北的一些高校、文博单位和个人均藏有一定数量的河洛契约文书。学者郝平等在山西契约文书整理研究中取得了较大成绩，《清代山西民间契约文书选编》一书就收录有大量晋南契约。邯郸学院入藏的"太行山文书"也包含部分河洛地区契约文书，已进行了初步的整理与研究。① 近年来，洛阳民俗博物馆陆续征集河洛地区契约文书近6万件，该资料是本课题的基础。相关文书已经进行了初步分类，陆续出版《故纸拾遗》六卷（2007—2017）。目前，以该契约文书为主体申报的洛阳契约文书博物馆项目已获得国家发改委批准立项，筹建的国内第一所以契约文书为主体的洛阳契约文书博物馆已正式开馆。另外，洛阳师范学院图书馆藏有各类契约文书1500余件，已整理出版《洛阳师范学院图书馆藏地契精选图录》。② 本人也陆续搜集河洛地方契约文书3000余件，已初步进行了分区域、按户别的分类整理。其中，洛阳邢屯李氏契约、孟津徐村韩氏契约、偃师孙坡村李家契约、孟州市南临泉村霍氏契约、郑州杨槐村杨氏契约等都保存比较好，以家户为单位具有连续性，为

---

① 2013年以来，邯郸学院陆续入藏晋冀鲁豫交界的太行山区民间文书约20万件，以其文书来源地以太行山为中心，故命名为"太行山文书"。近年来，邯郸学院对这批文书持续进行了整理、修复与研究，已相继出版康香阁主编《太行山文书精萃》，文物出版社2017年版；鲁书月、顾海燕主编《王氏家族文书》（上、下），见《邯郸学院藏太行山文书系列丛刊（第一辑）·学术名村十里店文书》，广西师范大学出版社2018年版等。有关太行山文书概念的研究，可参见孙继民《古文书学视野下太行山文书的定位、特点和价值》，《河北学刊》2014年第6期；学术研究综述成果，参见赵彦昌、樊旭《近五年来太行山文书研究述评》，《邯郸学院学报》2018年第2期。另外，清华大学图书馆也在致力于华北地区契约文书的搜集与整理，据统计已入藏八万余件，其中不乏豫西、晋南河洛地区的文书。

② 李虎主编：《洛阳师范学院图书馆藏地契精选图录》，浙江人民出版社2015年版。

区域研究提供了坚实的基础。代表性的研究成果仅见辽宁大学刘楠楠 2013 年的硕士学位论文《民间契约文书与日常生活——对河洛 L 村刘氏家族的考察》，以河洛 L 村清末至新中国成立初七十余年的契约文书为研究基点，对村落社会的日常社会进行了细致的构建。一些科研机构和民间收藏爱好者中相关文书的存量也很多，发掘潜力巨大，亟待抢救性搜集、整理和研究。

然而，与华南、西南地区相比，河洛地方契约资料的搜集、整理和研究情况相对薄弱。已有学者指出，学界在主流学者的引领下，纷纷投入"优势区域"的研究，解决了这些区域诸多深层的问题，但由于缺乏对其他地区尤其是"弱势区域"的研究和讨论，相关研究无法层层递进，欲进不能。① 有鉴于此，笔者有志于河洛契约文书的整理和研究工作，一方面扩大对河洛民间契约文书的搜集力度，科学整理和保护；另一方面拓展研究思路和方法，通过契约文书提升河洛地方社会的研究。

四、河洛契约文书研究的意义

（一）学术价值

1. 丰富中国契约学研究的内容。力图改变对河洛地区契约文书重视程度不足、缺乏系统整理研究的现状，引起中外学界的关注，形成一个新的区域研究热点。

2. 提升河洛区域社会研究的水平。地方社会规范和社会秩序的研究，多以宏观概况或微观个案研究为主，以区域为中心的长时段、连续性整体研究仍较为少见。正如有学者所言，民间契约文书作为明清史研究的第一手史料，

---

① 吴琦：《社会史研究中的区域失衡现象》，《江西师范大学学报》（哲学社会科学版）2010 年第 5 期。

具有不亚于故宫档案或地方衙门档案的数量和重要性。① 借助地方契约文书的考察，有助于更加深入地认识河洛民间社会实态。

（二）应用价值

1. 契约文书作为民间社会的法律文件和私家档案，抢救性发掘整理和研究工作，对地方文献的保护和利用具有重要意义。日本学者太田辰夫曾将中国古代文献区分为"同时资料"和"后时资料"两大类。所谓"同时资料"是指某种资料的内容和它的外形（文字）是同一时期产生的，如甲骨、金石、简牍、作者手稿等；"后时资料"则是指外形比内容产生得晚的那些资料，他们均已经过转写和转刊。② 以此而言，契约文书无疑是中国历史研究中极为珍贵的原始文献。

2. 目前我国正处于社会转型期，对近代河洛地方社会土地规范、金融规范、养老习惯、日常习俗和地方社会秩序变动等的考察，能够为我们重新认识地方社会提供本土资源，为乡村社会的治理提供历史经验。

综上所述，河洛地区民间契约文书的搜集、整理和研究已经取得了一定的成绩，但仍有以下问题值得注意：（1）对传统契约文书规范的整体性认识不足，区域特征的梳理提炼不够；（2）对河洛契约习俗和地方社会规范的连续性认识不足，欠缺长时段的考察研究；（3）河洛契约文书尚需要更加系统、科学的分类整理和研究，以提升河洛地方社会的研究水平。

---

① ［日］岸本美绪著：《明清契约文书》，载王亚新、梁治平等编译《明清时期的民事审判与民间契约》，法律出版社 1998 年版，第 290 页。

② ［日］太田辰夫著：《中国语历史文法》，蒋绍愚、徐昌华译，北京大学出版社 2003 年版，第 374—375 页。

第一章　河洛民间契约文书的总体情况

河洛，从字面上讲，就是指黄河和洛河。河洛地区作为两河交汇处形成的这一广大区域，之前对其地理范围的认识并不统一。经过近几十年的讨论和研究，目前学术界对河洛地区的范围基本取得了一致认识，即"指以洛阳为中心，西至潼关、华阴，东至荥阳、郑州，南至汝颍，北跨黄河而至晋南、济源一带地区"[①]。本书中所指河洛地区是在以上区域内特指黄河中游以洛阳为中心的豫西和晋南地区。这里得天独厚的自然条件为人类的生息繁衍提供了一个十分有利的生态环境，成为中国古代文明起源、形成与发展中最重要的历史舞台。豫西洛阳盆地与晋南两处相邻地区，虽有山河相隔，但早至史前时期既已开通道路，文化间的互动交流由来已久，在文化的互动交流甚至强势文化的扩张中起着强烈的"动脉"作用。[②] 河洛地区是中华文明的重要发源地，河洛文化是中原文化、黄河文化的核心，是中华传统文化的主根和主源。近年来，考古工作者相继在这一区域发现了距今 5300 年前后的仰韶文化

[①] 朱绍侯：《河洛文化与河洛人、客家人》，《文史知识》1994 年第 3 期；薛瑞泽：《河洛地区的地域范围研究》，《洛阳师范学院学报》2005 年第 1 期。
[②] 高江涛：《洛阳盆地与晋南早期交通道路之"虞坂巅轵道"》，《中原文物》2019 年第 2 期。

中晚期具有都邑性质的巨型聚落遗址——双槐树遗址[①]，距今 4300 年左右龙山文化类型的陶寺遗址，以及距今 3800 年左右被称为 "夏墟" 的二里头遗址。[②] 这里成为 "最早的中国"，五帝时代、夏、商、周主干王朝的中心区域也在这里。[③] 司马迁在《史记·封禅书》中说："昔三代之居，皆在河洛之间。" 这里是先秦乃至唐宋时期古代中国的领先地区。唐宋以后，伴随着中国政治、经济中心的转移，尽管河洛地区有所衰落，但直到今天，其在中华文明总进程中仍发挥着不可替代的作用。

学术界普遍认同，河洛地区所代表的河洛文化是中华民族的根文化，具有源流性与正统性，极具代表性和普遍意义。[④] 长期以来，以河洛文化研究为依托，对该地区古代历史和文化的研究取得了令人瞩目的成绩，尤其是对夏都二里头、偃师商城、东周王城、汉魏故城、隋唐洛阳城遗址等所谓 "五都荟洛" 的研究开展比较早，成果也相对较多。由于宋元以来河洛地区失去了原有的政治和经济中心地位，与之前的学术热点相比，关注比较少，研究也相对薄弱。与此同时，尽管河洛产生了像洛阳、开封、安阳、郑州、商丘、南阳、许昌、濮阳等著名的古都，但长期以来河洛地方社会是以农业为主，乡村是其主要社会形态。这里多数人口以务农为生，人们守地为业，安土重迁，从土地中刨生活，视土地为命根。土地成为河洛传统社会最重要的保存

---

① 近年来，河南省郑州市文物考古研究院联合中国社会科学院考古研究所，在位于黄河南岸高台地上、伊洛汇流入黄河处的河南巩义河洛镇双槐树遗址连续进行考古工作，取得了阶段性重大考古成果。2020 年 5 月公布的研究成果认为，双槐树遗址是距今 5300 年前后的仰韶文化中晚期具有都邑性质的巨型聚落遗址，因其位于河洛中心区域，专家建议命名为 "河洛古国"。双槐树遗址一系列重要考古发现表明，以其为代表的 "中原文明发展模式"，崇尚中心和文化包容，重视军权、王权，重视民生，重视农桑，重视人口发展，重视发展生产力，追求社会长治久安，不过分地把创造的社会财富贡献给神灵，而是更多地投入社会再生产。这一模式的主体在后代被主流政治社会所继承和发扬，成为中华文明历史进程中最具代表性和引领性的主流发展模式和思想。

② 许宏：《最早的中国》，科学出版社 2009 年版，第 5 页。

③ 喻新安主编：《中原经济区研究》，河南人民出版社 2010 年版，第 98 页。

④ 具有代表性的见解如刘庆柱指出："河洛文化不是一般的中国古代区域文化，它是中国古代历史上区域文化中的 '核心区域' 文化，属于中国古代历史文化中的 '根文化'。所谓 '核心区域' 文化就是影响整个国家的文化，所谓 '根文化' 就是国家的文化之 '根'。" 参见徐金星、郭绍林、扈耕田等《河洛文化论衡·序》，中国文史出版社 2014 年版。

财富的方式，有了土地，可以自种，可以出租，也可以自由典卖，因此农民对地产私有观念要比其他地区强烈得多，形成了典型的"乡土社会"秩序。①河洛地区也是中国传统乡土社会的典型代表区域。

长期以来，传统乡土社会的研究往往苦于相关材料的匮乏而难以进行深入考察。近年来，随着各类民间文书和地方档案的不断涌现，地方社会研究无论研究方法还是研究领域都有了极大拓展。不过，借助民间契约文书对地方社会秩序和社会生活的研究，多集中于华南和西南地区，对以河洛为中心的中原地区的区域研究仍处于空白状态。本书在系统搜集整理河洛民间契约文书的基础上，借助地方文献，运用交叉学科研究方法并进的方式，尝试对河洛地方社会规范和秩序进行专题和个案的研究。由于河洛地区长期以来为华夏文明的中心，河洛文化即中华传统文化，因此对河洛契约的研究更有其普遍的意义和价值。值得注意的是，明清以来，尤其是晚清以降，尽管社会动荡，但是以河洛为中心的中原地区始终处在中央政府的控制之下。河洛地区"国家在场"的特质，也为我们从长时段出发考察国家与地方的互动提供了鲜活的例证。②

一、河洛民间契约文书的基本概况

中国契约文书的历史悠久，早在原始社会末期人们就已懂得通过契约来规范各类社会关系。③《诗经·大雅·绵》记载："爰始爰谋，爰契我龟。"

---

① 社会学家费孝通先生针对西洋社会的"团体格局"提出了"乡土社会"的概念。他认为从基层上看，中国社会本质上是乡土性的，并且从不同方面概括出乡土社会外在的差序格局和内在的礼治秩序等本质特征，参见费孝通《乡土中国》，人民出版社 2011 年版。

② "长时段"理论是法国年鉴学派史学家布罗代尔提出的重要理论概念，指长期不变或变化极慢的，在历史上起经常、深刻作用的一些因素，如地理、气候、生态环境、社会组织、思想传统等。他认为长时段的历史是最重要的历史，只有把长时段的历史弄明白才能弄懂以下的历史。"长时段"理论提醒我们在进行历史研究中要放宽历史的视野。对民间契约文书的研究而言，要尽量将其放至明清以来较长时段内进行持续动态的考察。

③ 张传玺主编：《中国历代契约粹编（上册）·中国契约史导论》，北京大学出版社 2014 年版，第 3 页。

"契"字在这里的意思是刻，指用刀凿刻龟甲，后泛指为刻物。古人以刀、笔等在金属、木材、砖石或缣帛等载体上刻写符号，作为彼此交往的信证。《礼记·月令》载："物勒工名，以考其诚。功有不当，必行其罪，以穷其情。"孔颖达对"物勒工名"的解释是："每物之上，刻勒所造工匠之名于后，以考其诚信与否。"《荀子·君道》也有"合符节、别契券者，所以为信也"，说明当时人们已经普遍把契约当成信用的凭证。

西周时期，人们进行重要商品交易，往往签订契约，当时的买卖契约叫作"质剂"，"大市以质，小市以剂"。还出现了专门负责管理监督签约事宜的官吏——"质人"。今天所见最早的契约实物是西周中期的青铜铭文，如著名的"裘卫诸器"铭文记录了西周时期田土交易的基本情况。有学者将当时土地交易程序概括为双方协议、告知王朝、踏勘地界、起封作帜、记录在案、分执契券、宴请各方人员。《琱生簋》《琱生尊》等，则是当时召公家族分家过程的完整记录，均具有文书性质。[①] 西周时期实行分封制，土地国有，分封的土地不能买卖和私相授受。尽管西周中后期"田里不鬻"制度遭到破坏，但是土地的买卖也仅仅局限在上层阶级之间，直到商鞅废井田后，春秋战国时期土地买卖才迅速发展起来。

汉代时期由于社会经济的高度繁荣，《史记·货殖列传》云："富商大贾周流天下，交易之物莫不通。"这一时期契约开始广泛使用，契约文化已经较为成熟。[②] 20 世纪 30 年代，瑞典人沃尔克·贝格曼在我国甘肃居延地区发现了一批汉代简牍。居延在今内蒙古自治区西部额济纳旗，西汉时属于张掖郡居延都尉和肩水都尉辖区，东汉曾置张掖居延属国。之后，考古工作者在这

---

① "裘卫诸器"指 1975 年出土于陕西省岐山县京当公社董家村的卫盉、五祀卫鼎、九年卫鼎等裘卫三器。裘卫三件青铜器铭文，涉及西周时期的田土交易和田土争讼的内容。诸器考释参见王沛《裘卫诸器集释》，载《金文法律资料考释》，上海人民出版社 2012 年版，第 97—200 页。有关西周田土交易的考察，参见李朝远《西周土地关系论》，上海人民出版社 1997 年版，第 291—297 页。

② 有关汉代的契约研究，可见 [美] 宋格文著《天人之间：汉代的契约与国家》，载高道蕴、高鸿钧、贺卫方主编《美国学者论中国法律传统》，中国政法大学出版社 1994 年版，第 186—253 页。

里陆续采集或发掘到汉简三万余支，其中有三十余件契约，最早的一件为西汉本始元年（前73）《居延陈长子卖官绔券》，其他还有卖衣物、卖布匹、卖田地等内容的契约。这批契约的数量虽不多，却是我国现存最早的一批简牍契约原件，距今已有两千多年的历史。

除青铜、简牍类型的契约外，也有石质契约文书的发现。较早的是西汉地节二年（前68）的巴州扬量买山刻石为最早，稍晚的还有东汉建初元年（76）的会稽昆弟六人买山地记。这两则摩崖刻石内容虽然简洁，但反映了汉代土地买卖的真实情况，具有民事契约的性质。魏晋南北朝以来，随着造纸术的发展，纸质契约开始与简牍、布帛、石刻等契约同时出现，并逐渐取代其他介质的契约成为主流。唐代实施均田制，法律禁止土地买卖、典卖、质押，直到开元二十五年（737）还下令"诸田不得贴卖及质"，所以初唐时期土地契约活动并不频繁。唐代中后期和五代时期，随着均田制的破坏，官府放松了对土地房屋的控制。终唐一代，土地买卖始终存在，只是由控制到放任，呈现出直线上升的发展趋势而已。[①] 目前，能够搜集到的唐代土地买卖契约共约三十余件，均来自敦煌、吐鲁番文书。唐大中五年（851）的敕内庄宅使牒，刻在玄秘塔碑碑阴（石藏今西安碑林），是唐代碑石契约的代表。宋代以来，契约文书不断发展、成熟、演变，至明清时期，契约文书的规模达到了新高度。[②]

以洛阳为中心的河洛地区是华夏文明的重要发源地，是夏商周三代的活动区域。周公将兵灭商、东征三监、营建洛邑、制礼作乐等一系列重大活动都发生在这里。历史材料可以证明，河洛地区是中国传统契约的重要发源地，

① 赵云旗：《唐代土地买卖研究》，中国财政经济出版社2002年版，第360页。
② 有学者指出，中国传统民间契约发展演变过程中，书写载体发生了巨大转变，出现了一个从券书（竹木契约）到契纸（纸质契约）的形制变化。纸质的普遍使用造成契约书写形式的明显变化，纸质契约具有的独特征信功能，无须采取券书合验，唐代以后绝大多数的契约为单契，其中又以卖契占主流。参见王旭《从券书到契纸——中国传统契约的物质载体与形式演变初探》，《湖北大学学报》（哲学社会科学版）2014年第6期。

这里很早就有了较为发达的契约文化。契约文化在河洛地区形成以后，才以此为中心，不断向周边地区传播，直至影响整个东亚文化圈。

河洛地区早期最为典型的石刻契约是洛阳的东汉建初二年（77）《侍廷里父老僤买田约束石券》。该石券1973年出土于河南洛阳偃师县（今偃师市）缑氏镇郑瑶大队南村，为一粗略修整的长方形毛石，表面坑洼不平，阴刻隶书12行，每行字数不一，最多的是末行27字，最少的是第8行，仅14字，全篇共212字，现藏于偃师商城博物馆。此石券记载的是关于东汉侍廷里里民祭奠于季、主疏左臣等25户人家组成了"僤"的民间团体，集资购买田地82亩，轮流担任基础单位"里"的行政职务"父老"进行土地管理，并具体规定了土地的收入、继承和使用等问题。① 石券已经具备了传统契约文书的各种要素，是了解早期河洛契约文书的重要文献，具有很高的史料价值。

受到发达契约文化的影响，河洛地区还出现了中国最早的一批买地券。如延熹四年（161）钟仲游妻买地券（河南孟津）、建宁二年（169）王末卿买地券（河南洛阳）、建宁四年（171）孙成买田铅券（河南洛阳）、光和元年（178）曹仲成买地券（河南孟津）、光和二年（179）王当等买地铅券（河南洛阳）、光和七年（184）樊利家买地券（河南洛阳）、中平五年（188）房桃枝买地铅券（河南洛阳）、中平五年（188）□□卿买地铅券（河南洛阳）等。② 已有学者考证指出，清末以来，国内各地陆续发现东汉买地券资料20件，其中属于洛阳地方的就有12件，河洛地区是发现东汉买地券最早也是最多的地区。③ 买地券是中国古代以地契形式放置于墓葬中为死者向鬼神买地的象征性证券，又称"墓荊""地券"等。买地券的出现和使用，就是由现实生活中的买地契约演变而来的，反映了当时土地私有制的发展和土地买卖的盛

---

① 黄士斌：《河南偃师县发现汉代买田约束石券》，《文物》1982年第12期。
② 鲁西奇：《中国古代买地券研究》，厦门大学出版社2014年版，第27—43页。
③ 赵振华、王迪：《东汉熹平二年三棱柱形买地券研究——兼谈"中平元年孙伯买地券"辨伪》，《洛阳考古》2022年第2期。

行。尽管买地券并非现实社会生活中的契约文书，但它们却是对当时契约的模仿，能够反映当时契约的形制与基本内容。① 因为时代不同，买地券在使用材质上有所不同，包括玉、石、砖、瓦，也有铅、锡金属制作而成，但以砖质券为主，代表了当时契约发展的水准。试列举建宁四年（171）《洛阳孙成买田铅券》全文如下②：

> 建宁四年九月戊午朔廿八日乙酉，左骏厩官大奴孙成，从洛阳男子张伯始卖所名有广德亭部罗陌田一町，贾钱万五千，钱即日毕。田东比张长卿，南比许仲异，西尽大道，北比张伯始。根生土著毛物皆属孙成。田中若有尸死，男即当为奴，女即当为婢，皆当为孙成趋走给使。田东、西、南、北，以大石为界。时旁人樊永、张义、孙龙、异姓、樊元组，皆知券约，沽酒各半。

洛阳龙门石窟研究院藏有一块五代后唐天成二年（927）卖地契文碑，这是隋唐五代河洛契约的典型代表。该碑是 2000 年在龙门奉先寺遗址西部高台西南 30 米处出土，青石方形，高 38.5 厘米、宽 41 厘米、厚 5.8 厘米，楷书19 行。碑文记录奉先寺主守真立契出卖寺后两亩割地一事，极有史料价值，特照录全文如下③：

> 龙门奉先寺主僧守真，唐丁亥岁天成二年十二月十三日，立契回卖寺后中岭罗汉台西脚下割地二亩，东西北自至，南至古垄，东西阔二十步，南北长二十五步，与敬爱寺千佛院僧传昉，充先大师

---

① 鲁西奇先生否认东汉的买地券是现实实用土地契约的翻版，并进一步指出买地券的使用可能早于现实土地买卖契约，地下土地所有权的观念可能早于现世土地所有权的观念。参见鲁西奇《中国古代买地券研究》，厦门大学出版社 2014 年版，第 73—77 页。对此，笔者不敢苟同。汉代乃至汉代之前就已经有了非常发达的土地买卖活动，现世的土地所有观念要比地下土地所有观念早很多。

② 罗振玉：《蒿里遗珍考释》，载《罗雪堂先生全集》（七编第三册），台北大通书局 1976 年版，第 1121—1122 页。

③ 石藏洛阳龙门石窟研究院。李显冬《私约与律令——以〈天成二年买地碑〉为例》，《中国政法大学学报》2009 年第 1 期；陈长安《龙门十寺》，中州古籍出版社 2018 年版，第 146—147 页，分别录有碑文，然舛误之处较多，笔者根据拓片重新过录。

和尚坟塔地，准价钱一十贯文为定，其钱及地，立契日交，相分付讫，并无悬欠。其地如后别有人占，认称是自己田地，不忏买人之事，并是卖人支当。官有政法，下凭私契为据。代两家书契，邻院僧继琋，年五十三。

寺主僧守真，年五十五。

同学僧惠真，年四十七。

邻院主僧思真，年三十九。

邻院僧思范，年四十。

天成三年正月八日收税讫。

买地主内外临坛大德传昉，奉为先和尚澄明大师修塔地券，以记于后。

同学传朗。

同学河阳万岁律院宗主，内外临坛大德传业。

同学传昢，同学内外临坛大德袭源。

同学全晰，同学全皎，同学袭章。

该卖地石碑的出土，说明当时寺庙所属的土地是可以自由买卖的，出卖土地立契已经是普遍的形式。碑文指出，龙门奉先寺主僧守真，回卖寺后割地二亩，与敬爱寺千佛院僧传昉，充先大师和尚坟塔地，地价一十贯，立契日钱地相交。文中不仅有卖主、买主、田产坐落、地价，还有代书、同中同学等，又明确指出该契约已于"天成三年正月八日收税讫"，表明这时的土地买卖是必须缴税的。

北宋、金代河洛地区留存下来的契约不多。清代学者王昶《金石萃编》收录有一份河南修武县的《真清观牒》石刻，录有金大定二十八年（1188）《本观置买地土文契》，全文如下：

出卖地业人修武县七贤乡马坊村故税户马愈男马用同弟马和，自立契将本户下□□地二段，共计二亩三厘，立契卖与全真门弟子王太和、王崇德为永业，修盖全真道庵，准得价钱一十六贯文，各七□九百，并据即目见定交割，谨具开坐如后：

一出卖村南竹菌地一段，南北畛，东长二十六步五分，西长二十六步五分，南阔一十六步，北阔一十步。并次东一段，东长二十六步，西长二十八步半，南阔一十步，北无步，东至大河，西自至，南自至，北自至，并据钱业主对目商议，定所有地内差税物力实钱照依通捡去马愈户下贮脚，供输所据地内竹竿树木不系卖数，天雨水透流车牛出入，一依仍旧通行。

右件前项出卖地土，卖与全真门弟子等为永业，并不是裹私卑幼□交，亦不是债欠准折，并无诸般违碍。又加立契日一色见钱交领，并□别无悬欠，恐人无信，故立此文为据。

大定二十八年十二月　自立契出卖地人：马用（押）

同立契人：马和（押）

引领人部下：王守玅（押）

写契人本村：王莹（押）

税说价钱一十六贯文　廿三日

这是一份比较典型的金代土地买卖契约，已故税户马愈之子马用同弟弟马和将自己一段土地卖与真清观，用于建造道庵地基。王昶在《真清观牒》后按语曰："牒后载本观置买地土文契所列各条，与今人文契体例相仿。契中年月后一曰'立契出卖地人'，即今之卖主也；一曰'同立契人'，即今之卖主亲族也；一曰'引领人'，即今之中人也；一曰'写契人'，即今之代书也。自大定至今越六百余年，而买卖地土之格，大致相符，可知凡事皆有缘起，亦留心世务者所宜知也。"可以说，在清朝人看来，虽已历时六百余年，"买卖地土之格，大致相符"，不过也只是"大致相符"，其中格式与语言还是有所变化的。①

————————

① （清）王昶：《金石萃编》卷一五八《金五·真清观牒》，载中国东方文化研究会历史文化分会编《历代碑志丛书》（第七册），江苏古籍出版社1998年版，第565页。

现存的契约资料中，除部分秦汉简牍、敦煌文书和吐鲁番文书外，绝大多数是明清以来的纸质遗物，其中又以田房契约的存量巨大，内容丰富。尽管历经各种战乱劫难，各类契约文书存留的数量仍很惊人。学者杨国桢认为，中外学术机构搜集入藏的明清契约文书的总和，"保守地估计，也当在 1000 万件以上"①。这是几十年前的估计，时至今日，各地新的文书不断出现，存世契约文书的数量应该远超此数。观至全国，地市级以上的公共图书馆、博物馆、科研机构及高校图书馆等机构，藏有契约文书原件的不在少数，有些机构的存量还比较多。长期以来，国内契约文书的搜集、整理与研究主要集中在华南、西南和华中地区，西北与东北等地的契约文书搜集、整理与研究也有一定规模。相较而言，河洛地区契约文书的搜集、整理与研究刚刚起步，学界关注度不高，仍有较大的拓展空间。一般认为契约文书原件在南方广大农村地区留存的比较多，北方地区由于战乱、自然灾害以及村落变迁，地方文书比较少见。豫西、晋南的河洛地区，由于山区较多，村落素有保存家族文书的传统，河洛契约文书的存量还是比较大的，部分文书的归户性也很好，亟待抢救性搜集、整理与发掘。

2018 年 11 月，经过数年紧张的筹备工作，洛阳契约文书博物馆终于建成开馆。该馆位于洛阳市瀍河回族区新街南端洛阳民俗博物馆东侧，东临瀍河、南临中州渠，整体建筑为仿清式古建筑风格，总体建筑面积六千余平方米。馆内收藏各类纸质契约文书近六万余份，包括族谱、地契、房契、人契、分单、借约、婚事文书、继嗣文书、丧事文书、诉讼文书、证件证明、遗嘱合同、科举试卷与夹带、金兰谱等。每类里又分很多小类，如婚事文书类就包括结婚、离婚、冥婚、退婚等文书。② 文书展陈以"故纸拾遗"为主题，分为宗族家庭关系和社会世俗生活、官府文书、房田契约和人契、书札信函文书、

---

① 杨国桢：《明清土地契约文书研究·序言》（修订版），中国人民大学出版社 2009 年版，第 3 页。
② 洛阳新闻网：《洛阳契约文书博物馆近期开放》，2018 年 10 月 23 日，参见 http：//news. lyd. com. cn/system/2018/10/23/030798700. shtml。

科举考试文书等八个单元。这些契约文书时间上起于明洪武初期，历明清和民国时期，下至中华人民共和国成立初期，反映了这一时期的社会政治、经济、民俗等方面内容，是研究河洛地区的组织制度、经济制度、法律制度、婚姻家庭、社会生活、风俗习惯和宗教信仰的重要实物资料，更是不可多得的珍贵文物。① 同时，笔者近年来也陆续搜集了豫西、豫北地区契约文书三千多件，包括地契、房契、分书、丧葬文书、诉讼文书、金兰谱等，已经进行初步的整理研究。

二、河洛民间契约文书的类型

契约文书是地方社会人们之间交易、生产、生活的产物，极具民间性与区域性。中国地域广阔，各地政治、经济和文化发展不均衡，存在着很大的区域差异。就目前情况而言，各地均有契约文书的发现，只是存世量各地有所不同。有学者根据契约的地域性研究情况，将传统契约大致分为敦煌吐鲁番文书、徽州文书、闽台文书、江浙文书、锦屏文书和山西文书六大契约群。② 河洛地区作为中华文明的核心区域，先秦至唐宋一个很长的时期内，都是中国的政治、经济与文化中心，这里也形成了中国最早的契约文书与契约秩序。据传，人文始祖伏羲曾在河洛地区教人将两块木板叠合在一起，在边缝上画上刻痕由双方各执以为凭证，这就是最早的契约。传统契约文书在河洛地区形成并逐渐格式化，其契约程式也不断扩张到其他地区，全国各地人们在生产和生活中使用契约以明确各自权利和义务的现象越来越广泛，越来越普遍。

《周礼·天官·小宰》有最早契约类型的记载："听称责（债）以傅别"，

---

① 田国杰：《隐于民间　见证历史——洛阳契约文书博物馆"故纸拾遗"基本陈列综述》，《中国文物报》2018 年 10 月 19 日第 4 版。

② 冯学伟：《明清契约的结构、功能及意义》，法律出版社 2015 年版，第 10 页。

“听买卖以质剂”，“听取予以书契”①。这里傅别、质剂、书契都是契约文书的一种形式，借贷债务契约用傅别，买卖契约用质剂，收受授予契约用书契。西周时期，人们把这类在普通百姓中间广泛使用的契约，称为“万民约”，也叫“小约剂”。同时，在诸侯、贵族之间已发生的土地抵押、典当、赠送、赔偿等活动，也出现了相应的契约，与上述民用质剂相应，称为“邦国约”，也叫“大约剂”。《周礼·秋官·司约》：“司约掌邦国及万民之约剂……凡大约剂，书于宗彝。小约剂，书于丹图。”郑玄注称：“大约剂，邦国约也；书于宗庙之六彝，欲神监焉。小约剂，万民约也，丹图，未闻；或有雕器簠簋之属，有图像者与?”孙诒让疏曰：“书于宗彝，谓刻铭重器；丹图，则箸于竹帛，皆所以征信也。”从以上材料可知，西周以来至秦汉，契约起码已经形成两种主要形态：一种是铭刻于青铜礼器之上的“大约剂”；另一种是刻写于竹帛木石之上的“小约剂”。西周中后期，“溥天之下，莫非王土”，“田里不鬻”的原则虽未改变，但由于社会经济的发展，土地国有制日益遭到破坏，在土地买卖关系发展的情况下，“邦国约”逐渐不复存在，使用于土地流转的契约也成了“万民约”，即日常的契约文书了。

《周礼·秋官·朝士》曰：“凡有责者，有判书以治则听。”郑玄有注曰：“判，半分而合者。”可知，早期契约比较普遍采取判书形式。老子《道德经》第七十九章也有“是以圣人执左契而不责于人”。意思是所以圣人即使握有讨债的契约，也不向人家索取欠债。这里的“左契”是收债的凭据，采取的就是判书契约。所谓判书，就是将契约文字写在木牍或竹简上，然后一分为二，债权人保存左边的一半，债务人保存右边的一半。左契，即左边的一半，这是讨债的凭据。判书形式的契约是分为左右两支而合券为验。② 判书从使用关系的不同，又有傅别、质剂、书契之分。判书契约通行于西周至两汉时期。之后，传统民间契约文书则长期以单契和合同为主。

---

① 杨天宇：《周礼译注》，上海古籍出版社 2004 年版，第 35 页。

② 张传玺：《契约史买地券研究》，中华书局 2008 年版，第 40—46 页。

单契是单方面义务型的契约，都是由承担义务的一方或卖方书写出具，而归权利方或买方收执。这种一式一份的单契以田房买卖、典、租佃、借贷为主要内容。这种契约一般只需要单方的承诺画押，收执人用于防止对方的违约变卦或其亲族纠葛。河洛契约文书也是以单契为主，其中又以田房契约占绝大多数。田房契约文书根据缴纳契税的有无，可以分为白契和红契。"白契"是指民间社会买卖双方自行书写，然后经过中人的见证、画押，再经过家族中有威望的长辈签名认可的契约。白契及其称谓至迟在宋代已经出现，李心传曰："买卖田宅，人多惮费，隐不告官，谓之白契"。① 这类契约所占比重较大，对于官府而言，白契意味着大量的契税被偷漏。除了部分官府要求契税的契约外，还有一部分契约如借贷、典当、婚姻、继承等，并无契税的义务和必要，因此有学者也将"白契"称为"民间私契"②。由于白契有中人见证，即使偶遇纠纷，也可资调解，因此在多数情况下，足以保证双方履行契约的规定。为此，传统乡村社会和地方官员普遍承认这种契约的有效性，将它们视为仲裁有关土地产权纠纷的重要凭据。③

"红契"即官契，是指双方签订契约后向地方衙门登录，按规定缴纳契税，并在契约上面加盖有红色的官方印信的正式契纸。明清时期的不动产买卖须向州县纳税，在契纸上粘连由各省布政使司颁发的契尾，加盖印信，方成正式契约。辛亥革命后不动产买卖、典当契约，仍须纳税盖印，才能取得法律效力。登记盖章的过程不仅需要耗费相当时日往返于官府与村庄之间，而且还要缴纳一定契税（约为田价的3%—6%，不同时期有所变动），对业主造成一定的负担，因此逃避契税现象较为普遍。④ "红契"的意义除纳税与官

---

① （宋）李心传：《建炎以来朝野杂记甲集》卷十五《田契钱》，江苏广陵古籍刻印社1981年版，第44页。

② 田涛、许传玺、王宏治主编：《黄岩诉讼档案及调查报告·传统与现实之间——寻法下乡》（上卷），法律出版社2004年版，第12页。

③ 对于民间社会的白契现象及其法律效力问题，可参见任志强《宋以降白契现象研究》，《前沿》2011年第22期。

④ 何珍如：《明清时期土地买卖中的税契问题》，《中国历史博物馆馆刊》1986年总第8期。

方管理之外，更多地表现出建立契约的规范化与格式化，当事人则更看重"红契"对于所有权的官方认证及权利保障。

红契一般是由民间自行书写后钤盖地方县衙的官印，如属于洛阳县的契约，钤盖"洛阳县印"的印章。印章一般加盖在田房出卖人、议定价格、交易日期以及契纸粘连骑缝处。也有部分契约虽未加盖官印，但盖有经过地方官府认可的官牙纪的戳记，由于官纪是由官府任命并定期审验考核，代表官府行使职责，仍可将此类契约视为官契。另外，清代中后期，还出现了版刻的格式契约，一般抬头明示"官契""正契""官契纸""官发卖契"，契约内容写在代表官府的梯形框内。交易双方购买契纸后，只需按照要求填写个人信息，加盖官印即可。"红契"根据契约的签订方式和契约张数不同又可细分为。

1. 单张契

这种契约主要是指"民写官验契"，就是官府直接在民写契约上加盖州县官印，收取契税，表示官方对民间契约的承认。验契时一般要加两处官印，一处盖在契中的地价钱数上，此印要向左45度倾斜使右上角和左下角成一条线押在文字之上；另一处盖在契末所写年份上，此印则要求正面加盖。"官验契"从清顺治初期开始实行，一直到雍正晚期才结束，前后历时近九十年，也有的地方使用到了清朝末年。

还有一种是官契纸地契，颁发的时间为雍正晚期和清末时期。该契纸由官方统一设计、石印，编号发行，格式固定。买卖双方购买使用之时，只需要用毛笔在空白处填写双方姓名、买卖土地的具体情况、价格、中人、契税税额和交易时间等信息。一般此类契纸上还印有官府制定的相关条例，如规定"每契纸一张卖钱五文，解司以为油红纸费，不得多取累民"等内容。另外，还有部分是典卖交易活动的格式契约，也以单张契的形式出现。

2. 二联契

一种契约是共两联，一是先订立民间的草契，然后赴县呈报契税后附贴县衙颁发的"官契",共两联。

二是清代乾隆初年开始实行粘连"契尾"的验契方式。"契尾"由布政司统一刊印,编号发行,粘连在民写地契之后,作为官方的验契凭证。从实物资料看,这种方式一般是从乾隆十四年(1749)开始实行,规定"嗣后颁发给民契尾格式编列号数骑字截开,平分为二,前幅给业户收执,后幅随季册汇送布政司查核"。契尾形式一直延续至晚清,历时一个多世纪,河洛地区的各类契约文书中较为常见。

3. 三联契

在民间草契、县级颁发"官契"之后,再粘贴上一份由省级即布政使司颁发的"契尾",一共三联,因此名为"三联契"。这种地契是清代最完整的契约,也表明了清代的土地使用管理已经达到了统一化、规范化、标准化水平。契约的三联分别是:第一联由土地的买卖双方在卖契上填写基本的信息资料,再由当地的权威人士(村保长、家族长)作为保人画押;第二联由所在地的土地管理部门初审验证提交官府;第三联由县级官府收取土地交易税后,在契尾纸上加盖县衙官府大印后确认买卖成立。同时在官府的契尾上明确印发了土地使用买卖的管理条例,可见当时官府在土地使用上的规范化管理程度。也有的是在清代"二联契"的基础上加上民国初期的"验契",形成"三联契"。

4. 四联契

在"三联契"的基础上,民国初年北洋政府曾对清代老契重新认证,发给"验契"。民国验契一般都是官契,由各省统一制版印刷,格式统一,上有"官契"抬头,使用时要贴上印花税票,和老契粘连,一共四联,称为"四联契"。另外,有些契约在民国时期的验契后还附有验契票据,从而形成"五联契"。这应该是非常完备的民间契约文书,较为少见。

传统民间社会里田房交易频繁,各类土地契约一般由土地所有者收执,随土地流转。凡产权经过几次转移,对最后的产权承受人来说,以前几次所订立的契约，都称为"上手契"。一般来说，新的交易活动所产生的新契，需要和上手契一起，才能形成完整的产权效力。常见的是各种类型的契约组合，在长期保存过程中，往往只有主体契约保留下来。这些契约根据内容和时间前后粘连，并在骑缝处加盖官印，从而保证了契约的完整性与可靠性。

"合同"相对来讲出现要比契约晚，魏晋以后，随着纸质契约的使用日广，判书也起了变化。傅别、质剂之制不用，逐渐产生了合同文书。"合同"形式脱胎于书契，又吸收了傅别之长发展而来。其形式是"书两札"，将两札并起，要在骑缝处大书一个"同"字，后来发展为在骑缝处写"合同"二字，或在骑缝处写一句较长的吉祥套语，"合同"之称也由此而来。后世合同文书是指一式两份或多份的契约，由当事各方分别收执，以骑缝处书写的半字（一般为"合同"二字）进行勘合验证，综合了传统"傅别""质剂"和"契书"的形制特征。[1] 迄至宋代，"合同"已经在民间普遍应用并被官方认可。北宋真宗乾兴元年（1022）开封府曾规定："应典卖倚当庄宅田土，并立合同契四本：一付钱主，一付业主，一纳商税院，一留本县。"[2]《名公书判清明集》也记载："在法，典田宅者，皆为合同契，钱、业主各取其一。此天下所通行，常人所共晓。"[3] 明清以来，河洛地区的"合同"文书多是指分书（析产合同），也包括部分换地合同、承嗣文书、养老文书、合伙合同以及其他事项的合同。现分别举例如下。

合同 1. 邢祥云同侄四方析产合同[4]

　　立分约人邢祥云同侄四方，因人多业薄，每日实实难支，今同

---

[1]　俞江：《"契约"与"合同"之辨——以清代契约文书为出发点》，《中国社会科学》2003 年第 6 期。

[2]　（清）徐松辑：《宋会要辑稿》食货六一之五七，中华书局 1957 年版，第 5902 页。

[3]　中国社会科学院历史研究所宋辽金元史研究室点校：《名公书判清明集》卷五，中华书局 1987 年版，第 149 页。

[4]　个人自藏《孟津邢氏家族系统》，文书编号：00097。

族人商议现有房院地亩家具什物按两分（份）均分，恐后无凭，立分约，各执一张为证。

伕四方分到：老院西边一半；坟上地西边坟南北两段；北井地一亩七分地；家东地北一截；山根花第一段；家西地一半，又顺小路地西一半；老庙西地一半；窑厂北地西一半；水车井地西一半；井路西地一段。东空院两家公用，老院前后两家出入得便。

合同（半书）

同族人：可意（押）毓椿（押）

民国十六年十二月二十日立　邢祥云（押）

合同2. 常进福换地合同①

立换地合同人常进福，今有地一段，坐落村北，系南北畛。东（至）换主，西（至）常进才、南（至）路，北（至）墙，四至分明，情愿出换于身叔常据地两段：一段东西畛，东（至）路、西（至）常进才、南（至）常，北（至）杜；又一段，东西畛，东（至）常进才，西（至）墙，南（至）常、北（至）杜，四至分明。除一钱换一钱之外，有余地五钱四厘，言明贴价钱七千整。

各无异说，所换是实。此照。

同人：常进道（押）

乾隆四十八年十月廿日　立换地合同人：常进福（押）

合同3. 李玉典、贾史氏立招婿承嗣合同②

立写招婿承嗣合同文字人李玉典、贾史氏，年老身衰，子弟缺乏，家事一切乏人照料，故邀请合族会同村公证人亲友等共同商议，

---

① 洛阳契约文书博物馆藏《常进福换地合同》，文书编号：024381。
② 洛阳契约文书博物馆藏《李玉典、贾史氏立写招婿承嗣合同》，文书编号：027743-A-1。

工通下和，史氏愿将自己亲生长女贾计英，年十七岁，经梁胡管、伊克俭介绍说合，有半山庄玉兴之子天申，年十九岁，玉兴甘愿将天申拾与史氏永远招门为婿承嗣，立约定日更名换姓为贾家瑜，所有史氏家事各项，养老送终一切事故，均归家瑜供给照管；所有史氏房屋田产家具什物一概等等，均归家瑜经管承受与他，亲族人等无干勿须争夺。即日后生男育女，如有余丁，可为家瑜承嗣。立约即日成，史氏百年去世永远不能归宗，逢时逢节，只可以亲戚往来。以上各项双方均出情愿，永无反悔，恐口无凭，故立合同一样三张，各执一张为证。

同公证人：主席　侯美绪　村长　梁小章　公安员　侯三喜

介绍人：梁胡管　伊克俭

同合族：族长　贾家计　贾成德　贾名寿　贾明显　贾硬和

贾金旺　贾庆萱　贾庆薰　贾庆蕙　贾万成　李玉典　贾史氏立

合同4. 邢传诗立清结字①

立清结字人邢传诗，因与堂叔祥云自光绪六年以至于今，彼此所存银钱花费，并家具什物，彼此互用，尚未言明，今同族亲前说明事一概说明，至于河滩地，久浚闪出头畛地，两家各种一半，二畛地亦两家各种一半，恐口不凭，立清结字为证。

光绪二十八年正月十四日立

合同（半书）

同族：毓梓（押）太林（押）祥梅（押）

同亲：表叔王瑞西（押）

① 个人自藏《孟津邢氏家族系统》，文书编号：00077。

合同 5. 邢书法与邢传典伙墙合同①

立字人邢书法，有地一段，与邢传典所住院基谨（紧）邻，因河水暴发，将房屋损坏，不能居住，无奈要将此地修盖，房院两家邻墙系从前邢傅典一家所修，现东原墙不动，趁墙修造，心中不忍，同亲族人等说合，我与传典那（拿）麦四斗，以作前造墙头食工资等费。从此以后，两家各为伙墙之中为界，长久不变，为后迁移走时各照文约，往东车马出入得便。自此以后不许反悔，恐口无凭，立字为证。

合同（半书）

立字人：邢书法（押）

同人：邢传道（押）邢传光（押）邢文明（押）

公元一九五二年二月十一日立

合同 6. 屈民观佺兴孝、兴弟、兴忠、兴周断绝合同②

立断绝合同明白人屈民观佺兴孝、兴弟、兴忠、兴周，因有村内祖遗场基一方，兹同中拈阄，各佃各业；又有村南祖茔坟地官数一亩三分六厘六毫七丝，南北阔八步，东西长四十一步，栽灰为界，五家俱各兑明为五家官坟茔，永远不得异说，恐后无凭，明白存照。

尽东拐一分，南头过路随官，兴忠执。

乾隆十八年二月初五日　合同明白人：屈民观（押）

兴忠、兴孝、兴弟、兴周（押）

亲族人：屈民悦

中人：屈雄都　屈现　张可梓　屈汉都　屈仍时

---

① 个人自藏《孟津邢氏家族系统》，文书编号：00143。

② 洛阳契约文书博物馆藏《屈民观佺兴孝、兴弟、兴忠、兴周断绝合同》，文书编号：009614-A-1。

合同 7. 杨梦子立养老合同①

　　立合同杨梦子，因年幼奉敬不了，同亲族说合堂兄精义奉养，除地居南五亩，东至道心，西至堰齐，南至堰根齐，北至梦子，四至分明，土不相连，精义养老送终，与梦子无干，立合同为证。

　　合同（半书）

　　同亲族：杨闵　杨希颜　赵保安　赵希周　赵希峰

　　同治十三年十一月初三日立

以上均为河洛地区较为典型的合同文书，时间从清乾隆初年至新中国成立前后，内容包括分书、换地合同、承嗣合同、清结字据、合伙合同、断绝合同、养老合同等，十分丰富，其中有多种合同来自洛阳孟津县邢氏家族契约，反映了河洛地区合同文书的普遍使用。合同文书一般为一式两份或多份，由当事人分别收执，明确指出为"合同"或有清晰的骑缝合同半书标志，该形式从明清时期延续至新中国成立初期，变化不大。

传统民间"合同"区别于"单契"形式的特征主要有两个方面：一是骑缝半书。在签订契约的过程中，当存在着两个或两个以上内容相同的契书时，才会有骑缝书写。骑缝处一般书写一个大大的"同"字，或"合同"二字（有时是合体字），或"各执一张"等套语，也有骑缝书写一句较长的吉祥语的。二是当事人签名。"单契"的结尾处往往只有一方当事人的签名，如卖地契约是出卖人签名，而明清"合同"的结尾要么所有缔约当事人都签名，要么所有缔约当事人都不签名。"单契"的签名人往往是交易中的弱势方，他们通过签名的方式表示自己向相对人出具一份契书。契书确认了双方的契约关系，成为交易活动的凭证，并由另一方收执。合同的各方均参与契约的制定并各自署名，具有相对平等的关系。对此，有学者指出："共立合同的双方或

---

① 洛阳契约文书博物馆藏《杨梦子立养老合同》，文书编号：003951-A-1。

多方均有权利和义务，各方均收存一纸合同在手，所处地位也是平等的。而契约（指单契）似乎更多地规定立契方的义务和保证，所立契约交给对方收存，在契约中所处的地位也低于对方。"① 一种是相对平等的关系，一种是相对不平等的关系。传统民间契约文书以单契形式为主，合同形式为补充；现代契约则是以合同形式为主，以"单契"形式为补充。②

其实，老百姓很早就严格区分"契""约""书""字"和"合同"等，并分别适用于各种不同的情况。《说文》中说："契，大约也"；"约，缠束也"。尽管二者意义相近，都有约束、管束的意思，但具体用法仍有一定区别。"契"一般用于土地、房屋等重要生活物资的转移；"约""字"等适用于动产交易、约定和其他一些文书的称谓；"书"则一般用于分家析产、承嗣过继以及婚姻等日常生活事项的重要协议。"契""约"很少连用出现，直到清末修律时期，中国从日本大规模移植西方大陆法，"契约"一词作为日译外来词传入国内，作为民事交易文书的专有名词。中华人民共和国成立后，"契约"一词又逐渐被"合同"取代，并将二者视为同位概念。③ 我国现有民法对"合同"的定义为"合同是平等主体的自然人、法人、其他组织之间设立、变更、终止民事权利义务关系的协议"④。这里的民事权利义务关系，主要是指买卖、赠予、借款、租赁、融资、承揽、保管、委托等关系，有关婚姻、收养、监护等有关身份关系的协议，适用其他法律的规定。可以说，今天

① 周绍泉：《明清徽州契约与合同异同探究》，载日本中国史学会编《中国史学》第3卷，1993年，第84页。

② 俞江：《"契约"与"合同"之辨——以清代契约文书为出发点》，《中国社会科学》2003年第6期。

③ 有学者认为契约与合同是上下位的概念，契约包含单契和合同，单契以田房买卖、典、租佃、借贷为主要内容。合同以分家析产、族产管理、换产、合伙、合股等为主要内容。参见俞江《"契约"与"合同"之辨》，《中国社会科学》2003年第6期。

④ 《中华人民共和国合同法》，1999年3月15日第九届全国人民代表大会第二次会议通过，1999年3月15日中华人民共和国主席令第15号公布，总则第一章第二条。近代西方法学理论中，法律意义上的"契约"分为"公法上的契约"与"私法上的契约"两大类。公法上的契约表现在政治领域，主要是通过契约理论论证权力的正当性及有限政府等。私法上的契约指民事关系上的合意，包括债权契约、物权契约和身份契约，合同法所规定的契约关系主要是债权契约。

《合同法》所包含的民事关系要比传统契约涵盖的内容要少得多。古人在很多方面通过彼此间订立契约文书，形成各种社会关系，确立了传统中国社会的契约秩序。

三、河洛契约文书的材质及存留情况

在上古没有文字的时代，早期先民就曾有过"刻木为信，结绳记事"的历史，后世随着文字的产生才有了真正意义上的契约。《周易·系辞》有"上古结绳而治，后世圣人易之以书契"。《墨子·天志中》也有"书其事于竹帛，镂之金石，琢之盘盂，传遗后世子孙"。中国传统契约文书在不同的历史时期，根据书写的材质差异可分为金属契约、砖质契约、石质契约、竹木契约、布帛契约和纸质契约。

在造纸术没有普遍流行之前，相关活动的见证主要使用金属契约、石质契约、砖质契约、竹木契约和布帛契约，其中金属契约主要指出土的铭文记载有关土地和奴隶等买卖、交换活动的西周青铜器，这类器物存世量极少，都是举世罕见的珍品。后世还有一些以铅、锡、铁、铜等为材质制作的金属契约，如东汉以来出现铅、锡等材质的买地券；另有一种封建帝王颁发给功臣、重臣的一种带有奖赏和盟约性质的"丹书铁券"①。砖质契约主要是指东汉以来出现，一直延续至明清时期的各类买地券。清末以来国内各地发现东汉买地券 20 件，铅质 14 件，陶质 5 件，玉质 1 件。可知，早期的买地券是以铅质为主的，后世则多以砖石等材料为主。② 石质契约是指刻在碑石上的契约，执约人将契约镌刻在碑石上，叙述土地房产的来源，声明其对该产业的权利，并希望传之久远。这里碑刻既有确权的法律功能，也有使其人其事流

---

① 相关研究参见兰殿君、兰婧《"丹书铁券"史略》，《齐齐哈尔社会科学》1993 年第 3 期；王剑《铁券通论》，《史学集刊》1998 年第 4 期；洪海安《论"丹书铁券"的渊源与形制》，《社会科学家》2010 年第 1 期等。

② 赵振华、王迪：《东汉熹平二年三棱柱形买地券研究——兼谈"中平元年孙伯买地券"辨伪》，《洛阳考古》2022 年第 2 期。

传不朽的文化功能，向来为人们所重视。此类碑刻一般立于各地寺庙和祠堂，至今仍有大量留存。如博爱县月山镇西凡厂村老君庙内有一块中山社北岭地契约碑，碑文如下：

> 谚有云：私凭文约，官凭印玺。诚哉！是言吾不得而易之矣。盖有恒产而无文约，则私之诚私；即有文约而无印玺，亦官而非官。是故我乡之俗，凡制产者，必先同牙中以呈契，然后劳官府以用印，乃为官契，永远为凭。此家家宝之，而不忍失者也。惟我中山社有北岭地一处，东至大路中心，西至岭岩，南至赵法义，北至峻。查官契，所载甚详，特代远年湮，纸陈字腐，几难永传勿替，窃虑此契一失，而千百年后，设有强横越畔侵田，亦莫有能为之御者。嗟夫，将我社之公田，日损而非旧，而前人施地之善心不亦湮没而弗彰乎？于是会首耆老聚而议之，或曰：此地之界，予知最悉，无难。口讲指画，以示壮者，嘱壮者传之后人，俾子子孙孙，勿替补之焉可矣。金曰：吁唏哉！空言何补，不如趁此官契未尽损伤，照其四至勒石为志，庶几永存后证，以垂不朽。及议定之后，属余作序，余曰：都善哉！慎终惟始。因不自揣愚衷，故即勒石之由略遍一序，聊博大雅之一笑云。
>
> 获邑大呈村生员孙廷芳撰文
> 本邑土谷堆儒童王汝楫书丹
> 又志其地：当中有上岭地路一条，西边有饮牛羊路一条。
> 总理社首：王有信、赵永库、李成儒、王启元、赵法义
> 执事：王位芳、赵法祥、王福全、李凤仁、赵法贞　石工师：
> 刘在潮刊
> 光绪十四年清和月谷旦立石

该碑一开始即讲明了产业须有文约的重要性，而又恐纸质文书"纸陈字腐"，难以传之久远，故"勒石为志，庶几永存后证，以垂不朽"。世事变迁，

土地产权已经发生了巨大变化，但作为历史时期记录产权的碑刻如今仍完好地保存下来，也说明碑石保存历史记载的重要性。偃师大口乡铁村也有一块刻于民国十二年（1923）的《地亩碑记》，碑文指出："生者非地不能以养生，死者非地不能以事死，若族下有绝产者，田地出当与他人，四十余年无人回赎，祭祀失传。合族商议，回其地亩入于祖庙，充其奉祀，以示来兹，因立石以志地亩云尔。"① 碑刻记录了家族回赎出当土地作为祖庙的过程，并将土地亩数、四至刻于碑后，以垂不朽。不过，刻碑立石成本巨大，代价高昂，一般家庭难以承受，主要是一些寺庙、祠堂或地方组织为保护公产才会偶尔使用。

东汉以前，当以竹木契约和布帛契约为主。布帛昂贵，非贵族人家或遇重大事项，一般很少使用。不过，由于布帛质地轻盈，比纸张易于保存，一些重要的事项，也常常用于书写材料。本人搜集有几种金兰谱、承嗣文书与分书，就是书写在布料之上。过继子嗣、分家都是家族的重要事务，一般要用红色棉布，墨笔书写，以示郑重，还有吉祥喜庆之意。竹木应该是最为常见的材料。目前所见现存最早、保存最完整的竹木契约原件，是在我国内蒙古自治区额济纳旗的居延地区发现的居延汉简，其中部分买卖衣服、布匹、田地的契约是西汉时期的实物。新疆及甘肃敦煌等地也发现了不少相关契约文书。由于这些材质均不易保存，因此今天存留量并不大。

造纸术发明后，纸张逐渐在社会上普及开来。4 世纪初，纸已在书写材料中占压倒性优势。② 纸质契约随着纸张的出现开始产生，唐宋以来，纸质文书逐渐取代了其他材质的文书，成为中国契约文书的主流。现存的吐鲁番文书中，使用纸张书写的租佃、雇佣、借贷、人身买卖契约等都已经出现。唐代时期的契约已经有了相对固定的格式，出现了契约的范本程式。宋元时期，纸质契约文书的使用更加普遍，范围更广。俗话说："纸寿千年。"一般条件

① 吕九卿主编：《洛阳民国碑刻（第一卷）》，中州古籍出版社 2015 年版，第 97 页。
② 潘吉星：《中国造纸史》，上海人民出版社 2009 年版，第 136 页。

下能够保存至今最早的纸质契约大概是宋代安徽歙县的徽州契约文书。

　　河洛契约文书则以清代和民国为主，纸质则分官契与民契而有所不同。民间交易双方自备纸张自行书写的契约为民契，也称草契或白契。这类契约是现存河洛契约文书的主流。清代中期以后出现了版印格式化的官契，交易双方契税时需购买官契纸填注加印。加印后的官契也称红契。官契用纸相对考究，一般是棉纸、宣纸、皮纸或印刷纸，其中棉纸最为普遍，多为植物纤维制成，柔韧性较好，色泽泛黄；宣纸次之，质地更加均匀、细腻，色泽更白①；皮纸和印刷纸在晚清民国时期使用更广泛，表面平滑，但柔韧性和耐久性不如棉纸和宣纸。一般官契都有固定的规格，如清代河洛地区粘连有契尾的官契，多为47厘米×35厘米，契尾53厘米×26厘米，嘉庆年间的"房地契据"为50厘米×34厘米，光绪年间的"官发卖契"为52厘米×36厘米，"正契"为51厘米×38厘米，宣统元年的"官契纸"为47厘米×32厘米，民国初年的验契官契为50厘米×33厘米，"买契"40厘米×25厘米，"买契草契纸"34厘米×22厘米，"典契"24厘米×15厘米，"新卖契"32厘米×30厘米等。尽管名称繁多，但各类契约的格式基本统一，同一类型的契约尺寸也基本一致，体现了官府对地方契约的管理和地方政府的治理能力。民契用纸则相对随意，一般用民间的草纸或麻纸书写。草纸多用稻草等做原料制成的纸，颜色发黄，质地较粗糙；麻纸表面较平滑，纸质柔韧，纤维分布较匀，整体呈薄片状，色泽泛黄褐色。相对而言，河洛契约的用纸质地较差，多数留存契约品相也不太好，这与该地区造纸水平已经相对落后于华南地区有关。不过，部分契约文书所用的棉纸，质地轻盈，薄如蝉翼，尽管纸张不大，但易于保存。河洛地区民契一般规格不大，遵循地方习俗，尺寸相对统一，呈长方形。

　　河洛地区为何还能留存如此巨大数量的契约文书，这些纸质文书是如何保留下来的，通过实地调查分析，主要有以下几个方面的因素。

---

　　① 曹天生：《中国宣纸》，中国轻工业出版社2000年版，第196页。

1. 河洛地区很早就已形成规范的契约秩序，签约现象普遍

河洛地区作为历史时期最先开发出来的地区，长期以来，都是全国的政治、经济和文化的示范区。这里除了不同时期涌现出的中心城市和市镇外，广大地区仍以农村为主，以土地为生的农民占人口的绝大部分。尽管有山脉、大河的阻隔，这里交通也很发达，地形以平原与丘陵为主。广大乡村人口分布稠密，村庄繁荣，人户规模一般大于南方，且居所集中，社会关系复杂。同时，受到长期战乱和人口迁移的影响，这里种姓杂居，宗族势力弱小。① 土地也比较分散，流转频繁，自耕农、半自耕农比重较大。河洛地方社会的这些特征，使得人们要维护复杂的社会关系，必须借助地方习惯，即祖祖辈辈留下的契约规范，形成了复杂的契约秩序。

乡村社会里每一个人生于斯、长于斯、死于斯，从出生到死亡，从炕头、村头、田头到集镇，与人打交道，完成各种交易，都会签署各种契约文书，包括地契、房契、人契、婚书、分单、借约收据、继嗣文书、风水文书、丧葬文书、诉讼文书、金兰谱等多种类型。正如时人所指出的："民间产业，其祖遗者，自有先世置买文契并祖父分书为据。若新置者，自有卖主契、中证画押为据。此乃天下之通例也。"② 近代以来，河洛地区灾害频仍、土匪蜂起、战乱连年，地方社会土地、房屋，甚至人口等交易频繁，人们普遍重视契约文书的签订和保存，契约观念较强。地方政府对契约实践的控制有所加强，契约文书存留量较大，呈现出明显的时代性。

2. 地方社会普遍有着"敬惜字纸"的传统

"敬惜字纸"本质上是文字崇拜的一种发展形式。从文字产生之初，人们

---

① 也有学者指出，尽管北方的宗族与华南、江南相比，并不庞大、复杂，并未拥有巨额族产、强大的同族意识，相对弱小，但在乡村社会中宗族仍然起着具体而重要的作用。参见［美］杜赞奇著《文化、权力与国家——1900—1942 年的华北农村》，王福明译，江苏人民出版社 1996 年版，第 81—82 页。

② （清）李渔：《资治新书二集》卷七《民事三·丈量·袁辅宸〈查覆民田请给由帖详文〉》，清康熙刻本，第 17 页 a 面。

就对文字和掌握文字的人心生敬畏。据《淮南子·本经训》记载："昔者仓颉作书，而天雨粟，鬼夜哭。"高诱注云："鬼恐为书文所劾，故夜哭也。"尽管鬼怪传说纯属无稽之谈，但人们也相信文字的发明能够惊天地，泣鬼神。据田涛考察，有些地方在古代都有民间"惜字会"的传统，当地有"敬惜字纸"的习惯，也许是男子外出经商，妇女居于家中，将带有文字的纸张小心翼翼地收拾起来。其实当时无非是"恐有后用"，不想竟为今天搜集契约文书及研究当时的社会历史提供了难得的便利。[①] 明清以来，受宋明理学、佛道二教的综合影响，以劝诫故事形式出现的"敬惜字纸"故事颇为流行。地方文人组织的敬字社、惜字会等，主要活动就是搜集散落在各地的字纸，以便集中处理。

河洛地区在中国传统社会中，物质贫乏，知识不普遍，读书识字不是件容易的事，加之纸张产量有限，出于匮乏的小农经济社会中的惜物心态，使人们对于纸张也就特别心存敬重爱惜，对写有文字的纸更是充满敬畏与尊重，有着"敬惜字纸"的传统。从目前契约文书搜集的情况来看，老契或者说是故纸主要来源于经济相对落后的乡村或山区。这些地区至今还保存有不少较为原生态的传统村落，当地还有不少老宅。房宅是家族延续的空间结构，老宅出老物件，契约文书便是其中的一部分。随着城市化进程和乡村的改造建设，不少老宅正在逐渐消失，致使很多契约文书和其他乡村古物流入了文玩市场。

3. 契约本身具有社会功用，人们有意识地加以保护

从河洛地区存留契约文书的情况来看，人们不仅在田宅交易此类涉及大宗不动产转移的活动中立字为据，还经常在借贷、调解、诉讼、分家、婚姻、继承、过继、占卜、丧葬、结拜等活动中书写字据，范围极其广泛。这些文书字据不仅在当时对当事人有着重要的意义，事后也往往被其家庭谨慎收存，甚至由其家族世代珍藏。契约文书本身是人们进行交易和社会交往的见证和

---

① 田涛、宋格文、郑秦主编：《田藏契约文书粹编·前言》，中华书局2001年版，第5页。

凭证，具有法律功能，相关内容往往关系当事人的切身利益，乃至影响整个家族的兴衰荣辱，因此备受人们的重视。

由于传统乡村社会人们的识字率并不高，所以文字对乡民的影响力有限。有学者甚至认为，中国传统社会可以分为两个世界：一个是有文字的世界，一个是没有文字的世界，这两个世界是互相隔离的，各有不同的运作机制。①其实，不论人们识字与否，人们普遍相信"空口难凭，立字为据"，"白纸黑字，铁证如山"。即便人们不识字，很多时候也会找人代笔书写字据。文字材料或地方文书，是带字的物证，在地方社会有着普遍的公信力。学者董时进指出，细娃望过年，大人望买田。农民在置田买地时，当双方写好契据，念过，大家签押之后，卖方照例会向买方说句："恭喜你们子子孙孙永远管业。"②

民有私约如律令，官凭文书，私凭契。"民间执业，全以契据为凭"，"有契斯有业，失契即失业"③。民间田宅买卖文书是田宅产权的重要凭证，还受到历代官方法律的保护。即便政权发生更迭，前代的田宅买卖文书仍没有失去效用，只是需要重新登记验证确认。民国初年，北洋政府就曾颁布《契约条例与施行细则》，规定凡旧契无论有无民国新印，均须呈验，进行验契。按验契税章程规定，前清旧契无论已税未税，一律呈官厅查验注册，换发新契。这些前朝旧契粘上一张验契纸后，便重新获得了新政权的认可，成为拥有某块土地合法的文字凭据。

迄今为止，豫西晋南乡村社会中仍有家庭收藏有不少契约文书。即使在今天私有产权制度已经相当明确的社会，法院在处理民间有关土地所有权的讼案时，尤其是派系复杂的祭祀公业，经常也将诉讼两造所提出的清代土地契约当

---

① 郑振满：《民间历史文献与经史传统》，《开放时代》2021 年第 1 期。
② 董时进：《两户人家》，学林出版社 2012 年版，第 45 页。
③ （清）佚名：《治浙成规》卷一《严禁验契推收及大收诸弊以除民害》，载官箴书集成编纂委员会编《官箴书集成》（六），黄山书社 1997 年版，第 333 页。

作审判的凭证。从土地契约所具有的这些法律效力，可以看出一个有趣的历史事实，它们尽管是民间私人的协议，却因为在日常生活中具有无可取代的功能，乃至现代的政府亦无法抹杀它们的合法性。正因为如此，人们在签订契约后，都十分注重对契约文书的保存，有意识地加以保护。

4. 人们积累了丰富的保存契约文书的经验

作为纸质文书，传统契约文书还是比较脆弱的，不易保存，怕水、怕火、怕霉变、怕虫蚀。民间社会为能将这些文书长久保存，各地均有不同的方法，积累了较为丰富的保存文书的经验。据《水经注》记载，白马寺的僧侣们为了防止佛经遭到损坏，就曾将经书放入榆木做成的经函中保存，被称为"榆梜"，此榆梜后移到城内愍怀太子浮屠中，由东汉到北魏，历经三百余年，仍保存完好，"金光流照，法轮东转，创自此矣"①。后世民间收藏契约文书，也多采取以箱匣收纳的形式。富贵人家还会用香樟木、紫檀木等名贵木材做匣；即便是一般的匣子，人们也会用艾草、薄荷、樟脑等进行熏杀除虫，并会小心存放至最安全之处。契约匣一般呈长方体，上部覆盖多是抽拉式，便于打开。契约文书多是按照类型成捆或成卷收入匣内。广州、佛山等地方，人们为了收藏契约文书，还制作了特殊的瓷器"契约盅"。这种器皿封闭性极好，既可防虫蛀还可以防潮，很适合南方的天气。②

还有些地方，人们采用悬梁储藏等手段来保存重要的文书，一般的做法是将想要保存的契约文书用防水布层层包好，悬挂于房梁之上，这样既起到防盗的作用也可以保持通风防止霉变的发生。贵州文斗人每年的"六月六"有晒契的习俗，家家户户都要拿出家藏契约进行晾晒，以防止霉变。对于文斗人来说，契约不仅仅是一种历史的印迹，更是切切实实调整着他们生活的某种传统和精神。③福建地处东南，紧邻大海，空气湿润，雨水偏多。为了防

---

① （北魏）杨衒之撰，范祥雍校注：《洛阳伽蓝记校注》，上海古籍出版社 2011 年版，第 197 页。
② 冯学伟：《明清契约的结构、功能及意义》，法律出版社 2015 年版，第 30 页。
③ 张应强、胡腾：《乡土中国：锦屏》，生活·读书·新知三联书店 2004 年版，第 123 页。

止受潮，要在储藏文书的地方常年撒上大量的石灰、木炭。为巩固干燥和驱虫效果，过一段时间还要对这些石灰、木炭以及驱虫杀虫材料进行更换。为了防止文书遭到虫蛀、鼠咬等破坏，还要放置一些具有防虫、驱虫效果的植物或药物，如艾草、樟脑丸等。还有一种化学杀虫法，王枫在谈及这种古籍保存方法的时候说道："曾经在广东南海佛山地区使用古方生产的一种名为万年红的杀虫纸，将该纸作为古籍的衬纸使用以达到杀虫防虫的作用。其主要原料为矿物性物质，四氧化三铅及其他铅的氧化物。这种杀虫纸被证明具有良好的防虫杀虫效果，在闽粤地区风行一时。"① 另一种保存方式是把重要的契约放入用具有驱虫功效的如樟木、黄檗木甚至是更为珍贵的红木制作的木匣之中，把木匣藏于自家房屋的地窖或者墙壁暗格当中。如《田藏契约文书萃编》中编录的《明天顺七年（1463）黄氏析产华字阄书》就是田涛先生在徽州的一处家族祠堂的夹壁墙中发现的。② 正是因为当时当地人有储存文件的意识，现在我们才有幸见到这些保存下来的珍贵原始资料。

传世的契约中，有一些是被棉线缝在一起，或是麻绳捆扎在一起的，这些都是归户性很好的契约。人们把这些同类的契约汇集在一起，统一保存。也有的家庭，为了更好地保存契约的产权信息，把家庭的土地流转信息，誊写下来，形成"地亩册""地亩老账"，或称"缮誊簿"。也有家庭留有重大事项的出入花销流水账册。这些材料都为我们了解地方社会留下了珍贵的第一手资料。尽管古人对家庭的契约文书进行了小心保护，但是这些薄如蝉翼并且泛黄的纸张上，还是出现了一些破损情况，有的已有破洞和水浸过的痕迹，有的还有被虫子蛀咬的痕迹，但这一切也从侧面体现了时间的印迹，更显得这些契约文书的弥足珍贵。

这些契约文书尤其是土地契约文书，新中国成立后成为"变天账"，据甘肃临夏州档案管理处工作的范振国指出，翻身农民庆祝土改胜利大会的一项

---

① 王枫：《浅议古籍虫蛀发生原因及其防治措施》，《农业图书情报学刊》2011 年第 5 期。
② 田涛、宋格文、郑秦主编：《田藏契约文书粹编·前言》，中华书局 2001 年版，第 2 页。

重要议程就是焚毁这类契约文书。经此浩劫，很多契约文书被强迫收缴并焚毁，但仍有大量契约文书被所有者珍藏下来；另有一些是被作为"阶级敌人变天罪证"而被相关部门保留下来的，如甘肃临夏回族自治州的一批契约文书就是被作为阶级教育展览材料侥幸保留的。①

先人们把各类契约文书当作家庭财产小心珍藏保存，并一代代积累传承。可以说，以户为单位的契约文书除了当时的实用功能外，已经成为今天考察家庭史、家族史和乡村社会史的重要素材。当然，如今这些存世的契约文书还有着相当的文物价值和艺术价值。一般的官契都是由当地官府指定的书法高手书写，书法水平较高，可以与当代的书法家的作品相媲美。一张地契就是一幅精美的书法作品，再加上它的史料价值，这张地契的价值就不可低估了。如今，民间契约文书收藏已经成为一个小众但大有作为的文物收藏门类。②

---

① 封华：《贮藏室中的收获——临夏契约文书收藏始末》，2015 年 5 月 6 日，参见 http：//www. lxzdaj. com/show. asp？id＝154。

② 尹伊君：《故纸遗律：尹藏清代法律文书》，北京大学出版社 2013 年版，第 4 页。

第二章　河洛民间契约文书的结构与文体

一、河洛民间契约的基本结构

不同时期、不同类型的契约文书在某些条款的使用上并不稳定，时常会发生变化，但随着中国契约文书的不断成熟，相同类型的契约逐渐有了相对规范的格式。流传下来的大量日用类书、契约程式、书契程式等，记载有各个时期的文书样式，指导着人们的契约实践。敦煌契约文书中就已经发现有唐和五代时期的"分家遗嘱样文""分家书样文""遗书样文""放妻书样文"和"放良书样文"等样本。① 北宋时期，有明确记载政府曾颁布田宅契约文书样文，北宋后期还出现了"官版契纸"并向全国推广。② 契约样文和官版契纸的出现，加速了中国传统契约文书样式的定型化。之后，各类契约样文开始在民间流传，契约文书书写逐渐格式化。

大概从元代开始，民间流传的日用类书中开始出现契式范本以供参考。如元刻本《新编事文类要启札青钱》录有《典买田地契式》《当何田地约式》《典买房屋契式》《当何房屋约式》《占墓山榜式》等16种契约文书范本；明代的《尺牍双鱼》录有《卖地契》《当田契》《卖屋契》《当屋契》《赁房契》《卖

---

① 参见中国科学院历史研究所资料室辑录《敦煌资料》第一辑，1961年。
② 参见张传玺《契约史买地券研究》，中华书局2008年版，第87—88页。

坟地契》《佃贴》等。① 明清以来民间应酬类书中更出现了专门介绍书写契约文书格式的《书契程式》《契据稿式》《杂用书式》《凭据契票》等书。相关类书的传播以及官颁契纸的使用，使得契约文书条款趋向统一，更加格式化。

民国时期，受西方法律文化的影响，形成了较为规范的国家契约法，契约的类型和格式更加规范，契约内容更加丰富，但仍然保留了传统的程式结构。民国二十六年（1937），学者董浩编写的《契约程式汇编》一书，依照当时国民政府民法各编规定编成三编。第一编总论，概述契约大纲，阐明其要件；第二编债权契约，凡民法债编内为契约程式者均举例格式说明；第三编为其他契约，凡不属于债权之物权、亲属、继承等契约。该书已经将契约按照西方民法的原则分为：债权契约、物权契约、婚姻契约和继承契约等，其中债权契约又可细分为买卖契约、互易契约、赠予契约、租赁契约、借贷契约、雇佣契约、承揽契约、出版契约、委任契约、居间契约、合伙契约、和解契约、保证契约等。②

学者冯学伟根据民国时期王恺豫编著的《大众契约程式》将契约结构分为十部分，结合传世契约实物来看，一份完整的契约结构应该包括起首语、率同语、因由语、叙物语、凭中语、收价语、任凭语、声明语、负责语、结束语、加批语、吉祥语十二个部分。起首语、因由语、叙物语、凭中语、收价语、任凭语、负责语、结束语是必要要件，率同语、声明语、加批语、吉祥语是可选择要件。③ 这种对契约结构的归纳很全面，尽力收纳了契约的所有义项，也比较符合传统的说法，基本能够适用于大多数的契约类型，然而这种对传统契约结构的划分，过于琐碎，每种要素如不加以解释说明，今人已

---

① 尤陈俊：《法律知识的文字传播：明清日用类书与社会日常生活》，上海人民出版社2013年版，第60页。

② 董浩编：《契约程式汇编》，上海会文堂新记书局1937年版。类似的契约程式书籍还有吴瑞书编辑，许石庵校阅《契约程式大全》，上海中央书店1931年版；席灵凤编著，笋乡老人校阅《契约程式》，上海时还书局1935年版；董坚志编著，殷晓校阅《最新契约程式》，上海春明书店1941年版；司徒安编《最新契约大全》，上海华华书店1947年版等。

③ 冯学伟：《明清契约的结构、功能及意义》，法律出版社2015年版，第47页。

不易理解，也不容易学习。为此，本书通过对河洛地区大量契约文书的考察，以土地契约文书为例，对明清以来土地契约的基本结构简单加以分析。

第一部分：起首表明契约的性质和立契人姓名、立契原因等

一般以"立卖契人""立死契人""立永卖地契人""立典地契人""立转当契人""立换地合同人"等开头，点明所立契约是活契、死契，还是典、当、交换等。河洛地区的田土买卖，大多数以"立卖契人"起首，不直接说明是活卖还是死卖。这类契约一般都是绝卖死契，找价现象并不普遍，不过特殊情况下，如灾荒年间被迫贱卖的田地，也有赎回或找价。从已搜集整理的河洛契约文书来看，找价一般可以找一次，便成为绝卖，还要另立文书。这类找价文书称为复契，或覆契、付契。① 复契在加付价钱之后，此地便成为绝卖地了。

立契人主要是家庭中的男性家长，也有女性参与立契，这些人一般是寡妻。当一个家庭的丈夫去世后，妻子往往具有处置家庭事务的权利。她们独自或与儿子一起，在处置田产、分析家产或立嗣承继中，拥有家长的地位。文书中如"立卖契张王氏""立主分关人张黄氏""立当地契人张门杨氏同子张金成"等。立契人之后，多为套语形式说明立契交易的原因。河洛地区田宅交易中，对于买卖原因多语焉不详，仅笼统写作"因不便""因乏用""因事不便""因为不便""因事急不凑""因一时不便"等；也有写出具体原因，但仍比较简略，如"因无钱/银/洋使用""因钱粮急紧""因耕种不便""因度日不过""因为年荒，度日不给"等。

第二部分：明确买卖田房的位置、大小和四至界线

河洛契约中标的物的位置都是买卖双方所熟悉的，双方互有默契。一般仅以一定参照物标明方位，如"村西头地一段"。至于田房大小，契约文书中

---

① 比较而言，南方契约实践中的找价现象更为频繁与普遍，因找价行为引发的纠纷、诉讼，也多数来自南方地区。参见童广俊、张津、张玉、于秀萍《束鹿县张氏契约文书中的找价——兼与南方找价比较》，《沧州师范学院学报》2021 年第 2 期。

的计量则极为详细，分毫相算，如"计地一亩零九厘六毫四丝三乎（忽）七未（微）五先（纤）"。这里"1 丝＝10 忽"，蚕吐丝为一忽，而微、纤更是精细到无法统计，充分说明古人对土地的重视，交易中的锱铢必较。有的也会标明尺寸如"计开，南北：四尺；东西：七弓二尺五寸"。田房的界线往往会点出"四至分明"，如"其地南北畛，南至新官路，北至王钦，东至王和，西至卖主，四至分明"。一般还言明土地"上下土木金石相连"，表示买卖土地不仅包含地上，还有地下部分，即所谓"上及苍天，下至黄泉"。最后以"情愿出卖于某某名下，永远为业"结束，这说明古人具有相当清晰的个人权利和义务意识。

第三部分：买方、买价与交易情况

河洛契约中的买方一般是家庭中的男性家长，因为只有殷实的家庭才能买入田宅。有些家庭在一定时期内，会持续不断购入田产，留下了数代人连续的契约文书。如河南孟津县古盟乡南徐村韩姓家庭，从乾隆二十六年韩学诗直到民国三十二年韩文乐，先后签订数十份契约文书。不过，家庭积累的田产又以分家析产等方式予以分解，所谓"君子之泽，五世而斩"（《孟子·离娄下》）。也有买主则是一些民间组织、寺庙、祠堂、商号、学校、村公所等，如祖师社、老坟社、百忍堂、三省堂、积玉堂、慎德堂、普爱堂、永兴号、三和聚等。

在记录交易价钱时，首先指出"同中言明（定）"，表示经中人说和、见证。后面会接上交易银钱数额和相关的担保条款，如"同中言明，时值共价钱十六千四百二十五文，当日钱地两交，自卖之后，永无反悔，如有人争碍，有卖主一面承当，恐后无凭，立契存证"。担保条款注重契约本身的作用，在于佐证交易过程和维护日后履约。随着契约的格式化，该条款形成的套语越来越简单，这也说明传统契约的履约机制更加复杂和多元。①

---

① 王云红、杨怡：《中国传统民间契约履约机制探析》，《公民与法》2016 年第 7 期。

第四部分：立契日期、立契人和中间人签字画押

传统民间契约文书的立契日期多采用帝王年号纪年，如"乾隆某年某月某日立"；民国时期开始采用民国纪年，如"中华民国某年某月某日立"；新中国成立后的契约文书则普遍采用公历纪年。使用帝王年号纪年的传统，表明民间社会的契约活动和社会秩序已纳入对国家的政治认同之中，是民众服从国家治理的一种符号表达。

另外，也有部分契约文书采取比较特殊的纪年方式。如1916年的一些契约，由于袁世凯复辟帝制的影响，采取了洪宪元年的纪年。另有一份房院买卖契约，立契日期是"成吉思汗纪元七四十年正月初五日"。成吉思汗纪年是1936年日本扶植的伪蒙疆联合自治政府使用的纪年方式，以1206年铁木真称"成吉思汗"之年为成纪元年，当年为成纪731年。日本投降后，伪蒙疆联合自治政府解散，但由于德王继续寻求建立"蒙古自治政府"而沿用至1949年（成纪744年）。此契约文书写于成吉思汗七四十年，应为公历1945年。这部分涉及数字较多，为防他人作伪，经常使用大写数字代替，体现了对违约行为的防范意识，也是对自身权利的维护。

立契日期之后是立契人签字、画押。土地契约文书一般是单契，立契人是出卖（典）方，文书则由受卖（典）方收执。书写"同中人""中人""知见人"，其下横排并列中人姓名，在名字后画押，多见画"十"字，也有画花押的，民国以后开始有加盖私人印章。"押"是中国传统公文和民间文书制作中重要一环。随着纸张的应用和商业交往活动的频繁，作为一种信约符号的"押"字，在民间交往中成为一种需要。从出土的唐代文书墨迹中，我们已经见有花押作为个人独特的信约标记。在李隆基书法作品《鹡鸰颂》中的花押字，说明在唐代花押已经被用在皇帝的书法作品中。还有"唐韦陟签押，草法牵连，很美观，时人称为'五朵云'"。这部分是确保双方履行契约的重点，也是熟人社会的体现。通过中人（常为亲友、地邻、保甲长、村长等熟人）的见证和传统社会礼俗的约束来维护契约公正，避免和惩罚违约行为。民间契约文书的格式化还与文书的形成多系地方上文人代写有关。河洛地区很多契约上常有"某某代笔""某某代书"字样，表明这些文书是当地可以时识文断字者帮忙写立。这类人多为地方上的文化人，熟稔地方交易习惯，是民间契约文书的制作者。

第五部分：加盖印信

河洛地区存留的田房契约文书中，多数是白契，即民间私相签订的契约，只有卖方的签字画押即可，无须加盖印信。明清以来，政府只是要求必须缴纳契税，但并未否定白契的法律效力。① 由于白契有中人见证，即使偶遇纠纷，也可资调解，因此在多数情况下，足以保证双方履行契约的规定。为此，传统乡村社会和地方官员普遍承认这种契约的有效性，将它们视为仲裁有关土地产权纠纷的重要凭据。

契税又称"契本工墨税"，是政府针对买卖、典押房屋、田地等不动产及牲畜等行为所课的税。一般认为，交易中投税印契之制始于东晋，据《隋书·食货志》记载："晋自过江，凡货卖奴婢牛马田宅，有文卷者，率银一万，输估四百入官，卖者三百，买者一百。无文卷者，随物所堪，亦百分收四，名为散估。历宋、齐、梁、陈，如此为常。以此人竞商贩，不为田业，故使均输，欲为惩励，虽以此为辞，其实利在侵削。"对此，清代学者赵翼在其《陔余丛考》中也言及"市易田宅，既立文卷，必投验官府，输纳税钱，给以印凭，谓之税契，此起于东晋时"②。东晋时期"估税"所征"输估""散估"两种，名为惩商励农，实则"利在侵削"。当时规定凡买卖田宅、奴婢、牛马，立有契据者，每一万钱交易额官府征收四百钱即税率为4%，其中卖方缴纳3%，买方缴纳1%。可以说，早期官府征收契税，主要目的在于敛财，一般视为商业税的一种。北宋开宝二年（969），开始征收印契钱（性质上是税，只是名称为钱）。印契钱不再由买卖双方分摊，而是由买方缴纳了并

---

① 任志强：《宋以降白契现象研究》，《前沿》2011年第22期。
② （清）赵翼：《陔余丛考》，上海商务印书馆1957年版，第567页。

规定缴纳期限为两个月。之后，历代封建王朝对土地、房屋的买卖、典当等产权变动都征收契税，但税率和征收范围不尽相同。如清初顺治四年（1647）规定，民间买卖、典押土地和房屋登录于官时，由买主依买卖价格，每一两银纳三分（3%）。到清朝末年，土地、房屋的买卖契税税率提高到9%，典当契税税率提高到约6%。官府在课税过程中，要在民间呈送的契约文书上加盖大红官印，从此种意义而言，税契即等同于印契。对此，有学者指出："白契是一份不完备的契约形式，或者可以说是红契的初始阶段。"① 官印代表着契约活动的官方参与，加盖官府印信的契约是最为完整的，也有着更强的法律效力。

官府对田宅交易进行管理，加盖印信，一般有两种情况：一是加盖县衙官印、粘连契尾；二是官牙纪加盖戳记。这种加盖印信的契约，一般称为官契。加盖红色印信的官契，谓之"红契"。印章的尺寸长期变化不大，相对固定。清代的官印印边较宽，正方形者曰"印"，如洛阳县印、襄陵县印等；长方形者称"关防、图记、钤记"，如山西省国税厅筹备处关防、河南省国税厅筹备处关防等。印文一般为满汉两种文字，均为篆体，满文在左，汉文在右。熟悉契约文书印章的加盖规则，对民间契约的缀合、辨伪和整理有着至关重要的作用。② 加盖官印的契约对于我们了解地方行政建制的沿革也很有帮助，如民国十六年（1927），国民革命军占领洛阳后，曾析洛阳、登封（今登封市）、临汝（今汝州市）、嵩县、伊阳（今汝阳县）、宜阳等县一部分，置平等县、自由县，取中山先生"自由、平等、博爱"的主张中"自由""平等"二词命名。1932年，两县裁并为伊川县，为期不足三年。本书搜集到数张加盖有自由县、平等县的地契，是国民政府地方行政的重要史料，弥足珍贵。

河洛地区民间契约的签订，很多时候是通过田宅牙纪参与完成的。牙纪

① 许光县：《清代契约法对土地买卖的规制——以红契制度为中心的考察》，《政法论坛》2008年第1期。
② 姚美玲：《清代山西土地契约印章之研究》，《榆林学院学报》2021年第3期。

也称牙人、牙中、经纪等，是旧中国城乡市场中为买卖双方说合、介绍监督交易并抽取佣金的居间角色。牙纪的机构民间通常称为"田宅牙行""地行""土行""五尺行"或"产行"等。官府利用牙纪控制地方上田宅交易价格，同时对交易过程进行监督，在契约文书上加盖牙戳。凡是在官府相关部门登记注册，领取牙贴的经纪人称为官牙，也称官中或官纪；未经官府批准的则是私牙纪。官牙制度在清代趋于成熟，官府详细规定了官牙的执业资格、取得执业资格的程序、官牙的权利义务等内容。从河洛文书戳记来看，牙纪往往由本地人充任，有时甚至是可以父子相承，世代执业。在田宅交易中，这些牙纪往往能够取代中人，成为交易双方的协商说合者，帮助写立买卖文书，并加盖戳记。牙纪除说合交易外，其主要职能就是监督交易双方按价报税。乾隆《河南省例》指出："每产行一人，官给木戳一个，如代书戳式，并设立循环簿扇，给发产行。凡民间买卖房产，令其于契上用戳，报税之时验戳用印，以杜另写契纸、少填价银之弊，并令产行将买卖主姓名、田房价值、顷亩、交易年月填写簿内，每月初一日缴官查验。循去环来，如有簿内已填而尚未报税者，即唤令报税。如有私自交易不赴产行用戳者，明系希图漏税，即令产行查报拿究。"[①]

河洛契约文字中牙行戳记多为竖长方形，上部分两边内斜使整个戳记呈梯形，戳记颜色除红色外，还有相当部分是墨色的，这使得戳记和印章的区分度还是极高的。戳记一般分为三部分组成：上部梯形内为（知县）正堂某（姓），表示获得当地衙门的授权，代表县衙行使权力；下部左右两边为年代及产行牙纪人姓名，中间部分是花押文字。戳记的文字部分除花押外，一般是采用仿宋体，字体规范；花押部分则多为草书合体，文字内容不同地方不同产行各有不同，但均用词考究、语言凝练、设计精美，极具观赏性，也具有防伪功能。花押的文字内容简要，如官中、清风、清正、小心、十分小心、

---

① 杨露：《清抄本乾隆〈河南省例〉整理与研究》，暨南大学硕士学位论文，2019年，第43页。

公正、刚正、为公、公平无私、正大光明、心如止水等草书合写，采用拆分、借字、变体等形式使花押文字识别困难。戳记花押内容表现出一定的职业道德，也是对买卖双方的表态，主要是起到一定警示和告诫作用，是政府规范牙纪行为的一种手段。从钤印位置上看，与官府印章盖在契约关键内容上不同，戳记通常是位于契约文书的空白处，以左侧上部和中部居多。常规来说，民间田宅买卖三面议定，写立契约文书，产行监督交易，抽取佣钱，加盖戳记，买卖双方还要到县衙缴纳契税，在文书上加盖官印并粘贴契尾。从现存大量的河洛契约文书中只有牙行戳记的现象来看，很多交易流程走到地方经纪这里就算结束或完成了。

在全国各地的土地契约中，一般情况下均要求准确的书写买卖土地的四至、亩数、交易金额等具体情况，但是相较于南方地区的契约，河洛地区的契约程序显得更加简洁且签约的形式也极为简略。例如，在广东珠江三角洲地区的土地交易中，其交易程序要比河洛地区的土地交易复杂得多。嘉庆十年的《周应新卖田坦文契》中记载了关于珠江三角洲地区的土地交易情况："就日同中齐至田所，竖明界至，丈量明白，果合税数，回即写立卖契交易，银契两相交讫，不欠分厘。"[1] 也就是说，在珠江三角洲地区，契约签订时双方要同时踏入所要交易的土地，精确丈量土地大小及范围，在边界处竖立标志，然后根据所丈量的情况签订契约，交易银契。广东的土地契约除田价之外，契内还开列有书签、酒席、洗业、立士、中人佣金等费用。对于田地的质量，自然是契约中的重要内容，广东契约中所述沙田的质量问题具有典型的地方特色。此外，广东地契中常会标明土地原价和实际成交价，以示对卖主的优惠。[2] 相比之下，河洛地区的契约要件则显得简略得多。河洛地区的契约要件仅仅对契约双方、土地亩数、权利义务等几项进行阐述，对于"违约条款"、田地详情等项并没有明确的规定与记录。这是一则同治年间河洛地区

---

① 谭棣华，冼剑民编：《广东土地契约文书》，暨南大学出版社2000年版，第40页。
② 冼剑民：《从契约文书看明清广东的土地问题》，《历史档案》2005年第3期。

的土地契约："立卖契人曹相成因为不便，今将自己家东田地一段，其地南北畛。东至曹魁文，西至墙根，南至大道，北至大道。四至分明尽绝，上下金石土木相连尽在卖数。今同中说合，情愿出卖于胞弟曹振海名下永远为业。言定时值共卖价钱四十八千文，钱地即日两交不欠。此系两家情愿，并非逼勒成交，三面言定，各无异说，恐口无凭，立卖契为证。"① 从该契约文书中，不难发现其内容的简省化。该契约文书仅对契约双方、土地概况、权利义务等进行了阐述，只是满足对于交易双方基本条件的肯定，其内容的粗疏化与南方契约文书的精细化形成了鲜明的对比。

二、河洛民间契约的特殊形式

通过中人说合协商，三面言定，由代笔人书写文书，相关人士签字画押，一份契约文书就算完成，但在现实生活中，人们的契约行为一般不会就此终结，还会在验契和流转过程中产生一些特殊形式的契约类型。这里根据河洛地区的实际情况，对本地的官版契约、批契、复契，以及其他形式的契约进行探讨。

（一）官版契约

官版契约是指官颁的由民间田宅交易双方领受签订的买卖格式契约文本。官版契约吸收了民间契约的格式，同时添加了官府的法律条款、则例摘要等内容，形成统一版式。之后，民间契约的行文、款式也多模仿官版契约或逐渐受其影响。河洛地区民间契约文书长期以白契占主流，但由于该地区一直处在政府的直接控制之下，"国家在场"，政府在契约管理方面的尝试，在其官契中表现相对鲜明。如河南孟津县古盟乡双槐村邢姓契约文书除一本地亩札（地契抄录老账）外，共有各类文书 120 余张，时间从乾隆四十年（1775）

---

① 王支援等主编：《故纸拾遗》卷一，三秦出版社 2006 年版，第 152 页。

延续至 1952 年，其中加盖官府红色印信（或使用官版契纸，部分粘连有契尾）的官契有 44 张；没有官府红色印信，加盖有产行牙纪戳记的契约有 26 张；各类白契则有 50 张。通过以上数据可知，白契率约为 42%，约有 58% 的契约直接或间接受到地方政府的监管。

从现存契约文书的情况来看，明末清初的官契主要是民写官验类型，官府直接在民间自书契约上加盖官印。直到康熙年间，出现了在民写契约后粘连官版税契票的情况。如康熙三十一年（1692）正月十八日，山西襄陵县民单守凤因为年荒口食不足，将祖业场房场地出卖与本家单进屏，当日签约，钱地两交，并执文契赴县缴纳契税，加盖官印，粘连税契票。为反映该票据的整体面貌，特全文照录，并把需要自书填写的内容用"【　】"来表示：

襄陵县税契票①

为征收税契银两事，实收完【　】里【单进屏】

买到【本】里【单守凤】房　间/地　段契【乙】张，价银【叁拾捌】两○钱○分○厘○毫，该税银【壹】两【壹】钱【肆】分【捌】厘○毫○丝，待请契尾到日挨次填补投票换尾，除以往不究外，以后无票无尾无印信者，即系漏税，依决追价一半入官，听饷须至票者。

康熙三十一年八月　日

可以看出，这时官府对田宅买卖进行管理，目的主要是为了征收税契银两。清承明制，顺治四年（1647）规定，凡民间买卖土地房屋时，均需由买主依买价每一两课银三分，并由官府于契尾加盖官印为证。税契后黏附土地买卖契约末尾的官文书，称为"契尾"。赵翼《陔余丛考》考察认为，契尾至迟在南宋就已经出现。现存实物中则是以元代为最早。元代的契尾称为"给"或"税给"，明清时期始称"契尾"。"契尾"制度实行后，凡投税者，"止钤

---

① 李虎主编：《洛阳师范学院图书馆藏地契精选图录》，浙江人民出版社 2015 年版，第 6 页。

契纸，不连用契尾者"为非法。一般认为，民间自行书立的白契只有向当地官府登记投税验契并粘贴上布政司颁发的契尾，再加盖官府的骑缝红色印章之后，才算具有法律效力。

清代沿袭明代契尾制度，不过最初在地方上执行并不稳定，民间交易很少用契尾，契尾存留更是极为罕见。康熙年间，清政府曾暂停使用契尾，民间交易契税仅登记于"循环号簿"。雍正六年（1728），时任河南山东总督的田文镜参照纳粮连根串票样式，创行"契纸契根之法"，即由行省布政使司统一印制官版契纸契根，并预先钤盖布政使司印信，编号发至各州县。各州县则将契根留于县衙，契纸交给州县纸铺，令纸铺代销。民间交易纳税印契之时，需先向纸铺购买官版契纸，填写所买田宅亩数、字号、价银等信息，偕同卖主赴县，经主管官吏查验依例纳税后，分别在契纸、契根上钤盖本县印信。契纸联交买方收执，契根联则留存州县，以备解税时交布政司呈验核对。"契纸契根之法"先在河南、山东等地行用，之后，推广至全国各地实行。

该官版契纸由行省统一制版颁发，均为雕版刊印，契纸按照一般田宅买卖文书的程式，包含买卖双方姓名、交易原因、土地房产的种类、坐落、四至、交易价格、契税金额及交易时间等，完整的官版契纸上面有毛笔填写交易信息，上面有大红的行省承宣布政使司大印及州县官印。清政府实行"契纸契根之法"，有利于加强对田宅买卖的管理，然而由于官府用官版契纸取代民间白契，不准白契用印，民间田地房产交易，都要使用省内布政使衙门颁发至各州县的契纸契根。这样民间交易就甚为不便，也给地方官吏提供了敲诈勒索的机会，将官契纸变成了敛财的工具。虽然在"布政司契纸"末尾特别标有"每契纸一张卖钱五文，解司以为油红纸费，不得多取累民"的文字，但实际上"书吏夤缘为奸，需索之费数十倍于从前，徒饱吏役之壑，甚为闾阎之累"。乾隆帝对契纸契根之法的弊端有着清醒的认识，雍正十三年（1735）九月初三日即位，到十一月初五日便颁谕："嗣后民间买卖田房，著仍照旧例，自行立契，按则纳税，地方官不得额外多取丝毫，将契纸契根之法，永行禁止。"① 契纸契根之法废止后，民间置买田地房产准许民间自行写立白契，契税后加盖州县印信粘贴契尾，然此法偷漏契税的现象比较严重。乾隆十四年（1749），清政府更定税契之法，明确契尾的格式，规定："嗣后布政使颁发给民契尾格式，编列号数，前半幅照常细书业户等姓名、买卖田房数目、价银税银若干；后半幅于空白处预钤司印，以备投税时将契价税银数目大字填写钤印之处，令业户看明，当面骑字截开。前幅给业户收执，后幅同季册汇送布政使查核。此系一行笔迹平分为二，大小数目委难改换，庶契尾无停搁之虞，而契价无参差之弊。"② 河洛地区所见契尾，均采用乾隆十四年更定之法，契尾通常采用雕版印刷，行文如下：

契尾③

河南等处承宣布政使司为遵

旨议奏事，乾隆十四年十二月二十八日蒙

巡抚部堂　宪票乾隆十四年十二月二十六日准

户部咨行令嗣后颁发给民契尾格式编列号数，骑字截开，平分为二，前幅给业户收执，后幅随季册汇送布政司查核等因，咨院行司通饬钦遵外，合行颁发。嗣后民间买卖田房报官投税者，即便遵照办理毋违，须至契尾者。

文后需填写买主、卖主姓名，田宅坐落位置、亩数、用价银、纳税银、日期等信息，最后是藩字编号，以供日后查验。嘉庆、道光、光绪年间，时有清理税契积弊，酌议新章之举，契尾内容则在乾隆十四年的基础上，增加新的内容。如道光年间的契尾增加了"兹因清厘税契积弊，酌议章程，将司印契尾以道光十六年（1836）三月为始，另行刊刷新编字号，发颁备用，以便稽考，而杜牵混，除详院通饬外，合行颁发。嗣后民间买卖田房报官投税

---

① 《清高宗实录》卷八，雍正十三年十二月辛未。

② 清高宗敕撰：《清朝文献通考》卷三十一《征榷考六·杂征敛》。

③ 王支援等主编：《故纸拾遗》卷一，三秦出版社 2006 年版，第 46、107 页。

者，即便遵照新编字号挨次粘用。仍骑字截开，平分为二，将前幅粘契给予业户收执，后幅即随季册汇同送回查核毋违"①。

乾隆朝更定税契之法将契尾编号管理后，民写官验粘连契尾的二联契甚为流行，成为河洛田土契约的主流，一份合法的契约必须一契一尾。当然也有再粘贴原来的上手契，形成三联契、四联契，甚至更多契约，形成一个相互粘连的复杂文书系统。光绪三十四年（1908），清廷借鉴国外经验颁布了印花税，延续六百多年的"契尾"制度被逐渐废止，取而代之的是在官契（红契）上粘贴印花税票。1909 年度支部在"印花票制成，请颁布各省试办"的奏折中，称"印花""印花票"或"印花票纸"②。民国年间印花税制不断补充和完善，推动了中国税制和工商业经济的发展。不过，政府在田地房屋买卖活动中，除需缴纳契税外，另需按规定贴上印花税票，有重复征税之嫌。

官府并未放弃使用官版契纸，各地不断推出各种式样的官契纸。从河洛地区的情况来看，不同州县逐渐发展出官契、文契、正契、房地官契、绝卖文契、官发卖契、新卖契、买契等不同类型。一般的官版契纸是由行省布政使司统一颁发，后期则多由各州县自行印发，形式多样，极具地方特色。如偃师县印发的官版契纸，抬头是"文契"二字，契面上印有"偃字第　号"，契税登记时均有固定编号。又如光绪年间的"官发卖契"，官版契纸上印有格式内容："自卖之后，任凭姓过户完粮，照章投税，请粘契尾以凭管业。如有蒙混购买转售教堂，即将此契作为废纸。欲后有凭，立此绝卖文契为据。"③该内容极具时代和地方特色，禁止将土地卖给教堂，表明地方政府力图限制外来宗教的发展，是晚清时期河洛地区民间反洋教斗争的一种反映。民国继续沿用官颁契纸，河南省官印局印行的契纸，每张价格高达洋一圆，外加注册费一角。相比成本，契纸价格翻了近百倍。发行官契纸也成为地方政府契

---

① 王支援等主编：《故纸拾遗》卷一，三秦出版社 2006 年版，第 192 页。

② 饶立新：《中国印花税研究》，江西财经大学博士学位论文，2009 年，第 50 页。

③ 王支援等主编：《故纸拾遗》卷一，三秦出版社 2006 年版，第 261 页。

税之外的另一项重要财政收入。

(二) 批契

通常情况下，田土交易的卖方要提供转移田产的契约凭据，本次交易之前迭次交易所保留的契约，都称为上手契，其中的白契，即为上手白契。田土买卖时，卖方要备齐土地交易之前的买卖或质佃相关的所有上手契，可让新买主确实拥有那些土地的所有权或租赁权。交易过程中，这些上手契要与地产一并转移给买方所有。一块田产历经转移的次数越多，年代越久，其所积累的契约凭据也就越丰富。一般来说，上手契和新立契约一起，构成了一个相对完整的产权证明。批契是指在田土交易过程中，买卖双方不再书立新的契约，而是直接在原有契约文书上加批文字，以作为再次交易的凭据文书。

河洛地区的批契有两种情况：一是已经写立契约后，又出现新的情况或未尽事宜，双方协商后重新批写在契约之上；二是田产再次交易时，不再重新立契，而是在上手契上直接批写新的内容。如嘉庆四年正月十八日登封县姚太悦卖地文契，契后有"后批：书字即五钱正（整）；后批：道路从张思地内出入行走"。又在契约内通过加批的形式约定了书契的价格以及土地出入道路，以免不必要的纷争。又如：

尚银生揭大洋文约①

立写揭大洋人尚银生，今揭到尚银禄名下，本现大洋六十五元，同中言明，每月每元二分行息，期至六个月为满，本利全还，如若本利不到，情愿将自己大坟合二八水地五亩，交于银主人耕种，恐口无凭，立字存证。

中人：尚赵全 尚文祥

民国十九年十月初五日 立

---

① 洛阳契约文书博物馆藏《尚银生揭大洋文约》，文书编号：031418。

另批：二十一年全月初十日，同中人尚金锁、尚赵全、尚文祥，村长尚建吉，因短利太多，当面算清，除收下短利大洋二十整，无力交还，将愿地交银主耕种，地至五年为满，期以内不许回赎，若有典买情事，本利一并归还，地至五年完满，将利全让，将本归还，愿地赎回，恐口无凭，立字为证。

民国十九年（1930），尚银生揭银现大洋六十五元，原定六个月后本利全还，结果直到民国二十一年年底，仍未能如数偿还，只能按照约定将"愿地交银主耕种"。土地本是揭银的担保，由于揭银人未能按期还钱，只好将土地给债主抵债。抵债的过程，双方协商好后，便以批文的形式附在揭约之上。另外，土地重新交易，交易双方采用简易方式，直接批写于原契约上面。从河洛地区的事例来看，一般绝卖田宅都要重新写立契约，批契的情况多是出典、出当或租赁田宅。还有一些分书、遗嘱等文书，也会加批，如：

立遗嘱孟德震，因已有二子，长宪书、次宪儒，同居不便，今将自己房院田园除养老之外，邀请亲族邻友，斟酌分讫，以免后患，所有大堎南地南边二亩二分，以作养老，宪书代耕，每年吃穿花费以及送终大事，供系宪书奉应。房后当契竹园一亩，西屋南捎间空地一段与大堎南地北边一亩，堂屋平房五间，堂房后东边中厮（厕）一个给予宪书为业。所有欠外账物六十余串，亦系宪书归还，给予宪儒西屋平房三间，北地当契地二亩一分，堂屋后西边中厮（厕）一个，各勿异说，立遗嘱各执一纸寸照。

光绪十四年八月初一日　立遗嘱：孟德震（押）

同中人：庞泰山　李柏年　张文汉　庞法哲　李席孔　王新章孟树桐　仝证

后批：资生堂长使宪儒补还南捎间空地宪书赎回。

又批：房后中厮（厕）异日宪书使用，地基移于他处仍用宪书之地。

又批：前后路径出入通行。

又批：南捎间异日重修，照旧地基。①

（三）复契

有学者早就指出，我国历史上，在不动产交易过后，卖主仍向买主要求找补一定的价值的现象曾经长期普遍存在，且此种现象多发生在不动产交易的不同形式即典卖、活卖、绝卖中。② 同一项不动产交易的找价次数，一次至十余次不等，甚至更多。同一项不动产交易的找价年限，可以于当年交易过后不久即要求找价，也可以过十余年、数十年，甚至上百年再求找价。河洛地区也普遍存在找价现象，不过一般存在于土地的典、当等活卖交易之中。如：

清康熙六十年（1721）薛亮弼典坟地红契③

立典坟地人薛亮弼今典到李名下坟地一段，东西畛，东至杨顺，南至杨日昇、西至李哦，北至李云，四至分明，计地三亩，同中言定，面受典价纹银五两整，三年为满，十月查下取赎，恐后无凭，立典约存照。

每年满粮银三钱六分

中见人：百和饭、贾美云、李朴

康熙六十年七月二十八日 立典约人：薛亮弼（押）

后批：雍正十三年十一月十七日，薛益成、薛士义、薛本利同中李策、张肇瑞、李魁找价纹银十二两五钱正，外限九年为满，批照。

后批：乾隆十八年十一月十一日，薛益成、薛益洪、侄镇彪，同中张肇瑞、李茵、李振宇找价纹银六两五钱整，外限十年为满，批照。

---

① 王支援主编：《洛阳民俗博物馆馆藏契约文书精粹》，中州古籍出版社 2017 年版，第 83 页。
② 陈铿：《中国不动产交易的找价问题》，《福建论坛》（文史哲版）1987 年第 5 期。
③ 李虎主编：《洛阳师范学院图书馆藏地契精选图录》，浙江人民出版社 2015 年版，第 11 页。

后批：乾隆二十七年九月初九日，薛本利并侄振潘、镇彪，同中李芮、李苗、陈沛泽、张肇端、陈建统，找价纹银二十两整，外限十年为满，查下回地取赎，此照。

乾隆五十二年十一月十六日，薛振翱同侄太来，同中陈作赓，找银九七色八两整，此照。

这是一份典坟地红契，康熙六十年七月二十八日薛亮弼立约典到坟地一段三亩，约定典价纹银五两整，一典三年为满，十月查下取赎。之后，又以加批形式先后于雍正十三年十一月十七日、乾隆十八年十一月十一日、乾隆二十七年九月初九日、乾隆五十二年十一月十六日，连续四次找价。典约执有人，即付价典地人也由薛亮弼，转移到薛益成、薛士义、薛本利，薛益洪、薛镇彪、薛振潘、薛振翱、薛太来等。每次找价后，典期都有所延长。该块土地在缴纳找价后，几乎成为薛姓家族的永佃田，在其家族内世代流转。可以推测，薛姓典买李姓的一块田地作为家族墓地，由于无法绝卖，只能一次次通过找价的方式获得长期使用权。

这种多次找价的现象在河洛地区并不多见，更多的情况是找价一次，即复价。河洛地区因年荒度日不过，不得不出卖土地，民间习惯可以赎回，如到期仍无力赎回，可以找价一次，称为复价，钱地两清后，将该地绝卖，该地不能再赎回，也不允许再找价。复地价后要写立复约，复约就是指复地价文约。本人收藏的一份复约如下：

米娃立蒙皇恩回地复约①

立复约人米娃，因二十七年被荒，身卖于所永禄北河麦地一段，价钱三千文。今蒙皇恩准回地亩，同中说合，身无钱回赎，谨遵告示所永禄，又复钱三千文，米娃将钱得去，永断葛藤，恐口无凭，立复约字存证。

---

① 个人自藏《米娃立蒙皇恩回地覆约》，文书编号：00123。

中人：张万全

正堂徐　房地行胡清茂戳记

咸丰元年三月十八日立（押）

道光二十七年（1847），米娃由于荒年将自身麦地一段卖予所永禄，得钱三千文。咸丰元年（1851），遵照官府告示准许回赎土地，米娃无钱回赎，又找价三千文，写立复约存证。找价之后，土地绝卖，无法找价回赎。可以说，除了典、当的土地之外，灾害年份迫于生计无奈卖掉，根据政府要求，可以出价回赎的。又如以下两例：

王西花卖地付钱文约①

立付（复）约人王西花，因年荒贱卖地亩，封（奉）旨回赎付（复）价。今同经中说合，将西窑三尖地一段四亩有零，付钱二千二百文。恐口无凭，立付（复）约存证，此照。

正堂双　房地行张太来戳记

大清光绪四年十月二十八日　王西花立（押）

同中人：秦红（押）

曹合卖地回赎复约②

复约人曹合，因光绪三年八月卖于永愿堂田地一段，坐落村东被（坡）时，四至明白。今蒙国恩赎回，身实无力，央人说合，又复钱十九千整，钱地即日两清，恐后无凭，立复约为证。

光绪五年又三月十二日立（押）

同人：曹双进（押）曹桂秋（押）曹安寅（押）

这里两例复约签订的时间分别是光绪四年、五年，当时在山西、河南、陕西、河北、山东华北五省发生了大范围的旱灾，此次灾害前后持续了四五

---

① 洛阳契约文书博物馆藏《王西花卖地付钱文约》，文书编号：028903。
② 洛阳契约文书博物馆藏《尚银生揭大洋文约》，文书编号：028904。

年，其灾情之重、危害之巨、影响之大，令人触目惊心且实为史所罕见。此次灾害始于光绪元年，光绪三年的灾情尤为严重，故当时被人称为"丁丑奇荒"，又因这场重旱灾延续到光绪四年，即干支纪年戊寅年，所以也被称为"丁戊大荒"。在发生严重旱灾的这些省份里，山西、河南灾情尤其严重，也称"晋豫奇荒"。当时灾害受影响的民众约有一亿六千万到二亿左右，占当时全国人口的一半；直接死于饥荒疫病的人数，至少也在一千万左右；从重灾区逃往外地的灾民，也不少于二千万人。[①] 不少地方百姓为了活命，不惜卖房卖地，更有甚者，卖儿鬻女。灾后根据政府命令，可以通过复约的形式赎回所卖土地。不少人由于身无分文，不得不找价复钱一次性把土地绝卖。这些复约，正是河洛地区人民遭遇自然灾害时期窘迫境况的血泪记录。

（四）其他形式契约

河洛地区契约文书内容丰富，不仅包括一般的婚姻、继承、田房买卖、分家、借贷、诉讼等方面的内容，还涉及地方社会生活很多具体方面。这些第一手资料，有助于对地方社会的微观层面进行全方位、多角度的观察。今见一本民国时期民间契约程式写本，有关契约类型就涵盖：绝卖田契式、卖屋及地契式、绝退约式、揭数式、牛领式、田批式、田领式、卖养男女契式、继书式、父立分单、请木匠合约、请工匠合约、合伙做生理合约、禁盗田禾式、寻牛赏帖式、请找厂合约、请和尚道士合同、和尚道士合同、请鼓吹合同、鼓吹立合同、请结坛合约、入户籍合约、户丁合约、雇工议约式、雇脚夫约式、船户河交、送山契式、安葬山契式、兄弟分单、重娶婚书式、买妾契式、买养公婆子契、业铺批稿、保领式、写认字式、卖山契式、按田契式、赎契买主立字式、立请帖式、设立禁例、合乡轮更看守式、戒懒词、作神主定例、加冠礼式、批山式、赁屋批式、换屋式、断卖铺式、卖塘契式、养子

---

① 李文海等：《中国近代十大灾荒》，上海人民出版社 1994 年版，第 98 页。

嘱式、打伤人保领、栽蔗禁约、领铺批式、禁偷竹笋、禁偷鱼等，几乎无所不包，且针对每种类型，都给出了具体的契式，以供参考。如"禁偷鱼式"，契式如下：

> 禁偷鱼式

> 出谢帖人△村△，耕本村鱼塘一口，屡次夜间被盗鱼，现给赏花红，如有人看见偷鱼到来报信，此奉回花红钱△千，当时捉获有赃，据此奉回花红钱△千，特字邀知，决不食言，执帖是实。[1]

可以看出，人们出于地方社会生活的需要，根据地方风俗习惯，能够创制出形式多样的契约类型。河洛地方契约文书既具有国内其他地区契约文书的一般特征，也具有一些地方特色。有些契约文书能够反映出河洛地区独特的社会生活图景。

1. 窑房契约

河洛地区处于黄河流域中游，该区域土层深厚有立性，非常适宜开挖窑洞。窑房、窑院是该地区极具特色的民居建筑，已经有四千多年的悠久历史。窑洞是利用黄土壁立不倒的特性而挖掘的拱形穴居式住宅，也是人类"穴居"生活的实物见证。窑洞的形式各式各样，从建筑的布局结构形式上划分可归纳为靠崖式、下沉式（天井窑院）和独立式三种形式。[2] 豫西、晋南地区流行的多是靠崖式和下沉式窑洞。靠崖式窑洞，又称土窑、山窑，是在黄土断崖壁上向内开掘形成的券顶式的纵向窑穴。这种洞穴可以并列开掘两孔或多孔，各洞穴之间可以独立使用，也可以贯通左右侧室，形成厅堂结构。下沉式窑洞，也称天井窑院或地坑窑院，顾名思义就是在地上挖出大坑，形成天井，然后在坑的四壁上挖出洞穴作为住宅，形成低于地面的天井式四方宅院。窑洞的建造，无须架梁，准备檩椽、房瓦等，成本相对一般建筑要低很多，保温隔热效果又好，堪称冬暖夏凉。由于窑洞既经济又实用，成为河洛地区重

---

① 《应酬杂录》，民间手抄本，第 73 页。
② 李广、卢翼、李慧君编著：《中外建筑史》，安徽美术出版社 2018 年版，第 54 页。

要的传统民居，窑房的买卖转让行为也很普遍。试举几例如下：

窑契 1. 郭冯氏同孙全则卖土窑文字①

立卖永远死契文字人郭冯氏同孙全则，因无钱使用，今将自己土窑两座，门窗俱全，坑侧（厕）一个，土木相连，照以上地二分起粮。四至东开，水流出入行路依古往来。今立契出卖于郭雷鸣名下修理经应（营）为业。同中言明，总价大钱一十四千文，其钱当日笔下交足，恐（空）口难凭，立卖契文字存证。

咸丰九年四月　日　立卖永远死契文字人：郭冯氏　孙全则

同中人：郭吴保　郭喜林　郭新学书

乡约：郭风嵩

窑契 2. 刘凤林绝卖土窑文契②

立绝卖窑契文约人刘凤林，因为使用不足，今将自己原分到祖业土窑二孔，坐（座）落在圪台里，东至地界，西至窑边，南至窑背，北至土垄，其宅各有四至分明，土木石相连，一应在内，情愿出卖于本村刘德明名下管业居住，同人言明，作绝价钱四千文整，各出情愿，并无异说，恐后无凭，立约为正。

大清光绪三十二年四月二十日　立绝契人：刘凤林（押）

中见人：赵连其（押）

刘定即书（押）

窑契 3. 洛阳县顾宏恩转典窑官契纸③

官契纸

---

① 王支援等主编：《故纸拾遗》卷二，三秦出版社 2007 年版，第 19 页。
② 洛阳契约文书博物馆藏《刘凤林绝卖土窑文契》，文书编号：00016。
③ 个人自藏《顾宏恩转典窑官契纸》，文书编号：00007。

　　立典窑契约人张树艺，情因手乏不便，将自己祖遗西上窑一眼，东厦窑二眼，门窗石门外窗俱全，走路出入通街，毛厕伙走粪，房主承管空基地一块。同中说合，出典于顾鸿恩名下作业居住，同中言明时值典价九大钱八十千文整，其钱笔下交清，并不短欠，日后倘有修理房屋砖瓦木料，房主置办，令灰土房客承管，限至三年为满，钱到回赎，上税花项与房主无干。此系两出情愿，别无异说，恐口无凭，立典约为证。

　　随约认到润泽洪里二甲二四俸官粮一二升

　　公证人：张西庵

　　中见人：张三贵（押）

　　中华民国九年九月初九日　　立典契人：张树艺（押）

　　书契人：陈永隆（押）

　　中华民国十四年六月三日立转典窑约人顾宏恩，同中说合人张荣盛照此契原件转典契张满有名下作业居住，恐口无凭，立转典约照，前税字第二万一千二百七号。洛阳县印。

以上三份契约都是有关土窑的交易。窑洞作为河洛地区的特色民居，分布广泛。当地民众，不分贫富，均喜建窑居，明人王士性在其著作《广志绎·江北四省》中说："洛阳住窑，非必皆贫也，亦非皆范砖合瓦之处。遇败冢穴，其隧道门洞而居，亦称窑道，傍穴土而居，亦称窑。山麓穴山而楼，致挖土为重楼，亦称窑。谓冬燠夏凉，亦藏粟麦不坏，无南方霉湿故也。"[①]明清时期开创了"耕耘三省，船行六河"的河南巩义康百万家族庄园，就拥有73孔窑洞；辛亥革命元老、民国陆军上将张钫在其老家新安县铁门镇建的故居"蛰庐"就是由15孔高大砖窑组成的砖券窑院，内外墙壁上由于镶嵌了千余块石刻，形成了著名的"千唐志斋"。贫困人家无力盖房，就以简陋的窑

----

① （明）王士性：《广志绎》卷三《江北四省》，中华书局1981年版，第39页。

穴为生。富裕人家也会斥巨资打造宜居窑院。窑洞往往在前边加盖东西两侧的厢房，河洛当地称为厦房，各三间或各五间，形成窑院。窑洞，乃至窑基，都可以买卖、转让或出典。

2. 涉水契约

河洛地区地处黄河中游，自古便是中国传统农业区，水利是农业的命脉，尤其在传统农业社会，水利不仅关系到农业生产，更关乎社会稳定和国家兴衰。水不仅是人们生活的必需品，也是农业生产的核心资源，水利资源在人们的日常生活和农业生产中均起着举足轻重的作用。这里人们对水资源的开发、利用形成了以水为中心的"水利社会"[1]。如由于水资源的稀缺，浇灌水时可以作为商品进行交易，于是出现了各种有关修造水利工程和水权买卖的契约。

水契约 1. 荀建忠立写灌溉入工文约[2]

　　立写入工文字人荀建忠，因为使水浇地，所有樊家汧圪窝里平地四亩，今情愿将地入于东大汧兴工使水浇地，如兴工有误，使水有失，俱依汧长科罚，不得异说，恐后无凭，故立入工文字为证。

　　同官（管）工人：张日奎

　　同治四年闰五月二十七日　立写入工文字人：荀建忠（押）

水契约 2. 贾福立写灌溉入工文约[3]

　　立写入工字据人贾福，因为高有汧平地二亩，今情愿入在上汧兴工使水，遵循科罚，不得异说，恐口无凭，故立入工字据为证。

---

[1] "水利社会"是以水利为中心延伸出来的区域性社会关系体系，通过水利这一农业社会最主要的纽带，可以加深对中国社会组织、结构、制度、文化变迁等方面的理解。参见王铭铭《"水利社会"的类型》，《读书》2004年第11期；行龙《"水利社会史"探源——兼论以水为中心的山西社会》，《山西大学学报》（哲学社会科学版）2008年第1期。

[2] 洛阳契约文书博物馆藏《荀建忠立写灌溉入工文约》，文书编号：031548。

[3] 洛阳契约文书博物馆藏《贾福立写灌溉入工文约》，文书编号：031546。

同沥长：刘思明　张甲福　张日会　张日奎　张海　刘思敬

张联科

光绪十年六月初六日　立字据人：贾福（押）

水契约3. 柴建邦立卖山水文约[①]

立卖山水人柴建邦，因为水时短少，浇灌不下几何。今将自己每月初四日山水一个半时辰立契卖于本族建业名下永远为业，仝中言明，时值价银八两三钱二分半，日后若翻出此水买契，以斯约为据。

中人：柴彦魁　柴奎准

民国九年八月廿五日立

水契约1荀建忠将平地四亩入于东大沥，契约2贾福将平地二亩入于高有沥，均承诺兴工用水。这里的"沥"，《新现代汉语词典》的释义为"流水停积处"[②]。这里指通过挖掘整修水泉形成的水塘或水库。出于浇灌农田的需要，地方农民会合伙兴工进行水利工程建设，并事先签订兴工文书，根据工程投入多少分配用水灌溉的情况。明清之后随着资本主义萌芽的发展，日渐频繁的土地买卖使水权买卖成为可能。水权买卖的一般原则是水随地行，但清末以来水权与地权的分离倾向却越来越明显。[③] 水契约3，柴建邦就将自己浇灌水时每月一个半时辰立契出卖于本族柴建业，并书立水契为据。由于水资源的稀缺，水时作为水权的一种，可以作为商品单独进行交易，不过现实生活中很多水利工程是由集体开发的，有时个人出卖水资源的行为也会被禁止。如：

立合同文约有磨姓氏三十家为公议禁约，永为遵守事，昔先人建磨，原取无用之余水，听其自行运转，并无妨于灌溉。近因小人

---

① 个人自藏《柴建邦立卖山水白契》，文书编号：00154。

② 王同亿主编：《新现代汉语词典》，海南出版社1992年版，第720页。

③ 田东奎：《中国近代水权纠纷解决机制研究》，中国政法大学出版社2006年版，第48—49页。

贪图营利，竟敢将古闸下流无用之余水假借浇灌，停止磨转，希图卖水，更有值日之磨家借用钱以买水，内外钩连，各显神通。似此盗卖盗买，而磨讫无运转之日矣。今众痛恨，三十家共议，嗣后如有仍蹈前辙买水转磨者，查出执一罚十，倘有恃强违约者，鸣官惩治。因立合同一样六张，各股执一，以为永远遵守为照。

乾隆十五年十月初十日立

合同（半书）

一甲前六日　周杲（押）周兰玉（押）周呆（押）周师纶·（押）周国宣（押）周倬（押）

一甲后六日　周户（押）张玉宁（押）周大达（押）周道（押）周岸（押）周恺（押）

二甲　陈茂成（押）陈星煜（押）陈星焕（押）陈仪（押）陈启荣（押）周弟璋（押）高继善（押）

三甲前三日　张执蒲（押）李景彬（押）王震（押）

三甲后四日　张绶（押）李芸（押）张道成（押）张道明（押）

四甲陶成（押）王俊化（押）张钦（押）王笃生（押）①

3. 其他契约

河洛地区与国内其他地区类似，契约文书以田宅契约为主，兼及其他如钱债契约、分书、婚书、承嗣文书等多种类型。除此之外，由于乡土社会的诸多方面均要靠礼俗加以规制，人们还通过签约的方式，规定在社会生活遇到的一些问题。这些契约文书反映了河洛地区社会生活的一些重要内容，兹举几例如下。

---

① 洛阳契约文书博物馆藏《周杲等三十家用水合同文约》，文书编号：033548。

契约 1. 李敏士切头分明字①

立写切头字李敏士，因为将典约失遗，无所足凭，愿将瑶上地乙段，南北畔，路北计数一亩五分，任李梦藩耕种，仝人言明，时共价银三两整，当面交足无欠，日后永无异词，如若后来约章寻见，不足为凭，恐口无信，立切头分明字为证。

光绪卅年　月十七日仝立

契约 2. 土地纠纷调解清结字据②

立清结沟坡地界人李希统、李陈丁二人，地界连畔，边界不分，因此争嚷不完，我等相度地势从中酌量，栽立畔石为界，畔石西岸地是陈丁耕种，土木相连；畔石东边地是希统耕种，土木相连，两家各宜遵众管家，永不许侵过地界，此今以后，永远和好。日后陈丁打枣，希不得说词，希统走路，陈丁亦不能说词，西崖以上不许希统损伤，水口流水亦不准陈丁阻挡，以此两家情愿，并不反悔，恐此无凭，立清结字据，一样二纸，各执一张，永远存照。

咸丰九年二月十三日　立清结沟地界人：李陈丁　李希统

管中人：王锡常　李凌宿　李本茂　李自新　李永花仝在

契约 3. 农业社会的伙用牲口文字③

立伙驴文字人杨兹荣，因为家无牲口，有草有料，身想宗领牲口，今有本庄杜兹玉家有黑骡驴一头。同行言明，今伙与身一半一人，将养活后，生下驴儿，二人均分，今出过驴价大洋十元整，两家情愿，各无反悔。口不为凭，立此伙驴文字存证。

民国二十五年　月　日　立伙驴文字人杨兹荣（押）

各存一份（半书）

---

① 王支援等主编：《故纸拾遗》卷五，中州古籍出版社 2012 年版，第 408 页。

② 个人自藏《山西省闻喜县峪堡村李姓契约文书》，文书编号：闻喜 12。

③ 王支援等主编：《故纸拾遗》卷二，三秦出版社 2007 年版，第 373 页。

同行人：狮麒麟

契约 4. 农业社会合伙掘井合同①

立合同井约人刘步升、李存仁、刘启良，情因甘雨不泽，屡遭饥馑，稼穑难以播种，年饥用不足。有老者传言宽道东刘姓地内，有古井一眼，损坏多年，未重修之意。兹因久旱，奉周县主告示。大众议定更寻重修，以备天旱使用。李存仁经理将大井寻见，旧地新做共花费钱四十五千文整。大井坐落刘姓地内两占井道，在井中南至小堰，井中东至李姓东边壹拾三丈三尺二寸，井中西至李姓西边壹拾三丈二尺，东西共二十二亩整。其外无有井，奉坐井地二段壹拾陆亩，东西边李姓地二段六亩有零，日后修井按地均摊，恐后失了和气，共立井约三张，有对字为证，恐口无凭，立井约永远为据。公立（押）

中人：李景隆 刘步鳌 李明善笔

大清光绪三十二年八月初一日

契约 5. 民间陋习借种生子字据②

立字据人王廷党，年过四九，妻不生育，经二嫂刘氏说合，每逢三六九日夜二更鼓锣起后，可入房和王妻同居，五更鼓响罢即时离房，每月附加小麦十五斤（老平秤），法币七圆，次日干活工资照常。恐口无凭，立字存照。

注：尚因各种因素不写对方名姓，双方都要保密。

三六九日，补鸡蛋六个

立字人：王廷党（押）

说合人：王门杜氏（押）

中华民国二十三年八月十一日

---

① 刘彦卿：《洛阳古井记》，郑州大学出版社 2019 年版，第 311 页。
② 个人自藏《伊川县平等乡王廷党借种生子文书》，文书编号：00516。

契约 1 是一份切头文约，也称断头、截头、回头文约，多是因立约人原有的契约字据遗失，怕留有后患，因此在中人见证下重立一约，声明原约作废，以新约作为以后的证明或凭据。如本文约李敏士将典约遗失，这里宣布作废，"寻见不足为凭"，重新写明土地亩数和价格。契约 2 是一份解决民间田土纠纷的典型文书。传统社会里官府一般视百姓的户婚、田土纷争为"细事"，要求他们尽量在地方上自行解决。明初朱元璋曾专门发布《教民榜文》，规定："今出令昭示天下，民间户婚、田土、斗殴、相争，一切小事，须要经由本里老人、里甲断决。"① 尽管官府视田土之争为细事，但这些却是小民安身立命的大事。地角边界的田土纠纷是乡土社会频繁发生之事，为求问题得以妥善解决，当事人一般会采取私力救济的方式，即依靠地方个人或民间组织调解，借助乡俗公约，最后形成彼此遵守的清结字据。

契约 3、4 均属于典型的合伙合同，一般有当事人一式两份或多份。传统乡土社会尽管是简单朴素的自然经济社会，但百姓生活仍有很多事情无法依靠个人和家庭力量单独完成，这样彼此间的协作就十分重要。传统农业生产主要依靠畜力，以耕牛为代表的家畜是耕作播种的主要动力来源，牛耕成为传统农业确立和发展的重要标志。河洛地区用于农作的家畜除耕牛之外，还普遍饲养骡马、驴子等。为解决畜力不足，民众之间的协作也很有必要，伙养、伙用牛马骡驴，也是常见之事。中国传统乡村社会，人们出于不同的生存需要，形成了各种婚姻圈、市场圈、祭祀圈、水利共同体，还有学者专门关注生活用水圈，人们凿井而饮，聚井而居，水井的开凿、维护、用水成为村落社会中的大事。②

契约 5 很特殊，是一份借种生子的字据，比较少见。乡土社会人们受传统宗法观念的影响，认为"不孝有三，无后为大"。遇到无法生育后代的情

---

① 杨一凡：《洪武法律典籍考证》，法律出版社 1992 年版，第 155 页。
② 胡英泽：《凿井而饮：明清以来黄土高原的生活用水与节水》，商务印书馆 2018 年版，第 21—60 页。

况，人们一般的做法是过继，但现实生活中经常发生过继的纠纷。借种尽管违背传统的伦理和礼法，但符合传统的生育逻辑，在民间社会中有存在的土壤。对此，费孝通先生观察指出："没有生物关系的父子，只要这孩子的母亲是父亲的妻子，不必要特殊仪式和手续即可认为亲子，因为这孩子是出生于婚姻关系之中的；但不是从妻子身体里出生的孩子，即使确是和丈夫有生物关系的，即所谓私生子，因为不出生在社会认可的婚姻关系中，若要确立亲子关系，必须经过领养的手续。"[①] 婚姻关系中的借种或借腹生子，只是出于无奈，也是极不光彩的事，因此要私下秘密进行。从上面的事例来看，双方为慎重起见要立字为据，但为保密起见，文书中并未出现对方的姓名。

三、河洛民间契约文书的文体

（一） 河洛契约中的俗字

要全面、深入地对民间契约文书进行整理和研究，首先面临的工作是如何对文书本身进行识读。传统契约文书多为民间写手完成，常夹杂大量俗字、别字是其一大特点。传统契约文书的识读，遇到的最大问题就是其中的俗字、别字。学者张涌泉在《汉语俗字研究》中指出："所谓俗字，是区别于正字而言的一种通俗字体。"[②] 裘锡圭则从使用的场合与是否便捷书写来区分正字和俗字，认为"所谓正体，就是在比较郑重的场合使用的正规字体，所谓的俗体就是日常使用的比较简便的字体"[③]。方孝坤在《徽州文书俗字研究》中指出："俗字是汉字历史上不同历史阶段使用的正字以外的汉字，和正字共同构成汉字系统，它既包含不同于正字的异体字，也包含没有正字的尚在民间流

---

① 费孝通：《生育制度》，商务印书馆 2008 年版，第 213 页。
② 张涌泉：《汉语俗字研究》（增订本），商务印书馆 2010 年版，第 1 页。
③ 裘锡圭：《文字学概要》，商务印书馆 1988 年版，第 42—43 页。

行而没有得到官方认可的一些行业用字、区域用字等新造字。"① 综合以上概念可知，俗字是与通行正字相对而言的一种字体，通常具有民间性、通俗性、时代性、继承性、相对性等特点，还有着很强的地域性，不同地区不同时期俗字有所差异。

早在 20 世纪 30 年代，刘复（半农）、李家瑞以宋元以来 12 种小说戏曲通俗文学刻本为研究对象，对其中的俗字进行较为详尽细致的辑录，形成了一部断代俗文字汇编《宋元以来俗字谱》，开了中国俗字研究的先河。② 长期以来，学界有关俗字的研究主要集中在传世字书和历代碑刻俗字，契约文书俗字的研究尚有较大的拓展空间。③ 俗字的研究不仅能够帮助我们准确识读民间文献，还可以帮助补充字书的不足，丰富现代汉语词汇的内容。有学者已经指出："当代收录俗字的大型字书以《汉语大字典》和《中华字海》为代表，收字数量多为它们的显著特点，那些'多'于中小型字典的字其实绝大多数就是俗字。"④

学者黄征将敦煌俗字分为类化、简化、繁化、位移、避讳、隶变、楷化、新造六书、混用、准俗字，共十类。⑤ 方孝坤通过对徽州契约文书的研究，将徽州文书俗字按照形成原因分为简化类、繁化类、变换类、类化类、书写变异类、草书楷化类、借音类、借形类、古字隶定类、正字蜕变类、全体创造类、合文类、综合类，共十三类。⑥ 张涌泉则在《汉语俗字研究》中将汉语俗字类型分为十三种：1. 增加意符、2. 省略意符、3. 改换意符、4. 改换声符、

---

① 方孝坤：《徽州文书俗字研究》，人民出版社 2012 年版，第 16 页。

② 刘复、李家瑞编：《宋元以来俗字谱》，"中央研究院"历史语言研究所 1930 年版，文字改革出版社 1957 年重印。

③ 河洛契约文书俗字的研究刚刚起步，目前所见研究成果主要有：褚红《洛阳明清契约文书方俗词语考释——兼论对〈汉语方言大词典〉修订的作用》（《黄河科技大学学报》2013 年第 6 期）；王彩琴、李宇《洛阳民俗馆藏清代地契用语用字研究》（《黄河科技大学学报》2014 年第 1 期）；任文琴《〈故纸拾遗〉俗字研究》，陕西师范大学硕士学位论文，2018 年等。

④ 张涌泉：《汉语俗字研究》（增订本），商务印书馆 2010 年版，第 168 页。

⑤ 黄征：《敦煌俗字典》，上海教育出版社 2005 年版，第 20—33 页。

⑥ 方孝坤：《徽州文书俗字研究》，人民出版社 2012 年版，第 54 页。

5. 类化、6. 简省、7. 增繁、8. 音近更代、9. 变换结构、10. 异形借用、11. 书写变易、12. 全体创造、13. 合文。① 储小旵、张丽将宋元以来契约文书俗字也分为十三类：1. 简化、2. 增繁、3. 改换偏旁、4. 全体创造、5. 变换形体结构、6. 书写变异、7. 类化、8. 观念影响、9. 音近更代、10. 草书简省、11. 使用古字、12. 合文、13. 使用简省符号。② 不同的学者对于俗字有着不同的分类，不过随着研究的成熟，认识也越来越趋同。本书不打算对河洛契约俗字进行全面系统的研究，而是将在河洛契约文书整理阅读过程中发现的不易辨识的常用俗字加以汇集，制成《河洛契约文书民间俗字对照表》（见表 2-1）。

本表收录河洛契约文书中常见俗字 40 个，按照俗字产生的原因可分为：1. 符号化（1-5）、2. 省简替代（6-9）、3. 改换声符（10-12）、4. 改换意符（13-14）、5. 类化（15-17）、6. 异形借用（18-22）、7. 部首省略（23-29）、8. 结构变换（30-32）、9. 草书楷化（33-35）、10. 合体书写（36-40），共计十大类。

1. 符号化，是指某一个符号被约定俗成为一个特定的俗字。如"钱"字俗作"夅""⼊"，这类写法在敦煌文献中就可以见到，《宋元以来俗字谱·金部》引《古今杂剧》也收录有该字，可以说是从前代继承而来的。该俗字在地方文书和碑刻中使用均较普遍。符号化的俗字由于字形变化与原正字差异较大，不易识读，需要专门学习辨识。2. 省简替代，是指在书写过程中，用简化的笔画替代文字的笔画较多、繁杂的部分从而形成的俗字。这类俗字一般都保留了原正字大致的结构和轮廓，简化部分也多常见，相对较易识别。3. 和 4. 改换声符和改换意符，均属于更换部件类俗字，如"窑"字，俗字为"坴"，"穴"旁更作"土"旁，突出了河洛地区土窑的特色。

---

① 张涌泉：《汉语俗字研究》（增订本），商务印书馆 2010 年版，第 44—121 页。
② 储小旵、张丽：《宋元以来契约文书俗字研究》，人民出版社 2021 年版，第 40—84 页。

5. 类化，亦称"同化"，是文字书写者受到具体语言环境和同一文字系统内部其他文字的影响，同时也受自身形体的影响，从而使某些字的偏旁或部首发生同化的现象。有学者认为这种现象反映了文字"趋同性"的规律，是文字规范化的表现。① 常见的类化多是受到前后字的影响，改变偏旁或是增加偏旁，多与写契人的书写习惯有关。6. 异形借用，是指在书写过程中借用他字代替该字的现象，借用的字或者是因为音近或者是因为形近，含义上往往相差较远。如借用"旧"或"伯"代替"百"在河洛文书中就很常见。7. 部首省略，是指在书写中出于简化的目的，省略了部分部首结构，如"银"俗字"艮"，"阔"俗字"活"，皆是省写了偏旁部首。很多字省略部首后往往变成了另外一个字，因此在阅读契约文书时，要联系上下文慎重辨别。

8. 结构变换，是一些字在书写过程中部首结构出于书写习惯的变动。这类俗字很早就已经出现，如秦时李斯的《峄山刻石》《会稽刻石》中就已有"群"的俗写"羣"字。② 9. 草书楷化，是指一些汉字草写过程中形成的汉字，如"东""车"字的草写体与其后来的简体字基本无异③，而另一些汉字的草书楷化俗字并非其简体字，如"分"的俗字"卜"，则需要专门辨识。10. 合体书写，也称合体字，指两个或两个以上的汉字通过省笔、借用等方式写于一处，共占一个字的位置，形成合文。汉字合体现象出现很早，在甲骨文和金文中就已经存在④，如"纹"，即是"文艮"二字的合文，"文""艮"分别为"纹""银"二字的部首省略俗字，所以"纹"即"纹银"的省形合文俗字。"纹银"是清代法定的一种标准成色银两，以大条银或碎银制成，形似马蹄，表面有皱纹，故称"纹银"。康熙年间曾规定纹银标准成色是990‰，

---

① 刘钊：《古文字构形学》，福建人民出版社 2001 年版，第 95 页。
② 禤效锋主编：《中国碑刻字典》，吉林文史出版社 2014 年版，第 528 页。
③ 沈鹏、李呈修：《中国草书大字典》，人民美术出版社 2006 年版，第 741、1221 页。
④ 张涌泉：《汉语俗字研究》（增订本），商务印书馆 2010 年版，第 117—118 页。

又称为"十足成纹""足纹""足银"①。清廷规定民间缴纳钱粮赋税等均要以纹银为标准，其他银两要按成色折合计算。民间田宅交易，也多以纹银作为交易银两。对此，《清朝文献通考》指出："凡一切行使，大抵数少则用钱，数多则用银，其用银之处，官司所发，例以纹银；至商民行使，自十成至九成、八成、七成不等，遇有交易，皆按照十成足纹，递相核算。"② 在契约文书中"𫘝"除了表示"纹银"外，也常用作"银"字。③ "𧴭"则是"元丝"二字的合体字。"絲"省旁俗作"糸"，在汉简中就有出现。俗字"糸"再增笔作"系"，为土地计量单位。1 丝等于 10 忽，蚕吐丝为 1 忽（呼、乎）。"元丝"是指元丝银，古代的一种银两，又称"圆丝银"，是一种合乎官定成色标准的银锭，一般为圆形，四周有棱突起，底呈圆底状，表面粗糙不光滑，锭面成旋涡状，如纤细的丝线，故名。④ 除此之外，根据产地和成色，清代白银还有水丝银、青丝银、白丝银、镜宝等数十种。

　　以上只是对河洛民间契约文书俗字主要内容的简单概括，俗字生成的类型并不局限于以上十类，每类俗字的数量也有待进一步梳理，深入发掘。

表 2-1　河洛民间契约文书主要俗字对照表

序号	原字	俗字	类型	序号	原字	俗字	类型
1	錢	禾入	符号化	5	肆	刻の	符号化
2	兩	月叉	符号化	6	張	泫	省简替代
3	厘	厇	符号化	7	短	饮	省简替代
4	畝	厶	符号化	8	學	孝	省简替代

---

① 根据晚清时期英国设在印度的造币厂分析，当时中国上海的纹银成色约为935.374‰，已经呈下降趋势，成色比当时各地流通的宝银要低。

② 清高宗敕撰：《清朝文献通考》卷十六《钱币考四》。

③ 卢庆全、黑维强：《贵州契约文书俗字"𫘝"考释》，《新疆大学学报》（哲学·人文社会科学版）2015 年第 3 期。

④ 王支援等主编：《故纸拾遗》卷一，三秦出版社 2006 年版，第 51 页。

序号	原字	俗字	类型	序号	原字	俗字	类型
9	興	奐	省简替代	25	闊	活	部首省略
10	堰	㙙	改换声符	26	糧	良	部首省略
11	塝	墒磅	改换声符	27	圖	畕	部首省略
12	逃	迯	改换声符	28	毫	毛	部首省略
13	窰	垚	改换意符	29	股	殳	部首省略
14	侄	姪	改换意符	30	群	羣	结构变换
15	串	佛	类化	31	紙	帋	结构变换
16	殯	塴	类化	32	略	畧	结构变换
17	畛	畩詠	类化	33	因	囙	草书楷化
18	忽	乎(呼)	异形借用	34	管	受	草书楷化
19	壹	乙	异形借用	35	分	卜	草书楷化
20	同	仝	异形借用	36	好心	惢	合体书写
21	百	旧(伯)	异形借用	37	九七	旭	合体书写
22	来	末	异形借用	38	紋銀	哏	合体书写
23	絲	系	部首省略	39	元絲	瓬	合体书写
24	銀	艮	部首省略	40	三兩	㕣	合体书写

(二)河洛契约中的套语

契约文书语言表达上常常使用套语句式，即在某个固定位置上总是使用某类特定词语或某种固定的表达。所谓"套语"一般具有以下特征：一为在具体程式中的固定位置用来寒暄和应酬的词语或句子，其多为客套话；二为沿用并流行开来的在固定位置表示固定意思的公式化句子或词语。① 学者梁治平指出，契约中的"套语"与法语、法谚都是民间各种交往形式在长期实践中无数次重复的产物，它们在一代又一代无名氏手中逐渐提炼成形，且在或

---

① 郑文慧：《清水江文书契约套语研究》，贵州师范大学硕士学位论文，2020年，第17页。

大或小的范围内流行，不但能够模塑乡民的行为，而且规范社会生活。这类契约中的"套语"可视为传统契约法上的标准条款，是中国古代习惯法成熟的标志。[1] 契约套语是契约文书程式化的反映，具有区域性、稳定性与灵活性。有学者根据买卖契约将契约文书套语分为性质类、原因类、范围类、交割类、商议类、意愿类、担保类、反悔类等八种类型。[2] 本书根据对河洛田宅契约文书的整理归纳，重点考察该类契约的性质原因套语、土地类型套语、范围套语、交割套语等。

1. 性质原因套语。一般契约文书开头即点名书立契约的性质、原因，基本套语格式是：立△△△文字/文约/文契人△△△，因为不便/乏用/无钱/使用不便/一事不便/用钱急紧/粮差急紧/度日不过。这里一开始要点明出卖田房场地的性质，一般套语是"立卖契人"或"立卖地人"，这样的套语无法让人明了是活卖（典、当）或死卖，日后容易产生纠纷。为此，有些文书一开始就点明契约的性质，一般套语为："立永卖地契人""立绝卖地契文字人""立卖永远死契文字人""立杜契文字人""立当地人""立典地契人""立换地契人""立倒契文约人"。其中，"永卖""绝卖""死契""杜卖"都属于死卖，产权永久转移，一般不能找价；"典""当"则属于活卖，可以钱到回赎。比较特殊的是"换契"和"倒契"。换契应用于土地的置换，前已有论述，这里不再赘述。倒契是指在土地买卖中并不转移土地的所有权，而只是转移土地的使用权，卖方除了收取土地买卖的卖价之外，每年还要收取土地租钱。倒契而来的土地，对于土地至主而言，相当于是租地或佃田，不过有长租和永佃的意思。如：

> 立倒契文约人刘荣，因手乏不奏（凑），今将红山咀子上台子熟
> 地一段二亩，计开四至，东至沟头荒界，西至荒界，南至刘姓，北

---

① 梁治平：《清代习惯法：社会与国家》，中国政法大学出版社 1996 年版，第 42 页。
② 高岩：《契约文书套语的词汇学价值研究》，陕西师范大学硕士学位论文，2016 年，第 8—19 页。

至隋姓，四至分明。上代租钱每年交一钱二吊，今同仲（中）人说妥，情愿倒与李滨名下耕种永远为业。言明倒价塔钱一百八十四吊正，其钱笔下交足不欠，恐口无凭，立字为证。此系两家情愿，各无反悔，若有反悔者有来人一面程（承）管。

仲诚人：刘景春（押）刘景耀（押）赵风林（押）

代字人：刘瑶（押）

光绪三十二年二月十五日　立①

田宅买卖的原因多种多样，一般并不会在文书中直接反映出来。河洛契约的原因套语极为简单，多是"不便""乏用""无钱""不凑"等含蓄的说法。也有部分契约会点明卖地的具体原因，如"粮差急紧""荒年无度"等。从以上原因套语来看，地方社会人们视土地为命根子，不是迫不得已往往不会出卖土地。每份土地契约所记录的买卖行为背后应该都有一个艰辛的生活故事，遗憾的是，都被简约化的原因套语一笔带过了。

2. 土地类型套语。田土契约文书中还专门有土地类型的套语，根据对大量相关契约文书的整理，可以归纳出以下几种情况。

（1）表示土地形状和位置的套语。如坡地，这种土地在河洛地区较为常见，当地的丘陵地形，土地一般不太平整，坡地较多。与坡地相对的就是平地，即地形平整之地。此外，三坡地，指三面成坡的山丘土地。三水地，指三面临水近似于半岛状的临水土地。三尖地，是指形状不规则的零星土地。滩地，指坐落于河滩上的土地。河洛地区，伊河、洛河和黄河等都有大量的滩地，滩地会随着河水涨落有所盈缩，极易产生纠纷。还有河湾地，指处于河边弯曲地带的滩地。另有滩下地、河坡地、高堰地、窑上地、池底地、沟地等名目，均与上述情况类似。

（2）表示土地功能用途的套语。根据土地种植作物的情况，河洛地区

---

①　王支援等主编：《故纸拾遗》卷一，三秦出版社 2006 年版，第 256 页。

比较常见的有菜园地、麦地、苇地、柿园地、竹园地等。场地是指农村用于作物脱粒及晾晒粮食的平坦空地，一般位于村子附近的平整之地。坟地是指埋葬有家族墓地的土地，这种土地一般不做买卖交易，迫不得已出卖坟地之时，一般会注明是否可以添坟，以避免日后纠纷。另外，常见的契约买卖土地类型还有地基、房院、窑院、厕坑等，都是根据用途功能加以区分的。

（3）表明土地质量的套语。河洛契约中根据土地质量一般分为上地、中地和下地三种。根据是否缴纳田赋，又可以分为行粮地和无粮荒地。行粮地又根据缴纳田赋的多少，分为一等行粮至五等行粮地，会对土地根据正粮进行折合地亩。荒地是指农民在沟边地角开垦出来的新地，无须缴纳田赋。白地，是指还没有种植庄稼的空地。花地，是指不常种主粮庄稼的土地。熟地，则是指经常用于种植主粮庄稼的土地。另外，还有井地、井平地、井水地或水浇地等名目，指地内有水井，方便进行浇灌的土地。

（4）表达土地权属的套语。河洛契约中表明土地权属的套语有"名下地""本身地""自家地""分到地""祖业""祖遗""铁地"等，内容简洁，用于说明出卖者对土地拥有无可争议的产权。也有将已经出典或出租土地重新转典或转租的，只是转移使用权，这种形式比较灵活。

3. 范围套语。出卖田地一般要标明土地的地界范围，套语为：坐落△△△，其地南北/东西畔，东至△△△，西至△△△，南至△△△，北至△△△，上下土木金石相连，四至分明。这里田地坐落的位置一般是村子为中心，笼统地写作"村外""村东""村西"，东南西北四至则主要是田主姓名，也有以大路、崖根、堰根或河心。其中，四至有至"河"或"河心"的土地一定是滩地或河坡地。这些四至的标志都不是完全固定不变的，即使是田主，由于频繁的土地交易流转也会发生变动。只是在民间社会里，有关契约文书中的这些内容，多是一些买卖双方达成默契的地方性知识。尽管这些内容记载模糊，但在乡土熟人社会里，这些内容的确定性是不言自明的，一般不会发生误解或产生纠纷。①

　　4. 交割套语。田土交易达成后，要进行钱地交割，根据地方习俗也有固定的交割套语。如日钱契两交、当日钱/银业两交、银业两清、钱地两交、即交不欠等。土地交易，价格谈妥，即日一手交钱，一手交地。买主可以对土地当日管业，地上钱粮照亩数过割，地粮随地走，"地尽粮绝"。有些地契文书也指出，"一切画字俱在价内""割食画字俱在价内""画字俱在价内取"等。这里的画字是指割食画字银钱，也称为割画字、合食字、盒食画字、合食画字、画字银（钱）、合食银（钱）或画字，指田宅买卖中中间人的饭食费及佣金。河洛地区买卖田房，画字钱一般包含在买价内由买主给付并要求在契约内注明。早至东汉时期出土的买地券中就有"沽酒各半"的习惯用语，这大约源于实际生活中买卖达成后的一种仪式，即交易双方各出一半钱，买酒酬劳宴请参与交易的中保见证人等。② 可以说，田土交易中涵盖合食画字钱的这一传统源远流长。近代契约所谓画字钱逐渐格式化，均有买方提供，也并不一定是宴请的花费。如有些地方田房买卖，须由买卖人通知上手原业主或其亲属到场，其上手原业主立现受人之约，曰"画字约"，其现受人给予上手原业主之钱，曰"画字钱"③。

　　河洛土地买卖契约中还有"茬罢交割""查（茬）下归赎"等套语。这里所谓"茬下"或"茬罢"，是指将土地上庄稼收割后的状态。这些套语是说田地的买卖交割或取赎须等庄稼收获后方能进行。民间典当田地房产，如果订明有回赎日期，到期之后可以随时赎回；如果没有约定回赎日期，原则上"钱到许赎"。不过，根据各地的习惯，都会对回赎的具体日期进行限制，"若赎地时期漫无限制，则狡黠者往往延至播种，始行抽赎"，那么典主则会受到

---

　　① 王云红、杨怡：《中国传统民间契约履约机制探析》，《公民与法》2016 年第 7 期。

　　② 吴天颖：《汉代买地券考》，《考古学报》1982 年第 1 期。

　　③ 前南京国民政府司法行政部编，胡旭晟等点校：《民事习惯调查报告录》（下册），中国政法大学出版社 2000 年版，第 480 页。

较大的损失。① 因此，很多地方都有"青地青赎，白地白赎"的习惯，相关习惯反映到契约文书中也便形成很有特色的套语。②

（三）河洛契约中的计数码字

河洛契约文书中的数字普遍使用码字，所谓码字，也称草码、花码、商码、肉码、灰码、暗码、番仔码、苏州码等，是一种普遍流行于民间的计数符号。一般认为，码字脱胎于中国历史上的算筹，是一种至今仍在使用中的记数系统。

在文字产生以前，古人就已经开始用结绳和契刻的方式进行记数。《世本》有黄帝命"隶首作算数"的记载，不过这只是传说。商周时期出现了一些记数的符号，但在很长时期内并未形成一套完整的用于记数和演算的数码。现存最早记有数码的文献是唐代敦煌卷子中的《立成算经》，数码完全模仿算筹摆放形式，用空位表示零。③ 算筹或称筹子、算子，是中国古代一种十进位制计算工具，周朝用木枝制成，汉代用竹木、玉石、骨类、象牙、金属等材料制作，一般长为 12 厘米左右，直径为 2 毫米至 4 毫米。商代占卜盛行，用现成的小木棍做计算，这就是最早的算筹。算筹出现的具体时间已无从考证，但是早在中国春秋战国时期就已普遍使用了。使用算筹进行计算的方法，称为筹算。宋元时期，随着社会经济的发展，逐渐从算筹发展出了数码字，使用也逐渐普遍。南宋秦九韶《数书九章》和杨辉数学著作所用的数码已经和现存民间的数码字基本一致。④

---

① 国民政府司法行政部编，胡旭晟等点校：《民事习惯调查报告录》（上册），中国政法大学出版社 2000 年版，第 40 页。
② 梁治平：《清代习惯法：社会与国家》，中国政法大学出版社 1996 年，第 53—55 页。
③ 沈康身主编：《中国数学史大系》（第 5 卷），北京师范大学出版社 1998 年版，第 197 页。
④ 白寿彝主编：《中国通史》第 14 册，上海人民出版社 2004 年版，第 653—655 页。

表 2-2　数字码字对照表

汉字数字	○	一	二	三	四	五	六	七	八	九	十
大写数字	零	壹	贰	叁	肆	伍	陆	柒	捌	玖	拾
阿拉伯数字	0	1	2	3	4	5	6	7	8	9	10
码　　字	○	丨	丨丨	丨丨丨	メ	ᘓ	一	二	三	夂	十

　　根据表 2-2，码字计数方式大致如下：○（0）、丨（1）、丨丨（2）、丨丨丨（3）、メ（4）、ᘓ（5）、一（6）、二（7）、三（8）、夂（9）、十（10）。为了防止书写混淆，有时要将"丨""丨丨""丨丨丨"横过来写。码字是阿拉伯数字在我国广泛使用前的一种简便快捷的记数方式，在民间流行了数百年。码字流传地区极广，不仅在华北、华南、港澳各地民间普遍使用，包括东南亚地区一些街市、旧式茶餐厅、中药房直到今天仍有以码字来书写的。不仅民间文书惯用码字，近代一些政府机构也用码字作为里程数字，如京张铁路上早期各种标志上的数字就是码字。

　　除了码字之外，河洛契约文书中还有大量大写数字。把汉字的一二三四五六七八九十，写成壹贰叁肆伍陆柒捌玖拾，有着悠久的历史。人们在民间的商业活动中，为了防止改窜数字作伪，专门借用了繁写文字代替省写数字。宋代学者程大昌指出："今官府文书，凡其记数，皆取声同而点画多者改用之，于是壹、贰、叁、肆之类，本皆非数，直是取同声之字，借以为用，贵点画多不可改换为奸耳，本无义理可以与相更也。"[①] 清初学者顾炎武在其《金石文字记·岱岳观造像记》推断："凡数字作壹、贰、叁、肆、伍、陆、柒、捌、玖等，皆武后所改及自制字。"[②] 后来，人们又在新疆吐鲁番出土的

---

① （宋）程大昌：《演繁露》卷三《十数改用多画字》，山东人民出版社 2018 年版，第 47 页。
② （清）顾炎武著，王晓真译注：《〈山东考古录〉译注》，中国文联出版社 2002 年版，第 29 页。

文书中发现晋至唐代人们在书写券契中已经有意识地使用大写数字了。[1] 可见，大写数字并非武则天自制字体。学界一般认为，大写数字是劳动人民在长期的实践中发明出来的，陆续应用于日常生活之中。武则天时期承袭了民间的写法，大量使用大写数字，使之广泛化；明代朱元璋出于国家对经济领域的整饬，曾下令在全国范围内强制使用大写数字，从而完善并规范了大写数字的应用。[2] 明清以来直到今天，大写数字由于其严谨性和安全性，在各类经济文本中的应用也越来越广泛。

---

① 据张涌泉的研究，在高昌时期的文书开始出现大写数字，延昌年间（561—601）出土的契券中，数目字大写字的情况已相当普遍。参见其《汉语俗字研究》（增订本），商务印书馆 2010 年版，第 371 页。

② 李廷芝：《大写数字何时发明和启用的》，《经济师》2014 年第 2 期。

第三章　河洛田房契约与土地交易规范

　　土地在传统农业社会是人们最重要的生产生活资料，也是财富最重要的象征。春秋战国时期土地私有制逐渐取代了井田制，成为中国古代最主要的土地所有权制度。唐后期"两税法"的实行使税收的征纳标准由丁口转为土地，国家不必再竭力限制土地兼并以保证小农生产，从而保障国家税收，政府对土地兼并的限制逐渐松弛。此后，大土地所有制蓬勃发展，宋代更有"田制不立""不抑兼并"之说。这使得人们能够相对自由地买卖土地，土地所有权的竞争与垄断也越发激烈，出现了"千年田，换八百主""贫富无定势，田宅无定主，有钱则买，无钱则卖"的现象。明清时期，土地和房屋买卖非常普遍，田土买卖契约则是地权转移的重要凭证。田房问题事关国计民生，一定时期的田房契约最能反映当地不动产交易土地流转的情况，以及人民的生活和居住水平。洛阳契约文书博物馆馆藏契约文书中80%都属于此类田房契约文书资料。河洛地区作为典型的农耕社会，农村必然是作为社会的重要组成部分而存在的，农村的民间社会规范必然对于整个社会的法制进程有着深远的影响。本章拟对河洛地区田房契约进行考察，进而对该地区地产房屋流转过程中的土地类型与买卖类型以及官方对于契约缔结程序的规范等问题进行考察。

一、河洛地区的田契与房契

（一）河洛地区土地契约文书的考察

传统契约文书涵盖的范围异常宽泛，内容非常丰富，主要包括土地、房产、山林、场地等不动产租佃买卖和各类动产交易买卖，以及借贷、抵押、合伙、分家、立嗣、继承、结拜、诉讼等其他相关活动，形成了种类繁多的契约文书体系。其中，田房契约，尤其是土地买卖类契约的数量最多，情况最复杂。土地契约文书是地方上土地交易流转过程的原始记录，也是百姓占有、使用、典当、租用或质押土地的权属凭证，是考察民间社会土地关系的重要材料。

河洛地区是典型的乡土社会，人们从土地里刨生活，视土地为命根子。偃师市大口乡铁村所立《地亩碑记》指出："且夫地有益于人也，大矣。生者非地不能以养生，死者非地不能以事死。"① 当地人们积累财富最好的方法就是买地，农民们从土地里刨生活，没有土地，不仅难以生存，死后也将没有安葬之处。不过，人们辛苦购置扩大的田产，由于分家析产、政局动荡等因素对土地占有制的冲击，又会从相对集中走向不断分散。从整体上看，近代河洛地区的土地地权是较为分散的。以1935年伊川县的统计为例，该县地主、自耕农、半自耕农分别占据全县农业人口的1%、80%和19%，其中不包括佃农。② 从人口占比推及地权占比，在极为悬殊的数量差距下，即使地主所占土地数目远远超过一般自耕农，也可以确定此时的土地更多地掌握在自耕农手中。个别自耕农由于勤劳致富后上升为富农地主，多数自耕农则逐渐趋于破产，不得不卖掉土地。总体而言，农户中自耕农、半自耕农的比重还是比较大。当然，豫西地区不乏如巩义康百万家族那样占地上万亩的大地主；嵩县、

---

① 吕九卿主编：《洛阳民国碑刻》（第一卷），中州古籍出版社2015年版，第97页。
② 《河南省各县社会调查·伊川》，《河南统计月报》第2卷第3期，第119页。

卢氏也有田连千亩的大土地所有者，但这样的情况相对罕见且不占当地农业人口主流。受到赋税负担加重、军队摊派增多、土匪频繁"劫富"、社会经济变化以及帝国主义侵略加深等影响，民国时期中原地区出现了"地主阶级占有土地份额降减"的情况。① 自耕农占据着绝大多数的土地份额，这就给土地流转留下了很大空间，也是土地契约存量巨大的重要原因。

中国古代的私有产权制度为土地的自由买卖奠定了基础，宋元以来土地流转的普遍化，土地契约也逐渐发展至最为完善的阶段。中国传统民间社会的土地权利结构复杂而多元，人们之间可以通过签订契约方式交易土地的所有权，也可以仅仅过渡使用权、收益权或部分其他权利。河洛地区自耕农、半自耕农占大多数，土地分散，流转较快，土地契约既有一般特征，也有一定的地方特色。下面是两张清朝光绪年间河洛地区的卖地文契，其内容如下：

例 1. 霍修义卖麦地红契②

立卖契人霍修义，因为一事不便，今将自己村东麦地一段，计地一亩六分八厘六毫一丝三呼（忽），其地南北畛，东至买主霍运，西北二至买主，南至李杰昌，四至分明，今立文约，情愿出卖于霍起德名下，耕种永远为业，同中言明时值每亩价银二十九两正（整），同价钱四十八两九钱，其银即交不欠，恐口不凭，立字存证。

计开：二等行粮折正粮一亩四分〇五毫一系（丝）〇八未（尾）

光绪二十三年二月十四日　立字人：霍修义（押）同母程氏（押）弟修信（押）

牙人：霍全奎（押）

同中人：赵光思（押）霍起彦（押）霍连元（押）霍起言（押）

---

① 王全营：《民国中期的地权分配与农业经营——以中原地区为例》，《信阳师范学院学报》（哲学社会科学版）2004 年第 6 期。

② 个人自藏《霍修义卖麦地红契》，文书编号：00026。

例2. 李西京卖地契①

立卖地契人李西京，因乏钱使用，今将自己平地一段，二亩三分二厘七毛二丝，坐落梁屯家北，其地东西畛，东至大路，西至梁，南至薛，北至梁，四至分明。今同中人说合，情愿出卖于梁志薛名下，久远为业。三面议定，时值卖价钱共二十七串四百六十文整，当日钱地两交不欠。自卖之后，永不反悔，若有户族人争差者，身一面承当。粮在西北一里李方名下过取。此照。

同人：李三林（押）韩广进（押）

光绪三年二月十三日　立卖地契人：李西京（押）

东横：五弓三尺西横五弓三尺六寸

中长：九十八方三尺四寸

从以上材料可以发现，河洛地区的地契文书具备以下特点：首先，以合意为基础，重视签约过程的协商。人们重视契约签订时双方合意，在契约文书中经常可以看到"同中说合""三面议定"等字眼，表明契约签订前双方经中人介绍会面商议，以此来保证契约签订成功的概率。中国古代社会田宅的交易不仅需要三方协商，还需要先问亲邻，先询问他们是否购买，如若不买则自己或者委托中人寻找其他买家。在中国古代有关田宅交易的法律中规定，在相同的条件下，亲属和地邻可以享有优先购买权。典型的表述就是《宋刑统》的规定："应典卖，倚当物业，先问房亲，房亲不要，次问四邻，四邻不要，他人并得交易。"②"先问亲邻"在唐朝中后期就已经出现，宋元时期普遍存在，有了明确的规定，被写入法典，到了明清时期虽然法律没有明文规定，但是先问亲邻已经成为一种民事习惯在河洛地区流行。先问亲邻就可以起到在家族内部之间进行交易的作用，最大可能地把田屋留在宗族，保持宗族财产的完整性。经过先问亲邻的程序，也使买家对交易后的物品有着正当

---

① 洛阳契约文书博物馆藏《李西京卖地文契》，文书编号：025721。

② 陈熙：《浅析宋代"先问亲邻制度"》，《科数文汇》2008年第5期。

的所有权和安全感，避免了之后因为权属和利益产生矛盾和纠纷。上述例1立卖契人霍修义与买契人霍起德均属霍姓，应该即属于亲族之间的土地流转。

其次，借助中人制度，构建熟人交易。中人在契约签订过程中有着重要作用，其在签订前的相互撮合，签订中的相互协商，三面协议，签订后的监督担保等方面都起着重要作用。中人的声望和面子越大，契约签订的成功性就越高，所以签约活动中很多中人都是当地比较有威望或者有名气的人。但也有不同，明清时期中人很大一部分还是以亲戚、族内其他成员为主，甚至还出现了以女性为中人的现象。① 河洛地区契约活动的中人并不限于一人，这些"同人""同中人"往往有二三人，甚至有七八人之多，共同见证。中人作为联络交易双方并对标的物进行检查估价的中间人、契约的第三方参与者，促进契约成功签订的同时也对契约有着连带责任。当立契双方有一方出现违约或对交易物品产生争执与诉讼时，第三方负有连带赔偿责任。中国社会长期以来是一个基于地缘和血缘，由熟人组成的乡土社会，他们之间的交易通常是熟人之间的人格化的交易。传统中国社会关于诚信的制度供给是一整套熟人之间人格化的交易规则，是一种建立在个别主义（或特殊主义）信任基础之上的合作秩序。

再次，格式化二重性书写。河洛契约的文本还存在着较为典型的二重性书写特点。一方面，对交易标的物的信息记录清晰、详细，重视锱铢毫末之较，对于某块土地的丈量可以精确到分、毫等单位，对于交易的银两精确到分、厘等单位。土地的计量单位常见的有顷、亩、分、厘、毫（毛）、丝、忽（乎、呼）、微、纤等，这些计量单位表明人们对土地问题的重视，以及解决土地问题时的缜密。如例1霍修义所卖麦地为"一亩六分八厘六毫一丝三呼（忽）"，例2李西京所卖平地为"二亩三分二厘七毛二丝"，尽管亩数不大，但计量分毫必较。另一方面，契约对于某些细节条款忽略不计，双方权利义

---

① 杨洋：《清代契约里中人的价值与作用》，《沧桑》2012年第1期。

务的规定也较为模糊，甚至缺失"违约条款"的规定。如例 2 对田地的坐落位置只写道"东至大路，西至梁，南至薛，北至梁，四至分明"，至于是哪条大路，哪道山梁，薛姓是谁，都没有写明。不过，这些均属于当地熟人社会的地方性知识的默契，即便不写，也不会造成不必要的纠纷。

最后，契约内容非常简省凝练。河洛地区与其他地区相比，无论是民间自书契约还是官版契约，内容上均相对简单。如将立契原因一笔带过，仅仅以"不便""乏用""因一事不便""因乏钱使用"等，这些信息对于买卖契约并不是特别重要，因而形成简要的套语。其他方面，除了标的物的面积和价格等关键信息外，也都是能省则省，使其结构短小简练。之所以出现这种现象，一则是河洛地区土地相对分散，契约关系相对简单；再则是契约形式历经简约—繁缛—简约的过程，随着时间的流逝逐渐形成了较为完整的契约规范及契约格式。河洛地区土地契约已经发展成一种成熟的简约化的文书形式。

（二）河洛地区房契文书的考察

房契就是有关房屋买卖典当租赁等方面的契约文书。房契出现历史悠久，最早可追溯至周王朝。相对而言，河洛地区房契文书现存量较少，但对其开展研究也足以验证当时当地人民的风俗、观念。房契的出现是人们法律知识的进步与发展，更是物质富裕的一种表现。古代能受教育的大多都是贵族子弟，他们比平民百姓更能接触到最新的知识，而制度、法律都由这一类人制定。另外，人们有了剩余房屋之后才能典当，具备这个条件的只能是当时的既得利益者即上层统治者，所以这两个方面的条件决定了房契最早出现于统治者阶层。

房契标准不同，种类划分也不尽相同。如果按照房屋的种类可分为院落、窑洞（中原居多）、房子的地基和庄基等；按照法律制度分可为官契和民契，又称红契和白契。衣食住行是人类最关心的问题，也是最基本的问题，百姓生存离不开房屋。既然房屋是人们基本生活资料，为什么还有大量的房屋买卖现象？通过考察河洛地区房契文书，人们出卖房产的原因可归纳为以下几个方面。

第一，因一时急需用钱，被迫出卖房产。如咸丰三年（1853）正月，王荣福"因为无钱使用"，"将自己正房一座……情愿出卖于胞侄王豁然名下永远为业"，得价钱四串五百文。然而，其侄子先期只交钱二百文，王荣福又不愿绝卖契房屋。于是，他又重新书立当约，将房屋三年为满当于胞侄王豁然，得当价钱一串五百文。[①] 之所以有这样的反复，一定也是因为贫困，着急用钱。房契中还有"度日不过""因乏用""使用不给""使用不便""一事不便""居住不便"此类契约套语代替具体原因。有时出于紧急，家贫如洗，甚至会将家中的茅厕卖掉。[②]

第二，卖房以还债务或以房地为抵押借贷。在契约文书中常见的为被债主逼迫过甚，走投无路之下不得不出售祖宅。祖宅在中国人的观念中是不可丢弃的，所以这些人在功成名就后的第一件事就是买回自己的祖宅。咸丰八年（1858），董金钊因埋葬堂侄欠下债务，不得不将自己庄基一段出卖，契文如下：[③]

> 立卖庄基文契人董金钊，因堂侄身亡无嗣，外债殡埋等费，实……庄基一段，坐落北街。其地南北畛，东至杜呼雷伙墙心，西至路心，南到耿保伙墙心，北到杜呼雷伙墙心。四至分明，上下金石土木相连。同中人说合，情愿出卖于董金怀名下，永远为业，三面言明，时值价钱八十二千文，其价当日交足，买主随契管业画字割食，俱贯价内，自卖之后，永无反悔，恐后无凭，立契为证。
>
> 咸丰八年七月十一日　　立卖地契人：董金钊（押）

---

① 王支援等主编：《故纸拾遗》卷二，三秦出版社2007年版，第15页。
② 洛阳契约文书博物馆藏《郭黑旦推茅厕粪池文约》，文书编号：001996。
③ 洛阳契约文书博物馆藏《董金钊立卖庄基文契》，文书编号：002417。

同人：远登高（押）

正堂示，给官产行，刘茬芳戳记

第三，突遭意外，卖房以应急。这种情况在清末民初也比较常见。王支援《故纸拾遗》："立卖用死契文字人郭发则同叔春栓、群栓，因祖母病故，花费钱件无处可取，今将自己祖业西边土窑两座，门窗俱全……今立契出卖于郭雷鸣名下经理为死业……同治八年九月十五日。"[1] 中国古代生产力水平较低，百姓终日劳作也只是勉强温饱，即便在太平盛世也很难留下余财，其生活状态一直保持着一个极为脆弱的平衡，一旦出现水旱之灾或家有变故，则生活状态失衡，轻则投奔亲友，重则全家老小流离失所乃至鬻卖祖产。

除以上三种情况之外，还包括一些特殊情况。如民国十九年（1930）"销村南寨明强学校卖宅基契约"，在该契中的买卖缘由是因为"开办无资"，不得不众村公议将学校的一部分宅基出卖。[2] 在清末的一些契约材料中还有部分契约涉及教堂地产，无疑是在当时中外文化交流碰撞过程中出现的特殊现象。

在买卖对象上，河洛地区在清末民初的房契也有不同分类，有卖房屋、卖宅基地、卖院子和卖窑洞之分。其中卖房屋者占多数，有因急用钱将自身现住房屋出卖者，也有因房屋闲置出卖者乃至有出卖自己所居房屋的一部分的现象。如例1，卖方苗怀清因使用不便，将所居房屋院落卖与苗天明为业。这张契约中，卖方已经将房屋包括院落在内的所有物品都卖与买方，即"上下金石土木相连，尽在卖内"，这在房屋买卖中相对常见。例2的情况则比较特殊，民国六年（1917）张克明虽然也是卖房产，但与例1苗怀清却大不相同，首先是其买卖性质为典当，即暂时出卖房屋所有权；其次是并非将房屋全卖，而只是将房屋的一部分"过庭三间，西厦两间"出典他人。此外，在一些房契中还有只出卖院落或半数房屋的情况。究其原因，卖方更多的是求资金周转而非陷入走投无路之境。上述张克明继民国六年典房后，又于民国

---

① 王支援等主编：《故纸拾遗》卷二，三秦出版社 2007 年版，第 27 页。
② 王支援等主编：《故纸拾遗》卷二，三秦出版社 2007 年版，第 81 页。

八年（1919）先后两次将自己大门外临街房四间、西厦房两间典于他人。① 之后，迫于生活压力，买无可买，只能拉下脸面于民国十年（1921）向他人借贷。②

例1. 苗怀清卖房契③

　　立卖房契人苗怀清，因使用不便，今将自己房院一所临街房三间，上房三间，东西厦房四间，坐落坡头街空地，其宅坐南向北，东至苗姓，西至金姓，南至金姓，北至路心，四至分明，上下金石土木相连，尽在卖内。今情愿出卖于苗天明名下，永远为业，同中言明，时值共卖价足银一百零五两。当日钱房两清，如□□随过粮银钱四分厘均无折扣等弊，割食画字□□□之□□无返悔。倘有亲族异姓人等争执，自归卖主自行理□□，□与买主无干，空口不凭，立卖契为据。

　　同中人：杨中方（押）杨峻（押）

　　中华民国七年二月十二日立　　（押）

　　纵　弓　尺　寸　分　厘　横　弓　尺　寸　分　厘

　　田荣德（押）

　　同人：苗之翰（押）

例2. 民国六年张克明典契④

　　立典房院字人张克明因事不便，今将自己过庭三间，西厦两间，出典于胡章成名下管业居住。同中言明，时值共典大洋柒拾元，当日银房两交，各无异说，三年为满，银到回赎，无银不计年限。恐后无凭，立典字存证。

① 王支援等主编：《故纸拾遗》卷二，三秦出版社2007年版，第67—68页。
② 洛阳契约文书博物馆藏《张克明揭银洋文约》，文书编号：002677。
③ 王支援等主编：《故纸拾遗》卷二，三秦出版社2007年版，第65页。
④ 洛阳契约文书博物馆藏《张克明典房院文约》，文书编号：000846。

同人：张名证（押）张庭栋（押）

民国六年三月初九日　立典字人：张克明

本年十一月二十四日　复价大洋叁拾元。

同人：张嵩山（押）

在考察清末民初留存房契资料的过程中，河洛地区有相当一部分比例是出卖窑房、窑院或窑洞。窑洞是在黄土堆积这一特定地理条件下出现的特殊房产，盛行于黄土高原，在豫西、晋南等地均有分布，因此河洛地区形成了比较少见的窑洞买卖契约。如咸丰九年（1859）四月"郭冯氏同孙全则，因无钱使用"将自己土窑两座出卖于"郭雷鸣名下修理经应（营）为业"[1]。光绪三十二年（1906）四月刘凤林"因为使用不足，今将自己原分到祖业土窑二孔"卖于同村刘德明名下管业居住。[2]

以上都是民间房产的私相授受，多出于互助救济的功能。河洛房契以白契为主，也有部分履行了投税验契，加盖了官府的大印，成为红契。新中国成立后，人民政府在解放区进行了土地改革，将地主土地田产没收重新分配。为了重新确认产权，为民众发放了土地房产所有权证，涉及房屋的也属于房契，较有代表性，试举一例。

土地房产所有证[3]

河南省土地房产所有证洛齐字第四三七号

洛阳县（市）第五区齐村乡五郎庙村居民吴六一、何九娃，依据《中国人民政治协商会议共同纲领》第二十七条，"保护农民已得土地所有权"之规定，确定本户全家/本人所有土地，共计可耕地三段五亩四分七厘八毫/非耕地二段零亩一分四厘；房产共计房屋七间，地基一段零亩四分三厘五毫，均作为本户全家/本人私有产业，

---

① 洛阳契约文书博物馆藏《郭冯氏同孙全则卖土窑厕坑死契》，文书编号：005567。

② 个人自藏《刘凤林绝卖土窑文契》，文书编号：00016。

③ 个人自藏《何九娃土地房产所有证》，文书编号：00023。

有耕种居住典卖转让赠与等，完全自由，任何人不得侵犯，特给此证。

代理县（市）长：成解

代理副县长：王寿山

计开：土地房产

坐落：南街街中种类：瓦间数：七间 地基数：零亩四分地基

四至：东至吴法有，南至本主，北至张西法，地基长宽尺度：长九丈二尺七寸宽二丈八尺一寸。

备考：内有□□锁后空地见方□□□在内

公元一九五一年四月 日 发

二、田房交易中的绝卖与活卖

河洛地区出现的地权交易与其他地区类似，可以大致分为绝卖与活卖两种形态。"绝卖"，也称死卖、杜卖、杜绝卖、永远卖，是业主将田宅一次性出卖的行为，买断之后无权回赎或要求找价。对此，《大清律例》指出："卖产立有绝卖文契，并未注有'找贴'字样者，概不准贴赎。如契未载'绝卖'字样，或注定年限回赎者，并听回赎。若卖主无力回赎，许凭中公估，找贴一次，另立绝卖契纸。若买主不愿找贴，听其别卖归还原价，倘已经卖绝，契载确凿，复行告找、告赎，及执产动归原先尽亲邻之说，借端捏勒，希图短价者，俱照不应重律治罪。"[1] 可以说，能否找贴或回赎成为区分是否绝卖的重要标准。

活卖是指业主用低于绝卖的价格将田宅等不动产的权益转让，同时保留回赎或找贴的权利。回赎或找贴实际上是一种维护被迫出卖地权的弱势群体的土地产权的制度安排，具有民间救急互助的性质。活卖保留了返还价款、

---

[1] 田涛、郑秦点校：《大清律例》，法律出版社 1999 年版，第 199 页。

回赎产业的可能性，绝卖则意味着完全丧失了取回产业的可能性。卖方找贴或买方"加绝"后，活卖也会转化为绝卖。从河洛地区的契约实践来看，当地的活卖主要有典和当两种说法。"典"与"当"均类似田宅作为抵押担保的借贷，不过在贷款尚未返还之前，典主或当主拥有田宅的使用收益的权利。由于典价或当价远低于绝卖价（一般为时价的40%—70%），有效降低了各方购置田产的成本与门槛。找贴等后续习惯虽然给人情世故的纠葛留下很大空间，但实质上是卖方基于经济上合理的理由（如地价上涨、通货膨胀等）向买方寻求增加授信，通过找贴这一微妙的平衡机制，在更大时间跨度上修正双方利益的不均衡，可视为土地交易分期付款的萌芽。

"活卖"在名义上不涉及地权转让，但在赎期届满且田主无力回赎时，可通过"找价"等程序转为绝卖。如张永兴卖院契中，"立字人张永兴十九年正月间父和子，因为无钱使用，将破院一所卖与陈中阳名下永远为业。至二十年二月间奉皇恩回赎，家中无有银钱，不能回赎，父出外不家，使子天送回一信托子永兴转仰王正林说合，情愿复价钱一千正（整）。买主亦念其贫寒复钱一千正。卖主永不再赎。即日两交不欠。如若再赎，任中人禀官究处，与买主无干，恐后无凭，立字存证"[1]。这是完整的复价"找贴"程序，买方出于人道与世情考虑，往往会在后来根据房屋产值或卖主情况多赠予部分钱财。"找贴"是河洛地区影响较大的乡约习俗，影响深刻，甚至有隔了数代还"找贴"的案例存在。

为避免多次找贴引起的纠纷，清政府曾于1730年规定，卖方只许找贴一次。但实践中多次找贴的做法并无变化，只是在契约文书形式上有所变通以应付官僚法。旧时田房买卖、典当或赠予所办的过户或转移产权手续，同时转移的还有附着其上的赋税义务，是为"过割"，也称"推收"或"推手"。清代契约经投税加盖官印后，新业主即可持往过户，过户后，产权即移入新

---

[1]　王支援等主编：《故纸拾遗》卷二，三秦出版社2007年版，第54页。

业主名下，同时承担赋税。"过"即过户，"割"即割除原田主的赋税登记。明清法律规定："凡典买田宅，不税契者，笞五十 [仍追]，契内田宅价钱一半入官，不过割者，一亩至五亩，笞四十，每五亩加一等，罪止杖一百，其 [不过割之] 田入官。"①

除此之外，针对典卖契约容易产生的问题，清朝法律对于不动产典卖契约有着严格的规定。

1. 在契约上需注明"典"或"卖"。乾隆十八年（1753）定例："嗣后民间置买产业，如系典契，务于契内注明'回赎'字样。如系卖契，亦于契内注明'绝卖'、'永不回赎'字样。"②

2. 典当契约可以免纳契税，而买卖契约必须缴纳契税。乾隆二十四年（1759）定例："凡民间活契典当田房，一概免其纳税。其一切卖契无论是否杜绝，俱令纳税。其有先典后卖者，典契既不纳税，按照卖契银两实数纳税。如有隐漏者，照律治罪。"③

3. 明确了不动产典当回赎的年限。早期的大量民间典契，并未规定回赎期限，多是"钱到回赎"，形成所谓"一典千年有份""一典千年活"，由于年久事远，极易引发纠纷。乾隆三十五年（1770）规定："典契十年以内不税，十年以外与卖同税，听现典主税契执业。"④ 即要求典当契约统以十年为限，十年后如出典无力回赎便丧失回赎权，不动产的产权转移归典权人所有。嘉庆六年（1801）修订的《户部则例》正式确认十年回赎期："活契典当年限不得超过十年，违者治罪。""民人典当田宅，契载年份，统以十年为率，限满听赎。如原业主力不能赎，听典主投税过割执业。倘于典契内多载年份，

---

① 田涛、郑秦点校：《大清律例》，法律出版社 1999 年版，第 198 页。
② 张荣铮、刘勇强、金懋初点校：《大清律例》卷九，天津古籍出版社 1993 年版，第 213 页。
③ 张荣铮、刘勇强、金懋初点校：《大清律例》卷九，天津古籍出版社 1993 年版，第 214 页。
④ 乾隆朝《户部则例摘要》第 16 卷，清乾隆五十八年（1793）铭新堂刻本。

一经发觉，追缴税银，照例治罪。"① 民国十九年（1930）的民法典规定当事人可以自由约定典期，但"不得逾30年，约定期间逾30年者，缩短为30年，期满后出典人得以原典价回赎，期满后经过两年不回赎者，所有权归于典权人"②。尽管如此，河洛地区典当契约习惯上仍没有回赎日期，并有转典、转当习俗，致使回赎遥遥无期。如：

例1. 清嘉庆二十四年（1819）秦士秀转当地红契③

　　　立转当契人秦士秀，因无钱使用，今将自己当到王如光地一段，坐落西坡，其地东西畛，东至郭姓，西南二至当主，北至石仑，四至分明，上下金石土木相连，尽在当数，今情愿转当于秦得位名下当业耕种，同中人言明，时值当价钱四千五百整，随带本地粮银一分，当日钱地两交，许王姓回赎。自转当之后，永无反悔，恐后无凭，立转契为证。其地内有计埋墓冢两个。

　　　嘉庆二十四年三月十六日　立转当契人：秦士秀（押）（山西省夏县官印）

　　　同人：程万益（押）郭丰成（押）石有林（押）

例2. 清嘉庆二十年（1815）郭元得典地白契④

　　　立典地契人郭元得，今因使用不便，今将自己有典到南庄坟地三亩，其地系南北畛，东至郭存绪，南至武学生，西至坡，北至道，四至明白，今来情愿转典与王宝耕种，同中言明，典价白银三十二两整，其银笔下交足无欠，夏秋粮每亩二升八合，不分远近送纳，地内倘有交□，有地主一面承当，与种地人无干，恐后无凭，立转

---

① 《户部则例》卷十，田赋，置产投税部。转引自杨巍《民事权利时间限制研究》，武汉大学出版社2011年版，第59页。

② 谢振民编著，张知本校订：《中华民国立法史》下册，中国政法大学出版社2000年版，第773页。

③ 李虎主编：《洛阳师范学院图书馆藏地契精选图录》，浙江人民出版社2015年版，第96页。

④ 李虎主编：《洛阳师范学院图书馆藏地契精选图录》，浙江人民出版社2015年版，第90页。

典地契存照。

中人：李植（押）

书人：王清秀（花押）

嘉庆二十年八月初五日　立转典地人：郭元得（押）

立转典地文约人王化兴，今同中人说合，原价原业情愿转典于

赵德辉名下耕种，其银旦日交足不欠，恐口难凭，立字为证。

后中人：李怀茂（押）

后书人：李昌镛（花押）

同治二年十二月初九日　立转典地文约人：王化兴（押）

同治九年十二月初十日　原业原价转典与郭有铭名下作业耕种。

立转典地文约：赵门李氏同胞弟赵德耀（押）

后批中人：田存文（押）、王兆德（押）

上述例 1 秦士秀“因无钱使用”，将“当到王如光地一段”转当于秦得位，并言明“许王姓回赎”，并没有规定回赎日期。例 2 嘉庆二十年（1815）郭元得转典与王宝耕种三亩坟地，并书立典地文契。之后，从嘉庆二十年（1815）至同治九年（1870）五十多年间数次转典，从郭姓流转至王姓，又从王姓流转至赵姓，再从赵姓流转至郭姓家族。土地流转过程均未重新书写典约，而是通过批契形式在原典地契约空白部分不断批写新的内容。可以看出，第二次转典应该是王宝去世后，经其后人王化兴转典于赵德辉名下耕种；赵德辉去世后，又有赵门李氏同胞弟赵德耀将其转典于郭有铭名下继续耕种。正如传统的研究所言，“一田二主”①，田骨并未转移，几十年间，田皮已经通过转典的形式转移了数主。

① 杨国桢：《明清土地契约文书研究》（修订版），中国人民大学出版社 2009 年版，第 77—88 页。赵冈《永佃制研究》一书，把永佃制分为三种形态：初始形态，只有耕作权，不是完整产权，限于特定农户，不得转让；过渡性形态，即逐渐可以自由转让，私相授受；最终形态，是独立产权，称为田皮业主与田骨业主，合称“一田二土”。参见赵冈《永佃制研究》，中国农业出版社 2005 年版，第 2 页。

三、官府对不动产交易的管理

(一) 红白契之分

土地契约性质按照是否向官府纳税分为红契和白契两种。红契也被称为赤契、官契。"官契"一词最早出现在《周礼·天官·宰夫》"掌官契以治藏"中的"官契",指古时记载收付的符券、凭证等官方文券,后来演变成民间典卖不动产签订契约后向地方衙门登录,按规定缴纳契税,并在契约上面加盖有红色官方印信的正式契纸。如《文献通考·征植六》记载:"(宋乾道)七年(1171),臣僚言:'民间典卖田产,必使之请官契、输税钱。'"登记盖章的过程不仅需要耗费相当时日往返于官府与村庄之间,而且还要缴纳一定契税(约为田价的3%—6%,不同时期有所变动),对业主造成了一定负担。清末为开源增加了契约税,"宣统三年(1911)清政府颁布了《契税试办章程》,明确要求将契税税率大幅提高,其中买契税率由3%提升至9%,典契税率(一般为买契税率的一半)由1.5%提升至6%"①。"红契"的意义除纳税与官方管理之外,更多地表现出了建立契约的规范化与格式化,当事人则更看重"红契"对于所有权的官方认证及权利保障。

白契是指民间社会买卖双方自行书写,然后经过中人的见证、画押,再经过家族中有威望的长辈签名认可的契约。对于官府而言,白契意味着大量的契税被偷漏。由于白契有中人见证,即使偶遇纠纷,也可资调解,因此在多数情况下,足以保证双方履行契约的规定。为此,传统乡村社会和地方官员普遍承认这种契约的有效性,将它们视为仲裁有关土地产权纠纷的重要凭据。有关河洛契约的红契和白契各举一例如下:

---

① 江苏省中华民国工商税收史编写组、中国第二历史档案馆编:《中华民国工商税收史料选编》第 5 辑,南京大学出版社 1999 年版,第 226 页,转引自郝平、张文瀚《杂税转正:民国时期山西契税的征稽(1912—1937)》,《中国经济史研究》2021 年第 5 期。

例1. 张士风官契存照①

官契存照 照字五五号

立卖文契人张士风，因无银使用，今将自己分到房基三分 段，四至畛长开列约后。其地坐落□□营，今凭牙行张标讲说，情愿出卖于赵祯、赵祥名下永远管业。三面议定，时值价银四两五钱□□□□。当日交足无欠，自卖之后，永无反悔。地内原有树木亦在卖数，如有户族人等争差者士风一面承当。恐后无凭，立契存照。

东至赵元德，西至卖主，南至□□，北至张义文□□□

同牙行知见人：张怀秀 孙显之

康熙五十九年八月十六日 立文契人：张士风（押）

条约四则列后

——地房税银一项，关乎国帑考成……嗣后民间凡置买房地成契交价之后随□卖契投税。如有故违匿契不报者，或经查出或□傍人□者□按以漏税律例究□不贷。

——凡民间置买产业、□□同卖主到□卖房，地区处路，勘四至□界亩数多寡，以杜□□□换段之弊，查讯地邻虚实则无影射之端，然后议价堪相情愿，方可立契成交毋得造次收□日后讼端。

——买产全凭契券，以为永守之符，岂可以模糊字迹残废纸张立契投税殊属不合，今本县捐备纸张，新颁契式印刷分发牙子。凡有买卖房地之家给付等填官契交明价值即行投税。本县为□弊安民起见，各宜凛遵。

——凡卖产业成交之时，须同买主官牙较量价值议明多寡两相情愿，成契交银如同截木。今查有等无赖经年累月之后，复萌找价

_____

① 洛阳契约文书博物馆藏《张士风官契存照》，文书编号：024864。

之端，深属不法，况找价一事，又奉旨□□嗣后如再有借端找价，许买主执此官契□□以凭拿究治罪。

例 2. 左荣范立卖平地死契文字白契①

立卖死契文字人左荣范，因为使用不便，今将自己祖遗之业，坐落在村北白杨乐（首夹口）平地南北上下一连二段，计地一十一亩一分四厘，系南北畛，东至侯姓，南至乐，北至左姓，四至开明，出入通行，浇灌依旧，同人言明，每亩时置价钱十三千五百文，情愿出卖与侯复贵名下为业耕种。当日钱业相交，并无欠少，如有论人争比，收钱人以（一）面承当，恐口难凭，立卖死契存照。

同治元年三月廿一日　立卖死契人：左荣范（押）

同中人：左荣科（押）左九职（押）

例 1 "张士风官契存照" 是一份标准的河洛地区的官版契约文书，雕版格式印刷，契头有 "官契存照　照字五五号" 字样，文书进行了编号，记录了张士风 "因无银使用" 出卖房基的内容，契后载明成契条约四则，相当于地方的契约条款，具有法律效力。例 2 "左荣范立卖平地死契文字白契" 中无官契字样，未加盖官印，也未缴纳契约税，虽然具备官契的基本要素如中人、时间、标的物、买卖双方画押等，但并不受官府保护，其效力全赖双方之间的诚信。

（二）土地优先购买权的置废

土地优先购买权是指在田主出卖土地时需要优先考虑卖与宗亲或四邻，宗亲四邻不要之后，才可以考虑卖与外姓人等。《宋刑统》记载："应典、卖、

---

① 个人自藏《左荣范立卖平地死契文字白契》，文书编号 00192。

倚当物业，先问房亲；房亲不要，次问四邻；四邻不要，他人并得交易。"①
先问亲邻现象从唐中后期就已出现，一些学者认为其出现时间更早，甚至可
能远溯至北魏时期。唐中后期，这一习惯见诸文字，"唐乾宁四年（897 年）
'敦煌张义全卖宅舍契（甲）'中就涉及到亲邻优先权的相关内容：'其舍一
买已后，中间若有亲姻兄弟兼及别人称为主已（记）者，一仰旧舍主。张义
全及男粉子，支子祇（支）当还替，不（干）买舍人之事。'"② 至明清时
期，先问亲邻现象在民间田土交易中大量存在，成为极为重要的乡间惯例。

这一制度的存在有其深刻的历史原因和社会根源，在传统宗法社会下，
人们对于祖宗产业极为看重，认为不可流于外人之手。在一些契约中，田主
虽然出卖了祖产，但一旦手中宽裕则立时买回，优先购买制度实际上正是这
种家产观念的延伸，同时也有利于避免亲族之间的纷争。此外，优先购买制
度可以有效限制土地兼并活动，防止外姓富豪商人兼并土地，保障小民产业，
避免"富者田连阡陌"现象的泛滥，使土地始终掌握在周边百姓手中，防止
土地荒废。河洛地区田宅契约中套语"如有亲族人等争差违碍，卖主一面承
当"，"如有亲族有分人等争论者，出卖人一面承管"等，意为倘若因为买卖
田产而导致卖方亲族争执，则责任全由卖方承担，可见卖方需要承担相关优
先购买权的义务，以防止卖后纠纷。

清代尽管一些地区仍保留有"先问亲邻"的习惯，但官府已经不再作强
制要求。究其原因在于民间常以这种优先权压低土地价格，实行亲族垄断，
并在发生纠纷时，据此提出诉讼。河南地区表现得尤为明显，"有先尽业主邻
亲之说，他姓概不敢买，任其乘机挦勒，以至穷民不得不减价相就"③。这种
优先购买权按照亲缘关系和约定俗成，阻碍了土地自由买卖的正常发展，有

---

① 薛梅卿点校：《宋刑统》卷一三《典卖指当论竞物业门》，法律出版社 1999 年版，第 232 页。

② 唐乾宁四年（897）敦煌张义全卖宅舍契（甲），转引自柴荣《中国古代先问亲邻制度考析》，
《法学研究》2007 年第 4 期。

③ （清）田文镜撰，张民服点校：《抚豫宣化录》卷四《条禁事》，中州古籍出版社 1995 年版，
第 257 页。

的甚至引发了人命案。如雍正十三年（1735）十二月，河南省登封县陈刘氏"因贫难度"准备出卖土地，本亲房族人及侄子陈雅均"无银置买"，陈刘氏托中人寻得买主王仁，双方议定好价钱后丈量土地时，陈刘氏侄子陈雅来阻挡，与买主王仁发生争执，王仁失手将其打死。[①] 在河南地区，政府主要采取强制命令的方式，来限制亲族优先购买的权力。雍正三年（1725），河南巡抚田文镜发布规定："田园房产为小民性命之依，苟非万不得已，岂肯轻弃。既有急需，应听其觅主典卖，以济燃眉，乃豫省有先尽业主邻亲之说，嗣后不论何人许买，有出价者即系售主。如业主之邻亲告争，按律治罪。"[②] 自此之后，优先购买权在河南被逐渐废除。乾隆年间开始，同族购买土地的比例开始下降，异姓购买土地的比例大大提高。清政府提倡土地买卖，对减弱宗法关系，解除土地交易的束缚有重要的意义。[③]

（三）官定契约程序

契约作为民间百姓交易的凭证，深刻影响着社会生活，官府很早就对契约进行了管制，其作用的发挥体现在契约税的设置以及对契约程序的规范之中。契约税是中国古代在土地房屋等不动产流转过程中需要向官府缴纳的杂税之一。这一税种在东晋时期就已出现，虽然占比较低，但始终作为政府的一项收入以及管理民间契约的措施之一而存在。契约税按照契约买卖物品价格而定，一般为6%。在房屋土地这类大宗商品的买卖中，因其价值较高，所交契税相对更多，民间百姓多用白契或匿价以逃避税收。政府针对契约税制定了详细的规章，这里以民国时期河洛地区的官契为例加以说明。

---

① 第一历史档案馆、中国社会科学院历史研究所编：《清代土地占有关系与佃农抗租斗争》，中华书局1988年版，第304页。

② （清）田文镜撰，张民服点校：《抚豫宣化录》卷四《条禁事》，中州古籍出版社1995年版，第257页。

③ 江太新：《略论清代前期土地买卖中宗法关系松弛及其社会意义》，《中国经济史研究》1990年第3期。

例1. 例则摘要①

——不动产之买主或承典人须于契纸成立后，六个月以内赴该管征收官署投税。

——订立不动产买契或典契时须由卖主或出典人赴该管征收官署，填具申请书，请领契纸，缴纳契费五角。

——不动产之卖主或出典人请领契纸后已逾两月，某契约尚未成立者，原领契纸失其效力，但因有障碍致契约不能成立时，得于限内赴征收官署申明事由，酌予宽限。

——原领契纸因遗失及其他事由须补领或更换时，仍以第四条第一项之规定缴纳契纸费。

——不动产之买主或承典人逾契约成立后六个月之期限，不依本条例缴纳契税者，除纳定率之税额外，并依《续奉核定分期递加罚金办法》如左：

逾初限六个月为第一期，每典价百元应纳税三元加一倍处罚三元，共六元；再逾限六个月为第二期，每卖价百元应纳税三元加二倍处罚六元，共纳九元；又逾初限六个月为第三期，每卖价百元应纳税三元加三倍处罚九元，共纳十二元，前项逾期之罚金以分期加至三倍为止。

——缴纳契税时匿报契价者，除另换契纸改成契约补缴短纳税额外，并处以左列之罚金：

匿报契价十分之一以上未及十分之二者，短纳税额之一倍；

匿报之数虽及以一成而核计短纳税银不及一元者，仍令补足短税免于科罚；

① 《民国八年十二月偃师县杜冬志绝卖土地买契官版文书》，载王支援等主编《故纸拾遗》卷一，三秦出版社2006年版，第330—331页。

匿报契价十分之二以上未满十分之三者，短纳税额之二倍；

匿报契价十分之三以上未满十分之四者，短纳税额之四倍；

匿报契价十分之四以上未满十分之五者，短纳税额之八倍；

匿报契价十分之五以上者，短纳税额十六倍或由征收官署依所报契价收买之。

——契约成立后六个月，纳税期间限于遵领官契纸者适用之，其私纸所书之契约若事后不换写契纸，以逾限论。

——卖主或出典人以私纸订立契约者，得由征收官署处以五元以上五十元以下之罚金。

——逾限未税之契，诉讼时无凭证之效力。

例 2. 法令摘要①

修正河南省征收契税规程摘要

——凡民间典买不动产，除开封城厢郑县市区以两个月为限外，其余应于成立草契纸后六个月内赴契税局，缴纳税款请领官契。

——凡典买不动产于成立草契后如逾限不投税者，照章每逾六个月递加处罚，以罚至第三期为止。

——凡缴纳契税匿报契价者，经查实后，除按匿报契价照章递加处罚外，并应另换契纸改正契价补纳税款。

——不动产业主契约遗失时，曾经取具邻佑甘保各结报明县政府，或契税局有案可稽或另有其他证据足资证明者，准其另立新契，不收契税。

契约遗失时，未经呈报，县政府契税局无案可稽，亦无证据足资证明者，除令取具邻佑甘保各结外，仍应照章纳税。

——典买不动产如以白纸私立契约者，一经发觉除买主或承典

---

① 《民国二十六年十一月洛阳县武黄氏同子德修绝卖土地买契官版文书》，载王支援等主编《故纸拾遗》卷一，三秦出版社 2006 年版，第 392—393 页。

人按逾限处罚外，并将卖主或出典人处以五元以上五十元以下之罚金。

行政院令准挤查白契办法要点

——各级法院及兼理司法之县政府举凡审理民刑诉讼，遇有未经完过契税之契纸，应交由征税机关分别补税后再行审理，倘有徇纵情弊由高级官依法惩处。

——登记不动产买典权利应以完过契税之红契为证明方法，未税之白契不准登记。

买典房产契纸应行填明各项办法

——买典土地房基均须填明直长横宽丈尺，以便查考。

——四至栏内应将地邻姓名一并填列不得只填东至李，西至王等字，以免含混。

——四至如系邻接道路河渠，契内应填至某路边或某河边为止，不得仍按路心及河中计算，以免影射。

——契纸内列过割及应完丁漕等栏，均应分别填明，如系无粮地亩即填一"无"字，俾便查考。

——买典业户领到红契后，如果发现填写错误或有遗漏之处，应向契税局声明，经查核属实，应即立予改正，随时发给。

从例1民国八年（1919）十二月偃师县杜冬志绝卖土地买契官版文书刊载《例则摘要》来看，典卖田宅成契后，六个月内须赴官署投税，并请领契纸，缴纳契费五角。例则规定了逾契约成立后六个月期限的处罚，除依法纳税外，并依《续奉核定分期递加罚金办法》罚款；还对缴纳契税时匿报契价者根据匿报契价比例加以罚款；最后专门指出"逾限未税之契，诉讼时无凭证之效力"。例2民国二十六年十一月洛阳县武黄氏同子德修绝卖土地买契官版文书刊载《法令摘要》，对《修正河南省征收契税规程》加以摘录，对民间典买不动产投契加以规范，规定"除开封城厢郑县市区以两个月为限外，其余应于成立草契纸后六个月内赴契税局，缴纳税款请领官契"。还摘录刊载了《行政院令准挤查白契办法要点》和《买典房产契纸应行填明各项办法》。各项规定详细，做到了有法可依，将例则、法令摘录刊载于官契纸，便捷宣传普及，方便民众知晓遵从。

四、河洛地区的土地流转情况

现代意义的农村土地流转，是指土地使用权即承包经营权在不同经营主体之间的流动和转让，实质是农村土地使用权的市场化，即在农村土地所有权属于集体所有前提下，农民在市场条件下，根据自己的意愿转让其所承包的土地使用权，从而实现土地资源的优化配置。在土地私有制背景下，农村的土地流转则是指土地所有权或使用受益权在不同主体之间的流动。正如有学者指出的："长期以来，至少从宋代以来，地权转移主要是通过买卖方式，凭政治势力强占只是例外现象。任何时期、任何地区，经常发生地权流动，既有分散又有集中……长期起作用的两个基本因素是土地自由买卖和遗产多子均分制。"[1]

河洛地区土地、房屋类型多样，分布零散，从留存的大量田宅契约文书来看，流转迅速，尽管有集中，但仍以分散为主。这里土地流转的形式主要有买地与卖地、典地与赎地、兑换土地、分家与赠予等，其中又以卖地为主流，卖地中又以绝卖为主。在现存的不动产流转契约中也是田土契约数量最多。

1. 买地与卖地

农民把土地当作最重要的财产，积累一些财富就会投入地产，购买土地以保值。有人买地当然就会有人卖地。这里的卖地，特指绝卖，是田主将土地所有权的最后出让。卖地契中普遍存在"情愿出卖与某某永远为业"等字

---

① 章有义：《本世纪二三十年代我国地权分配的再估计》，《中国社会经济史研究》1988 年第 2 期。

样，即契约达成后，卖方就不再具有对土地的支配权和管理权。在传统宗法社会下，祖宗家产观念深入人心，子孙卖地往往被视为无能之举，"不肖子孙"，因此卖地者多系走投无路。当然也有因奢侈败家卖地者，"崽卖爷田不心疼"，但只是个例，不能作为普遍现象看待。所谓"有恒产者有恒心"，中国古代百姓对于土地执念甚深，一旦身有余钱即买地以为后代福泽，但在小农经济下，农民对于风险的抵御能力微小，"恒产"也十分脆弱，"君子之泽，三世而斩"，不外如是。

下例董大典永卖地文契包含了卖地契所含大多数因素，如买卖双方、标的物、成契原因、中人、四至、印押等。需要指出的是，即使是绝卖也不代表买卖双方的关系就此终结。"找贴"制度将双方关系延伸到一代乃至数代之后，随着土地的增值，卖方始终享有获得增值部分分红的权力，而若要终结这种关系，拒绝找贴，则需要另定契约，即"找绝契"。不过，从河洛地区的土地买卖实践来看，找贴现象并不普遍，特殊情况下，找价一次便成为绝卖。

例：董大典立永卖地官契①

　　房地契据

　　立永卖地契人董大典，因无银使用，今将自己祖业下地一段，坐落四至开列契后。今凭牙中说合，情愿出卖于薛明宗名下久远管业，三面议定，时值价银共三十七两五钱八分，当日银业两交，上下金石土木相连尽在卖数。自卖之后，永无反悔。如有户族人等争差违碍者，卖主一面承当。恐后无凭，立卖契存照。

　　北五里二甲董大典名下取粮银。

　　同牙中：王天□（押）梁和（押）

　　嘉庆五年六月二十九日　立永卖契人：董大典（花押：清心）

　　地一段三亩九分五厘五毫，坐落梁家屯庞庙后，东西畛。东至

---

① 洛阳契约文书博物馆藏《董大典卖地房地契据、契尾》，文书编号：025674。

梁，西至路，南至董，北至梁。东横十一弓二尺，西横十一弓三尺三寸。中长八十二弓一尺六寸。

捐备纸张，牙纪不许需索钱文。

契尾（略）

河洛地区的土地流转中，除当地人之间的土地买卖外，还存在外地商人，尤其是晋商前往临近山西的河南府、怀庆府、彰德府等地购地。明嘉靖年间，晋商刘尚科等人携带货物渡黄河遭遇风浪，平安脱险后在清化镇发起筹建金龙四大王庙。庙修成后，"庙制逼街，前无余地，而戏楼阙焉"。晋商为购买庙前王氏之地，前后"求之八十余年"，"用价六十两有奇，而王氏之地始得为庙有"①。乾隆五十一年（1786），河南发生旱灾，田地荒歉，"民饥鲜食，山西富户，闻风前往放债，准折地亩"，大量土地落入山西商人之手，致使地方百姓"无田可种"，乾隆帝令河南巡抚毕沅查办灾区贱售地亩事宜，谕令原业户具价回赎，要求买主减利听赎，使山西商人退还土地三十多万亩。②

2. 典地与赎地

典当行为由来已久，可远溯至南北朝时期，到明清时期发展至顶峰。此时的典地现象十分频繁，赎地随之而兴。典卖土地是清末民初人们为了应付意外情况或快速获得流动资金而采取的暂时性措施，是不动产所有权的短暂出让。典卖土地与绝卖土地的最大差异在于回赎权，买卖双方订立期限，限时回赎。如到时无银，则卖方可以选择找贴差价，将典卖转为绝卖。如例1民国六年（1917）三月，张克明因事不便，将自家房院出典于胡章成，议定价钱后，约定"三年为满，银到回赎，无银不计"。当年十一月，也许是又缺钱，再次复价三十元。例2"张门智氏卖地文契"记载了无钱回赎而将土地复价绝卖的情形。张门智氏将自家土地典卖与张梗，因为无钱回赎，请求中人

---

① 《大王庙创建戏楼碑记》（康熙七年），碑刻镶嵌于焦作市博爱县清化镇大王庙碑楼之内，高186.5厘米，宽73厘米。

② 《清高宗实录》卷一二五六，乾隆五十一年六月乙酉、丙戌。

说合，复价钱三千后，自此土地绝卖张梗为永业。

例1. 民国六年张克明典契①

　　立典房院字人张克明因事不便，今将自己过庭三间，西厦两间，出典于胡章成名下管业居住。同中言明，时值共典大洋七十元，当日银房两交，各无异说，三年为满，银到回赎，无银不计。恐后无凭，立典字存证。

　　同人　张名证（押）

　　张庭栋（押）

　　民国六年三月初九日　立典字人　张克明

　　本年十一月二十四日　复价大洋叁拾元。

　　同人　张嵩山（押）

例2. 张门智氏卖地文契②

　　立恳求复地价文约人张门智氏，因十九年二月……奉上明示，昨年所卖于张梗名下地一段三亩三分一厘八毫八丝，坐落西岭，其地东畛，四至前契载明。今无钱回赎，因央张生贵说合，情愿复价钱三千整，各无异说，当日交足不欠。自此复价之后，誓无返（反）悔，恐（空）口无凭，立字存证。

　　嘉庆二十一年五月初三日　立字人：张智氏（押）

　　同人：张生贵（押）

3. 兑换土地

兑换土地是河洛地区土地流转的一种重要形式，指双方将各自的土地置换到对方名下为业耕种。古代政府最初分配土地时考虑到公平性，常常按照土地肥瘠分田，加之长时间的土地交易，使得农民一家一户占有的土地在村庄周围零散分布，不利于家庭集中耕作，为了能将土地集中以方便耕作，换

---

① 王支援等主编：《故纸拾遗》卷二，三秦出版社2007年版，第65页。
② 洛阳契约文书博物馆藏《张门智氏卖地文契》，文书编号：024858。

地现象因而产生。河洛地区多山地，耕地分散，同时农户不断开垦荒地，随之产生新的耕地，农户之间为了保证土地的完整，或为了把耕地调得离住地更近、更方便些，便于耕种和照应，就要进行土地置换。置换土地时，往往一方先有交换意愿，然后通过中间人找另一方商量，如果对方同意，就可商量置换条件。为了规范换地行为，减少因土地互换而引发的矛盾纠纷，双方要在中人见证下书立换地合同，详细规定互换田地的坐落位置、面积、四至边界情况、粮食归属以及缴纳钱粮办法等内容。合同写好后，各执一份，内容相同，署双方落款，中人画押，以为凭证。

换约1. 王瓒、董召南兑地文契①

立兑地契人王瓒、董召南二人，因为各凑方圆，耕种顺便，情愿凭中各将自地兑换耕种。王将桥北坡地二段，东西畛，南一段计地八亩零九厘一毫，北至毛存贵，南至董自亮，东西俱至道。北一段计地三亩三分，南至董应桥，北至南贾坊地，东西俱至道。又将土佃城地二段，南一段，东西畛，计地三亩四分二厘九毫，北至王东信，南至董隆周，东至道，西至董尉。北一段，计地一亩一分八厘零五丝，南至王秉信，北至董弘智，西至董尉，东至魁诗，至碑分明，情愿兑与董召南耕种。董将村南平地一段，东西畛，计九亩五分零九毫。又将村东平地一段，东西畛，计地一亩六分三厘四毫，至碑王契写明，此契不开，情愿与王瓒耕种，因地价不均，王找与董银一百七十四两八钱六分，银业两交，并无欠少，自兑之后，各赡耕种，地内粮差随契过割，恐后无凭，故立兑契存照。

雍正六年冬月初六日　立兑契人：王瓒（押）董召南（押）

村东地一亩六分三厘四毫内有植地八分一厘七毫，地价银当日植受讫。

---

① 王支援等主编：《故纸拾遗》卷五，中州古籍出版社2012年版，第269页。

管见人：王秉信（押）董自淑（押）开仕清（押）

合同存照（骑缝半书）

换约 2. 常进福换地合同①

立换地合同人常进福，今有地一段，坐落村北，系南北畛。东（至）换主，西（至）常进才、南（至）路，北（至）墙，四至分明，情愿出换于身叔常据地两段：一段东西畛，东（至）路、西（至）常进才、南（至）常，北（至）杜；又一段，东西畛，东（至）常进才，西（至）墙，南（至）常、北（至）杜，四至分明。除一钱换一钱之外，有余地五钱四厘，言明贴价钱七千整。

各无异说，所换是实。此照。

同人：常进道（押）

乾隆四十八年十月廿日　立换地合同人：常进福（押）

换约 3. 刘廷近换地文契②

立换地文约人刘廷近，因为耕种不便，今有地一段，计地四亩零二厘四毫，坐落东□□，东西畛。东至张朴，西至沟心，南至刘廷近，北至张良，四至分明。同中说合，情愿换到张梗名下地一段，坐落西岭，其地东西畛。东西二至墙，南至吴卓士，北至姚法□。各地完纳大粮。恐后无凭，立换契存证。

同人：张朴（押）张均（押）

嘉庆十一年二月二十五日　立换契人：刘廷近（押）

正堂李田宅牙纪吴世荣（戳记）

换约 4. 张庚辛换房契③

立换房屋字人张庚辛，因房屋窄少，居住不便，今同族亲说合，

---

①　洛阳契约文书博物馆藏《常进福换地合同》，文书编号：024381。

②　洛阳契约文书博物馆藏《刘廷近换地文契》，文书编号：002600。

③　王支援等主编：《故纸拾遗》卷二，三秦出版社 2007 年版，第 37 页。

将自己分到尽东边地基一间下于二弟，换到二弟厦房一间，于身紧
埃身无房茅地有房因包二弟盖房屋钱十千文，自换之后永不反悔。
恐后无凭，立换字存照。

  同族长：张福堂（押）孔狗（押）

  族长：张秉直（押）胡定国（押）吴三（押）

  乡亲：李朴（押）

  光绪七年八月初八日立 换房屋字人：张庚辛（押）

以上四则换地合同文约，换约一开始就讲明了换地原因，是为了"各凑方圆，耕种顺便"，这也是当地换地的主要原因。根据契约内容，王瓒两处四块土地共十六亩零五丝，董召南两处土地共十一亩一分四厘三毫，由于"因地价不均，王找与董银一百七十四两八钱六分"。换地以等价交换为原则，如双方土地价值不一则需补贴差价。董召南村东置换地亩中还有一部分地属于他人，也要交易后付清地价，以免后患，这些内容都注明在换约中，"合同存照"。换地之后，还言明要将"地内粮差随契过割"，符合当地粮随地走的习俗。

换约 2 常进福换地合同，不仅注明了双方土地四至，还规定了交换原则"一钱换一钱之外，有余地五钱四厘，言明贴价钱七千整"。换约 3 刘廷近因"耕种不便"，将自己地一段与张梗名下地互换，言明"各地完纳大粮"。除兑换土地外，还有换房院的，换房契存量很少，其成契原则大致与换地契相同。换约 4 张庚辛因"房屋穿少，居住不便"，将自己分到的一间地基与其弟交换到房屋一间。

4. 分家与赠予

河洛地区土地流转的形式还有分家与赠予。分家在河洛地区司空见惯，尽管传统观念以大家庭为荣，人们追求四世、五世同堂，但是随着子孙繁衍，大家庭人多事杂，不便于管理，加以经济条件的限制，一旦遇到矛盾，分家是不可避免的。长期以来，地方社会遵循家产诸子均分的原则，拥有较多土

地的地主一旦分家，土地也会被均分给儿子继承。这样集中的土地便会再次变得很分散。一些大家族，为了避免分家造成的土地分散，便有意保留部分公产，用于家族祭祀、祠堂管理等事务。有一些家庭，出于一些特殊需求，有时也会把个人土地捐施与家族祠堂、寺庙或各类村社组织，也一定程度上促进了地方土地的流转。[1] 因后文还有专题介绍，这里仅举两例。

例1. 党姓三兄弟分书[2]

　　党廷秀、党廷法、党廷德兄弟三人，将祖遗田地水旱坡平均分。廷法己身分到旱地首一段，坐落庄东，东至养老地堰，西至大路，南至页路，北至廷秀地畔；二段坐落中渠，东至廷秀地畔，西至红花岭，南至中渠，北至梁根；三段坐落养老地堰，水地二畦，瓦房一间，在廷秀庄基内，廿年为满；四段系庄基，坐落廷秀庄前，地基三间。各地各树有于上下地为菜园，每年出银钱四百文，恐后无凭，立分约为证。

　　中见人：张永成　马廷兰　赵汗明　罗文宣笔

　　合同存证（半书）

　　光绪廿二年八月初四日立

例2. 赵崇山等建立祠堂施约[3]

　　立施地基人赵崇山等，因本支建设祀祖堂，情愿各家□□地基施与本支属官建立祠堂，其长阔分厘四至开叙列后，地内钱粮入官办纳，恐人心变迁，故立施约存照。

　　赵崇耀、赵崇杰施地，东西长一十一步，南北阔一步，计地四

　　① 有关河洛地区土地捐施赠予的研究，可参见王云红《近代河洛地区施地碑与施地民事习惯问题》，《中州学刊》2018年第1期。

　　② 王支援主编：《洛阳民俗博物馆馆藏契约文书精粹》，中州古籍出版社2017年版，第89页。

　　③ 洛阳契约文书博物馆藏《赵崇山等建立祠堂施约》，文书编号：031211-A-1。

厘六毫，东西至道，北至赵贞福、赵贞祥，南至赵大成。

赵大成施地东西长一十一步，南北阔五步，计地三分三厘，东至道，西至崖、北至耀杰，南至赵崇山、赵崇义。

赵崇山、赵崇义施地东西长一十步，南北阔五步，计地二分一厘，东至道，西至崖，北至赵大成，南至赵荐龙、赵浩龙。

乾隆十九年十一月十九日　立施地人：赵崇耀（押）、赵崇山（押）、赵崇杰（押）、赵大成（押）、赵崇义（押）

明甫人：李恽字　赵思正

第四章　河洛钱债契约与借贷习俗

　　钱债契约是指借贷双方进行货币让渡或实物让渡时签订的原始文书。这种借贷行为是一种社会经济活动，在民间非常普遍并且历史悠久。早在西周时期史料就有记载，它既能直观反映当时社会经济的发展状况，亦能间接体现当时社会观念的变化情况。《周礼·天官·小宰》中记载的"听称责以傅别"，指的就是通过撰写傅别契约的形式而进行的有息贷款活动。[①] 敦煌文书中保存的大量钱债契约，更为直观地反映了唐宋时期民间的借贷习俗。清末以降，随着外国资本主义的入侵，社会结构和社会矛盾出现了新的变化，民间的借贷活动亦日趋活跃。当前，有学者对清朝、民国及中华人民共和国成立初年的钱债契约进行了搜集、整理、分析，为研究当时的借贷习俗和社会经济状况提供了大量一手资料。本书利用清代至民间时期河洛地区的 80 份钱债借约、6 份钱债复约，分析河洛地区的借贷习俗。这些契约、复约中，最早的一份契约是许为咸揭银契约，于顺治二年（1645）三月廿九日签订，最近的一份是中国人民银行濮阳县支行借据，签订于 1954 年，时间跨度三百多年。本章将以此为研究对象，对河洛钱债契约的借贷原因、借贷形式、借贷利率等问题进行分析研究，拟在最大限度上还原河洛地区的借贷民事习惯问题。

---

　　①　杨天宇：《周礼译注》，上海古籍出版社 2004 年版，第 35—36 页。

一、河洛地区民间借贷的原因

(一) 钱债契约表达的原因分析

目前搜集的 80 份原始钱债契约中，只有 43 份言明了借贷原因，但绝大多数均以"使用不便""因不便""因不及""因乏用""因事不便""无钱使用""因为一事不便""因一时不便""因手中困乏"等字眼一笔带过，很少明确具体原因；仅有 7 份借约用极为简洁的语言道明了事由，详见表 4-1。

表 4-1　河洛钱债契约借贷原因统计表

序号	借贷原因	契约数量（共 80 份）	占比（%）
1	使用不便	8	10%
2	因使不便	1	1.25%
3	因事不便	10	12.50%
4	因不便	2	2.50%
5	一时不便	3	3.75%
6	因为不便	2	2.50%
7	因为一事不便	6	7.50%
8	因为一时不便	1	1.25%
9	因手中困乏	1	1.25%
10	因乏用	1	1.25%
11	因不及	1	1.25%
12	无钱使用	1	1.25%
13	路途盘费不足	1	1.25%
14	迁葬父母	1	1.25%
15	无钱葬夫	1	1.25%
16	无有牲口使用	1	1.25%
17	因为典地疑不便	1	1.25%

续表

序号	借贷原因	契约数量（共80份）	占比（%）
18	代买下泉工具	1	1.25%
19	不言明原因	37	46.25%

资料来源：王支援、范西岳等《故纸拾遗》卷三；洛阳契约文书博物馆藏原始文书；王云红个人收藏契约文书。

　　由表4-1可知，河洛钱债契约在表达借贷原因时有以下三个特点：一是习惯使用简约套语概之，一般并不说明具体原因。就契约本身而言，借贷双方关注的往往是借贷的本金、利息、期限、偿还方式、约束方式等，借贷原因并非关注要点，故常常以"使用不便""因事不便"等套语概括。因撰写文书者的表达习惯不一，会出现"因使不便""一时不便""因不便""因不及""因乏用""因事不便""无钱使用"等多种表达形式；由此亦知，从官方到民间一直未能形成一个固定统一的文书格式来规范表达借贷原因；二是个别言明原因的契约文书，在表达时也简明扼要，仅以"路途盘费不足""无有牲口使用""迁葬父母""代买下泉工具""无钱葬夫"等文字表达；三是部分文书直接省略借贷原因。既然借贷双方都无意关注缘由，且借贷原因对于双方如何履行权利义务、如何处理违约问题均无实际意义，以致不少河洛地区钱债契约直接省略了借贷原因这一要素。

（二）钱债契约背后的原因分析

　　我国古代自给自足小农经济的脆弱性是产生钱债契约的重要原因之一。小农经济生产经营模式单一狭小，缺乏规模性和竞争力。年复一年、日复一日的辛勤劳作也仅能勉强维持基本生计，使其家庭在生存线以上而已。他们身处社会最底层，被置于社会经济的边缘，不仅缺少官府和乡村秩序的庇护，还要承受统治阶级的繁重赋税剥削。如果再遇上战乱和灾荒，再加之古代医疗卫生水平低下，很容易打破这种来之不易的平衡。"稍遇意外，轻则全家有饥寒之忧，重则倾家荡产"①，故而在天灾人祸面前，人们不得不靠借贷来解决最基本的生存问题。

此外，婚丧嫁娶也是造成地方社会人们借贷现象的原因之一。在中国传统社会，婚丧嫁娶是日常生活中一个重要组织部分。河洛地区民间素来以"勤俭持家，节俭守业"为社会风尚，但又重俗遵礼，婚丧嫁娶讲究大操大办，因此举办婚礼或葬礼就成为生活消费方面一项重要开支。人们在举办婚礼时，除酒水人力等一系列开支外，民间俗称的"彩礼"也是很大并且很重要的一笔开支。以清光绪年间河洛地区的一纸婚书为例：

> 立主婚文字人孙刘氏，今因长子亡故，妻无人照管，今同媒妁
> 说合，情愿嫁于李兆镶足下为妻，同中言明价银七十七两整，当日
> 交足无欠，恐口无凭，立婚书为证。
>
> 光绪十一年四月十四日　孙刘氏主婚人（押）立
>
> 同中人：周氏②

从以上婚书内容可看出，这是一张再婚的婚书，其中仅俗称的"彩礼"就有银77两。在清朝刚入关后的顺治朝制定的官员俸禄标准中，正一品文官俸银二百一十五两五钱一分二厘，正五品文官俸银四十二两五钱五分六厘，最低品级的从九品官员的年俸仅有银一十九两五钱二分。③ 依照这一相关标准来看，普通百姓办一场婚礼，仅彩礼便几乎相当于清初五品官员一年俸禄的两倍。庞大的开销对于处于中下层的小农来说势必是难以承受的。

另外的部分借贷则是因丧葬原因产生的，如乾隆年间的一纸契约指出：

> 立回头人郭诰，因昔年坟头未起，仅欠银二两四钱，有合同为
> 证，今坟已起，银亦交足，诰将合同遗失，若后合同寻着，不得执
> 之要银，恐口无凭，立回书存证。

---

① 关永强：《近代中国的收入分配：一个定量的研究》，人民出版社2012年版，第71—72页。
② 洛阳契约文书博物馆藏《孙刘氏婚书》，文书编号：027031。
③ 《清世祖实录》卷七，顺治元年八月己巳。

中人：杜世伦

乾隆四十四年九月二十八日　立①

由此来看，古人把生老病死、成家立业看得极其重要，婚丧嫁娶等事件在古人的世界观中占据着重要地位。尽管婚丧开支有时候远远超出了他们的承受能力，他们仍不惜通过借贷的方式力求将事情办好。对于中国农家而言，婚丧开支并不仅是一种单纯的浪费，而是一种非常必要的交际开支，小农通过这种礼尚往来，可以在需要时寻求获得邻里的帮助，在灾荒时投靠联姻的亲友等。费孝通曾指出，节俭本来在中国农民生活中是受到鼓励的，但"在婚丧礼仪的场合，节俭思想就烟消云散了。人们认为婚丧礼仪中的开支并不是个人的消费，而是履行社会义务"②。可见，民间社会里婚丧嫁娶等事件是导致人们借贷的重要因素。

在传统社会因医疗卫生水平较低、乡土观念深入人心等因素也使得治病、盖房和修路等重大事项成为民间借贷的重要原因。据统计，在 20 世纪 30 年代，中国各地负债农户数量约有 40%，即约有一半的农家是有欠款的，他们广泛分布在农村的各个阶层当中，自耕农、佃农和雇农在负债比例上差距不大，还有相当比例的地主也处于举债的状态之中。③

二、河洛地区民间借贷的形式

从目前搜集的 80 份钱债借约来看，河洛地区借贷形式主要有三种：信用借贷、担保借贷和抵押借贷。

（一）信用借贷

信用借贷是指债务人没有任何担保或抵押，完全凭个人信用或中人信用

---

① 洛阳契约文书博物馆藏《郭诰回头字据》，文书编号：031222。
② 费孝通：《江村经济——中国农民的生活》，上海人民出版社 2013 年版，第 96 页。
③ 何廉为、郑林庄：《战后中国农业金融·序言》，西南印书局 1945 年版。

向债权人借钱或借物的行为。80 份钱债借约中有 30 份属于信用借贷,占比 37.5%。信用借贷主要有以下三个特点。

1. 一般会有中人见证

作为第三方的中人是信用借贷的见证者和说合者,凭其个人信誉促使双方完成借贷行为,但也有少数钱债借约没有中人的参与,仅凭债务人的信誉就达成了借贷目的。30 份信用借贷中仅有 3 分借约属于此类情况,详见表 4-2。

表 4-2 无中人参与的信用借贷

序号	债务人	债权人	本钱	利率	借贷时间	备注
1	常丹书	常新年	三千整	每月二分二厘行息	道光十四年十二月二十日	无中人
2	杜法聪	常心年	五千整	每月三分行息	道光十四年十二月十四日	无中人
3	常振邦	常新年	十千整	每月二分行息	道光二十七年三月二十七日	无中人

资料来源:王支援等主编《故纸拾遗》卷三。

由表 4-2 可知,债权人均为常新年,债务人中有两人也为常姓,很可能是同姓宗族之人。不管是否同宗同族,债务人凭借个人的社会信誉,赢得了常新年的绝对信任,故而没有第三方参与其中。不过,常新年借钱给常芳、常焕成的契约中,却有中人出现,契约全文如下:

> 立字人常芳同侄焕成今取到,常新年名下本钱拾柒千整,言明每月每千三分行息。恐后无凭,此照。
>
> 道光二十七年七月初一日
>
> 立字人:常芳(押)常焕成(押)
>
> 同人:潘文瑞(押)①

---

① 王支援等主编:《故纸拾遗》卷三,三秦出版社 2008 年版,第 166 页。

由上可知，这份借约不仅有中人潘文瑞，而且借贷利率也高于上述三份无中人参与的借贷契约，按每月每千叁分行息，已达到了官府规定的上限。究其原因，可能有三：一是借贷金额较大，使得常新年更为谨慎；二是债务人的信誉还不足以让常新年放心；三是常芳、常焕成的经济条件一般，使常新年对其还款能力还有些疑虑。

2. 一般都会收取一定的利息

30 份信用借贷中，有 27 份明确了利率，有 1 份约定每块大洋麦后出稞子二升折抵利息，有 2 份不收利息。27 份明确收取利息的借约中，月利率低于 2 分的有 4 份，月利率 2 分至 3 分（不含）的有 17 份，月利率为 3 分的有 6 份。由此可见，信用借贷的月利率大多低于 3 分，都没有超过官府规定或民间约定俗成利率的上限，属于民间互助性质的借贷行为。这类借贷多发生于熟人亲友或是内部宗族之间，人格化交易受到强烈的道德约束，如若收取高额利息于情于理都不合适。

3. 如若违约一般会有一定的惩戒方式

尽管这类互助性质的借贷行为利率不高或不收利息，如若债务人出现违约行为，债权人在中人的见证下，在社会道德的约束下也会有一定的惩戒措施。在 2 份不收利息的信用借贷契约中，有 1 份"郭黑旦推茅厕粪池文约"，是在债务人出现违约情形后签订的惩戒性质的契约文书，其全文如下。

> 立推手文字人郭黑旦，情因屡次有凑，借堂兄郭小轩名下梁（粮）粟钱文若干。只说丰收付还，不料今岁年溥，又与（遇）父亲病故，无法感情。无奈邀通兄长族人众人谪说，情愿将原兑到底下东面北稍粪池一个，东至堰墙，西至路，南至界墙，北至界墙。四至以礼，土木石相连，前后道路出入通行，同中说妥，情愿推与堂兄永远为业，任兄修理打厕启（砌）房盖屋，不与身相干。此系两造情愿，各无反悔。恐后无凭，立此推手文字为证。
>
> 民国二十七年七月初十日　立推手文字人：郭黑旦（押）

同胞兄弟族中人：郭身和（押）郭堆银（押）郭小夥（押）郭库（押）郭疙旦（押）王启成（押）郭熙元（押）

代笔：张谟书①

（二）担保借贷

担保借贷是指债务人若不能如期履约时，由保人负责追赔或者直接承担赔偿责任的借贷行为。80 份钱债借约中有 12 份属于担保借贷，占比 15%，详见表 4-3。

表 4-3　担保借贷情况一览表

序号	借贷人	债权人	本钱	利率情况	借贷时间	借期	第三方	抵押情况
1	刘廷基	寔邑永庆号	青钱六千文整	月息三分	乾隆五十五年七月二十七日		同中保钱人：贾百年	质当村东南石平地二亩五分
2	张妇极	杨	元丝本银二十五两	月息一分	咸丰二年十二月二十一日		中保人：王翰沼	无抵押
3	李长今	宫二女	高钱五千整	月息三分	同治十一年六月廿五日		保还钱人：李圪宁；同人：戴传林、卫元庆、李进财	无抵押
4	周玉禄	王同和	大洋一十元整	月息二分	民国十二年六月初三日	1 年	同保人：刘福绥、陈廷佐	无抵押

---

① 洛阳契约文书博物馆藏《郭黑旦推茅厕粪池文约》，文书编号：001996。

续表

序号	借贷人	债权人	本钱	利率情况	借贷时间	借期	第三方	抵押情况
5	赵金犬	李长丰	大洋六元整	月息三分	民国十三年腊月三十日	6个月	经业查还保人：李连山、李金载	抵押耕地约七亩
6	李翻身	致中粉房	麦七斗五升	无息	民国十五年阴历腊月一十六日	约半年	保查麦人：李我福	无抵押
7	李凡身	致中堂	麦一石二斗五升	每年加五行息	民国十八年三月初十日	1年	查还保人：李连山	无抵押
8	李连山	李文郁	大洋一十六元整	月息三分	民国十八年十二月二十八日	6个月	经业查还保人：李生春、李万兴	抵押房屋和耕地
9	晋起	董兆麟	麦子二石	无息	民国十九年十月十二日	7个多月	同长还保人：王苟、杨不成	无抵押
10	任连捷	怀锦堂侄	现洋六元五毛六分	月息三分	民国二十四年旧历四月二十五日	6个月	完全代还保人：王玉横	无抵押
11	刘文锦	朱家墓	大洋九元整		民国二十六年九月初十日	约10个月	承还保人：刘社儿、朱三来	抵押土地一亩
12	刘玉章、杨雪国	中国人民银行濮阳县支行	三百八十万三千五百五十四十六元	利率不明		1年	保证人：杨国印	无抵押

资料来源：王支援等主编《故纸拾遗》卷三；洛阳契约文书博物馆藏原始文书；王云红个人收藏契约文书。

根据表 4-3 契约整理的情况，河洛地区担保借贷有以下三个方面的特点。

1. 保人要承担连带责任

以上 12 份担保借贷中，保人的称呼有："同中保钱人""中保人""保还钱人""同保人""查还保人""保查麦人""同长还保人""完全代还保人""承还保人""保证人"。尽管叫法不一，但都突出一个"保"字，这是担保借贷的一个重要特征。保人凭借自己较高的社会信誉和较为雄厚的经济实力，能够在很大程度上打消债权人的疑虑，从而促成借贷双方完成借贷行为。在 2 份山西省闻喜县钱债契约中，均出现了"李连山"的名字，一份借约中他是保人，另一份借约中他则是债务人。作为债务人，为了达成借贷目的，李连山直接抵押了自己的房屋和土地，从侧面也足见其有实力担保。2 份借约原文如下。

其一：

> 立取大洋人赵金犬，今取到李长丰名下本大洋六元整，同保言明，每月每元三分行息，约至六个月本息交还，如还不上，情愿将自己尖勺荷坡底一段，大数七亩，系东西畛，四至不开，土木相连，交于保人经业耕种。恐后不凭，有约为证。
>
> 民国十三年腊月三十日　立取
>
> 经业查还保人：李连山　李金载　仝在①

其二：

> 立取大洋人李连山，今取到李文郁名下本大洋一十六元整，同保言明，每月每元三分行息，约至六个月本利交还，如还不上，情愿将自己场□，有房屋大小一切在内，又有三家地，坡地一□三亩，又有短畛坡地一段，大数四亩，共四至分明，土木相连，查不归赎，

①　个人自藏《赵金犬取大洋契约》，文书编号：闻喜45。

交于保人经业查还，恐凭有取约为证。

　　经业查还保人：李生春　李万兴

　　民国十八年十二月二十八日　立①

以上两份借约均出自山西省闻喜县，大概率能够确定"李连山"系同一人。其作为保人出现的时间是 1924 年，作为债务人出现的时间是 1929 年。曾经的保人为什么在 5 年后连 16 块大洋都要向别人借贷，个中原委不得而知。1929 年正值中原大战前夕，军阀连年混战，肯定对人民生计影响较大。尽管如此，李连山仍有房屋、土地等不动产，由此也可以反映出他在 1924 年为别人担保时，家境应该更为殷实。

虽然保人的信誉和实力可以让债权人吃颗定心丸，但为了保险起见，多数借约也会写明保人应负有相应的连带责任。12 份担保借贷中，有 9 份借约直接言明了保人的责任，有"保人经手事问""保人甘心查还""有保人一面查还""交于保人经业查还""保证人愿负责代为偿还全部本息"等字样；有 1 份借约虽然没有明确规定保人的责任，但债务人为了达成借贷目的，直接质当了自己的土地。其原文如下：

　　立借青钱文字人王庄村刘廷基，因为使用不便，今借到寔邑永

　庆号本青钱六千文整，同中言明，每月出利钱一百八十文，按月支

　取，不许欠少，其钱质当村东南石平地二亩五分，四至不开，恐口

　无凭，立借约存照。

　　同中保钱人：贾百年（押）照

　　乾隆五十五年七月二十七日　立约人：刘廷基（押）②

另外，2 份借约尽管没有明确指出保人应该承担什么样的责任，但按照惯例和民间习俗，债务人如果发生违约行为，保人也必须承担连带责任，负责追偿或赔偿。其中 1 份借约，不仅有"保还钱人"，还有"同人"，足见债权

①　个人自藏《李连山揭钱契约》，文书编号：闻喜 48。

②　洛阳契约文书博物馆藏《刘廷基借青钱文约》，文书编号：031301。

人的谨慎程度，其原文如下：

> 立字人李长今竭到宫二女名下本高钱五千整，言明每月每千三
> 分行息。恐口无凭，立字为证。此照。
>
> 保还钱人：李圪宁
>
> 同治十一年六月廿五日立（押）
>
> 同人：戴传林　卫元庆　李进财（押）[①]

2. 一般借贷期限较短

12 份担保借贷中，有 3 份没有明确借期，其他 9 份的借期均在 1 年之内。短期借贷的最大好处是可以尽快回本，提高资金的利用效率，并获取一定的收益。但短期借贷对小农经济发展极为不利，不少债务人难以在短时间内如约偿还债务，一旦违约很可能出现借新债还旧债的现象。短期借贷不利于增加农业投资，更不利于生产技术的改进和生产力的提高。[②]

3. 多数无抵押

12 份担保借贷中，有 8 份没有抵押，占 66.67%；4 份有抵押或质当，占33.33%。虽然多数担保借贷没有抵押，但债权人出于谨慎，大多会明确保人的责任。8 份无抵押借约中，有 6 份都直接言明债务人如有违约，保人要负责追偿或赔偿。

（三）抵押借贷

抵押借贷是指债务人向债权人提供一定抵押物作为保证的借贷行为。这是近代河洛地区民间借贷的主要形式。从借贷形式上看，抵押借贷因有一定的特权保证，借贷关系比无抵押借贷更加牢固，也更受债权人青睐。80 份钱债借约中有 43 份属于抵押借贷，占比 53.75%。抵押借贷的最大特点是债务人

---

① 王支援等主编：《故纸拾遗》卷三，三秦出版社 2008 年版，第 168 页。

② 李金铮：《民国乡村借贷关系研究——以长江中下游地区为中心》，人民出版社 2003 年版，第144 页。

大多以不动产作为抵押物，比如房产土地，其中土地抵押占大多数。43份抵押借贷中，有37份的抵押物是土地，有4份的抵押物是房产，有1份的抵押物是土地加房产，还有1份的抵押物是劳动力。另外，已有研究成果发现，债务人有时也会把金银首饰、树木、农作物、农具、禽畜等有价物作为抵押的情况。

1. 土地抵押

土地抵押借贷契约一般都会在文书中注明土地的坐落方位、面积、四至等信息。就目前掌握的研究资料来看，如果按照借期内抵押土地所有权的归属划分，土地抵押的形式大致有两种。

第一种形式：债务人把自己的土地当作抵押物，在借期内仍然拥有该土地的所有权和使用权。如若在约定的时间内不能如期归还本息，土地的所有权和使用权将归债权人所有。这类抵押形式占据土地抵押的绝大多数。涉及土地抵押的借约共有38份，该类抵押形式有36份，占94.74%。比如，伊阳县袁青山揭约，其原文如下：

> 立揭约人袁青山，因乏用今揭到王平名下本钱十一千整，同中言明，每月每串三分行息，十个月为满，本利全完。如若不及，情愿当地一段，其地坐落曾花菅村西北，高山坡，其地东西畛，东至路，西至沟，南至王姓，北至王姓，四至分明，上下金石土木尽在当数，恐（空）口无凭，立字为证。
>
> 同治十三年三月十五日，本利取齐，共算一十七千六百文。
>
> 此本钱系在白杨镇所使，亦宜在白杨镇归还利钱。
>
> 每年步却粮钱二百文
>
> 同人：王天锡（押）
>
> 同治十一年六月十二日　袁青山立（押）①

---

① 个人自藏《伊阳县袁青山揭约》，文书编号：00517。

这里主揭约人袁青山，因做生意向王平借本十一千文，约定每月每串三分行息，十个月为满，本利全完。如差不及，情愿当地一段，其地坐落曾花营村西北高山坡，其地四至分明，金石土木尽在当数，恐口无凭，立字为据。同治十一年六月十二日立约，同治十三年三月十五日本息还清，共计一十七千六百文。洛阳当地还有用同一块地做抵押向多方借贷的习俗，谓之"神仙地"，"同一地亩，今日指该地向甲借钱若干，明日指该地向乙借钱若干，后日又指该地向丙借钱若干，各立文约，按月缴稞（课），以作地息，地仍为债务者所耕种，只稞（课）不亏短，即能以一地而借数家之债，债主亦不过问"[1]。当然，这种情况容易产生滥借，出现债务者破产不足以偿债的情况，乃是不良习惯。

第二种形式：债务人在签订借约时，直接把土地抵押给债权人，在借期内土地使用权归债权人所有。债务人如若在约定的时间内归还欠款，仍旧可以将地赎回。此类抵押形式较少，涉及土地抵押的借约共有 38 份，该类抵押形式仅有 2 份，占 5.26%。这两份借约原文如下：

其一：

立借钱约人任守一，皆因手中困乏，合借到任建中元丝钱一百四十千正，今将自己祖遗短畛白地六亩，情愿押与任建中名下耕种做主，言明钱无利息，地无祖（租）价，仝中说合，四年限期还本钱赎地，恐口无凭，立借钱约为证。

中人：魏东海（押）

民国阴历十二月初一日　立借约人照前名立（押）[2]

其二：

立指地揭大洋文药（约）人郭京娃因使用不便，今将自己地一

----

① 前南京国民政府司法行政部编，胡旭晟等点校：《民事习惯调查报告录》（下册），中国政法大学出版社 2000 年版，第 456 页。

② 洛阳契约文书博物馆藏《任守一借钱文约》，文书编号：031024。

段二亩，坐落小西坡，其地南北畛。东至郭西口，南至墙下根，北

至墙根，西至郭明庆，四至分明，情愿出押于　名下，本大洋八元

五毛整。同中言明，每年每月按二分八厘出息，自当一（以）后，

有洋回数（赎），无洋丢地。空口不凭，立约为证。

立约人：郭京娃（押）

同人：郭守礼（押）、何金聚（押）

民国二十六年十二月十二日[1]

2. 房产抵押

"借债之法首重担保，而以物作保，较之以人作保，其担保力为尤强"[2]，

故"指房借钱"在河洛地区是一种较为常见的借贷行为。房产抵押和土地抵

押一样，按照借期内房产所有权的归属划分，房产抵押的形式也有两种。

第一种形式：债务人把自己的房产当作抵押物，在借期内仍然拥有所有

权。若在约定的时间内不能如期归偿还本息，房产的所有权将归债权人所有。

纯房产抵押借约共有 4 份，其中有 2 份属于此类形式，其原文如下。

其一：

立字人宫福寿今取到宫墨林名下本高银十四两整。言明每月每

两二分七厘行息。恐不凭，立字为证。

同人：宫贵林（押）

光绪四年二月三十日立（押）

限期十个月本息归还，如不归还，照宅管业。[3]

其二：

凭字今借到李东海名下十足使用国币一百元，同中言明，每元

---

① 王支援等主编：《故纸拾遗》卷三，三秦出版社 2008 年版，第 184 页。

② 前南京国民政府司法行政部编，胡旭晟等点校：《民事习惯调查报告录》（下册），中国政法
大学出版社 2000 年版，第 455 页。

③ 王支援等主编：《故纸拾遗》卷三，三秦出版社 2008 年版，第 170 页。

每月按二分行息。期定三个月时将本归还，其利息按月交付，不得托（拖）欠。并以自己运城东市场内路西民房一所契纸随带，该契面积全部房屋作抵押，倘有玉（逾）期不归，即有银主经业。恐口无凭，立字存证。

> 立借字人：聂鸿汉
>
> 中友人：张武干、杨善甫仝知
>
> 民国二十五年十二月二十四日立①

第二种形式：债务人在签订借约时，直接把房产抵押给债权人，在借期内房产使用权归债权人所有。债务人如若在约定的时间内归还欠款，仍旧可以将房产赎回。在4份房产抵押借约中，有2份属于此类形式，其原文如下：

其一：

> 立借钱文字郭小逢因迁葬父母，屡项借到胞弟郭小轩名下正本高元钱三十二千文整，因钱无利悉（息），因身无恩所暴（报），将自己分到场窑北稍边窑一冶交弟堆草喂牛。日后事钱所还，将窑抽回。此系两家情愿，各无议（异）说。恐口不凭，立此借钱文字存证。
>
> 民国十六年十月十五日立
>
> 借钱文字人：郭小逢（押）
>
> 同中人：郭黑旦（押）郭库（押）
>
> 代笔：郭照元（押）②

其二：

> 立借约文字人郭黑旦，今借到三胞兄郭小旦名下大洋六元。同人说合，将自己底下窑西边中窑南边半冶让与三兄暂为占用。一借三年为期。期满以后弟将洋归还，兄将窑退回。此系两家情愿，各

---

① 王支援等主编：《故纸拾遗》卷三，三秦出版社 2008 年版，第 184 页。
② 王支援等主编：《故纸拾遗》卷三，三秦出版社 2008 年版，第 177 页。

无异说。恐后无凭，立此借约文字为证。

　　民国二十年十二月二十二日

　　立借约人：郭黑旦（押）

　　同中人：郭照元（押）郭库（押）

　　代笔：张谟（押）①

以上两份借约比较有意思的是，均为同胞兄弟之间的借贷行为，印证了"亲兄弟，明算账"的民间俗谚。估计是债权人顾及亲情，借贷均无利息。另外，郭小逢借约中的同中人是郭黑旦和郭库，代笔是郭照元；郭黑旦借约中的同中人是郭照元和郭库，可见以上2份房产抵押借贷均发生在郭姓同族中间，相互之间应该非常熟悉，借贷行为属于民间互助救济的性质。

3. 劳动力抵押

从伊川县平等乡林沈氏借债葬夫契约中可知，在抵押借贷行为中还存在着一种抵押形式，即债务人因家境困难，可以把自己的劳动力作为抵押来达成借贷的目的，契约原文如下：

　　立字据人林沈氏，因夫君殁与炎暑，不能久放，因家境困难，准备不及，尸体有气，真是无奈。经同族人说合，今借到郑天才棺木一具，全套寿衣、褥被，价值国币三十二千七百整，限期三年归还，不加利息。若无银者，情愿到郑家无价干活三年（非妻妾），两清始至终，若有他人干涉，同族长和林沈氏堂叔一面承认，恐口无凭，立字存照。

　　中华民国二十二年五月初九日　立字人：林沈氏（押）

　　中人：史田（押）

　　同族人：林自庚（押）林占魁（押）

　　印证：陆拾文②

---

① 王支援等主编：《故纸拾遗》卷三，三秦出版社2008年版，第182页。
② 个人自藏《伊川县平等乡借债葬夫文字》，文书编号：00112。

该借约人林沈氏因丈夫去世，无钱葬夫被迫举债。债权人言明不加利息，并给予了三年较为宽裕的还款期限，但同时也明确规定，到期若不能还钱，林沈氏则需到郑家无价干活三年（非妻妾）。对于乡邻有难，尤其是在借债葬夫这件关乎人伦道德的事情上，左邻右舍出于道义或者同情，一般会有人出手援助。当然，也有人为生活所迫，走投无路，出卖为妻妾的情况。

三、河洛地区民间借贷的利率

利率是指在约定时间内的利息额与借贷本金的比率，这是比较常用的计息方式。利率是借贷关系中的核心问题，也是反映借贷性质的一个重要标准，亦是债权人获得利息收入的一个重要指标。中国古代法律很早就有了关于利息的限额规定。如北魏时期世宗宣武皇帝元恪就曾下诏要求寺院出贷不得"偿利过本"[①]。唐宋法律开始明确规定利息累计不得超过原本，即后世所谓"一本一利"。明清法律进一步规定："凡私放钱债及典当财物，每月取利并不得过三分，年月虽多，不过一本一利。"[②] 河洛地区钱债契约所规定的利率符合国家律法的规定，大多都在三分以内，豫省西北各县就有"三分利饱煞人，五分利饿煞人"的俗语。利率不高，债权人容易收回本利，颇少损失；如盘剥重利，或加一或加五，其结果每多本利乌有。[③] 下文将重点从计息方式分析河洛钱债契约利率的特点。

目前，搜集的 80 份河洛钱债契约中，有 70 份是货币借贷，有 10 份是实物借贷。根据借贷期限、借贷内容的不同，计息方式主要有年利率、月利率、无息、以物代息、按期计息五种方式，其中尤以月利率居多，详见表 4-4。

---

① （北齐）魏收：《魏书》卷一一四《释老志》，中华书局 1974 年版，第 3041 页。
② 田涛、郑秦点校：《大清律例》，法律出版社 1999 年版，第 263 页。
③ 前南京国民政府司法行政部编，胡旭晟等点校：《民事习惯调查报告录》（下册），中国政法大学出版社 2000 年版，第 455 页。

表4-4　河洛钱债契约利率表达方式统计表

计息方式	年利率	月利率	无息	以物代息	按期计息
数量	10	53	11	5	1

资料来源：根据《故纸拾遗》卷三、洛阳契约文书博物馆藏原始文书、王云红个人收藏契约文书整理。

（一）年利率

年利率是按年计息的一种方式，借贷时间一般均超过一年，多数借约没有明确还款期限。10份以年计息的借约中，有7份没有限制还款时间，有2份以2年为期，有1份以1年为期。

年利一般以"分""厘"等来表示，利息就是借贷总额乘以年利率。比如，"年二分行息"，即表示年利率为20%，如果借贷总额为10元，每年的利息就是2元。10份以年计息的借约中，年利率在20%及以下的有9份；仅有1份年利率在50%，该项借贷应属于高利贷性质。该约是李凡身向致中堂的揭麦契约，其原文如下：

> 立取麦人李凡身，今取到致中堂名下麦一石二斗五升，同保言明，每年加五行息，约至年满交还，如还不齐，有保人一面查还，恐后无凭，有约为证。
>
> 民国十八年三月初十日　立
>
> 查还保人：李连山　在①

在整理的80份河洛钱债契约中，也有一份"李翻身"向致中粉房的借麦契约。因这2份契约均出自山西省闻喜县，"李凡身"和"李翻身"应系同一人，"致中堂"和"致中粉房"亦系同一机构，该约原文如下：

> 立约借麦人李翻身，今借到致中粉房麦七斗五升，同保言明，约至来年麦后交还，如还不上，保人甘心查还，恐口无凭，立写借

---

① 个人自藏《李凡身取麦契约》，文书编号：闻喜47。

约为证。

民国十五年阴历腊月一十六日　立借

保查麦人：李我福　在①

在相隔两年多时间内，同一人向同一机构借贷，在民国十五年借的麦子不收利息，但在民国十八年（1929）却是年利率50%的高息，推测应该是受战乱等社会不稳定因素影响导致物价上涨的结果。

（二）月利率

月利率是按月计息的一种方式，借贷时间不长，一般不超过一年。53份以月计息的借约中，不显示借贷期限的有26份；借贷期限在1年内的有27份，其中6个月以内的有12份。

月利一般也以"分""厘"等来表示，利息就是借贷总额乘以月利率。比如，"每月二分行息"，即表示月利率为2%，如果借贷总额为10元，每月的利息就是0.2元。河洛钱债契约中，以月计息的方式较为流行。究其原因，主要有两个：一是按月计息，资金周转更快，利用效率更高，投资风险相对较小；二是按月计息，收益相对较快、较高。比如，乙方借甲方10元钱，借期1年，若"年二分行息"，甲方能够获得的利息收益是2元，若"每月二分行息"，甲方则能够获得2.4元的利息收益。同样的借贷时间和成本，月利比年利多收益0.4元。

所见53份钱债契约的月利率大多在三分以下，即1%至3%，月利率统计情况如表4-5所示。

---

① 个人自藏《李翻身借麦契约》，文书编号：闻喜46。

表4-5　河洛钱债契约月利率统计表

月利率	1%	1%至2%	2%（不含）至3%	3%以上	月利率不明
数量	1	13	37	1	1
占比	1.89%	24.53%	69.81%	1.89%	1.89%

资料来源：根据《故纸拾遗》卷三、洛阳契约文书博物馆藏原始文书、王云红个人收藏契约文书整理。

仅发现1份月利率竟高达30%，属于典型的高利贷，其原文如下：

> 立指地揭通洋人陈双富，因事不便，今将自己地一段二亩，其地坐落本村南杨塄，系南北畛，东至陈，西至墙根，南至大路，北至沟边，四至分明。同中说合，情愿出押于安德堂名下，取本洋三万五千元整。每元每月三十分生息，一月一期，本利全归，利洋不到，息上生息，如若利洋不到者，将自己地次于银主人耕种。恐口不凭，立字为证。
>
> 同中人：陈朝栋（押）陈清连（押）
>
> 民国三十五年七月初六日　立字人：陈双富（押）[1]

（三）无息

无息借贷大多发生在同族或熟人亲友之间，属于互助救济性质的借贷行为。受到亲情、友情的影响和社会道德的约束，估计如若收取利息于情于理都有一定的障碍。河洛地区的民事习惯，"有息之债谓之揭，无息之债谓之借，相沿成为惯例。故债券方式，有息者写揭字，无息者写借字，然间有息亦写借字者，断无无息而写揭字"，这里"揭字为有利贷之一定名称"[2]。11份无息借贷中，有7份借贷双方是同姓，其中有2份是同胞兄弟之间的借贷，

---

① 王支援等主编：《故纸拾遗》卷三，三秦出版社2008年版，第188页。

② 前南京国民政府司法行政部编，胡旭晟等点校：《民事习惯调查报告录》（下册），中国政法大学出版社2000年版，第456—457页。

有1份是堂兄弟之间的借贷。其他4份，虽然不是同姓族人，但其中3份都有保人，另1份还有土地抵押，推测应该是熟人或亲友之间发生的借贷。如汾城县晋起借麦文约中，就有同长还保人，其原文如下：

> 立借麦文约人晋起，因为使用不便，今借到董兆麟名下麦子二石，同中保人说合，此麦无利，言明五月底付还，如若到期不付，有长还保一面成当，恐口无凭，立写字据为证。

> 民国十九年十月十二日　立借麦文约人：晋起

> 同长还保人：王苟　杨不成①

（四）以物代息

以物代息的情形在实物借贷和货币借贷中均有出现。在实物借贷中，粮食借贷居多，根据债权人的要求及债务人的还贷能力，一般会采取以物抵息的方式，大多情况下是借什么还什么，以确保借贷关系的公平性。比如，民国时期樊文治揭麦契约便属于此类实物借贷，其原文如下：

> 立揭约人樊文治因为一时不便，今揭到积德堂名下小麦三十石整。同人言明，每年每石出利小麦二斗五升，本利至明年麦罢交清，倘若至期将本利麦交不到者，情愿将自己村南地一段，计十六亩，许与麦主耕种便当。恐口无凭，立揭约存证。

> 中华民国三十一年十一月十五日　立揭约人：樊文治（押）

> 同说和人：段保国（押）蒋知元（押）刘继林（押）杨发祥（押）②

在有些货币借贷中，债权人出于自己利益最大化的需要，也要求债务人以实物的形式偿还利息。比如，牛磅子向白衣社揭洋契约中，就被要求以稞代息，其原文如下：

---

① 个人自藏《汾城县晋起借麦文约》，文书编号：00524。

② 王支援等主编：《故纸拾遗》卷三，三秦出版社2008年版，第186页。

凭票借到

白衣社名下大洋十元整。同中言明，每年出稞租一斗，如若稞子不到者，身有地一段一亩，其地坐落本村北岭，系东西畛。东至本主，西至路，南至黄姓，北至黄姓。四至分明，情愿丢于银主管业耕种。恐口不凭，立字为主。

民国十一年三月十日　立揭银字人：牛磅子（押）

同中人：刘德成（押）宋江水（押）宋来娃（押）宋己卯（押）①

（五）按期计息

按期计息的情形相对较少，80 份河洛钱债契约中，仅有 1 份是按期计息的情况。该约原文如下：

立字人李粮仓今因事不便，今揭李张福名下大洋九元整，期至十个月，每元每期按二分七厘利息。下坠地坐落郭家窑一区四段，东至河身，西至李姓，南至李姓，北至墙根下，四至分明。恐口无凭，立约为证。

同人：李常（押）尹红（押）

中华民国十九年三月初四日　李粮仓立（押）②

按照该约文字表述，若"每元每期按二分七厘利息"，以 10 个月为期，本金为 9 元，利息收入为：9×0.027＝0.243，即债权人获得 0.243 元收益。但根据借贷表述惯例和当时利率水平推断，该约的年利率应该是 27%，债权人最终的利息收益应该是 2.43 元，而非 0.243 元。

四、河洛地区的债务偿还问题

债务偿还是指债务人按照契约约定履行自己的债务以解除债权债务关系

---

① 王支援等主编：《故纸拾遗》卷三，三秦出版社 2008 年版，第 175 页。

② 王支援等主编：《故纸拾遗》卷三，三秦出版社 2008 年版，第 179 页。

的行为。债务人若按照约定时间缴纳本息，借贷双方的债权债务关系即时中止。一般情况下，债权人愿意借贷一定的钱物给债务人，是出于对债务人和中间人的信任。同样，为了维护这份信任，债务人一般都会主动履行约定。否则，在熟人社会里，若有不诚信的行为，债务人会受到谴责和排斥，增加以后借贷的成本。① 然而，在现实生活中，总有人因各种因素影响而无法履约，从而出现违约情形。这种情况下，一般双方会在中人的见证下进行协调解决，协调未果才会诉诸法律。下文将围绕借贷期限、偿还方式、违约处置三个方面，深入探析河洛钱债契约的偿还问题。

（一）借贷期限

借贷期限是债务人从借贷到还贷的时间段，这是钱债契约中的一项重要内容。若以一年为界，按照借贷时间长短可划分为短期借贷和长期借贷，时间在一年以内的可称为短期借贷，时间在一年以上可称为长期借贷。80份河洛钱债契约的借贷期限分布如表4-6所示。

表4-6　河洛钱债契约的借贷时间分布表

借贷时间	6个月（含）以内	6个月以上一年（含）以内	2年（含）至4年（含）	未注明
契约数量（份）	16	23	4	37
占比	20%	28.75%	5%	46.25%

资料来源：根据《故纸拾遗》卷三、洛阳契约文书博物馆藏原始文书、王云红个人收藏契约文书整理。

由表4-6可知，在注明借贷时间的契约中，1年及以下的短期借贷占据了绝大多数。究其原因，主要是清末及民国时期，时局动荡不安，债权人担心

---

① 李卓清：《清至民国时期山西借贷契约整理与研究》，河北大学硕士学位论文，2020年，第46页。

长期借贷有可能本利难收，一般不愿给债务人提供长期借贷。另外，长期借贷也会导致资金流动慢、资金利用效率低等问题，因此短期借贷是河洛钱债契约的主流。

长期借贷一般发生在熟人亲友之间，或者债务人有一定的抵押，能够让债权人安心地把财物借出。比如，前文提到的郭黑旦借钱契约，债务人郭黑旦与债权人郭小旦是同胞兄弟；4 份长期借贷契约中，均有房产抵押、土地抵押或者劳动力抵押。短期借贷多、长期借贷较少的现象，从侧面反映出当时河洛地区社会环境的不稳定性。

（二）借贷金额

70 份货币借贷中，借贷金额以"文"为计算单位的有 22 份，以"串"为计算单位的有 4 份，以丝银"两""钱""分"为计算单位的有 15 份，以大洋"元"为计算单位的有 27 份，以国币"元"为计算单位的有 1 份，以人民币"元"为计算单位的有 1 份。在古代，制钱以"文"为计算单位，一般情况，1 串为 1000 文，折合白银 1 两，但在实际流通过程中，受社会环境的影响，银钱比价波动较为频繁。为了能够最大限度上反映借贷金额的数量，本书分别选取制钱"文"、丝银"两"、大洋"元"为研究样本，从借贷金额大小分布情况来窥探河洛钱债契约的借贷习惯，详见表 4-7、4-8、4-9。

表 4-7　以制钱"文"为计算单位借贷金额分布情况统计表

借贷金额（A）	A≤5 千文	5 千文<A≤10 千文	10 千文<A≤30 千文	A>30 千文
契约数量（份）	4	8	8	2

表 4-8　以丝银"两"为计算单位借贷金额分布情况统计表

借贷金额（A）	A≤1 两	1 两<A≤10 两	10 两<A≤30 两	A>30 两
契约数量（份）	3	7	4	1

表4-9 以大洋"元"为计算单位借贷金额分布情况统计表

借贷金额（A）	A≤5元	5元<A≤10元	10元<A≤20元	A>20元
契约数量（份）	6	12	5	4

资料来源：以上三个表格均根据《故纸拾遗》卷三、洛阳契约文书博物馆藏原始文书、王云红个人收藏契约文书整理。

从表4-7、4-8、4-9可知，河洛钱债契约中以制钱10千文、丝银10两、大洋10元以下的小额借贷居多，大额借贷较为少见。小额短期借贷较多的特点，从侧面反映出清末、民国时期河洛地区农村贫困化程度逐渐加深，人民群众生活较为贫苦的状况。

（三）偿还方式

根据借贷双方约定，偿还方式有"到期偿还本息""先还息后还本"等多种形式，具体如何偿还均由双方根据实际情况协商决定。

1. 到期偿还本息

到期偿还是借贷双方按照契约规定解除借贷关系的主要方式，也是河洛钱债契约常见的偿还方式之一。此类契约最典型的特征是有明确的借贷期限及偿还方式，比如周玉禄立借大洋文约，其原文如下：

> 立借大洋文约人周玉禄，因为典地钱疑不便，今借到王同和名
>
> 下大洋一十元整，按月二分生息，期限来年六月初三日，本利归还，
>
> 倘至期付还不上者，有保人经手事问，空口无凭，立字为证。
>
> 同保人：刘福绥　陈廷佐
>
> 民国十二年六月初三日　立借约人：周玉禄（押）[1]

2. 到期还本，逾期加利

民间有一些帮扶性质的无息借贷行为，约定在借期内不收利息，但若有

---

① 个人自藏《周玉禄立借大洋文约》，文书编号：00223。

违约情况，不能按期履行还本义务，债务人则需缴纳一定的利钱。在河南孟州就有"一满加利"的习俗，即"债务人向人借债，如无利息，须在十个月内清偿，若满十月，即须加利"①。本人收藏的一份"李铁管执当牲口文约"也有类似规定，双方约定在规定的期限内不收利息，但若到期不还则收取一定的利钱，其原文如下：

> 立执当文约人李铁管，因为无有牲口使用，今牵到本庄李忠名
> 下海骝马一骑，同中作价银一十六两五钱，约至五月内将价银交齐，
> 如过期不付，严（言）明年满分半行利，如利不上，愿将自己庄西
> 南平地一段，计地二亩八分，其地南北畛，东至王毛儿，西至渠，
> 南至渠，北至贺家坟，四至公明，土木相连，行走浇灌，依旧着马
> 主倩业耕种，恐口无凭，立约为照。

> 嘉庆十五年二月二十七日　　立执当文约人：李铁管（押）

> 中人：张虎子　段玉臣　李天问②

在农事生产没有机械化的时代，牛马牲口是最重要的生产工具。作为传统的乡土社会，河洛地区的牲口交易买卖相当盛行。从以上契约可以看出，人们对于交易过程相当重视，由于牲口交付后，并不马上给付价钱，该契约相当于借约。牲口先牵走喂养使用，按照约定好的日期付钱即可，前期不收利息；同时也约定如果过期不付，到年底则按照一分半收取利息，并以个人的一块土地作为抵押。

3. 先还息，后还本

此类偿还形式在河洛钱债契约中并不常见，目前仅发现 1 例。借贷双方约定 6 个月偿还利息，1 年偿还本金，其原文如下：

> 立指地借钱约人任守一，因一时不便，指定村南短畛地一段，

---

① 前南京国民政府司法行政部编，胡旭晟等点校：《民事习惯调查报告录》（下册），中国政法大学出版社 2000 年版，第 473 页。

② 个人自藏《李铁管执当牲口文约》，文书编号：00117。

计地十二亩正（整），今借到任备吾名下银圆四十元正，同中言明，每月按二分五厘行息，限六个月付利，如若一年本利不到，照本利情愿钱主执业，同中人并不反悔，恐口无凭，立约为证。

中见人：孙竹林（押）

中华民国十四年阴历十二月十九日　立约人照前名立（押）①

4. 每月一期，偿还本息

民国时期，由于"金融掣肘，财力困难"，在山西省介休就有"每月本利并偿"的习惯，立约"必须声明满加二分利息，标明十个月或一年期间，分作每月本利并偿，以免积欠"②。债权人在灾荒、战乱等经济社会不稳定的特殊时期，为了确保收益最大化和借贷风险最小化，会规定一个相对较短的借贷期限，即按月偿还本息。比如，陈有辛指地借麦契约：

立指地揭寨（债）契人陈有辛，因事不便，今将自己地一段三亩，其坐落本村南岭，系地南北畛，东至大路，西至墙边，北至墙根，四至分明。同中说合，情愿出押于陈文顺名下取小麦三斗，每斗每月一升生息，一月一期，本利全归，如若本利不到者，将地交于麦主耕种。恐口不凭，立字为证。

同中人：陈双富（押）陈振喜（押）

民国三十七年全月二十一日　立约人：陈有辛（押）③

从此约中可知，虽然陈有辛解决了一时之需，但债权人要求"一月一期，本利全归"。1948 年正值解放战争时期，在社会动荡、战火频仍的年月，债务人按时还本息的可能性非常小，自己抵押的三亩耕地很可能会由于不能及时偿还本息而转交与麦主。

---

① 洛阳契约文书博物馆藏《任守一指地借钱文约》，文书编号：031026。
② 前南京国民政府司法行政部编，胡旭晟等点校：《民事习惯调查报告录》（下册），中国政法大学出版社 2000 年版，第 489 页。
③ 王支援等主编：《故纸拾遗》卷三，三秦出版社 2008 年版，第 190 页。

5. 不限偿还期限

有相当数量的契约没有明确偿还期限和偿还方式，80 份契约中有 32 份属于该类情况，占比 40%。相对前四类偿还方式而言，该类情况对债务人还贷要求相对宽松，这符合地方上互助性质小额借贷的特点。比如，同治八年（1869）王毓德的借条，其原文如下：

> 立借银人王毓德，今揭到□侣名下元丝本银三两整，同中言明
>
> 每月二分利息，恐（空）口难凭，立文约存证。
>
> 同治八年九月二八日立
>
> 中人：王化普 杜法盛①

（四）逾期处置

在现实生活中，总会有债务人无法按期偿还钱债的情况发生。目前很多保存下来的钱债契约往往是当时未能如期清偿的。② 一旦出现逾期无法偿还债务的情况，常见的处置方式一般有"按约执行""协商解决""父债子偿""司法诉讼"等方式。所有处置方式的目的，都是为了保证债权人的利益最大化。

1. 按约偿还

此类逾期处置方式一般适用于担保借贷和抵押借贷。担保借贷的违约处置方式，按照契约规定，一般要由担保人承担还贷义务。抵押借贷的违约处置方式，则是由债权人按照契约规定，拥有抵押物的使用权或所有权。前文已对抵押借贷的方式进行了论述，此处不再赘述。债权人处置抵押物的方式一般有以下三种：一是债权人自由处置抵押物；二是债权人和第三方共同处置抵押物；三是由第三方处置抵押物。关于三种处置方式的相关契约例文如下：

---

① 个人自藏《王毓德借银文约》，文书编号：00596。
② 彭凯翔、陈志武、袁为鹏：《近代中国农村借贷市场的机制——基于民间文书的研究》，《经济研究》2008 年第 5 期。

例1. 杨树德借银文约

　　立写借文银人杨树德，因为路途盘费不足，今借到荆凤琢名下文银三两整，同中言明，每月每两二分半行息，期银不上，至村西圪台上计地一段约足地三亩五分，银主经管，恐后无凭，立约为证。

　　中人：杨登武

　　光绪十六年十一月十四日立①

例2. 张天澍借大洋文约

　　立借大洋文约人张天澍，情因用款在急，央田诗美、韩应棠在中负责立约借到三泉镇义源堂名下，本大洋三十五元整，同中言明每月每元按以三分行息，限期三个月，本利清还。随约抵押自己祖遗地一段，计地一十一亩，随去老约一张。倘至期本利清还不到，任凭大洋主协同负责人执业典卖，如典卖不足者，该项本利负责人情甘佃款完全清还。本利之责任此系两出情愿，别无异说，恐口难凭，立借大洋约为证。

　　在中负责佃款完全清还本利之负责人：韩应棠　田诗美　同知

　　民国十八年夏历十二月二十四日　立借大洋约人：照前立②

例3. 刘文锦借大洋文约

　　立借约文字人刘文锦，今借到朱家墓本大洋九元整，同中说合来年夏归还其洋，执当横滴子平地一段，计地一亩，系东西畛，东至陈文照，西至陈冈斗，南至刘社儿，北至退水，四至开明，出入走路、浇灌依旧，如若至期不还，比同保人经业还洋，不得异说，恐后无凭，立此借约为证。

　　民国二十六年九月初十日　刘文锦立（押）

---

① 洛阳契约文书博物馆藏《杨树德借银文约》，文书编号：031760。
② 刘建民主编：《晋商史料集成》第17册，商务印书馆2018年版，第208页。

承还保人：刘社兒（押）朱三来（押）[1]

以上三例契约虽然处置抵押物的方式不同，但最终目标是一致的，都是为了偿还债权人的借款，最大限度保证债权人的利益。此类情况的结果会致使土地向债权人手中集中，从而使债务人失去固定资产，造成生活愈加艰辛，贫富差距会进一步拉大，导致社会不稳定因素的产生。[2]

2. 协商偿还

债务人一旦出现违约情况，借贷双方在第三方的见证下协商处理债务纠纷是常见且有效的一种方式。

例1. 苏长顺抵押土地合同立

准地契人苏长顺，只因欠债年深日久，本利无银归还。央人说合，己身今有来村东地一段，坟格两开，泽地六分，系南北畛。南至路，北至业住（主）老坟，东至苏玉楼，西至苏永存；北段，东至苏水存，西至苏玉升，北至苏玉台，南至业住（主），四至分明，时作价纹银五十两。情愿准于债住（主）本利全完，债住（主）之人董进善名下永远为业，各无异说。如若允悔，罚白米十石入官。恐口不凭，立存证。

计开：一等行粮此地通行。如若锄抱耕种生口穴拐伤坟，永无异说

同中人：苏长泰（押）

嘉庆二十二年九月十六日　立准地契人：苏长保（押）苏长顺（押）苏长佑（押）

苏长佑自题写[3]

例2. 解决张应斗与刘长水债务纠葛文约

立借大洋字人张应斗因与刘长水有债务纠葛，同中人说合，两

---

① 个人自藏《刘文锦借到朱家墓借约文字》，文书编号：00228。

② 李卓清：《清至民国时期山西借贷契约整理与研究》，河北大学硕士学位论文，2020年，第50页。

③ 洛阳契约文书博物馆藏《苏长顺抵押土地合同》，文书编号：002843。

不生滋，无论存货多少及寄放担子一付（副），概作大洋八十元，还付外债。刘长水经手与身揭洋一百二十元，无立票据，除还过八十元，一概利息全让下存大洋四十元，作两期交还，八月十五日出洋二十元，十一月十五出洋二十元，交齐之日借约抽回。恐口不凭，立具借字为证。此致

　　刘玉信收执

　　中华民国二十七年阴历正月初七日　立借字人：应斗（押）

　　同中人：张呼兰（押）张应合（押）陈星汉（押）张应凯（押）张根柱（押）①

在河洛地区，债务人因无力偿还债务，经协商把资产让渡给债权人是一种较为常见的情况。此外，也有资方因无力发放工资而将妻妾作为一种偿账的行为，类似于民间的"人契"，即把人作为一种商品让渡与买主以求生计。如以下裴忠立立舍妾顶账文约即属于此类情况：

　　立舍妾顶账人裴忠立，因不幸遭官司业产消没，眼下过年，无资和长工消账，经人说合，情愿把三房妾给长工顶账，原欠工资、今年工资全部两清。此外，再无价干二年活。此约双方同意，各无异说，定于本月十九日一更鼓锣后一方送人一方鸣鞭迎回，此事告终，若有他人纠葛，立字人一面承认，恐口不凭，立字存照。

　　中华民国二十三年十二月十六日立　立字人：裴忠立（押）

　　说合人：李光太（押）②

3. 调解偿还

如果借贷双方各执一词，无法通过协商方式解决，则需由第三方、家族势力或基层地方政权介入居中调解纠纷，以寻求双方都能够接受的解决方案。比如，尚银生揭大洋文约：

---

① 王支援等主编：《故纸拾遗》卷三，三秦出版社2008年版，第185页。
② 王支援主编：《洛阳民俗博物馆馆藏契约文书精粹》，中州古籍出版社2017年版，第147页。

立写揭大洋人尚银生，今揭到尚银禄名下，本现大洋六十五元，同中言明，每月每元二分行息，期至六个月为满，本利全还，如若本利不到，情愿将自己大坟合二八水地五亩，交于银主人耕种，恐口无凭，立字存证。

中人：尚赵全　尚文祥

民国十九年十月初五日　立

另批：二十一年全月初十日，同中人尚金锁、尚赵全、尚文祥，村长尚建吉，因短利太多，当面算清，除收下短利大洋二十整，无力交还，将愿地交银主耕种，地至五年为满，期以内不许回赎，若有典买情事，本利一并归还，地至五年完满，将利全让，将本归还，愿地赎回，恐口无凭，立字为证。[①]

由上可知，债务人尚银生未能在 6 个月的期限内偿还本息。在逾期一年多的时间内借贷双方没有达到一致意见，直至两年后在家族势力的调解下，双方才确定了偿还方式。两年后的中人不仅多了同姓族人尚赵全，还请出了村长尚建吉，才使问题得以解决。

改革开放初年，山西省闻喜县峪堡生产大队李树孝的退赔款问题，则是在基层党支部的协调下才最终得以解决，详见《关于李树孝超额退赔款的处理决定》：

李树孝在四清后期实退赔款一千四百多元，当时经查账，证实定案为一千一百多元，超额退赔二百八十多元。根据县来讯、来访，办工（公）室与公社监委意见，经应以新研究适当解决。经公社监委与大队支管委多方调解认真研究后，特作如下决定：

超额退赔的二百八十元款决定由大队退给本人。

四清时退出的粮食没家具放，由耳江云葶在李树孝家借大缸一

---

① 洛阳契约文书博物馆藏《尚银生揭大洋文约》，文书编号：031418。

条，但后来此缸的去向不明，经回忆只记的（得）有人借，没记的（得）有人还。经研究作价二十元整，由大队赔偿。

上述两项共计三百余元，目前大队经济困难，无钱退赔，特决定给李树孝大队南门外基地一块，净落四分五厘地作院基一所。

峪堡生产大队党支部管委会

一九八一年正月十五日

闻喜县下阳公社峪堡大队管理委员会（印章)①

该处理决定与河洛地区传统的钱债契约有很多相似之处：一是有退赔的原因描述；二是有具体钱债关系构成，即峪堡生产大队欠李树孝 280 多元钱；三是因无钱退还，有以不动产代偿的行为；四是有具体的偿还方式。

4. 父债子偿

在债务偿还过程中，有时会涉及父子关系，大多都会遵循"父债子偿"的惯例。山西省汾阳有"父债子还，子债父不问"的习俗，"债务人死亡，债权人可向其子求偿，惟债务人之父则不负代子还债之责任"②。这种偿还方式在最大限度上保证了债权人的利益，同时也相对减少了诉讼纠纷。山西平定县亦有"子孙债（账）"，"债权人于债务人故后，俟债务人家境稍裕，始行讨债者"③。

比如，刘廷稷借青钱文约：

立借青钱文字人刘廷稷，因为使用不便，今借到黄来益名下，本青钱七千文整，同中言明，每月每千三分行息，按月交取，不许欠少，其钱质当院南路东平地一亩五分，约至秋后本利付还，恐口无凭，立借约存照。

同中人：贾雷

---

① 个人自藏《山西省闻喜县峪堡村李姓契约文书》，文书编号：闻喜 100。

② 前南京国民政府司法行政部编，胡旭晟等点校：《民事习惯调查报告录》（下册），中国政法大学出版社 2000 年版，第 473 页。

③ 前南京国民政府司法行政部编，胡旭晟等点校：《民事习惯调查报告录》（下册），中国政法大学出版社 2000 年版，第 482 页。

乾隆五十八年六月十五日　　立借约人：刘廷稷（押）

嘉庆十七年七月初七日　　刘文宗还钱七千文①

该约目前由洛阳契约文书博物馆收藏。债务人是刘廷稷，约定利息按月交取，本利秋后一并付还，然而实际情况是，刘廷稷并未按照借约还钱，该笔债务从乾隆五十八年一直拖欠至嘉庆十七年，最终才由其子刘文宗将钱还上，是典型的"父债子还"。同时，该借约还体现出"却利还本"的借贷习俗。"债务人向人揭用钱项，每月每千三分行息，隔三五年，所纳利钱与原本数目相等以后，将利钱延欠不与，待至积欠利钱稍巨，同债权人商同，仅还本钱，所有积欠利钱一并让免，名曰'却利还本'。"② 刘廷稷于乾隆五十八年（1793）借青钱 7000 文，其子刘文宗于嘉庆十七年（1812）只还了本钱。在长达二十多年的时间内，仅算利钱就有 5 万多文，推测债务人的确无力偿还巨额利息，经借贷双方充分沟通，最终免去了利钱。

5. 司法诉讼

传统民间社会，借贷涉及债权人和债务人直接的经济利益，极易引发纠纷。纠纷可能产生于借贷过程中，也有可能产生于还款过程中。有些纠纷可以通过中人、邻里的调解加以解决；有些纠纷经过多方协调无果后，则可能走向司法诉讼的方式；有些甚至酿成命案，发展到不可收拾的地步。清道光年间河南府知府李钧《判语录存》的 100 个案例中，因借贷而产生的纠纷就有 25 例，占全部案例的四分之一。③ 可见，传统地方各类诉讼纠纷中，借贷等经济纠纷所占的比例还是比较大的。

张慧然通过检索刑科题本档案中有关河南借贷诉讼的关键词，得到清代河南地区因借贷引发的刑事案件高达 340 余例，其中仅洛阳地区（河南府所

① 洛阳契约文书博物馆藏《刘廷稷借青钱文约》，文书编号：031297。
② 前南京国民政府司法行政部编，胡旭晟等点校：《民事习惯调查报告录》（下册），中国政法大学出版社 2000 年版，第 486 页。
③ （清）李钧：《判语录存》，载杨一凡、徐立志主编《历代判例判牍》第十册，中国社会科学出版社 2005 年版，第 1—140 页。

辖范围）就有相关案例 14 例。洛阳地区的 14 例借贷纠纷案例中，8 例是因为借贷被拒恼羞成怒，酿成暴力冲突；另有 4 例则是因为催讨借款而引起的。①如乾隆年间，客居河南嵩县的山西人暴成美借高拱臣谷五斗，议定五分行息，麦后偿还，结果一直到秋后仍未能偿还。暴成美在遭到高拱臣逼债被辱后，起意害妻沈氏图赖，结果造成其妻沈氏身死。②揭谷按五分行息符合当时的借贷习俗。在山西朔县就有"钱不过三、粟不过五"的说法，即"借贷银钱，每月生利至多不得过三厘；借贷粟，每月生利至多不得过五厘"③。因为五斗谷还不上，就起意杀害妻子以图抵赖，看似不可思议，其实质仍是生活穷困潦倒，债务成为不可承受之重。在清偿借款的过程中，债务人本利还清后，债权人要把借据交出销毁，以免日后纠纷。如借据丢失，有时还会专门书立失约，以为证明，如：

> 立失约人司李氏仝子连福，今因前者任守一名下借约一张，此款本利清还，将原借约失落，今仝俞钟秀立失约一张，日后原约出现，无论在何人之手，作为无用废纸一张，恐口无凭，立失约为证。
>
> 中证人：俞钟秀（押）
>
> 中华民国二十八年阴历七月二十七日　立失约人照前名（押）④

借据是借贷双方钱款往来的重要凭据，借款时要按照约定书立借据，还款时则要出示借据。一旦借据遗失，极易造成纠纷。不过，由于借贷关系的产生需有中人见证，即便没有借据，一般不会影响还款，只是还款后需要重新书立一纸协议，将事情原委讲明。上述司李氏仝子连福将借款本利清还后，因债主任守一将借约遗失，故立失约以为证。

---

① 张慧然：《清代洛阳地区民间借贷研究》，郑州大学历史学硕士学位论文，2019 年，第 44—46 页。

② 中国第一历史档案馆藏刑科题本，题为会审河南嵩县民暴成美因借谷未偿被殴勒死其妻沈氏图赖高拱臣一案依律拟绞监候事，乾隆六年十一月十九日，档号：02-01-07-04504-009。

③ 前南京国民政府司法行政部编，胡旭晟等点校：《民事习惯调查报告录》（下册），中国政法大学出版社 2000 年版，第 493 页。

④ 洛阳契约文书博物馆藏《司李氏仝子连福失约》，文书编号：031008。

结　语

以上对河洛地区借贷习俗的考察，仅仅是根据留存的钱债契约分析出的一般情况。民间钱债契约大多以货币借贷为主，小额、短期借贷居多，利率一般不超过官府规定的上限，大多属于乡邻、亲友之间互助的性质。在实际生活中，正常借贷和高利贷是同时并存的，有些商人、地主、资本家并未严格遵守"利不过三分"的官方规定。在战乱、灾荒年月对债务人的剥削更甚，"一年有索利高达五六倍至十来倍于本金者"①。在河南农村就曾流传有"穷人身上两把刀，租子重，利钱高，夹在当中吃不消"的民谣。民国时期，有些当铺、钱庄、押店等放贷的利息已远远超过了三分。1934 年洛阳地区就有月息 50 分的记录。② 在农村，农民则多以田房、畜产、工具作质押物。还有许多农民在春天以寒衣易谷，冬天以食米转换寒衣。典当物价值越小，取赎的时间越短，利率就越高，因此劳动人民越穷受高利贷的盘剥越重，高利贷给河洛地区农村经济和社会带来了灾难性的后果。很多农民为了维持生计而丧失了土地或者房产，进一步加剧了贫富分化，给本已动荡的社会又进一步增加了不稳定因素。高利贷的丰厚收益同时又吸引了更多的富人把钱投入高利贷，而非把钱投入生产性经营，这也极大地阻碍了资本主义经济的发展，使得河洛地区成为国内极为落后和贫困的地方。

---

① 王天奖：《近代河南农村的高利贷》，《近代史研究》1995 年第 2 期。
② 王天奖：《近代河南农村的高利贷》，《近代史研究》1995 年第 2 期。

第五章　河洛婚书与传统婚姻习俗

中国古代"崇嫁娶之要"，婚姻处于极高的社会地位，历来受到人们普遍的重视。传统婚姻的目的是"合两姓之好"，各地婚俗各不相同，婚约的表现形式也复杂多样。从唐代开始，政府就明确要求，男女婚约须开具婚书。《唐律疏议》中明确将婚书作为衡量婚姻关系是否成立的法律要件之一，规定："诸许嫁女，已报婚书及有私约，而辄悔者，杖六十。"① 敦煌文书中就发现有唐代的"通婚书""答婚书"。唐代以婚书作为法律依据而替代过去的习惯法，是我国婚约发展史上的一个重要变化。相关规定为宋、元、明、清各代所沿袭。宋代的《事林广记》、元代的《新编事文类聚启札青钱》均记载有各式婚书的样式，明清以来民间各类程式汇编均有婚书程式，以供民间参考学习。明清以来，各级官府一再昭示地方百姓缔结婚约开具婚书，更加重视婚书的程式。民间婚姻纠纷诉讼至衙门，则须出具婚书方准受理。

婚姻文书简称为婚书或婚契，是男女双方婚姻的文字凭证，是以契约的形式记录男女双方结两姓之好最好的证明。这些婚姻文书与"六礼"相辅相成，其包含的婚俗礼仪、文化意蕴和礼法价值极其丰厚。一般认为，婚书的产生可追溯至春秋战国时期，沿用到民国，随着现代婚姻登记制度的出现方

---

① 刘俊文点校：《唐律疏议》卷一三《户婚律》，中华书局1983年，第253页。

逐渐消失，是与一整套"六礼"仪式相配合的文字形式。随着社会的发展，婚姻被不断赋予时代新的内涵，反映一定婚姻意识积久成习的社会性行为，是当时社会的缩影和反映。不同地区不同时期都有不同的婚姻礼仪需要遵守，河洛地区的婚姻礼仪沿袭《礼记》所定的"六礼"，随着时代的变迁有所损益，沿用至今。① 除了一般的婚姻形式之外，地方社会还存在一些比较特殊的婚姻形式，如再婚、娶妾、卖妻、典妻、招赘婚、冥婚等，这些婚姻形式均以婚书的形式被记录下来，是对当时社会最真实、最直接的反映。从婚书来研究河洛婚俗是一个全新的角度，同样也是一个值得深入研究的方向，这将为从微观考察河洛地方社会注入新的活力。

一、河洛地区的婚配习俗

《礼记·昏义》中记载："昏礼者，将合二姓之好，上以事宗庙，而下以继后世也。故君子重之。"② 自古以来，有关婚姻的一切习俗或流程都是人们非常重视的，这是结两姓之好，对上关系到祭祀宗庙，对下关系到传宗接代的重要礼仪，"所以敬慎重正昏礼也"。在《礼记·昏义》中也详细地介绍了"合两姓之好"的婚姻礼仪，从婚姻对象的选择、婚嫁仪式到婚后夫妻相处之道以及婚后夫妻双方家族的交往都有较为严格的礼法规定。在古代婚姻中，看重门当户对，讲究"父母之命，媒妁之言"，而当事人则在婚姻选择方面几乎没有任何的自主权，他们在婚前不允许约见对方，只能听从父母的安排，按照礼仪程序走。"三书六礼"是新人在婚前必须遵循的礼仪，所谓"六礼行，婚姻成"。十里红妆、凤冠霞帔是明媒正娶的象征，是一对新人、一个家庭的开始与延续。

"六礼"即纳采、问名、纳吉、纳征、请期、亲迎这六个程序，每个程序都有具体的要求和流程，以契约文书的方式有所记载，只要按照"六礼"举

① 韩彦刚、孙素玲、尚仁杰：《洛阳民俗志》，香港科教文出版有限公司1999年版，第67页。
② 杨天宇：《礼记译注》，上海古籍出版社2004年版，第815页。

办的婚礼都是被人们所认可的。婚姻在执行"六礼"过程中不可或缺的三个场合使用的文书，即"三书"，包括聘书、礼书和迎书，是婚前礼重要的文书凭证。聘书即定亲之书，男女双方缔造，纳吉（过文定）时用。礼书即过礼之书，是礼物清单，详尽列明礼物种类及数量，是纳征信（过大礼）时用的。迎亲书即迎娶新娘之书，结婚当日（亲迎）接新娘过门时用。[①] 现把河洛地区的婚书按照聘书、礼书和迎书加以分类，分别考察其所反映的河洛婚俗。

（一）聘书

聘书是男女订婚的文书总称，内容涉及"六礼"中的纳采、问名、纳吉、纳征等礼仪环节。河洛地区将"纳采"俗称为说媒、提亲等。旧时男婚女嫁注重"父母之命，媒妁之言"，在婚姻中男女双方并不能做主，常常是"媒婆"从中说合，最终由父母定夺。媒妁既定，便由媒人来向女方提亲，即便是近代的新式婚姻仍然离不了媒人。河洛俗谚："天上无云不下雨，地上无媒不成亲。"如果经媒婆说合，双方都基本满意的情况下，各自就会进一步了解对方的详细信息和真实情况。

在第一步纳采之后，婚姻程序进入第二步，即给双方合婚阶段。在此阶段男方请的媒人需要询问清楚女方的姓名和出生年月。《仪礼·士昏礼》有："宾执雁，请问名；主人许，宾人授。"郑玄注云："问名者，将归卜其吉凶。"即人们常说的"合八字"。旧时，人们对"合八字"相当重视，认为这是关系到日后婚姻是否幸福、男女双方命运的事情。"所谓'八字'，即一个人出生的年、月、日（农历）、时采用干支的八个字，也叫'生辰八字'。传统婚姻讲究八字相合，八字不合，不能成婚。提亲后要交换'八字'，亦称'换庚帖'。旧时婚俗把写有男女双方姓名、籍贯、生辰八字、祖宗三代姓名和求婚、允婚之事的红色束帖称为庚帖，也称龙凤帖。换帖后要请算命先生合八

---

① 郭会军：《中国古代的三书六礼》，《公民与法》2012 年第 3 期。

字，八字相合，始可议亲。首先是合属相，算命先生将男女双方属相生辰排合成十二相合、十二相冲、十二相克。十二相合为：子与丑合，寅与亥合，卯与戌合，辰与酉合，巳与申合，午与未合；十二相冲为子午相冲，寅申相冲，卯酉相冲，辰戌相冲，丑未相冲，巳亥相冲；十二相克为羊鼠相逢一旦休，兔子见龙不长久，金鸡不与犬相配，不叫白马见青牛，虎蛇相见必惹仇，猿猴见猪泪长流。另外，还有金克木、木克土、土克水、水克火、火克金及'女大一，哭淅淅；女大三，抱金砖'等讲究。孟津民间缝制结婚被褥、衣服，只有与新郎新娘属相相合的人才能参加。合八字后，若无妨碍，即可以相亲。"① 庚帖可分为"男命庚帖"和"女命庚帖"，具体举例如下：

1. 男命庚帖②

光前

天作之合（骑缝半书）

男命庚帖

启　　上

大德望　翁常老太翁暨亲家先生大人阁下

世居九贤庄村

曾祖讳新科　祖讳来才　父印长庚

年庚己卯相生

命名乳名喜善

行列居长

大冰德　常长水　杜莲芳　杜有子　姬廷僚　金成

姻春貌宫长庚顿首拜

民国三十八年六月十三吉日禧

---

① 洛阳市地方史志编纂委员会编：《洛阳市志》第十七卷，中州古籍出版社1999年版，第297—298页。

② 洛阳契约文书博物馆藏《民国宫长庚男命庚帖》，文书编号：028066。

裕后

2. 男命庚帖①

龙文

姻愚弟董应林顿首拜

大德望　翁史老亲家大人阁下

仰承

冰议不弃寒微，允以令爱与□之小儿结为万载良缘，得攀名门。

既结朱陈，应将三代年庚、命名、行次、籍贯、冰人于后

三代

曾祖讳天祥　祖讳杰　父印应林

年庚

甲寅相生于民国三□时

命名

乳名　满堂

行次　行一

籍贯　寄居洛阳城内西南隅顺城中街

冰人　萧建堂　黄炎亭　邢天德　吴文煜　卢锦芳　沈瑞卿

玉成

大中华民国十三年阴历十二月初六日吉启

在

长命富贵　金玉满堂

吉庆有余　福禄祯祥

3. 女命庚帖②

天作之合

---

① 洛阳契约文书博物馆藏《民国董应林婚书》，文书编号：027970。
② 洛阳契约文书博物馆藏《清宣统翟文明女命庚帖》，文书编号：027975。

鸿喜

忝姻眷生翟文明率子书林仝拜

大德望　翁宋少亲家大人阁下

女命庚帖

曾祖讳登科　祖印文明　父书林

丙午相生　乳名任姐　行一　居住康庄镇

大冰人　赵廷献　邢得运　杨俊　宋文标　赵国蕃、杨大方、

杨三磨

龙飞宣统三年七月吉日

姻眷生翟文明率子书林再仝拜

余庆

4. 女命庚帖①

坤造

忝姻眷弟牛振山顿首拜

启上

伏承

冰语不弃寒微许以

令郎与仆之三女结为百年佳偶者。幸蒹葭之有托赖，玉□之堪

倚。谨将小女之籍贯三代年庚命名行列开于左幅以闻。

籍贯　世居偃师县杨村北街

三代　曾祖讳光斗　祖讳兴诗　父印振山

年庚　己巳相十一月十五日吉时生

命名　乳名　行列　行三

右缔姻盟　永偕琴瑟

---

① 洛阳契约文书博物馆藏《民国牛振山女命庚帖》，文书编号：027962。

时逢

大冰人　史三林　史四友

传书

中华民国三十二年二月十二日　谷旦

眷姻弟　振山载顿首

光前裕后　白发偕老

由上述资料可以知晓，庚帖上所列内容基本包括男方或女方的籍贯，生辰，乳名，居住地，曾祖父、祖父、父亲三代的名讳，家里排行第几等个人信息。同时书有冰人即媒人姓名。男女双方合过八字之后，男方就要给女方送聘礼，洛阳民间俗称"四色礼"，即四种礼品，就进入了订婚阶段。

（二）礼书

纳吉即河洛地区民间俗称的"订婚"，即通过纳采、问名后，男女两家若满意，就选定日期由媒人向两家定亲。纳征，即男家往女家送聘礼。此时，男方要向女方送衣料、首饰等物，谓之聘礼；也有送一定数量银钱的，谓之财礼。经此仪礼，婚约完全成立。在经过"六礼"中的纳采、问名、纳吉、纳征这四个程序之后，男女双方就可以按照约定好的婚期着手准备自己的婚礼了，即六礼中的请期和亲迎，这是正婚礼的前奏。

"请期"是"六礼"之一，也就是我们常说的"选日子"。由男方选定婚礼吉日、时辰，并将婚礼当日的宜忌等内容一并写成文书后派人送至女方家里，告知迎娶的具体时间和相关事宜。但随着社会生产力的不断发展和人们生活质量的不断提高，出现了利用婚姻追求昂贵彩礼的现象，人们对传统婚姻的美好向往也发生了变化——重礼逐渐演变为重金，向逐利发展。"请期"流程发展到现在是多用红纸笺写上迎娶日期时间，写请期礼书或者口头通知协商。举例如下：

1. **请期书**①

常闻

尧天咏室家之宜，关雎乐琴瑟之好，盖一日之合卺，实系百年之偕老，而麟趾螽之盛，君可预卜者。

谨遵

皇清时宪书选择嫁娶吉期开列于后：

——论迎婚男命甲申相不犯命星大吉。

——论及嫁女命系丙戌相不犯岁星大利。

——择就九月二十一日纳彩大吉，吉卜定于十月初四日嫁娶全利。

——论迎送女客忌虎马狗三相人，其余吉。

——论新人房屋宜用堂屋西间、南屋东间，神箭四条宜床四角大吉大利。

——论梳妆上额，上下轿马宜面东南方，迎喜神千祥俱至万福徕临大吉。

——论妊娠妇人不可入新人房内大利。

2. **请期书**②

——乾坤命子相戊申十二月初二日癸丑迎亲大吉大利。

——纳彩礼日定于十一月初九日大利。

——忌娶送女客蛇鸡牛三相。

3. **请期书**③

万载良缘

预卜佳兆敬行

奠雁礼于

---

① 洛阳契约文书博物馆藏《清代请期婚书》，文书编号：024712。
② 洛阳契约文书博物馆藏《民国合八字婚书》，文书编号：027971。
③ 洛阳契约文书博物馆藏《民国卢毓岱婚书》，文书编号：027977。

贵府　姻眷弟卢毓岱鞠躬。

——卜男命庚戌、女命己酉　相生福寿大吉。

——卜纳彩　吉期于十月十二日大吉。

——卜娶亲良辰于十月二十二日大吉。

——卜娶送男女客忌虎马狗三相大吉利。

大中华民国十四年十月二十二日喜全

千年好合

4. 请期书①

百世芝兰

男命乙丑、女命壬戌　相不犯岁命星大吉。

择于戊寅年十月初七日纳采过礼大吉。

谨占于本年十月十三日亲迎

贵府名门是幸

娶送女客忌猪羊兔三相，余相不忌。

右启

大英畏　常少亲家少先生大人　阁下

忝婚眷生张丙耀暨子正午仝鞠躬。

千年好合

我国自古以来就是一个注重"礼法"的国家，婚前礼这些烦琐的礼仪进程即印证了这一点。只有按照六礼依次全部完成时，才能说明男女双方夫妻关系得到官方和民间的认可，此时夫妻关系成立。如下文引用的婚书：

清嘉庆十七年（1812）董汝和婚书②

立婚书人董汝和因弟汝煜病故，遗妻姚氏并无子嗣难以度日，

今同人说和，情愿嫁与杨徐见为妻，又有二女卖与杨姓为女，异日

---

① 洛阳契约文书博物馆藏《民国〈百世芝兰〉张正午婚书》，文书编号：027983。
② 王支援主编：《洛阳民俗博物馆馆藏契约文书精粹》，中州古籍出版社2017年版，第52页。

成人与董姓无干，当日面受财礼银二十三两，此系两家情愿并无异
说，故立婚书以为后日执证。

　　嘉庆十七年七月二十九日立　　立婚书人：董汝和（押）

　　同人：张氏

　　这一则嘉庆时期的婚书虽然是董汝和为其弟遗妻做主的再婚婚书，但这
则婚书展现出人们婚前所需要的礼仪：第一婚姻需要一个证人，在证人的主
持下签订婚书即证婚人；第二彩礼、嫁妆，在聘书和礼书中都会涉及财物，
财物的多少、贵重程度都会影响女方在男方家的地位；第三遵守契约精神，
"立婚书以为后日执证"，这个婚书的签订也成为日后处理夫妻关系的重要
凭证。

（三）迎书

　　亲迎是"六礼"中最重要的一项礼仪。到约定的婚期这一天，男方祭拜
祖宗后，在父母的叮嘱下亲自迎接新娘。《礼记·昏义》有"父亲醮子，而命
之迎，男先于女也。子承命以迎，主人筵几于庙，而拜迎于门外"；《仪礼·
士昏礼》有"主人爵弁……主人不降送。婿御妇车，授绥，姆辞不受。妇乘
以几，姆加景，乃驱。御者代。婿乘其车先，俟于门外"。以上这些皆是对于
亲迎之礼的早期规定。简而言之，亲迎之礼就是指在确定婚期之后，经过父
母的嘱咐，新婿亲自前往女家迎娶新娘的仪式。通常是成婚之日，男家派遣
亲迎队伍迎娶，新娘在家等候。这里值得注意的是，亲迎礼之前的五个礼仪
步骤中，男方都不是亲自出现的，都是媒人和所托之人在中间办理一切事项，
只有亲迎礼必须由新郎亲自来迎娶。① 亲迎这一天是婚礼中最热闹的一天，在
约定婚期前几天男方家族就已经开始做宴请的食物准备、家里场景的布置等，
新郎将新娘迎接过来后就举行拜堂、同牢合卺和馂余设袵等礼仪。

----

① 孙明姚：《〈诗经〉与昏礼中的亲迎礼》，《语文教学通讯·D 刊》（学术刊）2017 年第 10 期。

河洛地区婚俗，结婚前半月或十天，男方要给女方送彩礼，俗称"过礼"。民间的礼品主要包括首饰、衣料、鞋袜、化妆品、酒肉、点心等，如洛阳伊川一带过礼时，男方要给女方抬一食攞盒，盒上挂有礼酒、棉花和一束柏枝，盒内装红布、首饰、衣服、油炸馃子、花米团、烧饼等物。[①] 以下是一份河洛地区过礼的礼单：

鸿喜礼单[②]

计开

新式银板镯　乙对	新式银园镯　乙对	新式银鑻　乙付
新式园头簪　乙付	新式戒指　三对	新式鱼凤头卡　贰付
新式耳环　贰对	二兰粗布　乙对	双兰粗布　乙对
安兰粗在　乙对	印花粗有　乙对	月白粗布　乙对
红粗布　乙对	柳条粗布　乙疋	柳条细布　乙疋
方格细布　乙疋	贵子红细布　乙疋	安兰细布　乙疋
油录斜纹细布　乙疋	黑市布　乙疋	英单市布　乙疋
葱白市布　乙疋	粉柳条细布裤　乙条	黑片桃尼裤　乙条
红毕机尼裤　乙条	各色花缎　四块	

除此之外，婚宴要有亲朋好友、左邻右舍随份子，俗称"随礼"，也是婚俗的一项重要内容，真实反映了当时社会的经济状况和礼尚往来的民风民俗。

1. 民国婚事礼单[③]

杨有启　礼洋二千元　姬连良　礼洋五百元　姬小接　礼洋一千元

姬小永　礼洋一千元　姬堆艮　礼洋一千元　王法启　礼洋五千元

---

① 韩彦刚、孙素玲、尚仁杰：《洛阳民俗志》，香港科教文出版有限公司1999年版，第70页。
② 洛阳契约文书博物馆藏《民国鸿喜礼单》，文书编号：027972。
③ 洛阳契约文书博物馆藏《民国王垒启礼单》，文书编号：027968。

王清桂　礼洋五百元　王抓启　礼洋一千元　李六盛

王元启　礼洋二千元　成小轩　礼洋五千元　田德兴

王小四　礼洋二千元　刘小保　礼洋二千元　赵小臭　礼洋五千元

浚小江　王垒启　礼洋五千元　动接住　付小鸡　洋乙千元

2. 民国婚事礼单[①]

动保　礼洋乙千元　动苍葛　礼洋乙千元　动培林　礼洋二千元

动福顺　礼洋乙千元　动连香　礼洋乙千五百元　动小乙　礼洋五百元

王辛福　礼洋乙千元　动小炎　礼洋乙千元　动旺旺　礼洋乙千元

动顺苟　礼洋乙千元　动六苟　礼洋乙千元　动申旺　礼洋乙千元

高小末　礼洋乙千元　动西然　礼洋乙千元　动小北　礼洋乙千元

动小水　礼洋乙千元　动焕芝　礼洋乙千元　王和尚　礼洋四千元

动丙午　礼洋乙千元　动闲元　礼洋乙千元　动顺王　礼洋乙千元

动小六　礼洋乙千元　田德兴　洋二千元　动以福　礼洋乙千元

动兴和　礼洋乙千元　动铜苟　礼洋四千元　水泉　礼洋二千元

---

① 洛阳契约文书博物馆藏《民国宋春熙男命庚帖》，文书编号：027966。

　　　　赵耀山　礼洋六十元　浚小江　礼洋二千元

　　可以说，婚姻论财具有古老的传统，犹如古代的"纳彩用雁"，具有喜庆、吉祥、夫唱妇随等象征意义，财礼的数量并没有被人们特别重视，甚至有些地方把婚姻论财视为耻辱，给予鄙视，如山西乡宁县在乾隆以前，男女完婚"从无以财行聘者，客户间有之，邑人以为耻"①。曲沃县在清初时"聘礼极微，言及财物，人咸耻笑之"②，"女家以多受财礼为耻"③。由此可见，至少在清朝统治期间，婚姻论财还不是一项农家所必须遵守的婚姻规则。

　　自民国以来，由于男女出生性别比过大，形成男多女少的局面，致使社会风气发生了很大的变化，华北农村无论贫贱富贵，只要论及婚姻，必定论财，而且此趋势愈演愈烈。这时期，由于各种社会因素的共同影响，财礼成为择偶的重要前提条件。女家向男家索要聘礼，不论男方家庭穷富，订婚时都必须拿出财礼，否则就不能结为婚姻，这被称为"下定礼"，如在山西沁源县"清之季年，本县小康之家结婚不论财，所纳聘金不过二三十金。民国以来，议婚必先论财……甚有二、三百金以上"④。山西临县"古者婚礼……送钱之日，只送钱二、四千，并四季衣服。……女家以多受财礼为耻，近年婚嫁论财，居奇可厌，七八十千者数见不鲜，甚有百数十千者，后财礼有二三百千者"⑤。河南阌乡"贫家则专论财务，至少寡再醮，则索价三数百元"⑥。

---

　　① 丁世良、赵放主编：《中国地方志民俗资料汇编》华北卷，书目文献出版社 1989 年版，第683 页。

　　② 丁世良、赵放主编：《中国地方志民俗资料汇编》华北卷，书目文献出版社 1989 年版，第663 页。

　　③ 丁世良、赵放主编：《中国地方志民俗资料汇编》华北卷，书目文献出版社 1989 年版，第608 页。

　　④ 丁世良、赵放主编：《中国地方志民俗资料汇编》华北卷，书目文献出版社 1989 年版，第628 页。

　　⑤ 丁世良、赵放主编：《中国地方志民俗资料汇编》华北卷，书目文献出版社 1989 年版，第608 页。

　　⑥ 丁世良、赵放主编：《中国地方志民俗资料汇编》中南卷上，北京图书馆出版社 1991 年版，第 274 页。

二、河洛地区的正婚礼与结婚登记

经过前期的准备，新人就可以进入正婚礼，"正婚礼是指新娘被接到男方家以后，所举行的正式结为夫妇的仪式。根据礼制主要有拜堂（周制婚礼没有这一项）、沃盥、对席、同牢合卺和馂余设衽几项"[①]。新人在这一天有很多的程序要走，如新娘在进门之前要跨火盆，寓意烧去新娘身上的霉运，拜天地是新人对天、地、人的感谢，还有闹洞房等主要环节。

拜堂又称拜天地，这一环节主要有三个内容：一拜天地，二拜高堂，三夫妻对拜。这三个礼仪第一个是对天地的跪拜，凸显出自给自足的小农经济的重要性以及对天地朴素而真挚的崇拜；第二个拜高堂是要夫妻二人莫要忘了父母的养育之恩，要尊敬孝顺父母；第三个夫妻对拜是要夫妻二人彼此恩爱，相互扶持，也是盟约誓言。

合卺礼即我们现在所说的交杯酒，起源于周朝。卺其实就是瓢，把一个匏瓜剖成两个瓢，合之则为一器。新郎新娘各拿一个饮酒，在两个瓢里装满酒水，夫妻二人共饮此酒寓意合而为一，要在今后的生活中相互扶持，同甘共苦，共同撑起家庭的负担。合卺礼是正婚礼结束前的第二个重要的婚礼仪式，在古代是在晚上男子宴请完双方的亲朋好友后回到婚房举行，发展到现在合卺礼一般在款待亲友的酒宴上就会进行。

馂余设衽就是通常所说的合床礼，正式成为夫妻。"新娘脱服由女侍接受，新郎脱服由男侍接受，新郎亲脱新妇之盖头，此时侍人持烛而出。此后男女双方正式结为夫妇。"[②] 合床礼是正婚礼的最后一项程序，在举行完这一个步骤之后二人就正式成为被人们认可的夫妻，今后的一举一动都会关系到另一半，关系到一个家庭。

正婚礼从请期到亲迎再到最后的洞房花烛夜是婚礼中最热闹，最烦琐的

---

① 仲富兰：《图说中国人生礼仪》，学林出版社 2018 年版，第 241—242 页。
② 仲富兰：《图说中国人生礼仪》，学林出版社 2018 年版，第 243 页。

环节，表现了人们对婚姻的重视以及对天人关系的反思。一纸婚书，约定即成，等尔归来，十里红妆，定不负卿，是男女双方对婚姻的憧憬与承诺；"结发为夫妻，恩爱两不疑"是夫妻两人在今后生活中的相互礼让，是相濡以沫的表现。结婚证书既是二人婚姻的见证，亦是从法律、道德、行为等方面对二人婚后行为的约束。下面列举几份不同时期的结婚证，每一份都具有各个历史时期的鲜明特征。

1. 结婚证 （1953 年）①

结婚证书

结婚证书字第九四三号

阳成县一区东进村张小站，现年二十一岁，与阳城县一区东进村郭小女，现年十九岁。

双方在完全自主自愿的原则下，愿结为终身伴侣，经本府审查与《中华人民共和国婚姻法》规定相符，准予结婚。特此证明。

结婚人：张小站　郭小女

介绍人：宋小欢

发证机关：一区公所

填发人：马登云

一九五三年四月二十一日

（婚姻自主）

2. 结婚证 （1956 年）②

结婚证

字第二四四号

张仙仙　年十九岁 （一九三八年四月生）

张发禄　年二十一岁 （一九三六年三月生）

---

① 洛阳契约文书博物馆藏《汤城县张小站和郭小女结婚证书》，文书编号：027425。

② 洛阳契约文书博物馆藏《张仙仙和张发禄结婚证》，文书编号：034493。

双方自愿结为夫妻　经审查与《中华人民共和国婚姻法》的规定相符，应予登记，特发给本证。

结婚人：张仙仙（红色指印）　张发禄（红色指印）

填发机关：岭西东乡政府

一九五六年八月十四日

（互敬互爱）

3. 结婚证（1970年）[①]

结婚证

字第44号

姓名　付春景　性别　女　年龄　41

姓名　张丑艮　性别　男　年龄　44

自愿结婚，经审查合于《中华人民共和国婚姻法》关于结婚的规定，发给此证。

一九七〇年八月六日　六泉公社革委

世界是你们的，也是我们的，但是归根结底是你们的。你们青年人朝气蓬勃，正在兴旺时期，好像早晨八九点钟的太阳。希望寄托在你们身上。

……

世界是属于你们的。中国的前途是属于你们的。

毛泽东

传统婚姻的成立重视婚姻过程是否符合礼仪，婚姻仪式完成婚姻即宣告成立。北洋政府对于婚姻成立的具体规定，"大理院民国7年上字第909号判例：'婚姻须先有订婚契约（但系以妾改正为妻者不在此限），订婚系以交换婚书或依礼交纳聘财并不拘于形式及种类，至订婚后成婚亦须习惯上一定之

---

① 洛阳契约文书博物馆藏《付春景张丑艮结婚证》，文书编号：002724。

仪式，故原则上系合订婚与成婚仪式为婚姻成立之要件’”① 这时规定婚姻的成立必须经过订婚和婚姻仪式两个程序。在订婚阶段，北洋政府规定男女双方必须要交换婚书或交纳聘财，对于婚书的规定则是私下约定好或者向官方报备皆可，这说明北洋政府是要求双方要通过一定的程序有所凭证（婚书），证明婚姻的成立。之后，婚姻制度受到新式法律的影响，逐渐过渡到婚姻登记制度。男女结婚，要到政府相关机构登记，申领结婚证书才能证明两人夫妻关系的真正确立，双方夫妻关系方能受到法律的保护。

纵观近代历史，不论是晚清政府、临时政府、北洋军阀还是国民政府，在对婚姻方面做出的有关法规中都有强调婚姻登记的部分，但在实际运用中，绝大多数没有受到西式文化教育的中下层群众仍然遵循旧礼，还是按照传统的婚姻习俗结婚，中国近代婚姻制度主要是传统仪式婚以及登记与仪式相结合的婚姻。中国共产党领导的革命政权建设的过程是由农村开始，对于普通群众的影响最为深刻，在婚姻制度方面则是多为登记婚。它的影响随着中国共产党影响的扩大而扩大，终成全体国民的共识。1950 年的《中华人民共和国婚姻法》第六条对于婚姻登记制度明确规定，"结婚应男女双方亲到所在地（区、乡）人民政府登记。凡合于本法规定的结婚，所在地人民政府应即发给结婚证"；第十七条"男女双方自愿离婚的，双方应向区人民政府登记，领取离婚证"②。这样公民的结婚和离婚都完全纳入地方政府的管理范畴，结婚证书和离婚证书则成为婚姻关系确立或解除的唯一凭证。

三、河洛地区的婚后礼与离婚证明

正婚礼在馂余设衽（合床礼）中完成，接下来就是婚后生活中夫妻双方需要遵循的礼仪，婚后礼也是婚俗的重要一部分。婚姻是连接两个人的纽带，

---

① 顾越利：《北洋政府婚姻法律的适用》，《法学杂志》1988 年第 5 期。
② 王才松、赵学云编：《法学教学参考资料之二·重要法规汇编》，东北师范大学出版社 1980 年版，第 181—182 页。

是两个家庭的延续，婚后生活是新婚夫妇相濡以沫，恩爱幸福的重要表现。一对新人在新婚后还有一系列的礼仪需要遵守，凸显出我国"重礼"的思想；同时，中国古代是一个极度重男轻女的社会，女性的地位卑微，这一点在婚姻关系中也表现得淋漓尽致。

婚后礼，也称"成妇礼"，主要包括"妇见舅姑，妇馈舅姑，舅姑飨妇"，主要目的是要使新妇成为男子家的一分子，与男家的亲族融合在一起。这里提到的"舅"和"姑"指的是男方的父亲和母亲，是源自原始社会的族外群婚制度。两个氏族同辈人相互联姻，到了下一代结婚的时候，上一代人其实就是自己父亲的兄弟、母亲的姐妹，所以女方把公公称为"舅"，把婆婆称为"姑"，这种称呼一直延续到唐宋时期。最早在《尔雅·释亲》中有记载："妇称夫之父曰舅，称夫之母曰姑。姑舅在，则曰君舅、君姑；没，则曰先舅、先姑。"新婚后，除了这三种习俗外，还有一个道德规范是需要深深地烙在新妇生活中——"三从四德"。"三从"即"未嫁从父，出嫁从夫，夫死从子"；"四德"指妇德、妇言、妇容、妇功。传统社会里对女性做出了许多不平等的规范，其中最重要的就是妇德，要求妻子要守妇道，注重保守自己的贞节。

婚后第一天，新妇就要早起好好收拾自己的妆容，亲自侍奉公婆吃饭；在侍奉完公婆之后，新妇要象征性地吃一点公婆的余食以示孝顺。发展到现在，则是需要新娘亲自做一顿饭来侍奉公婆和男方的亲族，来证明男方亲族对女方的认可。婚后第三天，新妇需在丈夫的陪同下回女方家，称"回门礼"。在这一天，这对新人一般都会带礼品来到女方家里见女方的亲族。"回门礼"之后就是带女方认祖归宗。在结婚后，女性要改成夫姓并且要在婚后三个月内带妻子去男方的宗庙拜祖宗。走完这些程序之后，这对新人可以说是进入日常生活，在日常生活中相互包容，携手创造出自己的幸福家庭，共赴白头。

永结同心，白头偕老是婚姻最理想的状态，但世事难料，命运弄人，并非所有的婚姻都是朝着自己的理想状态发展的。在古代，由于女子的地位极低，而且社会环境的封建腐朽也不容许女性有独立的思想，在婚姻关系中女性必须听从男方的。男性如果对婚后生活不满意，可以婚后再纳妾，也可以解除现有的婚姻关系，即离婚。"七出"是男子用来离婚的证据和借口，包括："（1）无子（指妻年五十以上未生子女，被认为足以断绝后代），（2）淫佚（指妻犯有奸淫行为），（3）不事舅姑（指妻不孝顺公婆），（4）口舌（指妻搬弄是非），（5）窃盗（指妻偷窃财物等不良行为），（6）妒忌（指妻嫉妒忌克），（7）恶疾（指妻犯有使人厌恶的疾病）。"① 仔细阅读这七条都是站在男性的角度提出来限制女性的行为，而没有规范男方的行为。这说明离婚的决定权属于男方，女性是处于劣势地位的。休妻是传统民间社会解除婚姻关系的重要方式。男性如对妻子有所不满，可以随时以"七出"中的某项为借口撰写"休书"休妻，解除两人的夫妻关系。女方则只有在符合"三不去"的条件下才有不被休弃的权利。在一份伊川县平等乡离散字帖中，董永亮与冯朱氏夫妻婚后七年，一直未能生育，又以双方生辰八字不合为由，声明离婚，其内容如下②：

> 立离散字帖人董永亮、冯朱氏夫妻婚后七年，子女不见，多次算卦，男虎女蛇，年犯六害，月犯孤辰，若不分散，后有伤身之灾，男女议定，分别并禀诉双方父母，定于本月初七卯时，由先生导引执礼，男女同叩拜谢两方父母天地月光，总而言之，声明离散，仁义光明，女方清白无污，恐口不凭，文字存照。

> 立字人：董永亮（押）冯朱氏（押）

> 卜卦先生：沈平（押）

> 执礼先生：马文昇（押）

> 中华民国十九年农历七月初六日写于村东闲窑

二人因为婚后七年无子，算卦后又八字不合，不分散则有伤身之灾，于

---

① 方亚光：《从〈唐律·户婚〉看唐代婚姻的双重性》，《学海》1994年第2期。
② 个人收藏《伊川县平等乡离散字帖》，文书编号：00367。

是决定声明离婚。当然，民国以来，随着新式婚姻习惯的影响，由男方主导的休妻方式逐渐减少，更多的是夫妻协商和离的方式结束婚姻关系。有时即便是订婚阶段，也会因一方身体或其他原因而导致退婚。如下例解应富退婚姻字据中解应富因"身得疯蠢惨痼之症"与妻子和议，"将妻交于任姓"，让妻子另择佳婿。这里和历史上女性"七出"的性质不同，这次是男方身体有疾，但仍然要求有所补偿，钱价交定之后，方能"恩断义绝"。字据全文如下①：

> 立退婚姻字据人解应富，缘有前聘定任门三女在我足下为妻。不料我身得疯蠢惨痼之症，自觉难以养家，先与我母亲解赵氏胞兄应保表叔三面商议，设一生路思之再三，别无善法。只可央本镇闾长魏士元乡地将我妻交与任姓，另择佳婿。情甘受身价钱四十吊文正。其钱笔下交清并不短欠。自此以后生死与我解姓毫无干涉。此系同面言明别无反悔，恐口难凭，立恩断义绝字据永远存证。
>
> 仝中：母亲解赵氏（押）胞兄应保（押）受钱六千文表叔马万银（押）
>
> 证人：张振棠（押）闾长：魏士元（押）乡地（押）
>
> 中华民国八年阴历四月初一日　立退婚姻字据人：解应富（押）

夫妻离婚主要的原因是夫妻双方性格不合，"夫妇不睦"或公公婆婆对妻子的不认可。如：

1. 王树根立离婚字据存照②

> 立离婚字据存照文约，凭据人王树根，今因夫妇不睦，会同本族亲友，说事人王树根情愿归于娘嫁郭凤山代回，另凭改嫁。不与王树根想干，一不要二不要三不要拾拾不要，不要王树根因佔仝银圆二十五元整。其元笔下交足，并不短少，日后倘有反悔，今有

① 洛阳契约文书博物馆藏《民国解应富退婚姻字据》，文书编号：019746。
② 洛阳契约文书博物馆藏《民国王树根离婚字据》，文书编号：011336。

王树根手指印为凭，有长女王郭来走同中说事人，两出情愿，恐后无凭，立离婚存照为证。

在事中人：段子山（押）武咸事（押）

今来代笔书人：王保德（押）

民国二十五年阴历三月初八日　立离婚字据存照人：王树根（手印）

2. 郭桂馨、郭贾氏离异字①

立离异字人郭桂馨、郭贾氏，今因吾二人意见不合与讼一事，现有亲友说合，由桂馨付给郭贾氏赡养费一万二千元，从此脱离夫妻关系，永断葛藤。嗣后男婚女嫁，各不相干，除在司法室具状和解外，特立离异字，两纸各执一纸存证。

中华民国三十四年五月九日

立离异字：郭桂馨（手印）郭贾氏（手印）

同中人：王嵩峰（押）姚秀岑（押）贾兴诗（押）郭耀西（押）

3. 孙耀卿离婚没事字据②

立没事字人孙耀卿、幼至，如今夫妇性情不合，志趣各异，为愿全双方幸福起见，各愿断绝关系，此后男娶女嫁，各凭自由，如后有别事发生，没事字为证。

中华民国三十六年七月九日立（押）

4. 韩宗周卖妻文契③

立字据人韩宗周，因家庭夫妇不合，生活无着，经广武县府堂讯后及杜张氏双方央人说合，杜张氏出小麦七石五斗，本人甘愿将己之妻韩王氏作为杜门，以后双方决无纠葛控告情事，空口无凭，

---

① 个人藏品《洛阳县郭桂馨和郭贾氏离婚证》，文书编号：01016。
② 个人藏品《伊川县孙耀卿离婚没事字据》，文书编号：01018。
③ 洛阳契约文书博物馆藏《韩宗周卖妻文契》，文书编号：000623。

立两清字据为凭。

　　立字人：韩宗周亲笔（手印）

　　说合人：王瑞鳞（手印）王崇华（手印）孙玉华（手印）李景

山（手印）

　　民国三十七年八月二十日

　　今收到杜张氏小麦七石五斗整　韩宗周（手印）八月二十日

此外，更多的夫妻离异是由于贫困、生活窘迫、灾害等外在因素。河洛

地区人们大多以农业为主，农民生活靠天吃饭，一旦遭遇洪涝、蝗灾等自然

灾害，荒年无收成，也有为活命而离婚甚至卖妻的。这里兹举几例。

1. 兰玉合将荣氏另行改嫁凭据①

　　立凭字人兰玉合，情因予母因予出外久不还家，遗妻荣氏，常

云度用饥饿难忍。予母无奈问予岳母商议明白，令荣氏另行改嫁，

与别人毫无干涉。其先不甚切悉，今已查问明□，予妻另嫁委系予

母因无度用，主使另嫁暂救蚁命，本家兰善才弟兄杳不知情，此系

实情。恐口难凭，故立永无□□字据为照。

　　立凭字人：兰玉合（押）

　　同中人：兰庭旺　吕义胜　兰庭义　兰庭盛

　　同治七年九月

2. 清光绪年间离婚书②

　　立执照字据人娘舅路成保，兹情因外甥女在王门难以久居延站，

又有小外甥女二名，今同人一应三口情愿离别王门，至别之后，有

路成保经守，倘有受天不侧，各由天命，并不与王姓相干，有路姓

承管。两造皆出情愿，并无异说，两无葛藤，毫无挂克，同众言明，

永不反悔，恐口无凭，立起辞退执照约为证。

---

① 洛阳契约文书博物馆藏《兰玉合将荣氏另行改嫁凭据》，文书编号：010798。

② 洛阳契约文书博物馆藏《清光绪路成保离婚书》，文书编号：028061。

同证人：王宗昌　王信准

代字人：王万撰

光绪二十一年十二月十七日　立辞退执照字据人：路成保（押）

3. 孟鸿兰立脱离夫妻关系文约①

立脱离夫妇关系约人孟鸿兰，兹因年迈，生活困苦，年景不佳，难以度日，故将妻郭氏情愿归宗与郭门，嗣后郭氏改嫁何门，与孟门永不干涉，此系双方同意，概无反悔，恐口无凭，立脱离夫妇关系约为据。

随字润海年七岁，永远郭氏经理，不为孟门之子，以后倘有科葛情事，有孟鸿兰一方承当。

中见人：孟三秀（押）

民国三十三年四月初三日

孟鸿兰同子吉海　立

4. 民国离婚字据②

兹立字具合同，因日无过度，万般只之际，出于无奈，夫妻商量离婚，此时两造情愿并无反悔，日后男婚女嫁，各不相管，恐口难凭，所立字具为证。

立字具人：妻杨铁女（押）手印　岳父杨清贞（押）手印　张天星（押）手印

民国三十八年阴历二月初七日　具

例1兰玉合改嫁字据因丈夫常年在外，妻子因"度用饥饿难忍"，其婆婆与母亲商议，令其改嫁。例2娘舅路成保因外甥女在王门难以同居，应该是夫妻不合，双方协商，同意女方带二女离异。例3孟鸿兰"因年迈，生活困苦，年景不佳，难以度日"，将妻子郭氏归宗与郭门，脱离夫妻关系，就是已经七

---

① 洛阳契约文书博物馆藏《民国孟鸿兰解除夫妻关系文约》，文书编号：031978。
② 洛阳契约文书博物馆藏《民国张天星及杨铁女离婚字据》，文书编号：023598。

岁的儿子也让妻子一并带走，"不为孟门之子"。例4张天星与杨铁女夫妇因"日无过度，无奈"，在岳父杨清贞见证下，协商离婚，并书立了离婚字据。可以看出，民国时期，尽管法律已经规定了登记结婚和登记离婚制度，但这一时期，河洛地区离婚仍多是民间自行书写离婚凭据结束婚姻关系。离婚的原因除了性格不合、关系不睦外，主要还是贫困导致的无法度日。

四、河洛地区的其他婚姻形式

河洛地方社会除了正常的婚姻形式外，根据目前存留的婚书，还有再婚、改嫁、娶妾、卖妻、典妻、招赘婚、冥婚等婚姻形式，有些尽管被视为非法或有悖伦理，但为了生存，普遍存在于民间社会。

（一）再婚与改嫁

在传统社会中，尽管人们比较看重婚姻，婚姻在当时也比较稳定，但是由于当时的人寿命不及现代社会，所以难免出现丧偶的情形，问题在于是否只要出现丧偶男方就能再娶，女方就能再嫁。根据封建伦理的要求，这显然是不现实的。早在汉代，班昭就说过："礼，夫有再取之义，妇无二适之文。"此话也被后世引用，如《元典章》："男有重婚之道，女无在醮之文，生则同室，死则同穴，古今之通义也。"可以明显看出，封建社会男女的地位不平等性。自宋以后程朱理学占据主流之后，都以女子再嫁为耻，特别是到清朝的时候，朝廷对女子"从一而终"的推崇更是到达了顶点，这是儒家文化影响下社会的一个突出特征。尽管传统社会礼法森严，但从近代留存的大量婚书来看，民间社会很多女性出于生活压力，改嫁现象仍相当普遍。如：

1. 翟石氏立改嫁婚书[①]

立主婚书人翟石氏，因子病故遗媳万氏年幼，度日艰难。今同

---

① 洛阳契约文书博物馆藏《清乾隆翟石氏改嫁文书》，文书编号：019594。

官媒说和，情愿改嫁……张琮为正室，同媒面受时价银六十五两整，亲族但有言词，翟石氏一面应承，恐后无凭，立婚书存照。

官媒：姿贺氏

乾隆四十五年□月初七日　翟石氏立（指印）

2. 毛金麟立母亲李氏改嫁婚书[①]

立分离明白人毛金麟，因有母亲李氏是值年荒，不能□□，今同王氏说合，情愿归回李门，合行改嫁，将当日原财……李氏临行，寸业无带，恐口难凭，故立分离明白为证。

乾隆六十年三月初七日　立分离明白人：毛金麟（押）

3. 杨门卫氏立自行改嫁文约[②]

立写婚书文约人南燕村杨门卫氏，因为人口兴旺，年荒度用不足，自卖本身，另行盖家（改嫁）西庄村周方方台下为妻，并无反悔，恐口难（无）凭，立写婚书约为照。

同治五年十月廿一日　立写婚书人：杨门卫氏（押）

后批：杨玉叶□胡一后所生长子丁柱同中言明，母亲一世□五年为满□回，本主言明有风寒，有（由）杨玉树一面承当，与周方方无干。有年界上坟，要回家上坟，如若不来，杨玉树不议。

代笔人：过路先生

4. 卫门余氏主立儿媳改嫁婚书[③]

立主婚人卫门余氏，因三子鳌正亡故，家业淡泊，儿妻难以守节，乞夺王氏改嫁与李恩娃足下为妻，大媒说和，财礼银三十七两，当日必清，只有一女随母带于李门，恐后无凭，立婚书为证。

---

① 洛阳契约文书博物馆藏《清乾隆毛金麟改嫁婚书》，文书编号：027653。
② 梁淑群主编：《洛阳民俗博物馆馆藏契约文书背后的故事》，三秦出版社2019年版，第143—144页。
③ 洛阳契约文书博物馆藏《清道光收杨鹏成风车等文约》，文书编号：033551。

　　媒人：李成丰　卫庆泰　卫金购

　　乡约：李三成

　　代笔：卫智长

　　同治十二年八月十七日　立

5. 李门郭氏自卖改嫁婚书①

　　立写婚约人自卖本身李门郭氏，丈夫李七桂亡故，家贫无度，同中人言明价银一十四两整，今情愿更嫁与喻福六为妻，恐口无凭，立约为证。

　　同中人：李映雪　李法荣

　　代笔人：李心子　主婚约

　　光绪元年十月初一日

6. 裴门王氏立儿媳改嫁婚书②

　　立主婚书人裴门王氏，因为三子亡故，只留儿媳李氏家无衣（依）靠，同家门说和，情愿改嫁于杜春智足下为妻，同媒说和面受财礼银一十四两整，若有言词，立主婚人为证。

　　画字银三两整　官媒印戳

　　光绪二年四月十三日

7. 孙刘氏立儿媳改嫁婚书③

　　立主婚文字人孙刘氏，今因长子亡故，妻无人照管，今同媒妁说合，情愿嫁于李兆矿足下为妻，同中言明价银七十七两整，当日交足无欠，恐口无凭，立婚书为证。

　　光绪十一年四月十四日　孙刘氏主婚人（押）立

　　同中人：周氏

---

① 洛阳契约文书博物馆藏《清光绪李门郭氏改嫁婚书》，文书编号：013496。

② 洛阳契约文书博物馆藏《清光绪裴门王氏婚书》，文书编号：035673。

③ 洛阳契约文书博物馆藏《清光绪孙刘氏婚书》，文书编号：027031。

8. 王陈永立弟媳改嫁婚书①

立写主婚人王陈永，因为弟媳度用不便，同官媒说合，出嫁于陈成娃为妻，日后倘有人争短，有主婚人一面承当，恐口不凭，立婚书为证。

光绪二十九年十月立　官印

9. 田门石氏自立改嫁文约②

立字之婚书人田门石氏，因有前夫亡故，家中无依所靠，度日难过。今同□□□元说合，改驾（嫁）与梁水沟郭麟□□正室，同媒言明，田澍表弟赵越受过田石氏身价大钱五十串□整，作田澍之子田小羔娶亲之费。田姓亲族有人争说者，有赵越一人承当。此系两家情愿，永无反悔，恐口无凭，立此书为存证。

一字（子）一女作为田姓，九（走）后舛错争端立客（刻）领妻归家。

民国二年阴历四月初八日　自立婚书：田石氏（押）

同娘胞兄：石洪泉（押）

同媒人：田益元（押）

同表弟：赵越（押）

赵越己身未受钱分文。

例1翟石氏因儿子病故，儿媳万氏年幼，度日艰难，将其改嫁并收受聘礼六十五两整。例2毛金麟因为遭遇年荒，将母亲李氏回归李门，任其改嫁，"李氏临行，寸业无带"，可以说完全是为了求生。例3也是遭遇年荒，杨门卫氏自卖与周方方"为妻"。从后面的批契可以推测，卫氏应该是杨玉叶的续弦，卫氏改嫁时杨玉叶应该已经去世。杨玉叶与前妻胡氏所生长子丁柱和兄弟杨玉树参与批契，规定卫氏五年为满，可以回到本家，相当于周姓典妻。

---

① 洛阳契约文书博物馆藏《清光绪王陈永为弟媳主婚婚书》，文书编号：015492。
② 洛阳契约文书博物馆藏《民国田门石氏婚书》，文书编号：027980。

例4卫门余氏因三子病故，将儿媳王氏改嫁李门，并收受礼金三十七两。例5李门郭氏因丈夫亡故，并由李姓家族张罗，自卖改嫁他人，并收受礼金一十四两整。例6裴门王氏因三子病故，将儿媳李氏改嫁，并收受财礼银一十四两整。例7孙刘氏因长子病故，将儿媳改嫁，并收受价银七十七两整。例8王陈永写立婚书将弟媳改嫁，例9田门石氏同样因为丈夫去世，没有依靠，难以度日，自卖改嫁他人，并将其改嫁身价钱作为田澍之子田小羔娶亲之费。通过自己的卖身钱给儿子娶妻，也可谓煞费苦心了。

（二）娶妾

中国封建社会盛行一夫一妻多妾制，直到近代纳妾这一婚姻形式在河洛地区仍较为普遍。男子出于延续香火的需要，也有娶妾或者买妾的现象，娶妾同时也是男子经济能力和社会地位的象征。法律虽然承认买妾的合法性，但是对妾也有严格的规定，妻为主，妾为卑从，两者的地位显而易见。前面已说过娶妻需要行六礼，但是妾则不需要，也有"纳妾不成礼"的说法，指的就是妾与夫不能行婚姻之礼，不具有婚姻的各种形式。不过，为了显示纳妾的正当性，在买前向对方索要必要的契约文书是很有必要的，从而形成了买妾文书。

1. 裴忠立舍妾顶账文字①

立舍妾顶账人裴忠立，因不幸遭官司业产消没，眼下过年，无资和长工消账，经人说合，情愿把三房妾给长工顶账，原欠工资、今年工资全部两清。此外，再无价干二年活。此约双方同意，各无异说，定于本月十九日一更鼓锣后一方送人一方鸣鞭迎回，此事告终，若有他人纠葛，立字人一面承认，恐口不凭，立字存照。

中华民国二十三年十二月十六日立　立字人：裴忠立（押）

---

① 王支援主编：《洛阳民俗博物馆馆藏契约文书精粹》，中州古籍出版社2017年版，第147页。

说合人：李光太（押）

2. 姬天民卖妾人契①

立字据人姬天民，因年老多病，央人说合，情愿同意三妾另招夫君，空口不凭，立字为据。

立字人：姬天民（押）

中同人：王留安（押）

助力人：杨同舟（押）

新中华民国三十八年四月六日立（押）

伊川县鸣皋区大元东行政村戳记

在例1裴志忠因为"遭官司业产消没"，"无资和长工消账"，经人说合，立契将"三房妾给长工顶账"，舍妾顶账后，原欠工资，当年"工资全部两清。此外，再无价干二年活"。例2姬天民因年老多病，将自己的三妾另嫁他人。从书立文约的时间来看，民国三十八年即1949年，此时洛阳地区已经解放，地方政府已经开始着手移风易俗，革除婚姻陋规。姬天民让自己的妾再嫁他人，并未注明财礼，也许是出于一定的政治压力。上述文书中，妾被当作了一个"典当物品"，而这件"物品"的决定权完全在丈夫手里，丝毫没有保护自己的权利。这样的处理方式是当时社会的一个"缩影"，女性的地位极其低下，可以被当作一种商品用来买卖。

（三）"嫁卖生妻"和典妻

1. 卖妻

关于婚姻买卖的记载，最早见于《礼记·曲礼》中的"非受币，不交不亲"。可见这种买卖婚姻在古代确实是合法的，历代旧制度把收受聘财作为订婚的条件，当时封建朝廷对此采取放任自由态度，不过在元代为法律明令禁

---

① 洛阳契约文书博物馆藏《民国姬天民卖妾人契》，文书编号：024977。

止。在古代由于生产力的脆弱，一场洪水、一次地震、一场瘟疫，再加之统治者不近人情的高压政策就足以使人口出现大量的非自然死亡，而且古代人们的寿命不像现代人比较长寿，所以往往会出现人口比例的失调、丧偶等特殊情况，面对这些特殊情况就要用特殊的方式来解决，这就为买卖婚姻形态的出现提供了必需的理由。卖妻现象一方面可以看出晚晴时期或者说是当时妇女的人格和地位是何等的低贱，可以任意买卖；另一方面也凸显了当时封建统治下人民生活的艰辛。

（1）陈寅辉卖妻文约①

　　立卖人陈寅辉，因为年荒无度，食用不便，夫妻商议，情愿卖于屠光玉名下为婚。实值价钱五十七□整，自卖知后，并无反言，若有反言，静在卖主媒人以面承当，不于买主相干。恐口无凭，立卖人为证。

　　同媒人：秦光烈　刘如德　秦秀才　张有德　屠安孝

　　光绪二十三年五月初六日

（2）徐法春卖嫂人契②

　　立人契人徐法春，长兄下世身无易孝，婆母两家居通于嫂赏以情愿许于杨根上足下为婚，遂带小女一个，小女死和无甘。小女遂带半身艮（银）七两，节女带艮（银），祖上有人拦，当法春一面成当，价艮（银）五十两整，现取价艮（银）四十三两，恐口不凭，立人契为证。

　　民国七年九月初二日　立人契人：徐法春（押）

　　大冰人：孙法元（押）

---

① 洛阳契约文书博物馆藏《清光绪陈寅辉卖妻白契》，文书编号：028062。
② 洛阳契约文书博物馆藏《民国徐法春卖嫂文约》，文书编号：001648。

（3）程水山卖妻文约①

立卖人契人程水山，只因□□王氏于家大小心意不合，日每争吵不安，今将继娶妻情愿出卖于东王村段国麟为妻，央中说合，时值卖价大洋一百零五元正（整）。当日人洋两过并不短欠，自卖之后各无反悔，倘有人阻，当由本丈夫一面承当。恐后不凭，立卖人契存照。

中华民国二十三年阴历二月二十五日　立卖人：程水山（押）

谋翁：程成顺　郭锁儿

（4）宋门王氏自卖为婚人契②

立人契人宋门王氏，居第六区保安乡二六保一七甲十一户，同长子天来因父亡故丢下小母身无依靠，无耐（奈）许于第五区九坚乡第一保第七甲甲长官俊德足下为婚。同中言明，大洋乙百二十元，日后有族亲人兰，当立人契人乙面应当。恐口不凭，立人契为证。

民国二十三年三月二十八日　立契人：宋门王氏（押）

同人：孙信（押）李成（押）

（5）王喜南立卖媳妇字据③

立写卖媳归宗人王喜南，因子去世，媳年正在青春。今娘家父亲李顺顺同人说和情愿买女归宗，议定财礼洋一百七十元当日交足。自后该媳或在娘家守节或另行改嫁，有娘家人做主，与王喜南无干。两家具各情愿，永无反悔。恐口无凭，立写卖媳归宗字据存证。

中人：李子秀　王官福

民国二十三年十二月

---

① 洛阳契约文书博物馆藏《民国程水山卖继妻白契》，文书编号：028064。
② 洛阳契约文书博物馆藏《民国宋门王氏改嫁小母白契》，文书编号：000620。
③ 洛阳契约文书博物馆藏《民国王喜南卖媳妇字据》，文书编号：033517。

2. 典妻

典妻或卖妻是丈夫或父母因生活困难缺钱或借钱无力偿还等原因将妻子、孩子当作抵押，到期满时欠债人在持原银数赎回妻女的做法，或者将妻儿卖与他人，是一种残忍的买卖婚姻。下面就以典妻为例加以说明。

（1）唐来科典妻文契①

□家遭天祸，无力养活妻儿老小，自愿将内妻王氏□菊经中间人说合□东明名下为妇，听从使唤。经商议典得小麦七斗五升，自乾隆八年三月□为期一年。王氏若在陈家身有怀孕，子婴为陈门之后代。□空口无凭，立契为证。

　　立契人：陈东明

　　合契人：唐来科

　　合中人：唐天福

　　代笔人：□□□

（2）王成俭典妻文契②

王成俭久欠李玉法白银一百五十两，无力归还，愿将妻陈氏典于李玉法为妻，三年期满，王以银二十两赎妻。过期不赎，另作它议。

　　典妻人：王成俭

　　承典人：李玉法

　　说合人：王志清

　　大清宣统二年三月二十五日

（3）伊川县平等乡借种生子文书③

立字据人王廷党，年过四九，妻不生育，经二嫂刘氏说合，每

---

① 梁淑群主编：《洛阳民俗博物馆馆藏契约文书背后的故事》，三秦出版社2019年版，第126页。

② 个人收藏《清宣统王成俭典妻文契》，文书编号：00170。

③ 个人自藏《伊川县平等乡王廷党借种生子文书》，文书编号：00516。

逢三六九日夜二更鼓锣起后，可入房和王妻同居，五更鼓响罢即时离房，每月附加小麦十五斤（老平秤），法币七圆，次日干活工资照常。恐口无凭，立字存照。

注：尚因各种因素不写对方名姓，双方都要保密。

三六九日，补鸡蛋六个

立字人：王廷党（押）

说合人：王门杜氏（押）

中华民国二十三年八月十一日

例1 唐来科因家遭天祸，无力养活妻儿老小，只能将妻王氏经人说合，典与陈东明为妇，典期一年，得典价小麦七斗五升；文中还言明若在陈家有身孕，产子为陈门后人。例2 王成俭因无力偿还李玉法白银一百五十两而将自己的妻子陈氏典与李玉法为妻，三年期限满之后，王成俭就可以赎回妻子。例3 的情况比较特殊，并未言明是典妻，但由于王廷党不能生育，于是借种生子，相当于把妻子借与他人，"可入房和王妻同居"。由于此事涉及伦理，双方都要保密，不过为了郑重其事，还是立了借种文字。借种生子属于民间陋习，这种严重违背社会道德的行为充分体现了时人根深蒂固的封建思想意识。

（四）招赘婚

传统观念上认为只有家庭中的男性才是家族血脉的继承者，才能继家承业。不过，对于那些有女无子的家庭，也会招女婿上门，男方及所出之子均从女姓。河洛地区将这种婚姻形式称为招赘婚，地方上也俗称"招养老女婿""招上门女婿"或"倒插门"。招赘婚各地习俗有所不同，但其目的不外乎承业、承嗣和养老。如在开封，"年老无子者，留女赘婿以养老。其赘婿对于岳父母有终身抚养之义务"①。

---

① 前南京国民政府司法行政部编，胡旭晟等点校：《民事习惯调查报告录》（下册），中国政法大学出版社 2000 年版，第 810 页。

从先秦时期开始，招赘婚便作为传统婚姻形式的一种变异形态而存在。由于男方要上门入赘女方之家，因此古代赘婿在家庭与社会中的地位都是十分低下的。从入赘婚书中可以明显看出的习俗有"更姓换名""召集亲族人"来见证并且使男方在女方家族中认祖归宗。尽管赘婿在家庭和社会中的地位较低，但其礼仪习俗也是非常烦琐的，如女方给男方彩礼，婚后男方住在女方家内，第一个孩子跟女方姓等。从现存的招赘类契约文书可以看出，直到20世纪80年代，招赘现象仍在广大乡村地区存在，可见其强大的生命力。

1. 丁门李氏入赘字据[①]

　　立写入赘字据人丁门李氏因寡所生二子莫人照管，日无度用，愿招郭好龙以尽生养，家中所欠外债郭姓甘心承让，□账八十元作为聘礼，丁姓家中田产房屋等物不能典卖找价。恐口不凭，立字存照。

　　民国二十四年六月十三立

　　门中人：丁宥臣亲笔

2. 郭好龙招赘字据[②]

　　立写招赘字据人河津小贴村郭好龙，年四十三岁，因为零丁孤苦，愿招李氏为妻，现带大洋八十元，伊家所欠外债洋八十元，郭姓甘心承认，偿债作为聘礼。入门之后，两姓和睦，不须反悔，丁姓家中所有田产房屋，西房大小五间，院宅一所，现有柏帝坡平地三亩，典出地八亩，家产物件，一体不能动卖，日后田地房屋等物归于丁门所生二子，养大成人，不能考（拷）打。恐口无凭，立字存证。

　　民国二十四年十一月二十六日　立字

---

① 洛阳契约文书博物馆藏《丁门李氏入赘字据》，文书编号：020342。
② 洛阳契约文书博物馆藏《郭好龙招赘字据》，文书编号：020316。

保证中人：丁福海（手印）丁生云（手印）杨全有（手印）

3. 卫文中之子卫鸿喜入赘文约[①]

立写入赘人中陈村居民卫鸿喜，今经人说合父情子愿情投意合，愿于卫兴林之女卫汝□入赘成亲，□为良□作为该门之子。自成亲之后，听其父母之训，孝敬双亲，侍奉至老，决不能有违。同时立门顶户来往亲族厚友□莹家产□双方。家长亲族同意并无异言，故立赘字二□，各执一张作为今后之凭证。

说合人：卫六庭（印章）　王万青（指印）

家长：卫文中（印章）　卫兴林（印章）

族长：卫引富（指印）

代笔人：卫敬颢（指印）

公元一九五九年九月二十八日立

4. 梁福成、张登科让子招亲合同[②]

立写让子招亲合同人梁福成、张登科，缘为二家和好，愿结为秦晋，梁福成情愿将自己第六子梁文兴让与张登科为子送终，与筱爱招亲结婚，更姓换名，双方子女也都同意，同时招集亲族人等，俱无意见。恐后无凭，立写合同字据为证。

公元一九六〇年六月六日　立字人：梁福成（押）张登科（押）

队长：侯凤章

族人：张家顺（押）张记才（押）

介绍人：乔春雪（押）

代笔人：张宝应（押）

---

① 洛阳契约文书博物馆藏《卫文中之子卫鸿喜入赘文约》，文书编号：014260。

② 洛阳契约文书博物馆藏《梁福成和张登科让子招亲合同》，文书编号：020651。

5. 张合庆、王王氏招赘合同[①]

立字招赘合约人张合庆　以下简称　张门　张门无子

王王氏　　　　　王门

祠后膝下一女名叫彩菊，王门应将次子安民招赘到张门为子，与彩菊自然结婚为夫妻，共同劳动生产，养老送终。恐后无凭，立合约如下：

王安民改为张安民，今后劳动所得，全归张门所有，与王门无关。

张门所有亲族对安民视如亲生，不得歧视。

王门家产分给安民多少，由安民生母做主，安民自己处理，张门不加过问。

张门同意对生母有孝教送老义务，不负担养老责任。

安民的姨母姐家，年关节令，继续往来，张门不加阻挡。

今后如因感情不和，男方提出离婚时，只带男方衣服，不带任何产业；女方提出时，经过协商，可以带走历年劳动所得一部分。

本合约一式两份，双方各执为凭。

立合约人：张合庆（签章）王王氏（指印）

说合人：王伯南（指印）王运昌（签章）

代草人：王多智（签章）

公元一九六八年七月二十日立

6. 李兴志招婚文约[②]

立招婚约人李兴志，年二十二岁，原籍老家河北，前四年迁来山西祁县城东南北团柏村落户，情因家庭人口多，生活困苦，实难维持，今和我二老大人商同，情愿改名换姓，招给本县城关三合村

---

① 洛阳契约文书博物馆藏《张合庆、王王氏招赘合同》，文书编号：000102。
② 洛阳契约文书博物馆藏《李兴志招婚文约》，文书编号：033410。

田赐福家，为养老女婿，巩固团结在一起生活。我自招之后，要全心全意的帮助大人努力劳动生产，扶助家庭生活，我绝没二心扶助大人将其年老，我送终，决不半途后悔，起不良之心退招。当场同中证人和介绍人议定，改名为田兴旺，今后就以田兴旺出名。空口难凭，立此招约为证。

同样两份各执一份存证

立招婚约人：李兴志（指印）

中证人：田锡录（签章）

介绍人：宋金兰（指印）

代书人：庄文珍（签章）

一九七八年□月十二日

7. 赵文学孙女招婿文约①

文字招赘人赵文学，今因为孙女招婿，今央中说合，愿将自己孙女赵红娟，年十七岁，配给崔家庄孙氏第七子根儿更名赵安庆，年十九岁为妻，双方立决心，条件：

一、只要是男方是一家好人，劳动好，社会关系好，敦厚待人，女婿是面貌靖秀，德才双全，身体好，劳动好，孝敬老人，到家后安心过好光景，和媳妇互爱互敬，团结生产，二人把一双老人养老送终，承管家业延年。

二、在订婚期间双方发生争端，男方不愿意在女方家里停啦，男方付出劳力不能计酬；如果是女方不要男方，女方付出的物品、穿戴亦不能计算讨要。

三、结婚以后男方不愿意在女方家里停啦，不能分得家业财产，返归原籍。

①　洛阳契约文书博物馆藏《赵文学孙女招婿文约》，文书编号：007606。

四、结婚以后女方不愿意要男方，对于祖业财产，男方带走一半。

五、以上条件各自遵守，不得故违，如果有违，订立字据为证。

公元一九八六年农历四月二十日

男方　孙德功

女方　赵文学

介绍人：赵文信　赵皮成

家族：赵文进　赵仰珠

村民委员会：赵皮福　赵得元　赵永安

代笔人：贾廷栋

8. 李玉兴、贾史氏招婿承嗣合同①

立写招婿承嗣合同文字人李玉兴，贾史氏年老身衰，子弟缺乏，家事一切乏人照料，故邀请合族会同村公证人亲友等共同商议工通下和，史氏愿将自己亲生长女贾计英，年十七岁，经梁胡管、伊克俭介绍说合，有半山庄玉兴之子天申，年十九岁，玉兴甘愿将天申拾与史氏永远招门为婿承嗣，立约定日更名换姓为贾家瑜，所有史氏家事各项，养老送终一切事故，均归家瑜供给照管；所有史氏房屋田产家具什物一概等等，均归家瑜经管承受，其他亲族人等无干勿须争夺。即日后生男育女，如有余丁，可为家瑜承嗣。立约即日成，史氏百年去世永远不能归宗，逢时逢节，只可以亲戚往来。以上各项双方均出情愿，永无反悔，恐口无凭，故立合同一样三张，各执一张为证。

同公证人：主席　侯美绪　村长　梁小章　公安员　侯三喜

介绍人：梁胡管　伊克俭

---

① 洛阳契约文书博物馆藏《李玉兴、贾史氏招婿承嗣合同》，文书编号：027743。

　　同合族　族长：贾家计　贾成德　贾名寿　贾明显　贾硬和
贾金旺　贾庆萱　贾庆薰　贾庆蕙　贾万成

　　同合族：李玉兴　贾史氏　立

（五）冥婚

在我国的丧葬文化中，历来有"视死如生"的观念，没有婚配而亡故的
人，亲属就希望为他们举办冥婚。冥婚，又称阴婚、鬼婚、配骨，是为已故
的男女进行配婚的民间习俗。《周礼·地官·媒氏》载："禁迁葬者与嫁殇
者。"这里"嫁殇"即是冥婚，周礼明文禁止冥婚，这也从反面说明周代是存
在冥婚现象的。史料记载，曹操之子曹冲（仓舒）未成年即病逝，曹操十分
悲痛，"为聘甄氏亡女与合葬"，为他举办了盛大的冥婚。[①] 唐朝男女夭殇之
后，家长也会为他们举办隆重的冥婚仪式，还会置办冥婚书、答冥婚书、冥
婚祭文等。宋代冥婚风气最盛，几乎未婚而死的人，家人都要为他们举行冥
婚。冥婚风气在历史的长河中始终没有断绝，一直延续至今。

　　为亡故的亲人进行冥婚，一方面是出于对死亡子女、亲属的伤痛，或对
死者作祟的恐惧；另一方面更重要的因素是对香火传承的需要。根据儒家礼
法，男性无婚早殇，无法进入祖坟安葬，也无法享受香火祭祀和家产继承。
通过冥婚的方式，可以为其拟制延续的血缘和祭祀。如伊川县民国二十二年
（1933）立的一块冥婚碑刻对此进行了详细的描述：

　　　　高公天福者，银张寨人也。家甚贫，终身未得娶妻。其姊适杨
　　氏，家颇丰厚，常笃周济之谊。一日病，谓其子全裕曰："稍平定，
　　汝为尔舅氏配偶合葬，置买祭田，以垂永远，我父母之祭祀始可以
　　不绝。"子应曰："儿铭心矣，乘势即办。"迄今时尚平稳，配已聘定
　　邵氏之女，衣衾棺木，均已略备。又置买祭田二亩，以为永远拜扫

---

　　① （晋）陈寿：《三国志》卷二十《魏书二十·曹冲传》，中华书局1982年版，第580页。

之资。定于某日合葬，因勒石以垂后云。①

这里母亲要求孩子为其舅舅举办冥婚的主要原因就是"父母之祭祀始可以不绝"。冥婚往往由家长撮合，仪式如同正常婚仪。一般来说，冥婚仪式也要经过媒人介绍、双方到命馆合婚、取得龙凤帖这样的订婚程式。订婚之后，男方要给女方家送定礼，女方要给男方家送嫁妆。冥婚的迎娶仪式很隆重，要高搭大棚、宴请亲友、门前亮轿。喜轿到男方家后，将"新娘"与"新郎"的照片或牌位并列，盖上红、黄两色的彩绸。家人上香之后，端来合杯酒、子孙饺子、长寿面，供于"新婚夫妇"照片或牌位之前，完成娶亲仪式。举行了娶亲仪式之后，择黄道吉日，按照阴阳先生指定的时辰，将女方棺椁起出，和男方合葬。合葬之后就在坟墓前陈设酒果，焚化花红纸钱，举行合婚祭奠，此后男女双方就当作亲家来往了。冥婚文书形同举行冥婚仪式前的婚姻约定，构建了一个不弱于阳世的有情的冥界婚姻。洛阳契约文书博物馆藏有两份冥婚文书，为考察当地这种特殊的婚姻形式提供了参考。

1. 梁蔚科立冥婚文书②

山盟海誓

启

大来元翁王亲台先生大人　文府

伏以

秦晋联姻，人鬼元无异理，朱陈结好，死生实有同情。乃承贵府不弃庸微，曲从柯言，近以令故弟与仆亡侄女为千载冥友者指枢成姻。殊天台未会，将魂作配，唯求地室相逢。昔无同牢而食，仅得同穴以葬，蓬荜增彩，衡茅生辉，礼报惭乏，琼琚诺谊，愿坚金石，伏祈海涵，今勿宣为幸。

---

① 伊川县水寨镇《高天福与邵氏女冥婚合葬墓碑》，载沈天鹰主编《民国洛阳碑刻》（第三卷），中州古籍出版社 2017 年版，第 241 页。

② 洛阳契约文书博物馆藏《梁蔚科冥婚文书》，文书编号：028047。

　　乔眷侍生梁蔚科端肃顿拜

　　龙飞大清道光廿五年十月上浣

2. 梁如意为堂兄所立的冥婚文书①

　　立字人梁如意，只因堂兄光绪年间贸易亡故，并无踪迹，他嫂民国七年五月亡故，梁门乏子无后，柏氏许于张门配骨，娘婆两家情愿，各无异说，恐口无凭，立字为证。

　　民国七年　七月初七日　立字人：梁如意（押）

　　同人：陈拳（押）高池（押）

　　清代契式婚书，内容一般重视形式，简单直白，例1这份由梁蔚科写立的冥婚文书却很讲究文采，大量用典，典雅含蓄，文约义丰。婚书大意是说：两家联姻，结为秦晋之好，不论在现实世界还是地府世界，道理是相通的。像历史上的朱陈两姓世代结为和美的婚姻，这种美好的感情不论生者还是死者都是向往的。承蒙贵府不嫌弃我家平庸卑微，委屈自己，最近同意让您亡故的弟弟和我已故的侄女结为冥婚。虽然他们生前不能有美好的相会，但死后却可以在地下相逢。两人生前未能同桌共食，但能同葬一穴，足以使家人感到欣慰，使家里蓬荜生辉。愿两家的姻亲关系一诺千金、坚如金石，也希望您家能宽容大度地暂时不要宣扬这件婚事。抛却其旧俗迷信不言，单就文辞内容的精致儒雅、庄重端丽，又充分表现了对两家结为秦晋之好的诚意。②可以说，这件婚书不仅具有民俗价值，还具有很高的审美价值。例2文字较为简略，有些信息不详，大意是说梁如意堂兄光绪年间外出贸易，亡故无踪；其妻子柏氏近期亡故后，经娘家婆家商量后，被许于张门配骨，即给张姓亡故之人配作冥婚。把已经婚配过的人再许配冥婚，这种情况不太常见，也不太合传统礼法。

---

　　①　洛阳契约文书博物馆藏《梁如意冥婚文书》，文书编号：002659。

　　②　王支援等主编：《洛阳民俗故事》，中州古籍出版社2016年版，第208—213页。

结　语

　　婚姻是神圣的，传统婚姻遵循一系列礼仪，一对新人从婚前礼到正婚礼再到婚后礼，需要走完严格的流程，才能被人们认可。婚姻文书是传统婚姻礼仪的文字记载，也是男女双方婚姻关系的重要凭证，既能反映当地的婚姻习俗，也具有一定的法律效力。从河洛地区存留的婚书来看，婚配是人们社会生活中的大事，地方婚姻习俗向来重视传统礼仪。当地既有一般遵循礼法的传统婚姻形式，也因经济、社会问题而存在诸多如再婚、改嫁、娶妾、卖妻、典妻、招赘婚、冥婚等其他婚姻形式。有些婚姻形式显然已经突破了传统礼法的限制，但生存才是最重要的，这也反映了近代时期河洛地区生存状态的险恶和不易。尽管近代以来出现了新式文明婚俗，但河洛地区由于受到外来的影响较小，婚俗的变革总体上比较迟缓。婚俗作为地方社会文化的一种反映，对人们社会生活的影响具有潜移默化和持久深远的特点。一些婚姻习俗经过长久的历史沉淀已经同人们的生活紧密结合，至今仍是惯性的文化选择。可以看到，传统婚俗中的确存在一些糟粕，一些内容是违背伦理，甚至是非法的。不过，这些内容随着时代的发展，终将会被人们认识和摒弃。婚俗的变革和发展，必须既重视时代性，也要兼顾历史性，不能全盘否定。婚俗作为地方文化的重要组成部分，移风易俗有赖于地方民众意识的转变，依靠民众自觉的社会实践。

第六章　河洛立嗣文书与过继习俗

　　我国传统时期男性在社会中居于主导地位，只有男性才有资格进入宗庙，祭祀祖先，也只有男性才有权利继承家业，延续家族和家庭"香火"。以男性为中心的宗祧制度，就是祭祀祖先、传宗接代和继家承业的制度，是中国宗法制度中最重要的内容之一。由于个人生理健康和医疗卫生条件的限制，一些家庭难免出现男丁中断也即绝嗣的困境，民间通常称为"绝户"或"断香火"。这在传统家庭中是很严重的危机，没有子嗣的人，即使人死后也有必要选立养子，因为对于人来说死并非代表这万事的终结，保护没有缺损的身体葬在坟墓，不管通过自然还是拟制方式无论如何也要被子孙永远不断的祭祀等，对于人生而言都属于不可或缺的一部分。"死了作为鬼由于子孙奉献的祭祀而得到幸福。所说的如果没有给自己祭祀的人，鬼就会馁，就是认为成了'不祀之鬼'的事情是人的最应悲哀的不幸命运。"① 为了避免这种家庭惨境的发生，从本家或本族甚至异姓家族中过继子孙，承袭香火，成为绝嗣家庭赓续命脉的通行办法。

　　《唐律·户婚律》中已有"立嫡违法"条，规定"诸立嫡违法者，徒一年。即嫡妻年五十以上无子者，得立嫡以长，不以长者，亦如之"。疏议指

---

　　①　［日］滋贺秀三著：《中国家族法原理》，张建国等译，法律出版社2003年版，第91页。

出："无嫡子及有罪疾，立嫡孙；无嫡孙，以次立嫡子同母弟；无同母弟，立庶子；无庶子，立嫡孙同母弟；无同母弟，立庶孙；曾、玄以下准此。无后者，为户绝。"[①] 至清代，民间对于立嗣过继更加重视，"立嫡违法"的制度设计更加精细。清代不仅在前代基础上修订完善了"立嫡违法"律文，还在实际司法实践中增补了多种条例，用以指导民间过继立嗣问题。长期以来，宗祧过继问题受到了众多学者的关注。[②] 从已有研究成果来看，一方面偏重于上层的制度和规则，旨在探求中国民事立法的本土资源；另一方面注重恢复区域内承嗣习惯的本来面目，而出于资料的限制，主要集中于有千年文书的徽州地区。由于中国区域的广阔和各地风俗习惯的巨大差异，历史图景的丰富多彩和区域的多元性，要求我们必须加强区域的研究工作。为此，本书在前人研究的基础上，以洛阳契约文书博物馆馆藏立嗣文书为依据，全面爬梳河洛地区绝嗣家庭的困境及其灵活和多元的应对之道，以凸显乡村社会地域性的差异和乡土社会生活的丰富图景。

一、河洛地区的同姓立嗣

我国传统宗法制度规定，一个宗族之下的每个已婚男子在其过世之后，应有人承继其宗祧。本位宗祧由嫡子承继，众子则不断另立宗祧。若男子无子绝嗣，需通过立继来确定其宗祧承继人。为了保持宗族血缘关系的纯正，

---

① 刘俊文点校：《唐律疏议》卷一三《户婚律》，中华书局 1983 年版，第 238 页。

② 早期成果如周璘《中国立嗣制度之研究》（《新生命》三卷一期，1928 年）。近有［美］安·沃特纳著《烟火接续：明清的收继与亲族关系》，曹南来译（浙江人民出版社 1999 年版）；［日］滋贺秀三著《中国家族法原理》，张建国、李力译（法律出版社 2003 年版）；卢静仪《民初立嗣问题的法律与裁判》（北京大学出版社 2004 年版）；程维荣《中国继承制度史》（东方出版中心 2006 年版）；俞江《清代的立继规则与州县审理——以宝坻刑房档为线索》（《政法论坛》2007 年第 5 期）；吕宽庆《清代立嗣继承制度研究》（河南人民出版社 2008 年版）等。此外，地域性研究主要集中在徽州地区，如张萍《明清徽州文书中所见的招赘与过继》（《安徽史学》2005 年第 3 期）；栾成显《明清徽州宗族的异姓承继》（《历史研究》2005 年第 3 期）；毛立平《19 世纪收继问题研究——以安徽为中心》（《安徽史学》2006 年第 2 期）；陈瑞《明清时期徽州宗族内部的血缘秩序控制》（常建华主编《中国社会历史评论》第八卷，天津古籍出版社 2007 年版）等。

立继首先考虑在本宗范围内选择，这是立继的基本原则。在本宗的原则下，又须遵循由亲及疏和昭穆相当的规定，以维护宗法秩序。在清代该原则也被政府律典进一步强化，《大清律例》关于立嗣的规定指出："无子者，许令同宗昭穆相当之侄承继，先尽同父周亲，次及大功、小功、缌麻。如俱无，方许择立远房及同姓为嗣。若立嗣之后却生子，其家产与原立子均分。"① 因此，同姓立嗣是各种承嗣类型的主要形式。如表6-1所示为目前搜集到的清代河洛地区同姓立嗣文书统计概况，可以更加明晰地了解和分析相关家庭的历史信息。

表6-1 清代河洛地区同姓立嗣文书统计表

序号	立约时间	立约人	详情	条件	见证人	来源
1	康熙二十三年正月二十二日	董爱物、董正物兄弟	正物情愿将己长子应标与兄爱物立嗣	爱物家业资本尽归应标执有	管见人：董用伦、董希宝、王文如、董覆物、董成物、董应聘 房亲：董遂旦、董吴来、董应楷、董应椿	010385
2	雍正十二年五月初二日	屈民依	将次子兴忠承继与胞兄	年帮小麦七石五斗，黍子三石五斗，谷三石五斗，黑豆五斗，粮差银炭俱在兴忠名下支取	亲族：屈民观、屈民法、屈民悦、屈民仰	009613

① 田涛、郑秦点校：《大清律例》，法律出版社1999年版，第179页。

序号	立约时间	立约人	详情	条件	见证人	来源
3	乾隆六年十一月十六日	王门裴氏	堂弟育才去世无子，理宜将氏次子晚成承继；堂弟佐才亦年迈无子，理宜将堂兄嘉谦之三子□□承继		同本族亲友：王湖、嘉敬、屈介终、高公福、张贸、张钟秀、王丕基王重典、杨兆熙、嘉行王守等	027739
4	乾隆二十五年九月初二日	赵守忠	将三子小秋过与三门胞弟守和门下继嗣承桃	三门胞弟一应事体俱系小秋照理，凡三弟所遗一切房产地基财物树木等项俱系小秋为业	同胞兄：守壁 同胞侄：珩 同子：雨对、清、国存 同族人：赵秉灵、赵守印、赵辉祖、赵守金	027748
5	乾隆四十一年五月初八日	赵国瑞	父国瑞因三子日通年已四旬有余，并无子息，特命长子守基将伊第三子丰年与通为嗣	当日俱出情愿，并无异说，倘有反悔，到官以不孝治罪	同人：王世魁、王铤、刘统绪	027744

序号	立约时间	立约人	详情	条件	见证人	来源
6	乾隆五十二年二月初六日	贾治宏	将次子庆周情愿与长房堂兄贾业宏承继	长房所分之房屋、家具四股之中一□，系庆周所管	同亲族：贾明积、高兴烈、王造、卢楹、尉衍、贾必题、贾秉哲	013132
7	乾隆五十年三月初十日	张程氏	将长子张救娃与张贺氏承嗣	户长本家亲友公议，两家俱系情愿	亲友：张禄、张留、张明升、张礼、张起、张原、张太革、张太和、张秀、张爵、张生全 同人：杜自义、张星台、张子方、贺孔川、王流远、贾福厚	013608
8	乾隆五十九年十一月二十九日	赵鉊	将长子士魁继嗣叔父承祧	凡叔父所遗一切房产、地基、财物、水磨等项俱系士魁为业	同族人：赵栋、赵钤、赵士杰	027742
9	嘉庆十年五月二十四日	宫礼	将子殿荣成继，一门双嗣		族长：红叶、□□准、陈九武 族亲：宫殿士、宫朝安、宫武、石奇、陈方泰、李永 地方：郭传绪	001622

序号	立约时间	立约人	详情	条件	见证人	来源
10	嘉庆十八年四月初七日	郭执中同妻雷氏	将自己亲生之子乳名雷泰,过继与胞弟执和名下	往后我夫妇不愿与或此子不愿在弟家,由弟另选,后嗣一切家产分文不争	中人:王延昆 舅父:席则久 姨弟:雷守义 族弟代笔人:郭执平	自藏
11	嘉庆二十一年二月十七日	郑杜氏	因子体梅亡故无子,邀请亲族邻友欲三弟次子体桂之三子佳林,与子体梅承嗣	体梅之妻卢氏以为己子,抱揽成人,两家俱出情愿	同亲族人:曹人杰、张莹超、郑体斌	011284
12	嘉庆二十二年正月二十一日	王李氏及堂侄王化昌	化昌长子锡龄,性情和顺,勤安祥和,年已十六,能够支撑门户,为李氏子日昌继嗣	同亲族明告化昌,化昌亦义不容辞	同中外戚:丁帝臣、张士超、丁六六 同中亲族:王思和、王思益、王思顺、王茂昌、王宁昌、王定昌、王心一、王际昌、王松龄、王松平	010981
13	嘉庆二十二年十月二十一日	冯章并妻卢氏、胞兄冯暄	将己次子与本族万章过嗣	日后不得返言,若有返言者送官究治,愿罚白米二十石入官	胞兄:冯暄 中人:赵文炳 娘舅:柴尉林 甲长:冯怀琳 亲族:冯桂章	010800

续表

序号	立约时间	立约人	详情	条件	见证人	来源
14	嘉庆二十四年八月二十一日	周大信	将三子三齐，现年方十岁，情愿分堂叔父周大沛为儿	凭说合人言明一干财礼钱十千文整	胞叔父说合人：周大彩 同媒功说合人：周大千、周尚禹 同家者：周世斌、周世辅 同自己：周大元、周尚荣、周尚为、周尚琅、周尚盈 同外亲人：晋光辉 同胞兄：周尚昌 同侄儿：周奉清、周望清 同伯父：周大高书	009588
15	道光元年八月十六日	王文兴	立我侄国玺为子，并立侄孙九勋为孙	合族议定，各属情愿	在中人：王国标、穆布性、李在根、宋贵正、李廷襄、苏耀龙、左尹辅、宋贵体、范毓秀、韩统清、穆本迮、王九劭、王九驭、王九励、王九天、王国峯、王国梓、王国楹、王九龙、王九重、王九勋、王九勇	019200
16	道光八年十月二十九日	孟根	将一子名拴柱，情愿于胞兄名下为子	所遗之家产与今人无干	书人：李迁秀 同亲：史孝成、贾金祥、张万保 同家长：孟所 同堂兄：登科、希盛 同堂侄：吉昌 同胞弟：有根	024277

序号	立约时间	立约人	详情	条件	见证人	来源
17	道光十一年七月初二日	李氏、吉氏	吉氏欲将三弟之次子柏年承嗣，于兄者并立与己；李氏亦因故夫病危之时亦有哀念弟妇无依之意，因遵夫言愿交并立以为两门不绝之裔，柏年之子亦与吉氏为孙	倘后如有返言者，干罚白米十石入官赈济	族人：周希孟、周希禹、周万年、周鹏年、周兆年、周可翼 亲戚：师有立 同人：程远达、程鹏万、李学孔、张琏、高启宗 代笔人：张星辉	自藏
18	道光十四年五月十一日	王门奚氏同孙媳任氏	胞侄国举之孙九韶之子有治与故孙九勋为子	各出情愿，永无反悔	在中人：王九天、王国举、闫树梓、范毓秀、李鹤年、李世安、左成龙、任元星、王国梓、王九都、王九勋	019209
19	道光二十二年正月二十六日	刘复升	将三子同人说合，情愿与胞弟刘复德过继立词	两家情愿，并无异说	同中人：孙梅、王法、尉逢本、尉奇凰	011008
20	道光三十年九月初四日	王门杨氏	胞侄锡龄长子进才与故子福龄承嗣	产业、器具俱尽为进才掌管	同亲族：王锡龄、王柏令、文恒足、刘方来、杨盛儒、王永治、王松令、王培芸、王天仓	009999

序号	立约时间	立约人	详情	条件	见证人	来源
21	咸丰七年三月二十日	潘门王氏	为故夫喜元乏嗣无人承祭，将胞五兄次子花庭取为己子承先启后	奉祀告庙，各无异说	主继：林山、景清、景洛、景福、李书丹 诸亲：郭锁 知见人：李清泰	028019
22	同治元年四月十三日	姚门王氏同子守业、守义	将二子长子宝森于长房守德承嗣，次子负书于三房守正承嗣	永远奉祀，此系各出情愿，毫无异说	族长：姚钧 同亲族：柴作棠、关天驹、宋成年、王玉祥、自敏	012207
23	同治六年十月初六日	曹崔氏	将三婶母三子堂八弟德介带业于伯父承继，将堂长兄次子攀凤带业于夫立门承嗣	所有祖遗家业、田产，崔氏在日崔氏经管办理，倘有度用不足变典，世业与长兄、八弟斟酌商议	同亲族：应魁、马臣宝、曹来祥、崔文耀、堂四叔树智、堂五叔叔信、堂六叔树金、堂兄德琳	013111
24	同治八年三月初一日	卢敏	将二子乳名正印与四弟名荣承继	同亲族言明白典继后，永不反悔	亲族人：卢春发、卢金印、丁云蛟、陈发科、卢春口、卢春和、卢庆	001615

续表

序号	立约时间	立约人	详情	条件	见证人	来源
25	同治九年九月十九日	卫吕氏同子清福、清连	堂嫂卫常氏从前夫成章亡故，同家族亲友着堂侄添福承嗣出殡，不料添福已故无人承嗣。今同家族亲友将长子清福之子己未与添福承嗣	常氏为孙己未养生送死，毫无异说	亲：常根见 同中人：户长元俊、水清、延祚 族长：发盛、金元 友宗：弟国清	030484
26	同治十一年十一月十八日	张刘氏	长子问明之次子举娃，又命三子问仁之长子继娃，并承其叔考之嗣	自命承嗣之后，俱不得争长论短、有反悔之说，如有反悔者，即为不孝	氏弟：刘兴太 同人：赵如松、李生俊、李作德、张世温 书字人：祁魏年	027746
27	同治十二年八月十七日	符克典	因胞叔长子会临近亡乏子，出第三子多子为弟会临承继	此系两愿，各无反悔	同族亲人：黄克勤、符逢春、陈文智、任同乐、符来临、黄克仁	001617
28	光绪六年三月初六日	张庚辛	因身乏子无嗣，今取到胞弟之长子名同升为嗣	此名正言顺事也，故愿取之	同族人：张富堂、张秉直、张坦、张太和 同族亲：赵长太、刘成	028021

序号	立约时间	立约人	详情	条件	见证人	来源
29	光绪六年六月十八日	亲族族长史三议	议其侄名六方承嗣，昭穆相当，各无异说	时间落款处盖有一枚5.5厘米×5.5厘米的正方形官印	亲族：中法、春元、翰松、步云、步舍、刘存义、永法、清波、世平、中贯、中穴、道中	001616
30	光绪十六年五月初十日	郭明午	情愿将身长子过于长兄、三弟一门二嗣承接后继	凡□□□家产、器物俱系继子得受，族侄不得争竞；如有人争碍，执此赴官鸣究	族亲：郭宗寿、郭宗仁、郭明东、郭建昌、郭明章、张同建、申清奇、杨天德	002660
31	光绪二十一年三月初九日	曹郑氏	情愿取堂叔书贤之孙清晓为胞弟殿甲夫妇继嗣承桃	自取之后，凡有家产地亩清晓与嗣子同富公同经理无得滋闹析居，其余族人不许相争	亲友：田聘三、秦大琳、郑□、郝廷献、武遇寅、王应聘、王应中、铁敬承、铁敬栋、书绅、书江、占乾、德禄 族人：族长德明、书铭 家长：书贤、中科、占平、书山	027675
32	光绪二十六年新正月初九日	冯河、冯海	冯河、冯海之子如心、蛋蛋，两家奉祀	新遗院落、地亩商明议据均出，甘愿毫无异说，日后仍归旧好，各管各业	同中人：冯克昌、张法旺、张耀元、张□明	030612

续表

序号	立约时间	立约人	详情	条件	见证人	来源
33	清代中晚期	曹门丁氏	取继人曹门丁氏因夫下世乏嗣无后，情愿取长兄三子承继奉祀	以后家产器具、庄院、地土俱系三子一人经理管业，不许分息，如有族人争竞，此系三子一面承当		002651
34	清代	毛焦氏	按次排轮，惟堂侄保旦率子太生承嗣为当，族亲皆以为可	凡予所有所住宅院及田产、物件尽交过房之人，户族人等各无异说。如有反悔，许执字人禀官以作食言之罪	族长：毛金福、门长毛生春、长兄毛士清亲人：毛士乡、毛学林、毛学颖、毛士忠、焦达禄、焦维一、毛云彩、毛学诗、毛学贵、毛四夏、毛士达	027672
35	民国二年阴历十二月初一日	李秉厚	同亲友邻族情愿将胞侄木重，分嗣本门，一子两立，养老送终	一切房屋、地土以及各种器具，并现在衣服，俱归于木重经营，每年与我帮小麦二石，大麦一斗，黍子四斗，谷六斗，每月帮领用钱三百文，油半斤，盐一斤，炭柴管用下年，添些衣服至于亲戚来往，并红白大事俱得木童承认，不得推诿	同亲友邻族：李慕力、崔天恩、郭瑞林、王德润、吴顺娃、郭维新、张河泉、李春安	010329 010330

续表

序号	立约时间	立约人	详情	条件	见证人	来源
36	民国十年二月初七日	刘门吴氏	将本族三门刘全锁过嗣顶门立业	倘若各有不尊议规，仍请各位送官重究	本族成员、各亲戚	
37	民国十三年四月初九日	王泰来	因堂侄日和乏嗣，愿取堂孙东云承桃，可以绵其世泽	堂侄日和所遗田产宅基一概归于东云管业，所有宅基一所二间宽，所有村西地一段四亩，又有村西山地乙段叁亩五分，村东南坎上地一段十亩零五分，至于欠外账债，殡葬花费一切与东云无干	门长：泰进、太长、泰禄、日文、嘉檀、发科、化、秉礼、赵文华、雨水、刘聚宝	002661
38	民国二十四年三月初六日	赵荣春	赵鸿顺于堂兄赵起家永为承嗣	嗣后决无反悔，不得异说	同说和人：张全积、赵书□、赵显扬合知	032116
39	民国二十七年三月初六日	赵荣春	赵培娃于堂兄赵起家永远承嗣	将来读书习业抚养，成立婚配等事，均归承嗣父负担，与亲生之父母无干，当日两家情愿，嗣后决不反悔	村副：赵立中家长：赵锡林同说合人：赵嘉义、赵显扬	032102

序号	立约时间	立约人	详情	条件	见证人	来源
40	民国二十九年冬子月初九日	赵荣春	赵培娃于堂兄赵起家永远承嗣	将来读书习业抚养，成立婚配等事，均归承嗣父负担，与亲生之父母无干，当日两家情愿，嗣后决不反悔	村副：赵嘉俊 家长：赵锡林 同说合人：赵嘉义、赵显扬	032112
41	民国三十年四月初九日	杜福知	因胞弟乏嗣无子，福口取继，情愿将身次子金未出继于弟为嗣	至过房之后嗣子若有过失，任所继之叔责罚，身不许计较	族长杜新寨、门长杜银庭、保长杜立堂，杜大义、杜士杰、杜兴广、杜振福	001619
42	民国三十二年阴历三月初九日	赵起家	本族赵荣春之三子赵登山为嗣	所有西房三间并院地及家中什物归嗣子承受，衣食归嗣子共给，利害享受，此系出于两愿，各无反悔	同中人：赵家则、赵立华、赵立栋同在	032099

序号	立约时间	立约人	详情	条件	见证人	来源
43	民国三十三年	梁文明	因长兄无嗣，今同口……灵三门之子名涛，各取其一双承其嗣	长兄所有田宅除二亩祭田外，所有田地八亩、房屋临街三间、厦房二间作为养老。后如没世除葬殡花费三子按份均摊，所余地亩房屋二子应按份均分，至于棺木由梁涛一人负担	亲族人：梁贯标、梁凤州、梁文秀、梁兰芳	001620
44	民国时期	符长信	因子妻符黄氏寡居无子，身无所依，恐失祀典，今将侄妻符王氏五子殿元出继	庶弟妻宗祀可以有主，家事可以有托，弟妻亦可以有恃。自此之后，永无反悔		002652
45	民国十七年十二月初十日	张居旺	因孙顺祥承祧于张集，恐门户各立之日，胞兄弟指为口实，故立一字同居则无分彼此，异爨则按地均分	自立字之后，谨遵毋违	同人：石景元、温振东、张居光、赵龙甲、杨光亮	002574

序号	立约时间	立约人	详情	条件	见证人	来源
46	一九五〇年九月二日	林九成	族弟三子，堂侄安有，年十七岁，承继为膝下孝男	此继之后，两家以按干亲来往	说合人：村副专　村干部	027674
47	一九六二年二月二十五日	张喜德	将其子张文林过继与张选名下顶门纳户祭坟拜墓，对其母亲孝敬，有病观看，侍奉尽心恩养	百年之后，其母可以同张选合葬，其家事、父母所有之遗产财物、房宅院落及一切东西可由张文林一子来顶两门，继承所有产业	中证人：郝黑子、张琢、张辰出证据人：邢业事代笔人：张文庆	001618

表6-1中不同家庭的立约时间从康熙二十三年（1684）分布到中华人民共和国成立后的1962年。从中能够看到，契约格式基本定型，很少发生变化。其中，立约人、文约详情、承继条件、见证人和立约时间，是清代相关继嗣契约的必备要件。对于立约承嗣情况，存在以下几种不同类型。

（一）同父周亲承嗣

这种类型数量最多，承继人之间为直系亲属。表6-1中契约1董正物、契约2屈民依、契约4赵守忠、契约5守基、契约8赵镅、契约10郭执中、契约16孟根、契约19刘复升、契约24卢敏、契约27符克典、契约28张庚辛等，皆为同父周亲，易子承嗣。如契约16孟根订立的契约：

　　立过继文约人孟根，所生一子名教拴柱，情愿与胞兄名下为子，
所遗之家产与今人无干，恐口无凭，立过继文约存照。

道光八年十月二十九日　立过继文约人：孟根（押）

书人：李迁秀（押）

同亲：史孝成（押）贾金祥（押）张万保（押）

同家长：孟所（押）同堂兄登科（押）希盛（押）

同堂侄吉昌（押）同胞弟有根（押）①

　　毫无疑问，过继自己儿子给胞兄胞弟为嗣，是一个家庭的大事，父亲有时候也无法擅自做出决定，而不得不同妻子共同商讨。譬如契约 10 郭执中将儿子雷泰过继给绝嗣的胞弟郭执和为嗣，便系同妻子雷氏共同决定：

　　郭执中同妻雷氏夫妇二人因胞弟执和缺嗣，情愿将自己亲生之子乳名雷泰，过继与执和名下，永远为子，今同中人、亲族等言明，于嘉庆十八年四月初七日，着雷泰到弟执和家中拜过父，由弟指示成人，即严加教训，亦所心愿，日后此子长大成人，财发万金，家业畅盛，只由他奉养他父母，不与我执中夫妇相干，那是并不争竞，此子本我之子非弟之子，倘往后我夫妇不愿与或此子不愿在弟家，由弟另选，后嗣一切家产分文不争。此系余夫妇心愿意肯，一言为定，永无翻悔，恐（空）口难凭，立字为证。

　　嘉庆十八年四月初七日　郭执中、妻雷氏立（押）

　　中人：王延昆（押）

　　舅父：席则久（押）

　　姨弟：雷守义（押）

　　族弟代笔人：郭执平（押）②

　　当然，这一行为一方面说明夫妻感情稳固，遇事协商而后定，或者妻子在家庭中享有一定的发言权和决定权；另一方面从核心家庭的视角来看，普通百姓囿于家庭经济实力和所处时代的医疗卫生水平，规模一般集中于四到

---

① 洛阳契约文书博物馆藏《孟根立过继文约》，文书编号：024277。
② 个人自藏《霍修义卖麦地红契》，文书编号：01153。

六人，子嗣数量有限，过继行为不得不由夫妻二人协商，审慎思虑。若夫妻二人有一方已辞世，自然便由在世者组织过继事宜了。如契约 22 孀居的姚门王氏自行承担了过继之事：

> 立写承嗣字据人姚门王氏同子守业、守义，因长房、三房无嗣，今同亲族将次子二子长子宝森于长房守德承嗣，次子负书于三房守正承嗣，以后永远奉祀，此系各出情愿，毫无异说，日后间如有本族争端，即出官有本族长一面承当，空口无凭，立字据永远存证。
>
> 同治元年四月十三日　立承嗣字据人：姚门王氏同子守业（押）
>
> 守义（押）
>
> 族长：姚钧
>
> 同亲族：柴作棠　关天驹　宋成年　王玉祥　自敏①

在河洛地区，也出现过父亲亲自为无嗣儿子出面，过继其他孙辈承嗣。如契约 5 赵国瑞将其长子之第三子赵丰年过继给三子赵日通为嗣：

> 乾隆四十一年五月初八日，父国瑞因三子日通年已四旬有余，并无子息，特命长子守基将伊第三子丰年与通为嗣，日后通有所出，不得逐回，当日俱出情愿，并无异说，倘有反悔，到官以不孝治罪。此照。
>
> 守基执（押）
>
> 同人：王世魁　王铦　刘统绪②

从文中可以看出，承嗣活动的发生，承继人直系亲属的同意首肯起着至关重要的作用。以上契约一般称为过继文约、过继合同、出继合约或出继文字。另一类契约，立约人为取继方家长，如契约 21 潘门王氏、契约 28 张庚辛等。此类契约一般称为取继文书或取继合同。如契约 28 张庚辛取到胞弟之子承嗣：

> 立取继字人张庚辛，因身乏子无嗣，今取到胞弟之长子名同升

---

① 洛阳契约文书博物馆藏《姚门王氏同子守业、守义承嗣字据》，文书编号：012207。
② 洛阳契约文书博物馆藏《赵国瑞为三子立嗣文约》，文书编号：027744。

为嗣，此名正言顺事也，故愿取之，恐后无凭，立取约存照。

　　同族长：张秉直（押）张坦（押）张富堂（押）张太和（押）

　　同族亲：赵长太（押）刘成（押）

　　大清光绪六年三月初六日　立取继字人：张庚辛（押）①

契约21 潘门王氏因已故丈夫无嗣，取继胞兄子承嗣：

　　立取继合同人潘门王氏，为故夫喜元乏嗣无人承祭，合同亲族说合，情愿将胞五兄次子花庭取为己子承先启后，以奉祀告庙，各无异说，立合同为证。

　　主继

　　林山（押）景清（押）景洛（押）景福（押）李书丹（押）

　　诸亲：郭锁（押）

　　知见人：李清泰（押）

　　咸丰七年三月二十日立②

　　另外，还有部分契约，出继方和取继方家长同时为立约人，如契约1董爱物、董正物兄弟订立契约：

　　立公议承嗣文约人董爱物、董正物兄弟二人同众公议，因爱物无子，故正物情愿将己长子应标与兄立嗣，应标差役、亲事尽在爱物管理，爱物家业资本尽归应标执有，亲房人等不得争论。爱后日天赐一男二子，家业一子一分，不得薄此厚彼，日后正物不得反言争论。同众议过，日后兄弟二人，不得反言争论，有反言众房亲在中人等公处，恐后无凭，立此合同文约存照。

　　康熙二十三年正月二十二日

　　公议文约人：董爱物（押）董正物（押）

　　管见人：董用伦（押）董希宝（押）王文如（押）董覆物、董

----

① 洛阳契约文书博物馆藏《张庚辛过继合同》，文书编号：028021。
② 洛阳契约文书博物馆藏《潘门王氏过继合同》，文书编号：028019。

成物（押）董应聘（押）

　　房亲：董遂旦（押）董吴来（押）董应楷（押）董应椿（押）①

此类契约经双方家长同时画押认可，一般一式两份，由双方家长收执为证。当然，也有部分契约是由出继方家长画押出继合同，再由取继方家长画押取继合同，双方互换后才生效的。

尽管是同父周亲，血脉相通，仍然多由族人见证，同订合同契约，立字为照，以资证明"两家情愿，并无异说"②。究其原因，一是从血脉亲情来看，承嗣人所面对的虽然是自己的叔伯，但毕竟在血缘上远父母一层，不论其在新家庭的调适程度如何，都难以替代原生家庭刻入肌肤的内在认同感。一旦继父母离世，承嗣抑或回归，当是多数承嗣人难以言说的内心纠葛。这一心路历程同样是收继人所面对的，故订立合同，防患于未然，成为至亲兄弟间不得不为之的"有碍"亲情的行为。二是过继或取继，必然涉及财产问题，更为收继人所重视。契约2屈民依胞兄在将胞弟次子兴忠过继给自己时，在契约中明确指出："所有产业兴忠尽行经管，每年帮小麦七石五斗，黍子三石五斗，谷三石五斗，黑豆五斗，粮差银炭俱在兴忠名下支取，如有短少，以不孝治罪。"③ 自己的产业尽归继子兴忠管理经营，每年向胞弟帮扶小麦七石五斗、黍子三石五斗、谷三石五斗、黑豆五斗及粮差银炭若干。契约4赵守忠将三子小秋过与三门胞弟守和门下继嗣承桃时，亦规定："凡三门胞弟一应事体俱系小秋照理，凡三弟所遗一切房产、地基、财物、树木等项俱系小秋为业。"④ 契约8张士魁被过继给叔父承桃，"自过之后凡叔父一应事体俱系士魁照理，凡叔父所遗一切房产、地基、财物、水磨等项俱系士魁为业"⑤。可见，即便是同父周亲，在涉及个人财产时，也是非常谨慎的。

---

① 洛阳契约文书博物馆藏《董爱物、董正物公议承嗣文约》，文书编号：010385。
② 洛阳契约文书博物馆藏《刘复升为胞弟立嗣文字》，文书编号：011008。
③ 洛阳契约文书博物馆藏《屈民依承嗣明白文约》，文书编号：009613。
④ 洛阳契约文书博物馆藏《赵守忠过继文书》，文书编号：027748。
⑤ 洛阳契约文书博物馆藏《赵镐过继文书》，文书编号：027742。

（二）同宗族亲承嗣

这种类型的案例数量也非常多，承继人之间为同宗族亲。前表6-1中契约3王门裴氏、契约6贾治宏、契约7张程氏、契约11郑杜氏、契约12王李氏及堂侄王化昌、契约13冯章并妻卢氏、胞兄冯暄契约14周大信、契约15王文兴、契约17李氏和吉氏、契约18王门奚氏同孙媳任氏、契约20王门杨氏、契约23曹崔氏、契约25卫昌氏同子清福、清连、契约29亲族族长史三议、契约36刘门吴氏、契约38和39赵荣春、契约42赵起家、契约46林九成等，皆为同宗族亲承嗣。如契约12王李氏及堂侄王化昌：

> 立取承继文约人王李氏及堂侄化昌，缘氏父翁讳　子义兄弟四人，时居其四，生夫思聪，夫娶前房丁生子日昌，既娶□□四岁，夫妇俱逝世于乾隆五十八年，物故遗氏所出二子，后又俱殇，彼时应继虽不乏人要能使家声不堕，为氏终身可者□□。十余年来，细于亲房昭穆相当者，观其性情言行，惟有三房伯父第四子思恒之孙化昌之长子名锡龄者，性情和顺，勤安祥和，□□年已十六，能够支撑门户，为日昌继嗣谋之，家人亲戚咸以为宜。遂同亲族明告化昌，化昌亦义不容辞，因此写立嗣约。自约后锡龄为日昌之子，李氏之孙，非思恒孙化昌之子矣。此出两家情愿，日后如有反言，到官不得说理，空口无凭，故立嗣约一样两张，各执一纸为照。
>
> 嘉庆二十二年正月二十一日　立承继文约人：王李氏（押）堂侄王化昌（押）
>
> 同中外戚：丁帝臣（押）张士超（押）丁六六（押）
>
> 同中亲族：王思和（押）王思益（押）王思顺（押）王茂昌（押）王宁昌（押）王定昌（押）王心一（押）王际昌（押）王松

龄（押）王松平（押）①

契约中出现了同一个家族不同时期连续的立嗣活动，说明河洛地区绝嗣家庭的普遍存在，以及通过继嗣延续家族香火的常态化。② 如契约 12，王李氏于嘉庆二十二年（1817）正月二十一日取堂侄王化昌长子锡龄为其子日昌继嗣，而据契约 20 反映，至道光三十年（1850），该王门杨氏又通过立嗣活动取胞侄锡龄长子进才与故子福龄承嗣。在这次立嗣过程中，王锡令（龄）又作为同亲族见证人参与其中。又如契约 15，王文兴于道光元年八月十六日通过合族议定，立侄国玺为子，并立侄孙九勋为孙；而从契约 18 可以看出，至道光十四年五月孙九勋已亡故，并留妻任氏，因此王门奚氏同孙媳任氏又取胞侄国举之孙九韶之子有治与故孙九勋为子。

河洛地区的立嗣文书中，还可以见到更名之举，如契约 46 林九成将十七岁的堂侄安有收继给自己，并更名为"严慈"：

> 立写承继文字人林九成，因为夫妻年已五十有余，气血衰弱，不能力田，膝下无有孝男。今奉父母之命，弟兄商议，将族弟三子，堂侄安有，年十七岁，承继为膝下孝男，两家为双同意，皆莫不欢喜，继承先祖香烟，床前侍奉。此继之后，两家以按干亲来往，今更名"严慈"，以爱子育养子，安分守己，勤务贱业，而后可望家境渐康。嗣后若有亲族邻等争执此事，立此文据存证。
>
> 说合人：村副专　村干部

---

① 洛阳契约文书博物馆藏《王李氏及堂侄化昌立写承嗣文书》，文书编号：010981。

② 绝嗣家庭在传统社会中的比例到底有多大，目前学界的估计仍存在着巨大的分歧，如英国学者 S. 斯普林克尔指出，清代约有 "5%的中国家庭收养孩子"。（［英］S. 斯普林克尔著：《清代法制导论——从社会学角度加以分析》，张守东译，中国政法大学出版社 2000 年版，第 19 页）；另有学者指出，19 世纪安徽社会中收继现象较为普遍，平均 14%的家庭发生收继或出继行为，来解决一些家庭的"无后"的问题（毛立平：《19 世纪收继问题研究——以安徽为中心》，《安徽史学》2006 年第 2 期），而据民国时期定县的调查显示，收养子嗣的家庭不到 1%（参见 S. 斯普林克尔《清代法制导论——从社会学角度加以分析》，第 19 页下引注 37）。这也显示出该现象不同时期不同区域之间的差异性。

公元一九五〇年九月二日①

离故家而至新家，弃生父而嗣继父，更名换姓，理固宜然，情由可解。河洛地区还有一些特殊的承嗣情况，如契约15王文兴同亲朋家族李廷襄、王国标等商议，立侄国玺为子，"并立侄孙九勳为孙"。一纸契约，立子孙两代。如此做法，应与其当时的家境有关。一般情况下，"即为我嗣，即当来居我院"，然其家"房舍太狭，居处不开"，唯待其夫妇二人百年后，承继的国玺、九勳才能入居，但其时二人已故，如何确保国玺履约？尤其孙辈九勳，自幼长于原生家庭，承欢祖、父辈膝下，或更心猿意马，深具归思。订立两代之约，并将"被我老终地卅亩，与范氏奚氏被老终地卅亩，与大女二女三女被烟粉地各五亩，与三女被出嫁银一百五十两，被与九韶加八亩地"等家中产业、财物交给国玺父子，以财系心，概可稍解其后顾之忧。

契约25卫吕氏家族出现了因承嗣人卫添福亡故，而再立孙辈承嗣添福的特殊情况：

> 立写出继承嗣字据人卫吕氏同子清福、清连，情因堂嫂卫常氏从前夫成章亡故，同家族亲友着堂侄添福承嗣出殡，不料添福已故无人承嗣。今同家族亲友将长子清福之子己未与添福承嗣，常氏为孙养生送死，毫无异说，以后如有异说，有吕氏一面承当，与中人毫无干涉，恐口难凭，故立写出继承嗣字据，永远为证。
>
> 同治九年九月十九日　立写出继承嗣字据人：卫吕氏同子清福、清连
>
> 　　亲：常根见
>
> 　　同中人：户长　元俊　水清　延祚
>
> 　　族长：发盛　金元
>
> 　　友宗弟：国清②

---

① 洛阳契约文书博物馆藏《林九成承嗣文约》，文书编号：000107。

② 洛阳契约文书博物馆藏《卫吕氏同子清福、清连出继承嗣字据》，文书编号：030484。

契约 14 周大信因穷困潦倒，艰于度日，主动将三子过继给堂弟周大沛为儿，契约上标明"立卖三子"字样，应不同于一般意义的过继文书：

> 立过房执照文约人周大信，因为饥馑度日不过，今将三子三齐，现年方十岁，情愿分堂叔父周大沛为儿，丁门立户。今凭说合人言明一干财礼钱十千文整，人过钱过，当日交足，并无异说，自今以后，并无周大信相干，恐后无凭，立过房执照为证。
>
> 胞叔父说合人：周大彩（押）
>
> 同媒功说合人：周大千（押）周尚禹（押）
>
> 同家者：周世斌（押）周世辅（押）
>
> 嘉庆二十四年八月二十一日　立卖三子（押）
>
> 同自己：周大元（押）周尚荣（押）周尚为（押）周尚琅（押）周尚盈（押）
>
> 同外亲人：晋光辉（押）
>
> 同胞兄：周尚昌（押）
>
> 同侄儿：周奉清（押）周望清（押）
>
> 同伯父：周大高书（押）①

相反，如果绝嗣家庭面临选择的同宗承继人较多，则有可能会出现争相出继的局面。出于妥协，承嗣合约中还有二子或多子并继的情况。如契约 26：

> 立命承嗣人张刘氏，因为次子问政夫妻物故乏嗣无子，本主无人奉祀，氏今不忍绝其嗣，故请氏弟与亲友商酌，命长子问明之次子举娃，又命三子问仁之长子继娃，并承其叔考之嗣。新有次子分到三股之一家产，命其二人均□□图永祀其叔考之主。自命承嗣之后，俱不得争长论短，有反悔之说，如有反悔者，即为不孝。恐口不凭，立字据存照。

---

① 洛阳契约文书博物馆藏《周大信立过房执照文约》，文书编号：009588。

一样两张各执一张存照。各带粘单一张。

同治十一年十一月十八日　立命承嗣人：张刘氏（押）

承嗣人：举娃（押）继娃（押）

氏弟：刘兴太

同人：赵如松　李生俊　李作德　张世温

书字人：祁鹤年

举娃拈阄二分①

这份契约中，二子问政夫妻亡故无嗣，由其母张刘氏主持，将老大问明之次子举娃、老三问仁之长子继娃，并承其叔考之嗣。过继行为产生的拟制血亲关系固属重要，但其背后隐藏的家产继承的物质利益更是一种现实的追求。这类并继的情况一般面临着财产的争夺，因此契约中也规定了相关财产分割的情况，二子均分到了其叔三股之一的家产，并由其娘舅刘兴太中间见证。还有一则争继的契约（契约32），兹照录如下：

立合同人冯河、冯海，因为族兄鹏赛物故乏嗣，冯河、冯海均愿着子承继，令冯海之子承继，冯河弗愿，令冯河之子承继，冯海不舍。两造争论不已，以致□在案蒙批未传之际，同邻友执中婉说执权留理，着两造之子准立□嗣以息讼端，冯河、冯海之子如心、蛋蛋，两家奉祀，所有族兄亲生三女来往以及上坟拜墓，两家支应，新遗院落、地亩商明议据均出，甘愿毫无异说，日后仍归旧好，各管各业。自议之后，两造倘再挟嫌滋事见官，不得回□，恐口不凭，立合同为据，各执一张，以为证质。

光绪二十六年新正月初九日　立

同中人：冯克昌　张法旺　张耀元　张□明②

前一个例子中的并继合同可以说是受母命并由其母亲主持订立的，从而

---

① 洛阳契约文书博物馆藏《张刘氏承嗣文书》，文书编号：027746。

② 洛阳契约文书博物馆藏《冯河、冯海承嗣合同》，文书编号：030612。

避免了家庭纠纷的产生。本例中冯河、冯海两兄弟则为了承继族兄鹏赛，争论不已，还闹上了衙门。最终在该案蒙批未传之际，由亲族邻友调解，冯河、冯海之子如心、蛋蛋，两家并祀，而族兄产业由两家明议均出。可见，争继的最终目的不过是为了争财。清代为财争继案频发，并多拖延难断。对此，清代学者汪辉祖曾指出，有人为子殇立继案，争讼十余年。①

　　与同父周亲不同的是，同宗族亲在血缘上有所疏远，经过相关人员的见证，在契约上书明双方出自情愿、以免后续反悔纠缠显得更为必要，特别是亲族的协商公议在一些契约中成为过继的重要保障。如契约 11 嘉庆二十一年（1816）二月十七日，郑杜氏邀请亲族邻友欲三弟次子体桂之三子佳林，与子体梅承嗣，强调系"两家俱出情愿，并无异说，恐口无凭，立嗣约存照"②。次年十月二十一日，冯章和妻卢氏将次子过继与本族冯万章承嗣时，不仅言明"此系两家各出情愿，并无异说，彼此日后不得返言"，还规定"若有返言者送官究治，愿罚白米二十石入官"。契约两份，各执一张，永远存照。胞兄冯暄、中人赵文炳、娘舅柴尉林、甲长冯怀琳、亲族冯桂章为在场见证，遍告同族、乡邻周知。③ 契约 29 更为特殊，立约人为亲族族长史三议，并且这是唯一一张盖有官印的立嗣契约。可以推断，该家族的立嗣活动不仅有家族的参与，还经过了官府。其间发生了如何的纠纷不得而知，但最终应该是在官府干预下，通过亲族调解议定了承继人。

　　"承继之道，易起争端。盖以承继，继其产业，而非继其烟祀也。世有分所当承者，无产业而彼则抽身退让。分不当承者，有产业而彼则挺身抗争。"④ 同宗族亲的过继文书，财产所有权必须更加明确无疑。从河洛地区的契约来看，承继并管理收继人的房产、田地、器具等产业是较为常见的。如契约 6 贾

---

① （清）汪辉祖撰，梁文生校注：《病榻梦痕录》卷上，江西人民出版社 2012 年版，第 16—17 页。

② 洛阳契约文书博物馆藏《郑杜氏取嗣文约》，文书编号：011284。

③ 洛阳契约文书博物馆藏《冯章并妻卢氏胞兄冯暄嗣约合同》，文书编号：010800。

④ 《管见》，载《海南卢氏族谱》第一卷《谱首》。

治宏将次子庆周送与长房堂兄贾业宏承继，"长房所分之房屋、家具四股之中一□，系庆周所管"①。契约 8 赵鐥因叔父承继胞兄无子，将长子士魁继嗣承祧，言明："自过之后，凡叔父一应事体俱系士魁照理，凡叔父所遗一切房产、地基、财物、水磨等项俱系士魁为业。"② 契约 20 王门杨氏因子孙俱故，乏嗣无后，亲族择定其胞侄赐龄之长子进才与故子福龄承嗣，"所遗产业、器具俱尽为进才掌管，不得异说"③。有些家庭则由收继人自行管理，遇到变故再同族人商议。契约 23 曹崔氏因夫故殡葬，伯父亦无后裔，与亲族商议，将三婶母三子德介带业与伯父承继，堂长兄次子攀凤带业于夫承嗣，"所有祖遗家业、田产，崔氏在日，崔氏经管办理，倘有度用不足，变典世业，与长兄、八弟斟酌商议"④。契约 36 刘门吴氏的契约，对出继和收继双方均有规约，更明确地体现出了财产在过继行为中的重要性：

> 立字据合同文字人刘门吴氏，因为乏子无后，好无可靠，合家商议自请本族协同各位亲戚同意，今心甘情愿将本族三门刘全锁过嗣顶门立业，全锁执掌，同中言明不得由心破坏产业，而又有吴氏亦不能由心偏卖，倘若各有不尊议规，仍请各位送官重究。此议之后，再有本族争论，现有字据为凭，恐口不凭，同立字据为证。
>
> 民国十年二月初七日　立写合同人：刘门吴氏（押）刘全锁（押）⑤

（三）双祧为嗣

如果一个家族中兄弟俩仅有一子，为续立门户，经同族长说合，双方同意，立字为约，可以独子兼祧，俗称"一门两不绝"。如，河南开封杞县即有

---

① 洛阳契约文书博物馆藏《贾治宏承继嗣明白合同》，文书编号：013132。
② 洛阳契约文书博物馆藏《赵鐥过继文书》，文书编号：027742。
③ 洛阳契约文书博物馆藏《王门杨氏承嗣合同》，文书编号：009999。
④ 洛阳契约文书博物馆藏《曹崔氏承嗣明白合同》，文书编号：013111。
⑤ 洛阳契约文书博物馆藏《民国十年过祀儿子顶门立业字据》，文书编号：016778。

此习惯，以一子兼桃两门，各为之娶一妻，俗谓之一门两不绝。此俗过去河南地方较多，该承继人由两家共同抚育。当子成婚后，若系兄子者，新生第一子则立长门，次子立弟门；如系弟子者，新生第一子则立弟门，次子立兄门。也有不论兄或弟之子，均先立长门，后立弟门的。①

乾隆年间曾颁布《独子成桃例》，根据该条例的规定：无子立嗣，如可继承之人亦系独子，而情属同父周亲，两相情愿者，取具合族甘结，亦准其承继两房宗桃。这种情况河洛地区也有实例，如契约9：

> 立合同人宫礼因胞兄无嗣，蒙太老爷金批，身情愿将子殿荣成
> 继，一门双嗣，今同族亲各立合同成继告庙。恐后无凭，立合同
> 存照。
>
> 嘉庆十年五月二十四日立　宫礼（押）
>
> 合同（齐缝半书）
>
> 族长：红叶（押）□□准（押）陈九武（押）
>
> 族亲：宫殿士（押）宫朝安（押）宫武（押）石奇（押）陈方
> 泰（押）李永（押）
>
> 地方：郭传绪（押）②

这里立合同人宫礼将其子宫殿荣成继胞兄，殿荣兼桃父伯双嗣，即是典型兼桃承嗣类型。合同不仅经亲族合议，有族长和族亲画押，还有地方的参与和画押。

又如契约17李氏、吉氏互相有意一门双嗣：

> 立并继承嗣明白合同人李氏、吉氏，吉氏因身孤寡无依，同妯
> 娌计议，意欲将三弟之次子柏年承嗣，于兄者并立与己。李氏亦因
> 故夫病危之时亦有哀念弟妇无依之意，因遵夫言愿交并立以为两门

---

① 施沛生编：《中国民事习惯大全》第三编《亲属·第七类·兼桃之习惯·一门两不绝》，上海书店出版社2002年影印版，第23—24页。

② 洛阳契约文书博物馆藏《宫礼过继文书》，文书编号：001622。

不绝之裔，柏年之子亦与吉氏为孙，二人各出情愿，并无异说。特邀亲族说合，不得反悔，倘后如有返言者，干罚白米十石入官赈济，空口难凭，特立明白二张，各执一张存证。

合同（半书）

道光十一年七月初二日　立并继明白人：李氏（押）吉氏（押）

族人：周希孟（押）周希禹（押）周万年（押）周鹏年（押）

周兆年（押）周可翼（押）

亲戚：师有立

同人：程远达　程鹏万　李学孔　张琏　高启宗

代笔人：张星辉①

立合同人吉氏因身孤寡无依，意欲将三弟之次子柏年于兄并嗣，柏年母亲李氏亦因故夫怀有哀念弟妇无依之意，遂愿意完成故夫遗愿，一门两嗣。尽管两厢情愿，仍为免日后纷争，郑重其事，特邀亲族说合，不得反悔，若有返言，"干罚白米十石，入官赈济"。

也有家族虽兄弟多人立户，但有两门或多门绝嗣者，不得已也会由一门之子兼祧立户。如契约30：

立过继婚书人郭明午，不幸长胞兄明庚、三胞弟明戌早亡尚未立嗣，不□承重之大，抑且宗祀无主，因念手足之情，公同亲族谪□情愿将身长子过于长兄、三弟一门二嗣承接后继。不惟宗□□不绝，抑且抱灵承重之有赖。然有继子必有继业，凡□□□□家产、器物俱系继子得受，族侄不得争竞。此过继为子，礼当如此，且系各相情愿，非福勒强为□，乘吉期礼宜告庙，如有人争碍，执此赴官鸣究。恐口不凭，立此合同两张，各执一张永远为照。

族亲：郭宗寿（押）郭宗仁（押）郭明东（押）郭建昌（押）

---

① 个人自藏《李氏、吉氏立并继承嗣明白合同》，文书编号：00740。

郭明章（押）张同建（押）申清奇（押）杨天德（押）

大清光绪十六年五月初十日穀旦　合同（齐缝半书）①

该契约中郭明午将长子过与胞兄明庚和三弟明戌，一门二嗣，并承继两家产业。契约为红布材质，黑字书写，想见当时家族的重视程度。

立择承嗣人的一方，因原本无子承继，其家产原则上即归承嗣人支配。河洛地区的契约显示，在收继者尚在人世的时候，承嗣人应承担养育之责。如契约35：

> 立择爱子分嗣人李秉厚，因为拙妻去世，年老无依，衣服饮食难以措办。今同亲友邻族情愿将胞侄木重，分嗣本门，一子两立，养老送终，一切房屋土地以及各种器具，并现在衣服，俱归于木重经营，每年与我帮小麦二石，大麦一斗，黍子四斗，谷六斗，每月帮领用钱三百文，油半斤，盐一斤，炭柴管用下年，添些衣服，至于亲戚来往，并红白大事俱得木童承认，不得推诿。此系各出情愿，并无反悔，恐口无凭，立择爱子字为据。
>
> 西门外沂垅地有寄埋李慕力之原配，异日准合葬，不得阻挡。
>
> 民国二年阴历十二月初一日立　择爱子分嗣人：李秉厚
>
> 同亲友邻族：李慕力、崔天恩、郭瑞林、王德润、吴顺娃、郭维新、张河泉、李春安
>
> 一样两张，各执一张（半书）②

承嗣人李木重每年须向李秉厚每年帮扶小麦二石、大麦一斗、黍子四斗、谷六斗，每月帮领用钱三百文、油半斤、盐一斤及炭柴、衣服等项，亲戚往来、红白大事也需李木重承认，方可成行。

---

① 洛阳契约文书博物馆藏《郭明午承继合同》，文书编号：002660。
② 洛阳契约文书博物馆藏《李秉厚择爱子分嗣》，文书编号：010329/010330。

二、河洛地区的异姓承嗣

依据我国古代的礼制，祭祀的原则是"神不歆非类，民不祀非族"①。所谓"非我族类，其心必异"②，即为此意。《御定渊鉴类函》卷一七七《异姓为后二》引南宋人陈淳《北溪字义》亦云：

> 神不歆非类，民不祀非族。古人继嗣，大宗无子，则以族人之子续之，取其一气脉相为感通，可以嗣续无间。此亦至正大公之举，而圣人所不讳也。后世理义不明，人家以无嗣为讳，不肯显立同宗之子，多是潜养异姓之儿，阳若有继，而阴已绝矣。盖自春秋郯子取莒公子为后，故圣人书曰：莒人灭郯。非莒人灭之，以异姓主祭祀，灭亡之道也。秦以吕政绝，晋以牛睿绝，亦皆一类。仲舒繁露载汉一事：有人家祭，用祝降神。祭毕，语人曰：适所见甚怪，有一官员公裳盛服，欲进而踌躇不敢进，有一鬼蓬头衩袒，手提屠刀，勇而前歆其祭，是何神也？主人不晓其由，有长老说：其家旧日无嗣，乃取异姓屠家之子为嗣，即今主祭者，所以只感召得屠家父祖而来，其继立本家之祖先，非其气类，自无交接感通之理。然在今世论之，立同宗又不可泛。盖姓出于上世，圣人所造，正所以别生分类。自后有赐姓、匿姓者，又皆混杂。故立宗者，又不可恃同姓为凭，须审择近亲有来历分明者立之，则一气所感，父祖不至失祀。今世多有取女子之子为后，以姓虽异，而有气类相近，似胜于同姓而属疏者。然晋贾充以外孙韩谧为后，当时太常博士秦秀已议其昏乱纪度。是则气类虽近，而姓氏实异，此说亦断不可行。③

---

① 杨伯峻编著：《春秋左传注·僖公十年》，中华书局 2016 年版，第 365 页。
② 杨伯峻编著：《春秋左传注·成公四年》，中华书局 2016 年版，第 894 页。
③ （清）张英等纂辑：《御定渊鉴类函》卷一七七《异姓为后二》，影印《文渊阁四库全书》第 986 册，第 495 页。

这一成例也为清代所承袭。《大清律例》规定："其乞养异姓养子以乱宗族者，杖六十。若以子与异姓人为嗣者，罪同。其子归宗。其遗弃小儿，年三岁以下，虽异姓，仍听收养，即从其姓。（但不得以无子，遂立为嗣。）若立嗣，虽系同宗，而尊卑失序者，罪亦同之。其子亦归宗。改立应继之人。"① 但从目前得到的文契来看，异姓承嗣仍是一种较为常见的立嗣现象。

异姓承嗣一般从异姓收养开始，民间俗称"领养""抱养"或"乞养"。民间又将养子称为"螟蛉子"。《诗经·小雅·小宛》有云："螟蛉有子，蜾蠃负之。"螟蛉是一种绿色小虫，蜾蠃是一种寄生蜂。蜾蠃常捕捉螟蛉存放在窝里，产卵在它们身体里，卵孵化后就拿螟蛉作食物。古人误认为蜾蠃不产子，喂养螟蛉为子，因此用"螟蛉"以喻养子。

一般绝嗣家庭会在同宗继子乏人，或同宗亲族不睦、无合适继子的情况下寻求异姓承嗣。对此，民国年间对陕西潼关保安等县调查习惯指出，年老乏嗣之人，或族中无昭穆相当卑幼，或同族平素不睦，彼则不与，此则不受，往往抱养异姓之子，以娱晚境。② 对于养子除要求出身清白外，年龄以小为好，这样既有利于隐瞒身份，也有利于培养感情。河南开封县有习惯：无子之人，偶生子女，未弥月而殇，则令人密抱一贫家甫生之孩，乔充己子，俗谓之买血娃。③ 无子家庭抱养异姓，不仅要对乡邻隐瞒孩子的身份，更要对养子本人隐瞒，往往要改从养父之姓，以亲子抚养。为确保万无一失，还会写立文书为凭。如：

> 立过继文字人董习祥、弟侄三乐，因吴村镇温建荣是属至亲，乏子无后，同人说合，将第三侄男过继承祀，两家情愿并无异说，日后若有反复者，罚白米十石，空口无凭，立过继文字为证。

① 田涛、郑秦点校：《大清律例》，法律出版社 1999 年版，第 178—179 页。
② 施沛生编：《中国民事习惯大全》第三编《亲属·第六类·亲子之习惯·抱养义子》，上海书店出版社 2002 年影印版，第 11 页。
③ 施沛生编：《中国民事习惯大全》第三编《亲属·第六类·亲子之习惯·买血娃》，上海书店出版社 2002 年影印版，第 12 页。

光绪三年二月十六日　立过继承嗣文字人：董习祥（押）

说合人：万永禄（押）王自明（押）①

董习祥通过中人说合的方式将其弟侄三乐，过继与吴村镇温建荣承嗣，并规定若有反复，罚白米十石的条件。改变董三乐人生的重大过继事务由其伯叔决定担当，大致可以推断其父母也许已经亡故。作为孤儿，被人收养并承继别姓家业应该是无奈的生存选择。可以说，被收养人一般因为家境贫寒，无力抚养，或父母双亡为孤儿，才会愿意过继他姓承嗣。

民国三十五年（1946）农历六月二十三日，李成娃在养子安家入门典礼致词中称：

汉代淳于亿看云：生女不生男，缓急无可使。余夫妇俱之年迈五旬，竟遭淳于氏之悲境。兹有河南孟县刘长有者，年僅（仅）十四岁，父母双亡、漂泊无定、伶仃孤苦、穷无所依。经安君余广雷君双成李君跟有介绍说合，为余夫妇为养子，易姓为李，改名为安家。择吉于本日举行安家入门典礼。邀请亲族邻友，光临寒舍，欢聚一堂。一面要求到场各位承认余夫妇与安家发生父子关系，一方又使安家认识谁为亲族，谁为邻友，略习礼仪。

自即日起，余夫妇须以父母应尽之道待安家，教之养之，如同己出，不能以无理由态度对待安家。而安家成人之后，亦必须以子应尽之道，对余夫妇。生养死葬，如同生父生母。处家须克孝兄弟，持家须克勤克俭，对亲族邻友须忠诚和睦，不得暴虐忿睚，刁顽犯分（份）眙羞间阎。总之，是举也。

余夫妇为冲破淳于氏之悲境，缓急有人可使，在安家为得依归，不至流离失所，漂泊终生。双方如能俱谅斯旨，亲生子也，螟蛉子也，亲生父母也，螺嬴父母也。其休戚相关、利害相共、互相扶持，

---

① 洛阳契约文书博物馆藏《董习祥、弟侄三乐立过继文字》，文书编号：013720。

共同经营生活是也。绝不至于中途发生其他意外变故。今后余家如能父慈子孝，上下和睦，余想今日到场各位亲族邻友之欢悦心情自不待言。今后如余夫妇父不父，或是安家子不子，尔时希望各位出尔，予以严厉制裁，以维天地之正义而彰社会上之公道云尔。特此郑重说明，笔之于书，以留证据。

　　到场人：居村村长李克让

　　介绍人：雷双成

　　家长　户头　亲戚

　　附注：本书缮写两份，一份存本家长李盛祥，一份自存。

　　中华民国三十五年阴历六月二十三日　李成娃手书①

不过，这种承嗣关系尽管有文字约束，难免有时也会发生反复。异姓养子长大成人后，认祖归宗并和养父断绝关系的事情也屡有发生。以下这则断绝文字便是一个典型的例子：

　　立断绝明白人赵后乡，因胞弟世乡年幼时与上鲁庄王门继嗣为义子，娶妻师氏，自二十四年师氏病故，世乡一心情愿归宗，于二十四年已回西张本家赵姓矣，惟师氏灵柩尚在王姓地内葬埋。今同人说欲搬师氏灵柩回埋于西张之地，承王情后帮助银三百两，以为世乡安家搬灵之资，当日文足，自此以后，赵与王姓葛藤已断，并无干涉，恐口难凭，故立断绝明白付王姓存证。

　　乾隆四十一年八月初六日　立断绝明白人：赵后乡（押）　赵世乡（押）

　　中人：赵祥云　赵国璧　刘绍曾　赵绎宗　赵元相

　　亲族：赵上乡　赵元禧　赵大乡　赵胜韩　赵胜楚②

赵后乡胞弟赵世乡年幼时与上鲁庄王门继嗣为义子，养大成人并为其娶

---

① 王支援等主编：《故纸拾遗》卷四，中州古籍出版社2011年版，第399页。

② 洛阳契约文书博物馆藏《赵世乡归宗文约》，文书编号：031223。

妻，但自乾隆二十四年（1759）赵世乡之妻病故后，世乡却要认祖归宗，并回到了西张赵姓本家。不仅如此，至乾隆四十一年还约同胞兄将其妻师氏灵柩迁搬回本宗之地，并和养父订立了断绝关系文字。

异姓养子在家族中的地位很低，并常常受到家族中其他成员的排挤，经常有宗族以"异姓乱宗"为理由而阻止收继行为的发生。对此，美国学者沃特纳通过对明清时期收继行为的研究认为："非血缘的收养都涉及财产权转移的问题。这种转移似乎比起男系收养，以及在妻方、母方或姐妹之子中收养出现的财产转移，更为频繁地发生争执。"① 正如费孝通根据他在江苏吴江开弦弓村的人类学观察那样："领养一个外人意味着在最近的亲属方面失去了对财产的潜在的继承权。因此潜在的继承人的父母往往想尽一切办法制止这一行为。通常的结果是妥协。或者最近的亲属答应赡养领养父母，或者年老的父母领养一个外人，但是允诺把一份财产传给潜在的继承人。"②

可以说，无论是清代国家法还是宗族法都排斥异姓承嗣，这在一定程度上造成异姓继子继嗣关系和财产关系的不确定性，极易发生纠纷。一旦遇到竞争的发生或家族的异动，这种承嗣关系可能就会中断，那样这个家庭所有的付出都会付诸东流。即便如此，仍能够看到有一些异姓承嗣的实例出现，则说明所有的理性规则都将让位于现实的生存策略。

三、河洛地区的招赘承嗣

《大清律例》规定："招婿须凭媒妁，明立婚书，开写养老或出舍年限。止有一子者，不许出赘。其招婿养老者，仍立同宗应继者一人承奉祭祀，家产均分。如未立继身死，从族长依例议立。"③ 清代法律尽管认可凭媒妁招婿

---

① ［美］沃特纳著：《烟火接续：明清的收继与亲族关系》，曹南来译，浙江人民出版社1999年版，第102页。

② 费孝通：《《江村经济——中国农民的生活》，上海人民出版社2013年版，第63页。

③ 田涛、郑秦点校：《大清律例》，法律出版社1999年版，第205页。

养老，却禁止招赘承嗣，仍要求立同宗应继者承嗣，并均分家产。不过，招赘或与此相关的招夫承嗣在清代河洛地区仍是存在的。①

虽然女婿仍是异姓，但女婿之子则为女系接续血脉，因此女婿承嗣比纯粹的异姓承嗣更容易让人接受。山东地方的调查指出，"赘婿从姓者，人皆指为义子，而赘婿生子，则无指为义孙者"；同样陕西潼关县也有，年老无子有女者，多为女招婿在家，以其婿所生之子为孙，一切权利义务俨如亲孙承受，名之曰"异子不异孙"②。

从清代的契约文书来看，河洛地区招赘承嗣的情况又大致有以下几种类型。

（一）以女招赘

民事习惯调查指出，河南开封习俗，"无子者，留女赘婿以养老，其赘婿对于岳父母，有终身扶养之义务"③。陕西凤翔县则有风俗，五十岁以下，四十岁以上，尚无子息，即须择立嗣子，有本宗承继者，亦有外戚改姓承继者，亦有遗腹子未生指胎承继，一旦生女，则为之招婿，冒姓顶门者，盖乡愚，唯知择贤择爱，久已置血统不顾矣。④陕西汉中市南郑区习惯则有，民间有夫妇，年逾四旬或五旬，无子而仅有一女者，可以商同亲族，择一异姓之子，年龄相当者，以女赘之，所有遗产，均归赘婿完全承受，名曰"赘婿为嗣"。⑤陕西洛南保安华阴等县习惯，乡民无子（或子尚冲幼），而仅有女者，既不愿

① 民间社会也存在一些有儿子仍为女儿招赘之事，则不在本讨论范围。参见［日］滋贺秀三《中国家族法原理》，张建国等译，法律出版社2003年版，第612页。
② ［日］滋贺秀三：《中国家族法原理》，张建国等译，法律出版社2003年版，第629页。
③ 施沛生编：《中国民事习惯大全》第三编《亲属·第四类·扶养之义务·养老女婿》，上海书店出版社2002年影印版，第5页。
④ 施沛生编：《中国民事习惯大全》第三编《亲属·第六类·亲子之习惯·立嗣不重血统》，上海书店出版社2002年影印版，第11页。
⑤ 施沛生编：《中国民事习惯大全》第三编《亲属·第六类·亲子之习惯·赘婿为嗣》，上海书店出版社2002年影印版，第12页。

231

爱女适人，又有需人奉养之必要，往往赘婿于家，养生送死，由婿负责，先生之子，承继岳父宗祀，再生之子，归婿。产业按两股平分，赘婿仍依原姓，不随岳家更改，间亦改名换姓，永承岳父宗祧，完全承受财产者。①

以女招赘，往往要双方父母同意，并召集双方亲族，明立招赘文字合同。习惯要在合同中规定入赘女婿更姓换名，顶门立户，言明入赘条件，双方情愿，永不反悔。如：

> 立写招宿文字人闫玉珍，兹因为膝下无子，年老力衰，难以为日，所生一女，心起孝心，在家奉祖母，要将父母养老送忠（终）。同家族户长介绍人等李王生招在家，改名换姓，双芳（方）情愿改名闫起明，于闫门立户，要将父母养老送忠（终），不许东跑西走，不能远行，若是心存二意，东跑西走，有闫姓产业于他。李姓恐口无凭，立招宿字具为证。②
>
> 公元一九五八年八月十六日立招宿文字　闫起明（签章）
>
> 介绍人：王五姓（签章）
>
> 亲族人：闫玉玺、闫成盛　同在
>
> 同中人：刘德义　杜允荣

从以上招赘文书来看，一般男方入赘后要改从女家之姓，改姓后可以作为嗣子继承女方宗祧和财产。赘婿所生子女，能够为女方家族所接受，所谓"异子不异孙""有义子无义孙"。还有一份长女为其胞叔承重的契约，原文如下：

> 立字人李甲春，只因长女为其胞叔承重，今同亲族情愿将自己小崖沟头地一块四亩，与之永远为业，恐后无凭，立字存证。
>
> 粮照原约过割

---

① 施沛生编：《中国民事习惯大全》第三编《亲属·第八类·招婿承嗣之习惯·赘婿养老》，上海书店出版社 2002 年影印版，第 26 页。

② 洛阳契约文书博物馆藏《闫玉珍招赘文约》，文书编号：010166。

　　咸丰十年十二月十五日立（押）

　　同人：李书德、薛景山、郭坤元、陈子林、裴天保、李书帐、
齐鹏程①

　　可见，无子家庭不仅可以以女招婿，甚至还可以以女为亲族出继承嗣。该文约中李甲春长女为其胞叔承重不仅得到亲族的支持，其父还赠予自己地亩一块，与之永远为业。

（二）以媳招赘

　　还有因儿子亡故，以儿媳招赘的实例。在这种情况下，儿媳被当作女儿，以招夫养父。如：

　　　　立写婚书人李法有，因为掌（长）子死后，所你无抗，见（现）妻无人兆管，情原于段小回兆夫养父，抱孩见娶，亲女改嫁，各子成人，弟三子段小回顶门立户，小回于李姓半个。日后永不的反言，李门若有闲言，法有一面成应；娘家若有闲言，本妻一面成应；段门若有闲言，出银三十两，书明画字，一并在内，恐口难凭，立写约为证。

　　　　同治三年三月初二日　立写婚书人：李法有（押）

　　　　同人：赵永法　史思让　牛等秀　韩步云②

　　该婚书指出，李法有因为长子亡故，所遗妻子无人照管，情愿招段小回入赘，顶门立户。文中指出以媳招赘拟制亲女改嫁，为的是兆（招）夫养父，抱孩见娶。婚书涉及三个家庭的利益：李门、媳妇娘家、段门。因此，必须协调好三方面的利害关系，事先讲明条件。③

────────────

　　①　洛阳契约文书博物馆藏《李甲春承继文约》，文书编号：002662。
　　②　洛阳契约文书博物馆藏《李法有婚书》，文书编号：032849。
　　③　费孝通在江村也观察到类似以媳招赘的现象。他指出，儿子成婚后死去，未留下孩子，其父母将为死去的儿子找一个替代人作为儿媳妇的后夫，此替代人被称为"黄泥膀"或"黄泥腿"。并进而考察出中国北方方言中也有同样的叫法，"泥腿光棍"。对于"黄泥膀"还给出了一种城镇识字人的解释为"防儿荒"。参见费孝通《江村经济——中国农民的生活》，上海人民出版社2013年版，第63页。

（三）以妻招赘

又有因丈夫亡故，妻子携子度日艰难者，又不愿再嫁他处，妻以自身招赘，坐堂招夫，民间也称为"招夫养子""招夫立嗣"。如：

> 立写招夫养子文字人翟家湾陈进学于去岁物故，留妻曹氏并二子年幼无靠，同胞弟陈万学商定，情愿招于阳城村刘永善为夫，合媒妁□明，日后但有子女，具系刘门。若无子女，将陈曹氏次子改姓为刘，不绝刘门祭祀。刘永善□□地八亩，银十两，二人各去情愿。恐后无凭，立字存照。①
>
> 主婚人：陈万学（押）
>
> 道光二年三月初二日　　立婚契人：陈曹氏（押）刘永善（押）

该文约中陈曹氏因丈夫陈进学亡故，携带二子年幼无靠，因此情愿招于阳城村刘永善为夫。招夫行为与其胞弟陈万学协商并得到支持，陈万学还是这次招夫婚姻的主婚人。但从文字来看，陈曹氏才是这一事件的主角，出于生活所迫，她不得不主动招夫上门。尽管这是一则婚书，但因涉及陈、刘两个家族香火，因此文中明确规定了以后宗祧祭祀问题。

结　语

从以上河洛地区的继嗣契约实例来看，绝嗣家庭同姓继嗣的情况最为普遍，是主流，往往既承祧又继产，其中也有所谓独子兼祧或二子并继等特殊情况。异姓承嗣和招赘承嗣的情况作为同姓继嗣的补充，更多体现了乡土社会民众的实用主义和现实主义的原则。血缘承祧历来被人们所重视，但人为的拟制血缘关系也为民间社会所认可。

从相关契约文书来看，被继承人多数已经亡故，或由其父母、族长，或

---

① 洛阳契约文书博物馆藏，陈曹氏立写招夫养子文字文书编号：036492。

由其遗孀进行立继承其嗣。部分契约是由本人因年事已高无子而立嗣的，至于多大年纪无子才可以立继似并没有统一的标准。契约5记载王国瑞因三子日通年已四旬有余，无有子息，要求长子守基过继其子与日通为嗣。这一年龄也正是明清律典规定合法纳妾的年龄，因此年过四旬仍无子，纳妾生子也是选择之一。①

可以说，作为绝嗣无子的救济手段，河洛地区不同家庭面临的立嗣选择是多元的。正如有些学者研究所指出的，清代上层社会的制度表达和基层的民间实践之间存在着背离的情况。② 意识形态化的制度规定无法涵盖社会生活的复杂多变，乡村社会生活图景有其自身的多元性和丰富图景。河洛地区绝嗣家庭的困境及其抉择有其普遍的意义，无疑为深入考察传统乡土社会提供了一个较好的视角。

① 有关上层士大夫纳妾的精彩论述可以参见黄一农《两头蛇——明末清初的第一代天主教徒》（上海古籍出版社2006年版），然而下层社会，尤其是河洛地区农村社会中纳妾并不常见，地方社会对一夫多妻制有着根深蒂固的反感，解决妻子不育问题的方法多是领养而不是纳妾。参见杨懋春《山东台头：一个中国村庄》，江苏人民出版社2001年版，第113页。

② 参见黄宗智《清代的法律、社会与文化：民法的表达与实践》，上海书店出版社2001年版，第12页。

第七章　河洛分书与传统分家习俗

　　家庭是中国传统社会最基本的组织形式，是一个生育单位，有着"上以事宗庙，而下以继后世"的社会义务。费孝通先生指出：所谓"家"，就是"一个扩大的家庭"，它包括的子女有时甚至是成年或已婚的子女，有时还包括一些远房的父系亲属。群体成员占有共同的财产，有共同的收支预算，通过劳动的分工过着共同的生活。家的规模大小是由两股对立的力量的平衡而取决的，一股要结合在一起的力量，另一股要分散的力量。① 在传统社会中，人们崇尚累世同居共财的儒家价值理念，统治者为了统治需要也极力提倡这种理念。然而，现实生活中人们由于经济、地域社会风俗、文化等原因而选择分家，分家逐渐演变为民间的一种民事习惯，并形成极具地域特色的分家习俗。虽然在唐宋以前，民间社会就已经形成了较为严格的诸子均分家产的制度，然而由于分家涉及财产分配、家产经营、老人赡养、宗祧承嗣等诸多

---

① 费孝通：《江村经济——中国农民的生活》，上海人民出版社 2013 年版，第 33—34 页。

问题，不同时期的不同区域会呈现出不同的面貌。① 分书作为分家习俗的一种文字记载形式，承载了地域的特殊风貌和时代的价值取向，为研究当时的社会环境、社会心理和家庭生活提供了第一手材料。以洛阳为中心的河洛地区保留下来了大量的分书原件，真实反映了这一地区的分家习俗。通过对河洛地区民间分家文书的梳理研究，综合分析其蕴含的独特价值，可对河洛地区的分家程序以及相关习俗、特征有一个更为具体的了解。虽然事实上在传统价值观下生活的人们分家析产，但天然的血缘感情和潜在的文化精神却是割舍不断的，这种分中有合的精神在河洛地区流传的分家文书中亦可以得到充分反映。

一、传统分家与分书的概念

中国家庭往往以"父亲"为中心，所有成员共同生活，共同拥有财产，由于现实的生存和经济需要，家庭不可能无限扩大。许烺光认为，在夫妻间的纽带强于父子间的纽带的结合关系中容易发生分家；相反，则易实现累世同堂。这些都要依家的经济状况而定，即在富裕的阶层，因为容易实现家的意识形态，父子之间的关系得以加强；在贫困阶层相反，夫妻间的独立性较高，较易分家。② "分家"是将一个大家庭分成一个或多个小家庭，是家庭财产由父辈向子辈过渡的一种方式。分家文书则是家庭财产分割时产生的一种

---

① 学界有关分家的研究主要集中在历史学、人类学、社会学、法律学和民俗学等领域，如费孝通《江村经济——中国农民的生活》，上海人民出版社 2013 年版；肖倩《制度再生产：一个中国村庄里的分家实践》，《上海大学学报》（社会科学版）2006 年第 2 期；麻国庆《分家：分中有继也有合——中国分家制度研究》，《中国社会科学》1999 年第 1 期；吴肖辉《浅谈宋朝的继承制度之分家析产》，《法制博览》2015 年第 17 期；高其才《当代中国分家析产习惯法》，《现代法学》2008 年第 3 期；张尔升《分家制度对农村经济发展的影响》，《社会科学战线》2003 年第 25 期；鲁方《探寻古代分家习俗——鲁氏分家纸为例》，《北方文物》2012 年第 2 期；俞江《继承领域内冲突格局的形成——近代中国的分家习惯与继承法移植》，《中国社会科学》2005 年第 5 期；郑文科《分家与分家单研究》，《中国社会经济史研究》2012 年第 1 期等。

② 麻国庆：《分家：分中有继也有合——中国分家制度研究》，载上海社会科学院家庭研究中心编《中国家庭研究》第 2 卷，上海社会科学院出版社 2008 年版，第 74 页。

书面证明，是我国传统契约中的一种重要类型。分书作为契约的一种，为研究近代人们的社会和家庭生活提供了丰富资料。所谓分书，顾名思义就是分家析产时订立的文书字据，它的名称有许多，如阄书、分书、分单、关书、议墨、合缝字、分割文书、标单、析产合同、分产议约等。其中，以阄书、分书之称为常见。"阄书"的"阄"，出自"拈阄"的"阄"。分家时，分家人留出公产后，便请凭族亲、中见，按诸子数目将家产品搭均匀数份，分注明白，各立名号，由诸子向祖宗神灵祈祷拈阄而定。"拈阄"之名，明确反映出分家行为中"诸子平分"的继承制度。一般家庭都会在儿子们长大成人之后进行分家，届时会邀请中间人与亲友，并在众人的见证下签订分书。

分书的起源与中国传统社会的诸子均分制密切相关。在中国传统社会中，一般在有子继承的正常情况下，家产继承采取的是诸子均分制，即对家庭产业采取诸子均分的分配方式。在唐代，分书已较广泛地使用于民间社会，这从遗存的敦煌文书中可得以印证。今存的徽州文书遗存年代较早的分家阄书为元代的分书。

分家习俗的历史由来已久，但最初传统中国社会的人们推崇儒家价值理念，向往所有成员共同生活，共同拥有家庭财产。张公艺九世同堂的佳话在民间流传甚广，张公艺经历北齐、北周、隋朝、唐朝，多次被朝廷旌表。其家族九代同居，合家九百余人，和睦相处，备受历代人民敬仰。张公艺以书"百忍"回答问其治家之法，百忍传为美谈。乾隆《偃师县志》记载有偃师县民人任天笃九世同居的事迹，称其"自伊四世祖任光玉起、传至伊四世孙瑞丰止，子孙繁衍，至百余人"，"一门式好，九世同居，洵为郅隆休征，实属吉祥盛事"，"代传九世，依然张氏之同居；丁及百余，究似郑门之合食"，府县绘图加结具详河南巡抚，上奏朝廷请旨旌表。[①] 这里张氏就是张公艺，郑门是指浙江浦江九世同居的郑义门。

---

① （清）孙星衍、汤毓倬原著，偃师市地编写委员会点校：清乾隆五十四年《偃师县志》，中州古籍出版社 2002 年版，第 272 页。

统治者旌表同居共财的家族，极力推崇累世同居的价值理念，这在法律条文中也得到反映。明清律例"别籍异财"条规定："凡祖父母、父母在，子孙别立户籍分异财产者，杖一百。（须祖父母、父母亲告乃坐。）若居父母丧，而兄弟别立户籍分异财产者，杖八十。（须期亲以上尊长亲告乃坐。若奉遗命，不在此律）。"其例文规定："祖父母、父母在者，子孙不许分财异居……其父母许令分析者，听。"[①] 由此可以看到国家对分家所持的崇合戒分态度。

二、河洛地区分书的基本概况

从对搜集到的分家文书梳理结果来看，这些分家文书质地有宣纸和棉纸，以毛笔书写，形状以长方形居多，大小不一，字体常见有小楷、行草。此外，分单通常分为数份。这些经签字生效的分家文书由各参与人持有，都有属于他们自己的那份分单。洛阳地处中原腹地，自古以来就是文化中心之一，该地区产生过许多文化瑰宝，民俗文化上的影响也不容忽视。

1. 短时间内进行多次分家。孟津县邢氏家族于民国二年到民国十七年间的三份分家文书为例，具体分家情况见原文：

孟津邢氏分单1[②]

立分卜字人邢四方，同子丙申因家务不清，同族人说合，将家东地一段八分有零卜于胞伯祥云同子傅典名下，永远为业，伊胞伯即付伊大洋五十元正（整），小麦二斗。

各无异说，空口无凭，立分卜字约为证。

同中人：邢傅茂（押）邢天祥（押）邢傅光（押）

中华民国二年三月初九日立

分单字据人四方同子丙申（押）

---

①　田涛、郑秦点校：《大清律例》，法律出版社1999年版，第186—187页。

②　个人自藏《孟津邢氏家族系统》，文书编号：00051。

孟津邢氏分单 2①

　　立分约人邢祥云因人多地少，每日费用实实难支，今同族人商议，将现有房院、地、家具什物，按两分均分，恐后无凭，立分约各执一张为证。

　　己身分到老院东一半，坟南坟北地东边两段，家南波池地一段，梨园南头地一段，家东地南半截，老庙西地东一半，窑场北地东一半，家西顺小路地东□□又西地东一半，水车井地东一半，东空院两家公用，老院前后两家出入得便。

　　同族人：邢毓椿（押）邢元（押）

　　民国十六年十二月二十日立　邢祥云（押）

　　合同（骑缝半书）

孟津邢氏分单 3②

　　立分约人邢祥云因人多业少，势难同居，今同族人商议，将现有房院、地亩、家具，按两分均分，恐后无凭，立分约为证。

　　己身分到老院上房三间，东厦房三间，东院并坑地与侄北车两分公用，又分坟南坟北地东旁两段，又分波池沿地一段，梨园南头地一段，家东地南半截，老庙西地东一半，家西顺小路地东一半，水车井地东一半，老院前后两家出入得便，又分北井地北头一段。

　　同族人：邢毓春（押）邢元（押）

　　民国十七年五月初十日　邢祥云立（押）

　　合同（骑缝半书）

　　2. 家族内部亲属之间因种种矛盾分家，有兄弟分家，还有叔侄分家，甚至有为了证实自己先前所分得的财产而再次书写分家文书和家族系谱。以韩氏家族分家文书为证：

---

① 个人自藏《孟津邢氏家族系统》，文书编号：00052。
② 个人自藏《孟津邢氏家族系统》，文书编号：00053。

孟津韩氏分单1①

　　立分书人韩天佑、韩天才，因家事丛杂，一人难以料理，独力不能支撑，是以兄弟公同商议，将祖遗及绪置房院产业、家伙什物，品搭均分，拈阄为定，恭请亲族尊长言定，长门分到路北房院五间，西院西北角一段，吕家村北边地一段，马路西地一段，西柿园地一段，龙王阁前北边三亩六分有零西□园地一段，缣房北地一段，阁东地一段，场地一段，井上地一段，李园地一段，石桥地一段，老河岩一段，花地北边一半，头分滩地五十分上两弓二分八十二，上西边一半小分地一段。恐口不凭，此照。

　　道光六年十二月二十一日立。

　　合同（骑缝半书）

　　同亲族人：李鸣皋（押）徐有聪（押）曹八（押）马黑汉（押）王者林（押）王者瑄（押）王者坪（押）王永裕（押）王永全（押）王乘明（押）王兆林（押）王志道（押）

孟津韩氏分单2②

　　立分书人韩光荣、韩梦麒、韩梦雷，因家事丛杂，一二人难以料理，独力不能支撑，是以叔侄公同商议，将祖遗及绪置房院产业、家伙什物，品搭均分，拈阄为定，恭请亲族尊长言定。

　　三门分到北头西边房院三间，大桥地一段，西南二亩花地一段，正南地西头北边一条马路西东边地一段，买王相长地一段，买吕五地一段，阁前场地一段，墰堡西边地一段，韭菜地一段，苇园地北边一条西凹地、西边一条石桥地、长畛地一段，老河岩买学仁地一段，村北场地十四弓三尺又三寸，村西李园地南头一节，西柿院北头除四分官地第三年柿子许三门□去每一年一论，一日官地树死，

① 个人自藏《孟津韩氏家族系统》，文书编号：00218。
② 个人自藏《孟津韩氏家族系统》，文书编号：00227。

按三分均分，余下南头柿园地一节，家南头院二所，头分滩地九十五、九十六、九十七、九十八、八十二，二分地八十二为证。

外搭空院阁前地一段，大井地一段，当庆聚一段。

场地东边同长，准出入行走。

东边南北门前，各除车路三尺五寸。

西边院子南头，许车路出入，行走东边。

光绪二十年二月十九日立

合同（骑缝半书）

同亲族人：李致（押）韩二保（押）韩克成（押）韩福申（押）韩梦魁（押）韩二孟（押）

孟津韩氏分单 3①

立分书人韩文乐，因心力衰弱，家务繁杂，难以料理，兹特邀同亲族，将房院土地按份平搭均分。

宗祥分到南院一所，西沟地上坪通畛至男水壕一段柿院西一半，老坟地当契地西一半关帝庙地西一半，马路西地一段，赵坡湖洞口地一段，赵坡西南花地北一半，村西顺小路地一段，北场地一段，村西大客上东边地一条，一亩四分四厘。

以上所分，自此以后各无异说，恐口不凭，立分书为证。

中华民国三十八年正月初六日

立分书人韩文乐（押）

合同（骑缝半书）

赵坡西南花地两门共出，坟地七分不得变卖。

同亲族：丁桂轩（押）庆文智（押）韩文宣（押）韩文昭（押）韩光国（押）韩文英（押）韩文焕（押）

---

① 个人自藏《孟津韩氏家族系统》，文书编号：00223。

孟津韩氏分单书4①

四门分家后，长门次门三门复行同居，四门梦魁另度至光绪廿年，长次三门又分家，四门梦魁系分家证人。呈内头分八十二号滩地，原系曾族梦雷分到之业，有分单为证，与四门韩文焕根本无关。自光绪廿年二月十九日分居后，并无有卖过滩地，如何是伊之地？如何管业？有何为证？

附韩门五代家谱（略）

3. 父母去世后进行分家，将家庭财产和债务进行均分，如偃师前张村张天戒分关：

偃师县前张村张天戒分家文书②

立分关人张天戒，因父母去世，家事难理，欲强力同居，恐生嫌隙，今同亲族公议，将祖父遗业所有庄园田地家具，以及欠外账，品搭均分。自分之后，各无异说，恐后无凭，立此一样二纸为证。

宅院前第一的西边园地南头半截，南井地西边一段八亩五分三厘三毛。

西柿园地一段九亩九分九厘七毛，西坟花地北头一段四亩六分二厘四毛，北坟花地一段三亩二分。

公除祭田地二亩五分，轮流耕种以为祭费，家具器物各执有单。

按地均补该分到一亩二分七厘六毛。

同人：二兄天长（押）大兄天元（押）表叔朱维清（押）母舅郭长庚（押）（押）门长化南（押）族兄天选（押）族兄天爵（押）

大清光绪三年十月二十三日

分单（骑缝半书）

4. 母亲同子分单，并于几年后二次分家，如伊川县郭陈氏分家文书：

---

① 个人自藏《孟津韩氏家族系统》，文书编号：00225。
② 个人自藏《偃师张天戒家族系统》，文书编号：00061。

伊川县郭陈氏分家文书①

　　立分单人郭陈氏，因四子不能共炊，今同亲族说合，谨将房院田地按四分均分，三子育才分到老宅前院半所，后便道一处，街房三间，中房三间，厦房对面共五间，上沟厦房二间，南至坡圪为界，西坑作为前后西三院，官地北凹牛肋板地三亩，大沟北路边地五亩，李晏门边地六亩，大沟北地西半八亩，西场边地东半十亩，马村岭地西半十五亩，南凹第四段十四亩，南岭路北南畛地二亩，路东东西畛地十一亩，路西买段王奇地五亩，买董金地六亩。各出情愿，永不反悔，恐后无凭，立分单存证。

　　亲族人：郭元坤（押）郭之翰（押）郭信（押）陈宗灏（押）陈宗韶（押）郭衍汾（押）郭世英（押）

　　中华民国二年阴历三月廿十日立

　　合约（骑缝半书）

民国五年（1916）八月初三日同亲族说合，又分到养老地董王庄东岭地九亩，东西畛西南岭地六亩，南北畛石嘴地九亩，东西畛北沟地十五亩，东西畛下沟窑场堖地（当契）十二亩，南北畛又分同庄东凹地十亩，东西畛东凹地十二亩，东西畛（董王庄）西头房院一所，西场一段。空口不凭，立字存证。董王庄后沟地十五亩，南北畛当中章屯罗宗超四亩，当上章屯地五亩。这份分家文书，可以推测是母亲去世之后又将母亲的养老田进行再一次地分割。

　　上文几份分书均属于河洛地区，时间是从清道光六年（1826）至民国三十八年（1949）之间的123年间。从时间的纵向对比来看，几份契约保存状况相对完善，各部分构成较为完备，是较为典型的近代分书文本，书写格式固定，有着明显的承袭关系。其中前三份出自孟津邢氏一家；中间四份是韩

---

① 个人自藏《伊川郭陈氏家族系统》，文书编号：00063。

氏家族分家文书，包括一份对自己财产所有权的证明并附有家谱；最后两份分别是父母去世后，兄弟三人之间的分单书和母亲同四子分单书，且包括后续的再分补写内容。

三、河洛地区分家的类型及原因

从搜集到的分家文书来看，河洛地区分家的主要类型有两种：一种是父母主持的分家行为；一种是兄弟叔侄之间进行的分家行为。

1. 父母主持的分家行为。由父母主持提出分家，将家产在子女间进行分配。如孟津邢氏分单1："立分卜字人邢四方，同子丙申因家务不清，同族人说合，将家东地一段八分有零卜于胞伯祥云同子傅典名下，永远为业，伊胞伯即付伊大洋五十元正（整），小麦二斗。各无异说，空口无凭，立分卜字约为证。"伊川县郭陈氏分家文书："立分单人郭陈氏，因四子不能共炊，今同亲族说合，谨将房院田地按四分均分。"从文书中不难看出，这是由父母主持进行分家的事例。此种情况，一般为子女成家立业后，由父母主持分析家产，让儿子们分家单过；也有父母一方过世后，由父亲或母亲一方主持，将家产分开，并写明养老事宜。

2. 兄弟叔侄之间进行的分家行为。由兄弟、叔侄提出分家，进行家产分配的行为。相较于由父母主持的分家行为，兄弟、叔侄之间的分家行为则更为普遍，这在所搜集到的河洛地区分家文书中可以清晰地看出。如孟津韩氏分单书1："立分书人韩天佑、韩天才，因家事丛杂，一人难以料理，独力不能支撑，是以兄弟公同商议，将祖遗及绪置房院产业、家伙什物，品搭均分，拈阄为定，恭请亲族尊长言定"；孟津韩氏分单书2："立分书人韩光荣、韩梦麒、韩梦雷，因家事丛杂，一二人难以料理，独力不能支撑，是以叔侄公同商议，将祖遗及绪置房院产业、家伙什物，品搭均分，拈阄为定，恭请亲族尊长言定"；偃师县前张村张天戒分家文书："立分关人张天戒，因父母去世，家事难理，欲强力同居，恐生嫌隙，今同亲族公议，将祖父遗业所有庄园田地家具，以及欠外账，品搭均分"；且除了上述搜集到的文书外，还存有其他兄弟叔侄分家的文书，如"立分单人李琳、李喜成兄弟二人清（情）愿分居令（另）住，今有□宅一所，上房两洞（间），厦房四洞（间），庙坡地二亩，当价□十串……"①；"宋大有、宋大才两分分单同析居各爨，今同族亲情愿将公业、田产、各色家局（居）品搭均分，各无异说"②；"立分单人王三与胞侄场、立因为同居不便，将庄田地土三分均分"③；"立分单人李泰安率胞侄存年、有年、长年同族亲公议，将余长兄遗业地一段，坐落家北滩，其地南北畛，计地一亩六分。此地分给长兄有年、长年永远耕种管业，出价一百一十千整，以偿长兄殡殓账债"④ 等。这些均是兄弟叔侄之间进行分家的文书，是兄弟叔侄分家类型的典型代表。

从现存的大量分书可以看出，分家的原因多种多样，在家庭出现危机或矛盾时，分家就变成了一种解决家庭问题的方法，所谓"子壮须分，由来旧矣，良以流长则派别，树大则枝分，势所不得不尔也"⑤。在目前所见到的河洛地区的分家文书中，有关分家原因，可以概括为以下几个方面。

一是因父母去世而分家单过。一般而言父母是维系家庭团结的纽带，一个家庭或者是一个大家族，都是需要靠一定的纽带联结起来的。如果失去纽带，则家庭的团结就很难维系，所以就会存在父母去世后子女分家的现象。这在分家文书中是有具体说明的，如偃师张天戒分家文书"立分书人张天戒，因父母去世，家事难理，欲强力同居，恐生嫌隙，今同亲族公议，将祖父遗业共有庄院田地家具以及欠外账，品搭均分"。从这份分书中就可以清晰地看到分家的直接原因是父母去世，兄弟三人选择分家单过。

中国传统历来强调家族观念，家族作为以血缘为基础而形成的基层社会

---

① 洛阳契约文书博物馆藏《李喜成兄弟分单》，文书编号：005492。
② 洛阳契约文书博物馆藏《宋大有、宋大才分单》，文书编号：025494。
③ 洛阳契约文书博物馆藏《咸丰元年王三分单》，文书编号：024097。
④ 洛阳契约文书博物馆藏《李泰安率胞侄分单》，文书编号：003133。
⑤ 张妍：《对清代徽州分家文书书写程式的考察与分析》，《清史研究》2002 年第 4 期。

单元，又以家庭为最小单位。一个家庭中，往往以"父"为首，全家人共同生活，共同拥有家庭财产。而当父母去世后，这种家庭局面就被打破了，子女要求分家也就不难理解了。且于河洛地区而言，人们的宗族观念较为薄弱。自宋代程朱确立祠堂之制，"自时厥后，士大夫家往往仿其制而行之者，率闽浙江广之人，所谓中州人士盖鲜也"①。王士性也说："郡邑无二百年耆旧之家，除缙绅巨室外，民间俱不立祠堂，不置宗谱，争嗣续者，止以殡葬时，作佛超度，所烧瘗纸姓名为质。"② 故父母去世后，维系家庭的纽带消失了，分家一事也就无可厚非了。

二是因家庭不和睦而分家。这是最为常见的分家原因，如宣统二年（1910）"为家道不和，难以同爨，今同族亲说合除过自养田物，其下田产财物按四分均分"③。民国三十三年（1944）"立父子分割字据人父袁大罡、子天佑，因父子每逢议事就像公堂打官司的原告与被告，各说各理，轻则磨口舌，重则斗殴，经维持会多次调节无效。父子央本村助理员从中说合，三方议定父子分割，家里所有财产全归父亲经管，其父拿出国币三十五千元整交于天佑。现时大洋两清五欠，即日赤身离开家宅，从此以后永不回家，对父生前无养，死后不葬（此处有指印两个）。若有亲族纠葛，双方各负责任一半。空口无凭，立字为据"④。都是因家庭不和睦而选择分家。随着家庭人口的增多，矛盾也会随之而来，在矛盾无法调和的情况下，只能选择分家单过。费孝通在《江村经济》指出："父母与已婚儿子的分家，通常是在某一次家庭摩擦之后发生的。"⑤ 其中，导致家庭摩擦的原因也分好多种，如父子不和、婆媳矛盾、兄弟内讧等诸多原因。可以说，家庭不和睦几乎是所有家庭选择

---

① （明）丘濬：《琼台诗文会稿》卷十七《南海亭冈黄氏祠堂记》，载《丘濬集》第9册，海南出版社2006年版，第4296页。
② （明）王士性：《广志绎》卷三《江北四省》，中华书局1981年版，第43页。
③ 洛阳契约文书博物馆藏《梁志旺同子黄卷等人分单》，文书编号：025725。
④ 洛阳契约文书博物馆藏《袁氏父子纠纷合同》，文书编号：024605。
⑤ 费孝通：《江村经济——中国农民的生活》，上海人民出版社2013年版，第59页。

分家的原因之一，河洛地区也不例外。从搜集到的河洛地区的分家文书中也可以看到因家庭不睦导致分家的事例，具体的材料如伊川郭陈氏分家文书："立分单人郭陈氏，因四子不能共炊，今同亲族说合，谨将房院田地按四份均分"等。事实上，不止是河洛地区，在中国很多地方，尤其是农村地区，因家庭不和睦而导致分家的现象也比比皆是。

三是家庭经济困难、难以为继而进行分家。一般而言，经济问题也多为"分家"的主要原因。因为小农经济下的家庭经济十分脆弱，自我抗打击能力极低，且"在农业社会，最基本的劳动对象是土地，人们通过农桑劳作而获取收成。然而耕地之扩展、垦殖速度，终不及人口繁衍得快。若人口数量超过一定地域之土地可以供养的上限，则必须有人离开原籍，开垦新地以维持生计"①。而采取分家方式可以将家庭负担最小化，从而有利于度过家庭困难。如上文编号孟津邢氏分单书2："立分约人邢祥云因人多地少，每日费用实实难支，今同族人商议，将现有房院、地、家具什物，按两分均分，恐后无凭，立分约各执一张为证。"孟津邢氏分单书3："立分约人邢祥云因人多业少，势难同居，今同族人商议，将现有房院、地亩、家具，按两分均分，恐后无凭，立分约为证。"以及"立分单人李门杨氏同子铁创、铁对、根对、两对因连年荒歉，势难同居共度，所以偏请诸亲族邻商议，将祖上所遗田产、宅基、器类等物均按四分品答，言明自分之后，永无反悔，恐后无凭，因立分单四张，各执一纸存证。"② 这些分书记载的均是因经济问题导致难以同居，故而分家的现象。

四是儿子成婚或儿子行为乖张导致分家。成婚是一个男子成为独立成熟个体的标志，在传统社会也作为分家析产的依据。因为"儿子一旦成婚，双亲的抚育责任即告完成，此时儿子已然具备要求'分家'的条件。因其可以

① 徐桢清：《中国古代"分家"行为探析》，《淮海工学院学报》（人文社会科学版）2014 年第 6 期。

② 洛阳契约文书博物馆藏《李门杨氏同子铁创、铁对等人分单》，文书编号：026670。

成为自己家庭的家长，便可脱离原来家庭，自立门户了"①。还有因儿子行为乖张、愚劣成性，违背父母意愿而析产单过。如"立主分产合全（同）人梁允智，因家业淡泊未实丰足，虽有五子，长子庚吉愚劣成性，既已难训，于道光□十六年四月十二日已被逐出，按分均分已分到田地拾壹亩零，典到房院一所三间宽，各种器具等件亦得五分之一，各无异说，俱有合全（同），族亲人为证，料无后患。次子禄非分妄为，更不守规，余欲逐出，恐有后患，又按四股均分，次子禄已分到房院一所，正房一间半"②。

五是父母年迈不能主持家务而提出分家，或者子女遵从父母之命而进行的分家。这种情况确实是存在的，也有文书记载。如"立分析（契）约人于门常氏，吾所生三子，长子庆元，二子庆亨，季子庆三，于今我以年及古稀，不能经振家务，因而恭请族长、友谊同中将祖遗并近置上窑三间，里外厦房五间，田地七段，共计五十九亩。一切家具零星物件，除吾应用之外，一应全同不讫……自此以后，各守各业，永无葛藤。一样三张，各执其一，恐后无凭，立□□约为证"③。"立分单人鲁金镛因年迈家贫，难以料理，且时运乖舛，所有东门外开设林兴泰杂货生意，去年冬十月不能行动，停闭歇业。万分无奈，只得邀请街长、排长以及族亲共同斟酌商议……。"④ "为世道不治，家道难齐，尊母命同亲族议论，析居家西北坡坡地六亩，家东北坡坡地二亩半，东半截家凹坡地一亩半，东半截家北沟凹地一段，家北场南半截，路南南半截，厦房三间，二门外一间，前后通路，永无净，论此照。"⑤ "立分关合同人武体文因遵父命分关房产，俱系拈阄品搭，如有多寡不齐，各听天命。恐后无凭，立此一样二纸合同存证"⑥。

① 徐桢清：《中国古代"分家"行为探析》，《淮海工学院学报》（人文社会科学版）2014年第6期。

② 洛阳契约文书博物馆藏《梁允智分产合同》，文书编号：025679。

③ 洛阳契约文书博物馆藏《于门常氏所生三子分析文约》，文书编号：024337。

④ 洛阳契约文书博物馆藏《鲁金镛分单书》，文书编号：025462。

⑤ 洛阳契约文书博物馆藏《梁柄娃分家合同》，文书编号：002776。

⑥ 洛阳契约文书博物馆藏《武体文分单书》，文书编号：024947。

此外，分家的原因还有很多，例如，上述分书中常提到的因家事繁杂，难以料理而分家。同时还可能有更深层次的文化原因。费孝通在《生育制度》中分析到，家是由父母子所形成的团体，是一个三角结构，"这三角结构是一个暂时的结构。在一定时间，子方不能安定在这三角形里，他不能永远成为只和父母联系的一点。他要和另外的两点结合成新的三角形。于是原有的三角形也就无法保持它的完整性了"①。这种社会结构的三角形关系从深层次解读了社会结构变动的原因，很好地诠释了"分"的原因，仿佛是血缘和情感关系潜在的一种要求。

四、分家原则、程序和内容

（一）分家原则

1. 均分原则。诸子均分是中国古代分家习惯中最重要的原则。该原则的确立历史悠久，至汉代已有明确的记载。对此，梁启超指出："然贾谊言'秦人家富子壮则出分'，则父在而子分居，财产独立，自战国时秦俗已然矣。财产承袭，在周代封建制组织完整时，其贵族所有土田，盖皆归袭爵之子，故争立之事，在《左传》数见不鲜。若庶人之家，则其制未闻。汉以来贵族制渐消灭，则兄弟均分遗产事，屡见于史。后代法令，皆承认均袭之原则，《清律》更详为规定云：'分析家财田产，不问妻妾婢生，止以子数均分。'故如近世英、德、俄诸国财产集中爵胄之制，盖革除几二千年矣。"② 从上文所列河洛地区的分家文书中可以看出，河洛地区财产分配同样讲究"诸子均分"原则。即分家时，"分家人留出公产后，便请凭族亲、中见，按诸子数目将家产品搭均匀数份，分注明白，各立名号，由诸子向神灵祈祷拈阄而定"③。"拈

---

① 费孝通：《生育制度》，商务印书馆2008年版，第167页。

② 梁启超：《梁启超论中国文化史》，商务印书馆2012年版，第40页。

③ 张研：《对清代徽州分家文书书写程式的考察与分析》，《清史研究》2002年第4期。

阄"之名，反映了分家行为中"诸子平分"的继承制度。如"将现有房院、地、家具什物，按两分均分，恐后无凭，立分约各执一张为证"，"今同亲族说合，谨将房院田地按四分均分"。孟津邢氏分单书3中记载："今同族人商议，将现有房院、地亩、家具，按两分均分，恐后无凭，立分约为证。"孟津韩氏分单书1："是以兄弟公同商议，将祖遗及绪置房院产业、家伙什物，品搭均分，拈阄为定。"孟津韩氏分单书2："是以叔侄公同商议，将祖遗及绪置房院产业、家伙什物，品搭均分，拈阄为定。"孟津韩氏分单书3："兹特邀同亲族，将房院土地按份平搭均分。"以上文书，足以说明河洛地区分家习惯中均分原则的应用。

2. 秉承公平、公开原则。邀请亲族、中人到场见证，同亲族商议之后才能进行分家，分家时清点家庭财物，抓阄决定归谁占有，全程都是公开透明的。如韩氏分单书1："是以兄弟公同商议，将祖遗及绪置房院产业、家伙什物，品搭均分，拈阄为定，恭请亲族尊长言定。"采取的是将祖上遗产均分为数份，抓阄决定归属的方式，力保财产分配公平。此外，公平的原则又表现在监督见证方面。分家时到场的中人一般都是分家直接参与者的同等亲属，多为舅舅。这一点可以从各份分家文书的画押人看出，仍以韩氏分单书1为例说明，"同亲族人：李鸣皋（押）徐有聪（押）曹八（押）马黑汉（押）王者林（押）王者瑄（押）王者坪（押）韩永裕（押）韩永全（押）韩乘明（押）韩兆林（押）韩志道（押）"。可以看出，韩氏兄弟分家，邀请的中人并非都是本族亲属，而且排在前列的是李鸣皋和徐有聪等，推测为韩氏兄弟母亲的娘家人，也可能是舅舅。到场见证人既可以确保分家过程公平，又可以保证分家文书的后期效力，监督受产人遵守合同，一举两得。

另外，公平、公正原则还可以从债务均担来表现。如偃师张天戒分单书："将祖父遗业所有庄园田地家具，以及欠外账，品搭均分。"该分书对于祖父欠的外账，也品搭均分。由此可见，河洛地区的分家习俗无疑是公平的。且"诸子均分"采用"拈阄"方式，在一定程度上也是公平原则的体现，在事实上规避了家长因感情偏私而可能引起的分配不均的弊端。"因为拈阄定份的方法难以舞弊，纵然有心偏袒的家长也不得不以最为公平的方式析分财产，而亲自拈阄的儿子们也都会服从'天意'，不再因所得家产之差异而心生不满、乃至争诉"①，从而保证分家过程的公平与公正。

3. 自愿原则。分家析产完全出于受产人自愿，且多是由受产人自愿提出。如分书多有"各出情愿，永不反悔，恐后无凭，立分单存证"。合同文书一旦签订，不许反悔。这一原则在分家文书中很常见，常见的说法还有"自分之后，各无异说，恐后无凭，立此一样二纸为证"；"以上所分，自此以后各无异说，恐口不凭，立分书为证"等。

(二) 分家程序

分家程序既是分家的过程，也是家庭财产在代际传递的过程。费孝通认为，"通过这一过程，年轻一代获得了对原属其父的部分财产的法定权利，对这部分财产开始享有了专有权"②，而起因便是"年轻群体对经济独立的要求"，成为家庭的"瓦解力量，最终导致分家"③。一般而言，分家时，经父母同意后，邀请中人、亲族、乡邻及书写人到场，清点家产器物，平均分配给受产人，订立分书，签字画押后可生效，从此各受产人有权管理自己的财物。分家的程序可以大致概括为：提出分家要求、亲族商议准许、邀请中人到场见证、清点家产、书写分书，到场各方签字画押之后，分家即告完成。

订立分书的参与人可概括为：主持者、受产人和其他参加人。

1. 主持者。分家的主持者一般都是在家庭中拥有威望并对分家时间、内

---

① 徐桢清：《中国古代"分家"行为探析》，《淮海工学院学报》（人文社会科学版）2014年第6期。
② 费孝通：《江村经济——中国农民的生活》，上海人民出版社2013年版，第59页。
③ 薛玉：《从分家书看徽州地区分家习惯》，《图书馆论坛》2016年第9期。

容等享有决定权，主导家务活动的人。主持者在阄书的开头称"立分单合同人"，也有称"立分书人"等。在现存的许多分书中，主持者多为家族中有威望的人，如父母等。例如"立分书人赵玩因长子守璧、次子守忠、三子守和兄弟同居不便……恐后无凭，立分书永远存照"①。以及上文提到的咸丰八年（1858）梁允智分单书、光绪三十年（1904）于门常氏同子分单书、民国十七年（1928）鲁金镛分单书等，都是典型的父母为主持者的情况。同时也说明，并不是谁都有资格做分家的主持者，在一个家庭中家庭地位具有很大的差别，这也是传统中国等级制度与尊卑观念在家庭生活中的体现。

2. 受产人，即接受财产分割的人。一般而言，由父母主持进行分家时，受产人即是主持人的儿子，如伊川县郭陈氏分家文书："立分单人郭陈氏，因四子不能共炊，今同亲族说合，谨将房院田地按四分均分，三子育才分到老宅前院半所"，这份文书就是典型的儿子是受产者的情况。也有儿子放弃家产的情况，但例子极少。有一则分书反映的就是此种情况，长兄婚后，"婆媳不能和睦，讼结数场"，于是长兄与父亲商议，"父将祖业、钱粮、门户及债负，交与我二人（两位弟弟）承值，不涉传坤之事"②，但这只能作为特例。在搜集到的有关河洛地区的分家文书中并没有见到儿子放弃家产这一现象的出现，足见其特殊性。此外，受产者除了亲生儿子之外，长孙以及未出嫁的女儿都有权获得部分财产。对此的研究就涉及近代继承法的相关内容，分家时子女是第一继承者，但儿子拥有绝对优势，女儿一旦出嫁就无权参与家产的析分。这也是传统中国社会重男轻女思想在近代的延续及其在社会与家庭生活中的表现。

兄弟叔侄之间提出分家。受产人为提出分家的兄弟或者叔侄，同样为男性。在搜集到的河洛地区分家文书中，这种情况也是常见的。如孟津韩氏分

---

① 洛阳契约文书博物馆藏《赵玩分书》，文书编号：027740。
② 俞江：《论分家习惯与家的整体性——对滋贺秀三〈中国家族法原理〉》的批评》，《政法论坛（中国政法大学学报）》2006年第1期。

单书1："是以兄弟公同商议，将祖遗及绪置房院产业、家伙什物，品搭均分，拈图为定，恭请亲族尊长言定……"孟津韩氏分单书2"是以叔侄公同商议，将祖遗及绪置房院产业、家伙什物，品搭均分，拈图为定，恭请亲族尊长言定……"等。

从上述内容来看，不论是父母主持进行分家或是兄弟叔侄之间提出分家，所谓的"受产者"均是男性，女性分得家产的情况在搜集到的文书中并未见到，这足以窥探出当时河洛地区的思想观念，传统观念依旧存在并得到承袭，这些都是当时河洛地区社会生活和思想观念的真实反映。

3. 其他参加人。指除主持者与受产人以外的其他到场者，主要是其族人、亲属、邻居、朋友、代书人以及见证人等。这些参与者可以分为两类：一类是有亲属关系的人，一类是无亲属关系的人。这些参与者在分书末端也会签字画押，所起到的就是见证分家的公平性，并为之起到了口头传播的作用。如孟津邢氏分单书1："同中人：邢傅茂（押）邢天祥（押）邢傅光（押）"；孟津邢氏分单书2："同族人：邢毓椿（押）邢元（押）"；孟津韩氏分单书1："同亲族人：李鸣皋（押）徐有聪（押）曹八（押）马黑汉（押）王者林（押）王者瑄（押）王者坪（押）王永裕（押）王永全（押）王乘明（押）王兆林（押）王志道（押）"；孟津韩氏分单书2："同亲族人：李致（押）韩二保（押）韩克成（押）韩福申（押）韩梦魁（押）韩二孟（押）"等，在这些分家文书中均有其他参与者的记录，从参与者也可以看出家族观念的色彩以及宗法制在家庭事务中所起到的作用。

（三）分家的具体内容

分家的内容是指分家时进行析分的内容，即析分的家产范围，包括财产与债务，具体包括土地、房屋、家具、农具、财物等。分析上述的分家文书可以发现，河洛地区的分家内容大致可以概括为以下几点。

1. 土地。孟津邢氏分单1"家东地一段八分有零""孟津邢氏分单"，2

"坟南坟北地东边两段，家南波池地一段，梨园南头地一段，家东地南半截，老庙西地东一半，窑场北地东一半，家西顺小路地东□□又西地东一半，水车井地东一半"，孟津邢氏分单3"又分波池沿地一段，梨园南头地一段，家东地南半截，老庙西地东一半，家西顺小路地东一半，水车井地东一半"，偃师县前张村张天戒分家文书"东西畛下沟窑场垴地（当契）十二亩，南北畛又分同庄东凹地十亩"等。土地的种类有平地、坡地、坑地、场地、水车井地、池地、滩地、关帝庙地等。

2. 房屋。孟津邢氏分单2"己身分到老院东一半""分到老院上房三间，东厦房三间"，伊川县郭陈氏分家文书"三子育才分到老宅前院半所，后便道一处，街房三间，中房三间，厦房对面共五间，上沟厦房二间，南至坡圪为界，西坑作为前后西三院"等。房子的种类有厦房、上房、街房等。

3. 家具、器具类。偃师县前张村张天戒分家文书"家具器物各执有单"、孟津韩氏分单1："家伙什物，品搭均分"等。

4. 经济作物。"柿园""苇园""梨园""李园""花地""韭菜地"等。

5. 债务。受产人在获得财产的同时，也必须承担家庭的债务。一般而言，债务采取的也是均分原则，即受产人共同承担所欠债务，如偃师张天戒分家文书："欠外账，品搭均分。"也存在受产人一方自愿承担所有债务的情况，如嘉庆十四年（1809）李氏兄弟分单书"未鲁□地，李琳今分到厦房四洞（间），坡地二亩，李喜成分到上房二洞（间），店内生意所欠人家账责公养母亲，李琳一面应承，不于（与）李喜成相干"①。

6. 公用财产。孟津邢氏分单2"东空院两家公用，老院前后两家出入得便"，孟津邢氏分单3"老院前后两家出入得便"，孟津韩氏分单3"赵坡西南花地两门共出等"。

7. 祭田、祖坟。孟津韩氏分单3"坟地七分不得变卖"，偃师县张天戒分

---

① 洛阳契约文书博物馆藏《李喜成分单》，文书编号：005492。

家文书"公除祭田地二亩五分,轮流耕种以为祭费"。

8. 父母养老地。如分家时预留不分,用以给父母养老所资之地。偃师张天戒分家文书:"又分到养老地董王庄东岭地九亩,东西畛西南岭地六亩,南北畛石嘴地九亩,东西畛北沟地十五亩,东西畛下沟窑场塄地(当契)十二亩,南北畛又分同庄东凹地十亩,东西畛东凹地十二亩。"从分书可以看出,张家兄弟给母亲预留了养老地。

五、河洛分家习俗的主要特征

河洛地区地处中原,有沟通九州的特殊地理位置,这种地理的特殊性表现在文化上就是包容性。河洛地区吸纳周边文化,融合不同习俗,和其他地区保持同步,因此河洛地区分家习俗作为河洛文化之一,既具有自身的特点,又兼有周边文化的特征。

(一) 相同性

1. 基本原则:诸子均分。财产分割时,为保证公平,多采用抓阄方式。这种分家原则也是我国传统分家中所一贯采用的方式,河洛地区也沿用该原则,如偃师县前张村张天戒分家文书:"立分关人张天戒,因父母去世,家事难理,欲强力同居,恐生嫌隙,今同亲族公议,将祖父遗业所有庄园田地家具,以及欠外账,品搭均分。"可以看出,诸子均分的原则不仅适用于财产的分割上,债务也一律均分。此外,河洛地区的分家程序也同周边地区基本相同,融合了周边地区的特征。

2. 明显的时代背景。在大环境的影响下,河洛地区也同其他地区一样具有家族宗法观念。分家首先要"同亲族公议"或"同亲族说合",然后再进行分家。分家时要邀请亲族长辈到场做证,并在分家完成时签字画押以示见证。亲族尊长很有话语权,如孟津韩氏分单书1"恭请亲族尊长言定"。祭祀费用要单独列出来,"公除祭田地二亩五分,轮流耕种以为祭费,家具器物各执有单"。坟地禁止出卖，如"赵坡西南花地两门共出，坟地七分不得变卖"。

3. 女子无财产继承权。古代女子"有三从之义，无专用之道。故未嫁从父，既嫁从夫，夫死从子"[1]。法律规定"子妇无私货，无私畜，无私器，不敢私假，不敢私与"[2]。女子没有财产所有权，这一观点在近代河洛地区的分家文书中也可以看出，九份分家文书中分家的主要参与者都为男性，女子没有财产继承权，体现了男女有别、重男轻女的时代特点。

4. 分书已形成较为固定格式简洁、规范。和同时代其他地区的分书文本类似，河洛地区也有着一套完整的书写样式，甚至出现了具体的书写模版，分家时只需要填入变量信息即可。此外，民国承袭清朝的格式也是文本上的一个特点。通过对清末和民国时期河洛地区的分书进行仔细比较，可以发现民国时期的分书在文本上基本沿袭了清朝的格式，若是抹去分书上的日期，格式上几乎没有区别。

第一部分是序言，也是分家文书的前言部分，大部分分家文书都有序言，交代立分书人姓名、分家缘由、分家方式以及结束语等。

第二部分是分家析产的具体内容，清点家产，按儿子人数析分，有些分书会将赡养费、公田列出；有些加批追补相关内容。

第三部分是签字画押，按照立分书人、中人、代书人的顺序。

一些分家文书写立后还有根据情况加批增补新的内容。

所谓批补顾名思义即是对已经签订的分家文书的补充、完善，或修改，时间上晚于分书的订立，有的直接在分书上添加要补充的内容，有的则是重新写一份。这大体上类似于现代合同中的补充条款，补充的内容不固定，有的是对家族祭祀费用的补充，也有的是对父母赡养、丧葬费用的分摊；也有的是对家庭财产的再一次分配。

---

[1]　彭林注释：《仪礼》，中州古籍出版社 2011 年版，第 301 页。

[2]　（汉）郑玄注，（唐）孔颖达正义，吕友仁整理：《礼记正义》，上海古籍出版社 2008 年版，第 1129 页。

例如，伊川县郭陈氏分家文书，订立的时间为中华民国二年阴历三月廿日，但又在民国五年八月初三日在亲族说合下订立补契，两部分时间相差三年，后一份作为对前一份分书的补充，又分到"养老地董王庄东岭地九亩，东西畛西南岭地六亩，南北畛石嘴地九亩，东西畛北沟地十五亩，东西畛下沟窑场垴地（当契）十二亩，南北畛又分同庄东凹地十亩，东西畛东凹地十二亩，东西畛（董王庄）西头房院一所，西场一段。空口不凭，立字存证。董王庄后沟地十五亩，南北畛当中章屯罗宗超四亩，当上章屯地五亩"。补充内容表明，民国五年，郭氏家庭在母亲去世后，兄弟四人对其养老地进行了分配，并批补在原分书之上。

此外，一些契约结尾还会有一些额外的说明，如预留父母赡养费用、田地和祭祀用田等。如偃师县前张村张天戒分家文书"公除祭田地二亩五分，轮流耕种以为祭费"，明确将祭祀用田单独列出，为保证公平，由兄弟几人轮流耕种。如孟津韩氏分单书 3 "赵坡西南花地两门共出，坟地七分不得变卖"，在契约结尾强调坟地不能变卖。再如孟津韩氏分单书 2 "西边院子南头，许车路出入，行走东边。场地东边同长，准出入行走"，对家庭公共道路加以说明。

（二）独特性

近代河洛地区远离政治中心，丧失了政治上的优势，经济上趋于落后，文化上的反映也必然是迟缓、守旧。有学者指出民事习惯有较强的延续性，受朝代更替的影响较小，一般认为，只要民事习惯在它所控制的领域没有被替代，则能够通过断代研究来展现整体状况。[①] 就分家而言，我国最早的分家行为产生于春秋战国时期，那时的河洛地区居天下之中，可以说分家行为的产生地就是河洛地区。这种历史久远的习俗持续发展，到近代时河洛地区分

---

① 俞江：《论分家习惯与家的整体性——对滋贺秀三〈中国家族法原理〉的批评》，《政法论坛（中国政法大学学报）》2006 年第 1 期。

家习俗的独特性就已非常明显。

1. 具有地域性

从搜集到的有关河洛地区的分家文书不难看出，河洛地区分家与全国大多数地区一样，内容形式多样，但从河洛的分书可以看出该地区分家习俗有着地方区域特性。主要表现在分书是一个地区社会生活在文字上的表现，记载了一个个家庭的整体情况与所处的社会环境。

（1）分书材质来源的地域性，如伊川郭陈氏分家文书的材质就很特殊，是一张质感很好的红色棉布，而普通的分家文书多是写在粗麻纸上。伊川郭家想必家底殷实，经济宽裕，这说明洛阳地区有一些家境富裕的大家庭，当家庭出现危机时也需要分家化解危机。

（2）分书中家产内容的地域性。如"街房""中房""厦房"等。这些房屋称谓极具地域性。其中，所谓"厦门"，指主宅上房两侧的厢房，一般为单檐，一面流水，在河洛、关中地区很流行。

土地类型又有"岭地""畛地""滩地"等，如"官地北凹牛肋板地三亩，大沟北路边地五亩，李晏门边地六亩，大沟北地西半八亩，西场边地东半十亩，马村岭地西半十五亩，南凹第四段十四亩，南岭路北南畛地二亩，路东东西畛地十一亩，路西买段王奇地五亩，买董金地六亩"，反映了郭家土地数量大，土地种类多，同时也反映了河洛地区土地部分集中的现象。

又如窑场、窑洞，反映了豫西地区特殊的居住场所。洛阳地区位于河南省西部，黄河中下游，西面环山。胶土多，质地较硬，油性大，所以土质坚硬且不易干裂。再加上该地区有利的地形和黄土直立性较好，雨量较南方少，铸造时土石参半，耐风雨侵蚀。得天独厚的地理环境和智慧的铸造方式让这种冬暖夏凉，成本低的居住场所成为豫西地区的特色。

还有"梨园""柿园""苇园"等，这些经济类的果园，是近代洛阳人民的经济来源途径广泛，也是洛阳地区商品经济发展的反映。洛阳地区北接山西，与山西经济往来频繁，洛阳地区的晋商会馆都是有力说明，现在洛阳老城区仍保存一东一西两座晋商会馆，东边的是洛阳老城区民俗博物馆前身的潞泽会馆，原为乾隆年间山西潞安府和泽州府（今长治和晋城）在洛商人聚会之所。西边的山陕会馆是康雍时期来洛经商的山西、陕西商人所建。晋商会馆的建立反映了当时洛阳地区商业经济发展的盛况，直到现在洛阳市仍设有晋商会。"洛阳成为山陕商人绸布业贸易的中心，其城市商业发展状况，极度依赖客商经济。"①

（3）父母预留养老地及父母过世后养老地的再分割。从郭家母子分家文书可以看出，一共进行了两次分家，第一次家产四子均分，文书记载了第三子分得的家产，第二次将母亲养老地再次分割，又记录下第三子分得的家产。这反映了近代河洛地区的一种民事习惯——分家时要给父母留出赡养用地，"华北地区分家留养老地是传统习惯，一般来说，老人百年之后，养老地多被长子承业或协议均分"②。从第二次分家可以看出，母亲郭陈氏已经过世，养老地被协议分割。文书中虽然并没有提到具体的分割形式，但根据前次分家文书记载"四子均分"，"三子分到"，第二次三子"又分到"等字眼推测，养老地也应该是被四子均分。

2. 反映近代河洛地区的家庭纠纷和家族谱系

（1）家产纠纷时有发生。孟津韩氏分单书 4 对家产争夺有具体的描述："四门分家后，长门次门三门复行同居，四门梦魁另度至光绪廿年，长次三门又分家，四门梦魁系分家证人。呈内头分八十二号滩地，原系曾族梦雷分到之业，有分单为证，与四门韩文焕根本无关。自光绪廿年二月十九日分居后，并无有卖过滩地，如何是伊之地？如何管业？有何为证？"这则分书记录了三门后人与四门后人韩文焕争夺财产所有权。可以透过这件争夺财产的事件，推断出近代河洛地区家庭成员争夺财产的情况时有发生。

（2）为研究族谱提供参考，透过孟津韩氏分单书 4 和另外三份韩氏分单

---

① 吴志远：《清代河南商品经济研究》，《中国城市经济》2011 年第 9 期。
② 王云红：《华北民间契约文书中的家庭养老民事习惯问题》，《中国农史》2020 年第 4 期。

书，可以知道四门韩文焕还有兄弟韩文宣、韩文昭、韩文英、韩文乐，且韩文换排行老五，这对了解韩氏祖上人口情况提供了直接的参考依据。参考韩氏分书 4 中的族谱，可以知道与四门后人韩文焕争夺财产所有权的三门后人，是韩文杰或韩文央，而韩文央年老无子，所以是韩文杰的可能性更大。

结　语

分家习俗是民间社会习惯和人们心理的一种反映，反过来这种习俗也影响着人们的生活和观念。河洛分家习俗对地方社会的影响主要表现在以下几个方面。

（一）维持地方社会秩序

河洛地区明清以来并不太平，社会动荡不安，再加上小农经济下的家庭经济的脆弱性，自我抗打击能力极低，民间社会家庭危机频现。人们化解矛盾的方式多是分家，以此来将家庭危机最小化。由此可以看出，分家习俗起到了调和矛盾、维持社会秩序的作用，并在一定程度上充当了民间私法的角色，从而在一定程度上成为社会稳定秩序的维护者。关于这一点，学界有不少论断。如俞江曾在《读书》杂志上说："调整中国传统社会秩序，带动整个社会运转不是民法或其他什么法律，而是活跃的契约生活。"① 梁治平也认为："真正维持古代民间秩序的是契约而不是法律。"② 我们可以将以上分家习俗在民间社会生活中起到的规范和约束作用认为是分家习俗的效力，它对近代河洛地区的社会稳定起到了积极作用。

（二）将大家庭分为小家庭

分家习俗对河洛地区最直接的影响便是使得一些大家庭分解成为一个个

---

① 俞江：《是"身份到契约"还是"身份契约"》，《读书》2002 年第 2 期。
② 梁治平：《清代习惯法：社会与国家》，中国政法大学出版社 1996 年版，第 161 页。

小的家庭。这种大家庭的缩小化表现在人口、家庭财产和土地规模的缩小化。分家使旧的大家庭分化成一个个新的小家庭，而这些小家庭又会继续生长，最终进一步分割成新的家庭，如此反复。河洛俗语："树大分杈，业大分家。"大家庭的这种拆分，最终导致该家庭整体实力的削弱和家庭人口规模的缩小，可以说河洛地区家庭形式是以小家庭为主。这一点从洛阳地区地方志可以看出，"雍正元年，洛邑被荒，城关八路稽查，饥民共一万三千八百三十户，大小四万两千五百八十三口"①。这是一则雍正元年（1723）饥荒人口调查，结果显示平均每家仅有3人。同时，伴随家庭的缩小化而来的是家庭土地等财产数量的减少和家庭实力的削弱。不过，在一些地区，也有三世四世五世同堂的地主家庭，人口达数十人，其所以维持大家庭而不分家析产，正是为了避免诸子均分而带来的地权分散。不过，"以户别比较，自然这样的大地主家庭占田较多，然以人均比较，则不会有太大的悬殊"②。

（三）土地由集中变为分散

土地也随着分家的进行，从集中于一些大地主手中，到分散到独立的小家庭，一代代的分家，使得土地的面积愈加零碎。几代以后一个大家族的土地就会分解成一块块小面积的土地。如前文郭陈氏同子分单书中仅仅是第三子育才一人就分得如此多的土地，想必其他儿子所得也必然不会少。再加上母亲去世后的第二次分家所得，家族的土地全部分散到几个儿子手中，原来集中的土地则不复存在。郭家在当地属于富裕的大家庭，分家习俗使得家境殷实的郭家解体，土地也进一步分散。这也很好地解释了近代河洛地区土地集中不明显，大地主数量不多的现象。

---

① （清）龚崧林修，（清）汪坚纂：乾隆《洛阳县志》卷二，（台北）成文出版社 1976 年版，第 150 页。

② 张佩国：《地权·家户·村落》，学林出版社 2007 年版，第 53 页。

（四）　对社会延续的推动作用

分家习俗使得分家的观念深入人心，相伴随的是年轻一代独立意识的觉醒，分家为年轻一代提供物质基础，小家庭的年轻人可以独立使用这些财产，有自己自由发展的空间。"个人独立意识的增强所伴随的一个必然结果是责任意识的强化与提高。这对于人的现代化来说也不能不说是有力的助推因素。"①土地及财产的分割与占有使得新家庭有了生活发展下去的物质基础。分家习俗的存在给河洛地区的社会发展注入了源源不断的血液，促进了社会的发展和延续。此外，分家习俗将大的家庭分割成小家庭的同时，也将家庭矛盾和危机连同财产一起分化。这样一来，不仅有效地将家庭自身的风险与矛盾最小化，且分开居住之后也避免了大家庭生活的摩擦和不便，提高了各小家庭的生产积极性，促进了家庭经济的发展。

（五）　反映了当时社会的价值观念

传统中国是儒家价值理念统治的社会，人道亲亲和尊祖敬宗在中国观念里可谓根深蒂固。即使是分家析产，血脉和亲缘关系也是切不断的。在分书中多有坟地不得变卖、留祭田祭祀和为父母留养老地的记载，共同的祖宗和祭祀在维系家庭情感上的作用是不可替代的。这在当地的其他习俗中也可以得到反映。新年的习俗是要祭祖和拜家里的长辈。《偃师县风土志略》中记载当地祭礼的一些要求："正月元日，必设馔于中堂以祀先人。清明节前数日，用纸条挂坟上，设馔祭之，谓之'上坟'。其族大、祠堂有祀田者，恒聚族拜扫，会食以享馂余。平日先人忌辰，以家馔祭于神主前。十月一日，家家备油食祭于墓，烧五色纸，谓之'烧寒衣'。凡春秋两祭，出嫁之女皆与焉，年久

---

① 王荣武：《当前乡村分家习俗的民俗学思考》，《民俗研究》1994 年第 3 期。

者，外甥多代之，此祭先祖之大略也。"① 每年在特别的时间要共同祭祀祖先，追慕先人，这种祭祖尊祖的精神强化了人们之间的血缘亲情，对人们产生了强大的凝聚力。

事实上，现实生活中有很多物品是无法分割的，比如，共同出入的道路、共同使用的水井等，这些无法分割的公有之物联络了人们的情感。不仅如此，民间的传统家族活动也加固着家族之间的感情。据《洛阳民俗志》记载家族活动主要有排字辈、讲门第、重家规、修家谱、行家祭，其中各式家族立家谱的目的主要在于纪世系、联宗支、广孝思。清代和民国时期，民间家族十分看重奉祀祖先的家祭活动。家祭由族长或神头主持，并代表族人表述全族追源报本之心。祭祀完要全族宴饮，宴会毕，要分配祭品，称"吃祭余"。家族宴饮是家族的一项重要的活动，全族人都要参加。许多家族利用家祭时，宣传本家族的族规，修继家谱，排世系，论辈分，也会在此时解决族人矛盾，处理违反族规的人，重申宗法家族的人伦之道。② 诸如此类家族间的活动仿佛有一种潜在的精神力量将同家族的人们无形中联结在一起。费孝通先生也指出："经济上，他们变独立了，这就是说他们各有一份财产，各有一个炉灶。但各种社会义务仍然把他们联系在一起……他们互相帮助，在日常生活中关系比较密切。"③ 家庭成员之间的血缘感情和传统文化的精神力量使分开的家庭也不失联系和协作，这是分中有合的一种体现。

古代社会，人们以传统的大家庭为荣，把"五世同堂""七世同居"当作荣耀，并追求这种大家庭的生活模式。随着时代的变迁，这种观念逐步被淡化，分家时签订的分家文书的内容则可以从不同层面反映出这些家族分家的原因、分家的具体内容以及分家的原则和程序，存世的分家文书就成了旧时家族变迁的见证。分家文书是时代环境和家庭生活、社会观念的一个缩影，

---

① 丁世良、赵放：《中国地方志民俗资料汇编》中南卷上，北京图书馆出版社 1991 年版，第285 页。

② 韩彦刚等：《洛阳民俗志》，香港教科文出版有限公司 1999 年版，第 104—111 页。

③ 费孝通：《江村经济——中国农民的生活》，上海人民出版社 2013 年版，第 71 页。

为研究当时的社会环境和家庭生活提供了第一手材料。透过对河洛地区分家文书的研究，我们得以了解分家习俗的由来、河洛地区分家习俗的内容和主要特征。事实上在传统价值观下生活的人们分家析产，但血缘的天然联系又使得人们不断地在亲缘关系中寻找情感的关联，亲亲尊尊、敬宗尊祖的文化精神也影响着人们趋向协作共存，这种分中有合的精神在中国传统社会的分家习俗中一直延续不断。

第八章　河洛养老契约与养老习俗

　　中国传统社会在儒家文化的熏陶下，崇尚"民本"思想，注重孝道伦理，逐步形成了以"孝"文化为中心的养老文化。养老问题不仅受到上层统治者的鼓励关注，还是下层民众身体力行的日常生活。费孝通曾指出："在西方是甲代抚育乙代，乙代抚育丙代，那是一代一代接力的模式，简称'接力模式'。在中国是甲代抚育乙代，乙代赡养甲代，乙代抚育丙代，丙代又赡养乙代，下一代对上一代都要反馈的模式，简称'反馈模式'。这两种模式的差别就在于前者不存在子女对父母赡养这一种义务。"① 可以说，中国人历来重视养老问题，这种"反馈模式"的家庭养老是传统民间社会主要的养老形式。长期以来，人们对传统家庭养老问题多是从宏观角度进行讨论，微观的考察

---

　　① 费孝通：《家庭结构变动中的老年赡养问题———再论中国家庭结构的变动》，载费孝通《费孝通文集》第九卷（1983—1984），群言出版社 1999 年版，第 40 页。

相对不足。① 这里拟在前人研究的基础上，以河洛地区涉及养老问题契约文书为依据，从更具体入微的视角考察河洛民间社会的家庭养老民事习惯问题。

一、养老文书中的赡养规范

中国传统社会历来都有爱老尊老养老的美德，以家庭养老作为传统养老的主要形式。受传统观念影响，家庭成员往往视养老为重要的人生责任和基本义务，供养有缺则是最大的不孝。赡养父母既是伦理要求，也是子女的法定义务。大清律规定，子贫不能营生养赡父母，因而导致父母自缢死者，要按照过失杀人的刑罚，判处儿子杖一百，流放三千里。② 民国和清代一样，法庭坚持对儿子无条件赡养双亲的要求，体现了司法实践的基本连续性。③ 学者黄宗智已考证指出，传统的养老主要有三种形式：一种是把家里的地的一部分拿出来放在一边作为父母的养老地；一种是儿子们轮流为双亲管饭；一种是每年给双亲定量的粮食。其中，第一种形式最为流行。有土地的家庭总会专门拨出一部分地给父母亲，即使这家只有极少量的土地也是如此。④ 在河洛民间社会，子女也往往把赡养老人作为基本义务，通常并不立文书加以规范。从已搜集的养老文书来看，之所以要召集亲邻，郑重写定文书，商量养老问题，多有其特殊的情况。河洛地区传统的养老文书，按照其内容，可以分为

① 宏观的研究较多，如赵全鹏《清代老人的家庭赡养》，《中国社会历史评论》（第一卷），天津古籍出版社1999年版；董江爱《近代中国农村家庭养老的历史必然性》，《晋阳学刊》1999年第1期；王跃生《宋以降传统农村家庭养老制度与实践》，《古今农业》2015年第1期；王跃生《历史上家庭养老功能的维护研究——以法律和政策为中心》，《山东社会科学》2015年第5期；黄健元、姜丽兰《农村家庭养老服务与孝文化演进》，《重庆社会科学》2016年第9期等。微观的研究，仅见李华丽《咸丰时期老人居住方式的考察——以〈安祺佐领咸丰七年清查户口人丁清册〉为据》（《西安文理学院学报》（社会科学版）2006年第1期）、《晚清华北地区女儿养老研究》（《中州学刊》2013年第2期），通过地方志、档案资料和清末社会调查，考察晚清的老人居住方式、女儿养老等问题，但更细致全面的考察仍有较大的拓展空间。

② 张荣铮、刘勇强、金懋初点校：《大清律例》卷三〇，天津古籍出版社1993年版，第524页。

③ 黄宗智：《法典、习俗与司法实践：清代与民国的比较》，法律出版社2014年版，第125页。

④ 黄宗智：《法典、习俗与司法实践：清代与民国的比较》，法律出版社2014年版，第110—111页。

一般养老文书、以地养老文书、以房养老文书、养老遗嘱等，下面分别加以考察。

（一）一般养老文书

一般养老文书是最典型的有关养老的文书，其内容开宗明义，突出养老，在文书中具体规定或分配子女养老的权利和义务。这类文书一般称为养老字据、养老凭据或养老合同。如：

养老文书一①

　　立养老送终明白人刘守基，因为人口浩繁，难以奉养，是以兄弟和同商议，邀请亲戚邻族，今将所有养老地八亩，守基情急耕种，事奉母亲，异日殡埋父母，尽在地费，并与烈等无干，异日不得反言，倘或反言，到官不得说理，恐后无凭，立明白存照。

　　乾隆四十三年五月十九日　立明白人：刘守基

　　亲戚：尉永吉　邻族：王銤　刘统绪

养老文书二②

　　立养老凭据，同胞四人白文源、白文治、白文庆、白文茂，只因分家过度，父母年迈，养老之地难以耕种，请同亲族家长，每人每年贴获养老夏田麦子一石五斗，秋田细色粮食一平石。将长子胡芦沟地一坰，次子河理眛头地一坰，三子斜坡上甲地一坰，四子塔理地一坰，活养死葬，倘若攻（供）养不及，尤（有）在父母典卖过度，竭力孝顺，没负忘恩，恐口难凭，立此字据为证。

　　邀同亲族家长邻居：张申云（书）　白玉林　白玉盛　白生才

　　王德喜　白玉润　白文根　刘学孔同证

---

① 洛阳契约文书博物馆藏《刘守基立养老送终明白文字》，文书编号：027679-A-1。
② 洛阳契约文书博物馆藏《白姓立养老凭据》，文书编号：027465-A-1。

中华民国九年二月初十日

立养老凭据四人：白文源 白文治 白文庆 白文茂

养老文书三①

立养老字人任维墉、任维翰，今因父亲故去，于本年十月二十一日出父殡，后同舅父高凤翔议妥，维墉每年津贴母亲米麦各三斗、粗粮六斗、洋元五元、洋布两丈五尺。维翰津贴地十二亩，系中川九亩、车道地三亩，许吃不许卖，粮神社维翰上纳，日后母亲去世归维翰执业，又贴洋元十元、洋布两丈五尺，又自己分到南院内，许母亲住北房三间，用厨房火台灶具，使用一切家具，另有花单一样两张，各执一张，母亲去世，照单点数，如母亲病体沉重，时维墉、维翰公中雇人侍候，母亲故去，维墉、维翰公中商议，葬埋花费钱项公摊，出于三方情愿，各无反悔，恐口无凭，立此为据。

同中人：赵启烈（花押）赵启泰（押）

任维墉（押）任维翰代书（花押）

民国十八年阴历十月二十三日，即阳历十一月二十三号立

文书一刘守基、刘烈兄弟二人因在奉养母亲方面产生纠纷，于是邀集亲邻协商，约定由守基赡养母亲并养老送终。作为补偿，养老地则由刘守基承种。河洛地区习俗是老人跟哪个儿子生活，其份地财产也归该儿子承业，其他子女不能争执。

文书二明确指出之所以"立养老凭据"，是"因分家过度，父母年迈，养老之地难以耕种"。从中可以看出，该家庭兄弟四人已经先后分家自立门户，而父母是靠自己耕种养老地独立过活的。随着父母二人年龄越来越大，无力独立耕地生活才不得不"邀同亲族家长邻居"立约，把养老地重新分配给四

---

① 洛阳契约文书博物馆藏《任姓立养老文字》，文书编号：010485-A-1。

子，而兄弟四人则负责帮贴老人的夏秋口粮。文书中还专门规定兄弟四人要"竭力孝顺"，如供养不及，父母有权把养老地典卖自度。

也有因父母双亲一方去世，子女写立文书协调另一方养老的情况。文书三就是因为家庭中的父亲去世，任维埔、任维翰兄弟二人要协调解决母亲的养老问题。文书的立约时间是十月二十三日，而父亲出殡的时间为十月二十一日，可知父亲刚刚去世，母亲的养老问题就已经成为重要的家庭议题，父亲出殡后两天就在各亲族的见证下立写了供养母亲的文书。文书中专门指出母亲养老是同"舅父高凤翔"商量的。舅舅是娘家人，系母亲的直系亲属，母亲的事情由娘家人参与解决这在河洛地方社会是极为常见的。

河洛民间社会还存在一些自发形成的互助组织，主要是乡民之间相互团结，集中人力、物力或财力，共同解决一些非一家一户所能解决的难题，如婚丧嫁娶等。其中，涉及养老的组织主要是解决老人丧葬问题，民间称为老人会、长寿会、白帽会、坟社、孝义会、太平社等，不一而足。由于河洛地方历来重视红白喜事，老人去世，都是大操大办，一般家庭很难独立承受；即使经济上可以负担，也需要大量亲邻前来捧场帮忙，因此加入民间养老丧葬组织便是一种惯常的做法了。以下是一则长寿会文书①：

> 立合同文字人（姓名列后），今因同心同谊服劳奉养，愿起长寿会一事，同众商议，无论尊堂游西，以每会帮小麦一官斗十三斤，在事前十天，由各班人催交，若有一会不齐，以许众会催讨，自后谁有悔心，以罚白米十石正，老以无论何人孝子，以各会登门谢孝，按班论流作傻首祭，具账以得于本会投约，由各班子负责，每会到事时许召集本会各班负责人在谋会商讨，合到事时，约与投本会小麦付齐，凡我同人椿萱并茂长寿，富贵之寿以至，立合同存照。

> 每会各执一张

---

① 洛阳契约文书博物馆藏《长寿会合同文字》，文书编号：00256-A-1。

中华民国三十五年十一月二十日

总会负责人：蒋全仁

（头班　二班　三班　四班会员名单略）

这种长寿会或养老会，就是通过私立救济方式解决老人丧葬问题的，体现了民间集体的互助智慧。这样的组织很早在河洛地区就已经出现，而且直到今天在一些地区仍有存在，只是不同时期的组织又呈现出不同的时代特色。如20世纪80年代，洛阳陈李寨村仍有太平社，即老社。其章程起首明确宗旨："活养死葬"是我们中华民族的优良传统，为了顺利操办长辈人后事，使老人老有所归，经自愿结合，成立老社，取名"太平社"。章程还具体规定了社员的基本义务：

1. 自老人倒头至安葬完毕，每份出一人，必须是男性青壮年，无论忙闲，刮风下雨，都来服务。若某家一时无人，应自己觅人；若自己觅不来人时，可由老社觅人，工资由某家支付。

2. 每次每家兑白面十斤，现金十元（相当于当时市价的五斤猪肉钱）。

3. 过事所需灶具及其他用具一律由老社来借。若逢冬季需要被子，每份一条，不得耽误。

后面还有具体的办事机构、详列社员名单，最后的落款日期是一九八五年三月十一日。①

（二）房地养老文书

这批河洛地区的养老文书中，还有一部分养老问题涉及房地的交接转让，也就是被赡养人以自己的房地财产来补偿赡养人，这种问题多出现在赡养人与被赡养人非直系血亲的情况下。传统民间社会，房屋土地是乡民最重要的财富，也是人们安身立命的基础。土地提供人们生存的基本保障，百姓要从

---

① 洛阳市洛龙区陈李寨村志编委会编：《陈李寨村志》，中州古籍出版社2017年版，第176页。

土里刨生活，自然视土地为生命，格外珍惜；房屋宅院是人们世代居住生活的场所，不到万不得已，绝不会转手他人。以房地养老出现较早，当然这也是一些孤寡老人在走投无路情况下的被迫选择。如：

房地养老文书一①

　　立明白人尉文英，因为家贫，无子无倚，情愿在本庄表弟家吃饭安身。表弟系三家，长房王铥、二房王铠两家，俱不能容我，三房表弟王铭念其孤单，情愿把表兄尉文英养老归土。文英感念不已，不能报应，心想再无别的，旧有西门外坟地一亩八分，树株在内，柿子树二株，交老表王铭经管，彼此二家各出，情通意顺，并无别言，同亲友宗族，故立明白为证。

　　表弟：王铥　王铠

　　乾隆三十八年二月初八　立明白人：王铭（押）尉文英（押）

　　中人：尉崇山　翟继都　刘国瑞　赵逢时

房地养老文书二②

　　立推契人王景文因为堂兄亡故，伯父无人奉养殡葬，梁文清养老送终，今同四六亲戚言明收房屋田产，元地元粮，一旦推清，两情两愿，并无异说，恐口无凭，立推契为证。

　　随带正粮六分四厘

　　民国元年十月十六日

　　同人：郭兴仪　梁文旗　王天皇　王月娃　李庭荣　陈宗堂

王相娃　段有怀　王学纲立

---

① 洛阳契约文书博物馆藏《尉文英立以地养老明白文字》，文书编号：027659-A-1。
② 洛阳契约文书博物馆藏《王景文立养老房屋田产推契》，文书编号：029170-A-1。

房地养老文书三[①]

立生活困难人曾国玺，情因年老，无嗣依靠、无法衣食二项成决大问题，今协同村公所家族亲邻等，情愿与胞弟曾国琛同居，依弟生活，养老送终，所有土地房屋家具物件牲畜等，完全归胞弟曾国琛永远经营所有，二三弟有资，不得余害不受，假若临终后，二三弟发生分业事件，有此约为证。

民国三十二年十一月二十六日　立与弟同居生活人：曾国玺（手印）

家族人：曾国璠（押）

同中人：杨育智　高清兰

农会：曾毓　村长：杨育礼

武委会：曾钧、曾璠同证

白明亮书

房地养老文书四[②]

立执照文字人张祁英，因家道偶寒，业已半损。二伯母恐其冻绥，欲英除地数亩以作养身之计，故同众理论，愿将向南地四段，计地七亩七分，原坡地一亩一段，除于伯母，任凭欲谁耕种，不得说辞。地内枣果香椿俱于英无涉，所有柿果英每岁付伯母五石粮草，杂事现年英一人应承，又议此地伯母不须典卖，即英亦不得欺母典卖。当日各出情愿，并无异说，恐口不凭，立执照文字为证。

道光二十五年三月十九日

同人：张自顺　张丙新（甲长）　张明光　张师义（写字）

张光禄（外甥）

---

① 洛阳契约文书博物馆藏《曾国玺立以房地养老文约》，文书编号：007163-A-1。
② 洛阳契约文书博物馆藏《张祁英立以房地养老文书》，文书编号：027662-A-1。

房地养老文书五①

　　立凭据人贾福清、姑娘乔氏，因为姐姐、母亲，辛门贾氏年迈，无子无靠，时常有病，无人奉养。贾福清日夜不安，劳费心苦。今同族长说合，所论远近，今将本家自己，邀集一家，商议应该本家服侄辛秉茂照管。在日奉养，亡故葬埋，所有平地九亩，情愿于辛秉茂名下为绝业耕种，合族人等不许争夺，于外人并无相干。恐口无凭，立合同为照。

　　光绪十七年十月初四日　贾福清　姑娘乔氏立（押）

　　族长：辛洪与（押）辛智元（押）

　　说合人：辛秉德（押）

房地养老文书六②

　　立写字据人张杨氏，情因自己膝下无子，虽有女两名，皆亦出嫁，亦不能照管家务，自己现时年高，无依无靠，亦无人侍奉，无法只得央亲族说合，情愿着族孙张芝菁照管，养老送终，里外家产都归芝菁名下为业，无论亲族人等皆不得争论，自管之后都不能反悔，恐口无凭，立字存证。所有里家产列后：

　　本院西房三间，后院基地一方，场内东边基地一间半，场内东北角基地一间，□□□中俱管占沟岭地一亩，鸭洼地一亩，霸塄苗地一亩，上畔岭地一亩，兔儿沟坟地一亩，堡子上地一亩。

　　民国三十八年闰七月初六日　张门杨氏立

　　同亲族人：张芝养　张芝良　张全礼　张全仁　张全德　张芝薏　张全信　张成钟

---

① 洛阳契约文书博物馆藏《贾福清立以房地养老凭据》，文书编号：035708-A-1。
② 洛阳契约文书博物馆藏《张杨氏立以房地养老存证》，文书编号：023030-A-1。

闾长：张庆云　李天福

房地养老文书一，尉文英因年老"无子无倚"，只能在本庄三表弟王铭家吃饭安身，作为感念回报，将自己坟地一亩八分，交王铭经管。文书中还交代因长、二房表弟不能相容，都认可此事，以后不得有别言。三位表弟均参与写立文书，应该是协商的结果。房地养老文书六亦是因为张杨氏年老且膝下无子，两女也都已经出嫁，无依无靠，在亲族见证下，由族孙张芝菁养老送终。作为回报，里外家产全归张芝菁，并且在契约里详细列举了所有家产。

房地养老文书二是一份田房推契，该文书中因为"堂兄亡故，伯父无人奉养殡葬"，梁文清情愿将伯父养老送终，同时在亲邻见证下将伯父房屋田产推收自己名下。因文书信息过于简单，立推契人王景文不知是何人，与梁文清什么关系，不过王景文既是梁文清推收田房的主持人，又一定是他奉养伯父的监督人。

房地养老文书三，曾国玺年老无依，愿意跟胞弟"国琛同居，依弟生活，养老送终"。特别强调，自己百年后，自己所有土地房屋家具等财产交归国琛所有，二三弟不得分业。曾国玺也是希望以自己所有财产，来报偿胞弟为自己养老，写立文书，以防日后有人来争执。

房地养老文书四，张祁英家中出现变故，生活困难，愿意将自己的一部分田地给二伯母作为养育回报，地里的柿果每年也需要交予伯母一部分，文中还交代此地伯母不能典卖，自己也不能偷偷典卖。

房地养老文书五，贾福清、姑娘乔氏苦于姐姐、母亲，辛门贾氏年迈，没有子嗣，与族里人"商议应该本家服姪辛秉茂照管"，生前奉养，死后埋葬，作为回报将所有平地九亩转至辛秉茂名下，任何人不得争夺。以上诸种以房地等财产养老的做法，河洛地区较为常见。

（三）养老遗嘱

河洛传统的养老契约中，还存在一种养老遗嘱。遗嘱，亦称"遗令""违书",是指立遗嘱人生前所立的对其死后遗产的处理意愿,以及个人或家庭相关事务的交代或嘱托。一些学者研究表明,在我国遗嘱方式出现比较早,唐宋时期已经相对成熟,敦煌所出文书中已有遗嘱的样文。遗嘱继承制是父权家长制在家产继承上的体现,遗嘱继承高于法定继承。[1] 司马光《论魏武遗令》中指出:"世所谓遗嘱也,必择紧要言语付嘱子孙。"可以说,接受遗嘱的一方要么是子女,要么是其他近亲属等,是可以受嘱托之人。近代以来,受现代民事法律的影响,遗嘱要件日益丰富,格式也更加规范。根据遗嘱嘱托内容的不同,可以将遗嘱分为托孤遗嘱、立继遗嘱、分家或分产遗嘱、养老遗嘱等。其中,养老遗嘱即是对养老问题进行规范,通常是由被赡养人自己围绕如何养老而写立的遗嘱。

养老遗嘱文书一[2]

立遗嘱明白人史尔法,所有子俱各悉(析)居,身与继室陈氏有当原除养老地二十亩,因身病重,不能照管。仝亲族等拨与三子分种。身不测之后,言明每年三子帮麦两石五斗、谷两石、黍子五斗、银钱二十钱,年年俱要照数帮出。如违,即以不孝致(治)罪。恐后无凭,立遗嘱明白存照。长男史兆都院后道西一段四亩三分,大柴地尽东二亩八分;次男史兆廷院后道东南北六亩五分;季男史兆发原张斜道西五亩二分,院后大柴地尽西一亩。

亲族:史璞　史尔通　刘榆　尉师佟　史尔彬

养老遗嘱文书二[3]

立遗嘱人贾李氏同从弟力学、从侄述祖、堂侄绳祖、孙普济言明:为次子年幼,不能调治,将所欠账目,尽命长子效祖顶任。家

---

① 乜小红:《秦汉至唐宋时期遗嘱制度的演化》,《历史研究》2012 年第 5 期。
② 洛阳契约文书博物馆藏《史尔法遗嘱明白文约》,文书编号:008657-A-1。
③ 梁淑群主编:《洛阳民俗博物馆馆藏契约文书背后的故事》,三秦出版社 2019 年版,第 49 页。

中现田与典出之地为效祖耕种。今有效祖管业地三亩，除出养老，老后仍令效祖管业，并不与继祖相干。养老地每年起租六斗，迄下二子每人出麦一石，出秋五斗。柴炭银一两，以为一年之费。所有院地一方，破窑二孔。将南北院地一半，破窑一孔与次子继祖。除出日后继祖若要处窑，先出典银十两。更有所欠会银未完，每年发会，要次子继祖出银二两，会完即止。对面言明，并无一词，日后倘有争端，有遗嘱存证者，官不得面理。

嘉庆三年九月十六日　立遗嘱人：贾李氏（押）

养老遗嘱文书三①

立遗嘱系伙单人张门武氏，兹因四子分居，所有财产什物等项，能品搭均匀者俱已分讫，各有分单为凭。其余暂时难分者有枣峻上养老地十亩，青河沟丰庆炭窑半俸口柳树地一块，公置到砖瓦出典于宋元魁砖窑二孔，内带场面空基典到高姓油坊院一处，俱在系伙之中，目下有余经管。日后仍以四俸均分，欲久有凭，因立此单存照，一样四纸，各执其一为证。

议定每年各与余杂便钱三千文，春秋两季交清河沟炭窑上租价钱三千文，亦属于杂便。

同亲族人：张殿文　武郁　郝登庸　张怀谦　王福池

段如墉　书

同治元年二月十二日

立遗嘱系伙单

---

① 洛阳契约文书博物馆藏《张门武氏养老遗嘱文约》，文书编号：027749-A-1。

养老遗嘱文书四①

立遗嘱人王永瑞，现年六十二岁，为年迈乏嗣生活艰难，又位（为）差务浩繁困苦万分，无力维持。合同众人亲友愿将自己所有毛家地平地八亩五分，其地南北畛，东至杨姓，西至杨留式，南至大道，北至河沟，四至分明，甘愿出让于堂侄宪章永远为业，若遇做工车马差事堂侄一概负担，日后永瑞夫妻百年，他人不能干涉，粮随地过，业由侄管。恐后无凭，今亲立遗嘱，以为日后铁据。此嘱。

立遗嘱人：王永瑞

村长、副村长、代笔人及亲友杨永仕（押）

中华民国三十一年阴历正月　立

养老遗嘱文书一是在亲族见证下史尔法所立，由于病重无力耕种，遂将自己与继室陈氏的地分与三子耕种，并言明当自己离世之后，"每年三子帮麦两石五斗、谷两石、黍子五斗、银钱二十钱，年年俱要照数帮出"，否则算不孝，并且按长男、次男、季男的次序各分与田产七亩一分、六亩五分、六亩二分。

养老遗嘱文书二系嘉庆年间贾李氏所立，应该是贾李氏在丈夫去世后，对家产和债务进行分配，同时规范自己的养老问题。长子效祖继承了大部分的家产，次子继祖只分到一孔破窑、半块院子，日后如要得到整个院子还需出银十两。这种分配方式看似不甚合理，但这正体现了传统家族的运转方式和家庭理念，因为长子需要承担母亲的养老责任。

养老遗嘱文书三张门武氏在丈夫过世后，将家产平分给四个儿子，自己则保留了十亩养老地和部分家产，保证自己养老无虞。还议定四个儿子每年各给予便钱三千文，春秋两季交清河沟炭窑上租价钱三千文。

养老遗嘱文书四立继承地业人王宪章，因为堂叔永瑞年过六旬，无力维持车马苦力差事，今同亲友商议善后办法，堂叔让毛家地平地八亩半准宪章

① 洛阳契约文书博物馆藏《王永瑞养老遗嘱文约》，文书编号：006838-A-1。

永远为业而车马苦力差由宪章一并担任，与堂叔一概无干，恐后无凭，因立继承字为证。

霍修凝遗嘱文契①

　　立遗嘱书人霍修凝，兹因所生二子，俱皆不肖，视妻子如性命，视父母如草芥，自经商三十年，各偕妻子在汉生活，不田而食，弃父母在原郡作留守，劳动生产，未曾返里省亲，人钱俱没，忘恩负义，世所罕闻，于民三十二年原郡偶遭凶荒，其母饿死与草堂上，死不奔丧，致若罔闻，此乃天地间最残忍之人也。余半釐毫而亦然，年老失依，力不随心，陷于水深火热中，窘极情状，独我尤甚。望谁怜悯余，因祖宗□业不忍弃，裔孙之观念，周身殉葬物悉无预备，由私心自度，不急之物缓待，命二子纪理，孰料他没父母养，竟□此事致之与度外，此乃余意料所不及。然有此一误，几致我死无葬身地。养儿防备老，生不养死不能葬，余何□斯能不伤悲然。数命不尽，绝处逢生，救星来临，长孙长庆是我爱孙，其命最苦。时年十一岁，母死没依，饿□踪，被人监禁，杳无音闻，约计十年之久，在郑州工作透息，余闻之喜从天降，亲往携归，恭娶妻生子女，现在家居，□妻赵素兰性贤孝，祖媳相依若命，复又十年，服劳奉养，颇得其力，苟延残喘而至今日。近年逾老体逾弱，朝不夕知，孙儿长庆因余没葬具，意良不忍，诚恐一朝有他变化，凑手不及，自度力不及，忧心如焚，不得已效秦廷之哭，哭诉与汉口其父，其父亲之前请示协商办理，汉来信答复，汉自顾则不暇，无法办理。想出天方，指定目标，命长庆全权代表将祖遗房产各空地基，或当卖楼棚条杆，变卖以备余生养死葬费。长庆闻信，大失所望灰心□□，素兰怜余没依，怂而自出表白，其母家绝户，遗留房三间，女子有

---

① 个人自藏《霍修凝遗嘱文契》，文书编号：01034。

承继权，愿将此房变卖，急我之急，余感其情殷义□。虽然若是，余何忍将赵姓之遗业而利我，有更兼诸子孙各安生业，我何忍厚此而薄彼，余自有祖遗房屋上房代楼三间，西院空地基一段，礼上往返，甘愿卖于赵素兰永远为业，日后诸子孙由汉归，任何人不得妄加干涉，但余素怀裔孙之观念，孙□购祖业，理所当然，业归本主，彼意释我心安矣。现余二老与孙儿作乳媪，日后余与继室霍张氏生业死葬，概归他夫妇。

以上是一份霍修凝所立的遗嘱，二子都不孝顺，常年在外对父母不管不顾，甚至母亲受灾饿死都不回家奔丧，更不要提养老丧葬事宜。幸有孙子长庆与孙媳赵素兰于身侧照顾，当为了解决葬具要出卖祖业，赵素兰将自己母家遗产变卖。为了答谢此番情意，霍修凝将祖遗房屋上房代楼三间、西院空地基一段永远赠予赵素兰，"日后余与继室霍张氏生业死葬，概归他夫妇"。

另有一份山西省万荣县皇甫人民公社吴锁成的一份遗嘱。这份遗嘱书立的时间是一九七五年七月十九日，时年吴 72 岁，已完全丧失劳动能力，儿子性情暴躁，早已分居多年，不愿意赡养老人，还经常"无理取闹，混打混骂"。吴锁成立下嘱托，决计一是要脱离父子关系；二是为晚年生活有所着落，愿由长孙小榜养老，写明自己财产，百年之后，由小榜全部继承。嘱托规定："如果小榜不管我或是待我不好，我可另择人养老，谁养财产归谁所有，恐日后有什么麻烦，特写此嘱托，请大队、公社加盖公章，以做保证。我老两口百年后，此字据在谁手里，由谁处理白事，继承财产。"遗嘱注明"字据确系本人写的，吴锁成执笔"，并摁有手印，还加盖有大队革命委员会公章。① 该嘱托作为遗嘱，由吴锁成亲笔书写，并由大队、公社进行公证，除了有手印，还加盖有公章，内容完整，格式规范。

除了直接的养老文书，还发现其他类型的民间契约文书，如立嗣文书、

---

① 个人自藏《山西省万荣县吴锁成立养老嘱托》，文书编号：00111。

析产文书和婚书中，也往往涉及养老议题。以下分别加以考察。

二、立嗣文书中的养老问题

立嗣是指无子或绝户的家庭通过过继的方式以家庭外的男性为嗣子来弥补自然血缘的缺憾。嗣子继承家产并肩负宗祧继承的责任，也往往负有养老的义务。《大清律例》规定："无子者，许令同宗昭穆相当之侄承继，先尽同父周亲，次及大功、小功、缌麻。如俱无，方许择立远房及同姓为嗣。若立嗣之后却生子，其家产与原立子均分。"① 指出立嗣一般是择立同宗昭穆相当之人，至少是同姓之人，还包括有关财产继承的问题，但没有规定其中的养老问题。不过，现实生活中，很多立嗣案例更关心实际的养老问题，并在立嗣文书中有具体的表述，如：

立嗣养老文书一②

　　立嗣约明白人郭杨氏，因夫故无子亡人未殡，杨氏年已六十余岁，自觉多病无人俸养，同请族长郭秀议论，情愿要胞侄子煌并立为子，以备养老送终，置办衣衾棺椁，所有的房屋产业子煌情受，写立嗣约二张，各执一张，恐口无凭，立嗣约明白存照。

　　合同为证（半书）

　　道光七年四月二十五日　　立嗣约人：郭杨氏（押）

　　子：子煌（押）

　　侄：郭学芝（押）

　　族长：郭秀（押）

　　亲友：白椿（押）杨大章（押）刘秉信（押）

---

① 张荣铮、刘勇强、金懋初点校：《大清律例》卷八，天津古籍出版社 1993 年版，第 195 页。
② 个人自藏《郭杨氏立胞侄子煌为嗣文约》，文书编号：00253。

立嗣养老文书二①

立承嗣合同明白人王门杨氏，为子孙俱故，乏嗣无后，氏老无依兼病染在床，无人侍奉，无奈请同亲族择定胞侄赐龄之长子进才与故子福龄承嗣，昭穆相当，兼即胞侄子媳侍奉，理亦当然。所遗产业器具俱尽为进才掌管，不得异说，彼此各出情愿，并无反悔，恐口难凭，立承嗣合同明白存照。

合同一样两张，各执一张（骑缝半书）

道光三十年九月初四日　立承嗣合同明白人：王门杨氏（押）

同亲族：王锡令（押）王柏令（押）文恒足（押）刘方来（押）杨盛儒（押）王永治（押）王松令（押）王培芸（押）王天仓（押）

立嗣养老文书三②

立择爱子分嗣人李秉厚，因为拙妻去世，年老无依，衣服饮食难以措办，今同亲友邻族情愿将胞侄木重，分嗣本门，一子两立，养老送终，一切房屋地土以及各种器具，并现在衣服，俱归于木重经营，每年与我帮小麦二石，大麦一斗，黍子四斗，谷六斗，每月帮领用钱三百文，油半斤，盐一斤，炭柴管用下年，添些衣服至于亲戚来往并红白大事，俱得木重承认，不得推诿。此系各出情愿，并无反悔，恐口无凭，立择爱子字为据。

西门外沂垅地有寄埋李慕力之原配，异日准合葬，不得阻挡。

民国二年阴历十二月初一日立　择爱子分嗣人：李秉厚

同亲友邻族：李慕力　崔天恩　郭瑞林　王德润　吴顺娃　郭维新　张河泉　李春安

---

① 洛阳契约文书博物馆藏《王门杨氏为故子承嗣合同》，文书编号：009999。
② 洛阳契约文书博物馆藏《李秉厚择爱子分嗣合同》，文书编号：010329。

一样两张，各执一张（半书）

立嗣养老文书四[①]

立择嗣文字人许源信因为自己年近五旬尚无子息，今与亲族商明同中说合，愿择甥男尹起儿为子，以继宗祀，兼与自己次女成婚。日后房院田产均与起儿遗留，准其经管。倘有他人干涉或同气连枝争论，有择嗣字为据。此系自己甘心情愿，永无别说。如有异心，天地鉴临。恐后无凭，立字为据。

民国三年阴历九月初七日　许源信立

中人：刘克昌　尹泰顺　杨克智　许希贤

亲族：孙宝富　许三旺　许假女　孙宝荣　许法儿　许改门　许文泰

立嗣养老文书五[②]

立嗣约合同执照人冯章并妻卢氏、胞兄冯宣，因为本族万章乏嗣，今同甲长亲族中人说合，兄弟与妻俱情愿将己次子与本族万章过嗣，以为养老送终之计。此系两家各出情愿，并无异说。彼此日后不得返言。若有返言者，送官究讼，愿罚白米廿石入官。恐口难凭，立嗣约永远存照。此约两张，各执一张。

嘉庆二十二年十月廿一日　冯章并妻卢氏、胞兄冯宣立

胞兄：冯宣　中人：赵文约　娘舅：柴尉林

甲长：冯怀琳　亲族：冯桂章

合同（半书）

以上立嗣养老文书一、二立嗣人郭杨氏、王门杨氏都是在丈夫去世后，

---

① 洛阳契约文书博物馆藏《许源信择嗣合同》，文书编号：014293。
② 洛阳契约文书博物馆藏《冯章并妻卢氏胞兄冯宣立嗣合同》，文书编号：010800。

乏嗣无后，无依无靠，又需要人照顾，才邀请亲族人等立嗣养老。不同的是，郭杨氏于同宗立胞侄子煌为子，而王门杨氏则立"胞侄赐龄之长子进才与故子福龄承嗣"，是为其亡子立嗣，所立为孙。嗣子（孙）过继后除继受家产外，还有养老的义务，这在文书中有具体体现，如王门杨氏认为"胞侄子媳侍奉，理亦当然"。立嗣养老文书三李秉厚则是因为妻子去世，年老无依，立胞侄木重兼祧"一子两立，养老送终"。文书中均有立嗣人产业转移给嗣子承受管业的内容，不过嗣子则有赡养老人、养老送终的各项责任义务。此类文书多以合同形式出现，一式两张，加盖半书骑缝章或骑缝书写，双方各执一张。立择嗣养老文书四择嗣人许源信则是年老无子，立外甥尹起儿为子承继宗祀，并与其次女成婚，并将其房院田产遗留给外甥经营。立嗣约养老文书五系将自己的次子过继给本族万章为嗣子解决其养老送终之问题，并注明如有反悔将送官究讼并罚白米廿石入官作为违反合同的处罚。

传统社会相对于养老问题，人们更加注重承祧血祀，因此在立嗣文书中，关于承祧行为的规定都更加郑重，也更规范，只有少数文书中会具体谈到养老的议题，但并不普遍。民国时期，宗族观念逐渐淡薄，一些文书相应出现了淡化承嗣问题，而更加注重养老问题的情况。

养老字据一①

立割藤字据人梁文清、王景亮，因梁桃良舅父乏嗣无后，少人奉养，心发善念，活养死葬尽数外生代劳，所遗产业同亲族尽推梁文清管业，因过粮争讼，经调解公断着办，幸亏亲友邀中批解，自梁文清业产内拨出，下周进坡地一分、院外东房三间归于王铁娃立门兼祧，此立之后，以清纠葛，恐人心不固，故立割二纸，各执一张为证。

各执一张（半书）

---

① 洛阳契约文书博物馆藏《梁文清、王景亮立割藤字据》，文书编号：29179-A-1。

亲族人：（略）

民国十四年三月二十二日立

养老字据二①

立写字据人张杨氏，情因自己膝下无子，虽有女两名，皆亦出嫁，亦不能照管家务，自己现时年高，无依无靠，亦无人侍奉，无法只得央亲族说合，情愿着族孙张芝菁照管，养老送终，里外家产都归芝菁名下为业，无论亲族人等皆不得争论，自管之后都不能反悔，恐口无凭，立字存证。所有里家产列后：（略）

民国三十八年闰七月初六日　张门杨氏立

同亲族人　间长（略）

养老字据一梁桃良因年老乏嗣无后，已同亲族将产业尽推梁文清管业，由梁文清奉养，养老送终。文书并未说明梁文清与梁桃良是何关系，一般来看，梁文清应该是梁桃良子侄辈，由其承业养老，但因过粮争讼，发生矛盾，通过邀请亲友批解，将所承受产业拨出，当然也不再负有养老责任。所拨产业归与王铁娃立门兼祧，而王铁娃则要负责舅父梁桃良的赡养。该文书尽管是葛藤文书，但主要目的则是为了解决梁桃良的养老问题。王铁娃并不符合宗祧承嗣的条件，可是从养老角度出发则是更加合适的人选。

养老字据二张杨氏虽有两女但无子，年事已高，需人侍奉，女儿出嫁无法依靠，只得央亲族说合，由"族孙张芝菁照管，养老送终"，并愿意将里外家产归芝菁名下为业。尽管已有学者指出晚清河洛地区女儿养老也是家庭养老的重要方式之一，但传统女儿不继承家产不赡养父母的习俗仍是主流。② 河洛地区，一个家庭虽然有女儿但如没有儿子，仍被认为是绝户，这种情况下

---

① 洛阳契约文书博物馆藏《张杨氏立族孙张芝菁养老字据》，文书编号：023030-A-1。

② 李华丽《晚清华北地区女儿养老研究》（《中州学刊》2013 年第 2 期）指出晚清华北地区女儿赡养父母分为从妻居婚姻养老、女儿居家养老、从女居养老和分居养老几种形式。

通过招赘养老女婿或由族亲养老是主要的选择。

三、析产文书中的养老问题

析产文书，就是分书，有时也称阄书、合缝字、分割文书、分产议约、分单合同等，是民间社会常见的一种契约文书类型。"分家"是将一个大家庭分成一个或多个小家庭，是家庭财产由父辈向子辈过渡的一种方式。分家不仅是家长将家产分析由诸子分开单过，诸子也要承担应有的赡养义务。一些分家文书中多涉及相关养老的议题，试举例如下。

析产文书一①

立分单明白人柴双印因年老，有孙连绥、连级、连绘三人，不能照料家事，将所有房业地亩等项，同人作三股均分，各自管占经理另爨，彼此不得争言，如有返异不遵，罪坐不孝，到官不得说理，故立分单存照。

同人：家长柴丰天　亲戚：吉金相　王长清

各执一张（半书）

宣统三年三月二十六日交柴连级执

连级应管占经理：特曲地三亩，横珍沿北地三亩，与佳祺横珍沿北地五亩，树株各随各地；东小院南房尽东一间半，北房窗外春炉一个并棚，东房一间，西院北房中一间，尽西耳房并活业东房尽南一间半随公；场基东西场房随公，路南牛院内老业活业房屋并树株一切系官。

祖父应分得：正北平地三亩，北坟地一亩半，河坡地一亩，东本荒地一亩半养老，树株各随各地。祖母吉氏应分得庙后地五亩养老。每年粮差三个孙孙均帮，再零花费炭油水等项，同人说明，每

---

① 个人自藏《洛阳县柴双印同孙三人分单》，文书编号：00016。

孙帮钱三千文，不得短欠。小院北房尽西一间半居住。

析产文书二①

合同（半书）

立分书人张鲁氏，其子体胖、体壮、体康，长孙清源，因为奉先夫君临终遗嘱，将院落田产均为四份。嘱云于余除养老地系大爻平坡地二段，计地八亩二分三厘养老，百年之后于长孙清源除祭奠地二亩，下余地四份均分；又于清源除王姓三两会一个，以为娶亲聘礼之费；又于少子体胖，除下河里油房代门前坡地二段，计地二亩二分，以为娶亲聘礼之资。其余账目诸物一切等项，今同亲族人四份均分，俱系情愿，各无反言，日后倘有反言，自罚白米百石，恐后无凭，立分书为证。

同治二年九月二十六日立

同族人：如玉　如森　清廉　清雨

立分书一纸张清源执

清源应分（房院地亩）开后：（略）

析产文书三②

家□花园，当房三□，基院一处，西屋三间，归母亲居住，百年以后，法迟结婚居住，当房再办卖房修理手续一切费用归法礼一人负担。法礼新盖北房三间，母亲百年以后全由法礼所有。

柏岗老院房产旧父亲居住，计百年以后法顺、法连、法迟弟兄三人平分。

母亲年长，日久有病，医药费用归法礼、法迟负担，父亲医药

① 个人自藏《洛阳县张鲁氏立张清源执分家文书》，文书编号：00518。
② 洛阳契约文书博物馆藏《法迟法礼等兄弟析产文书》，文书编号：004612-A-2。

费用由法顺、法连负担。

父母亲生活费用从农历二月、阳历三月起各自负责给款,以上各项立据为凭。

忠(中)证人:张子常　张祖青　张祖大　张法权

一九七三年二月十三日

析产文书四[①]

立写分居单

立写分居人张桂年、张彭年、张小年,因父母年迈,不能管理家务,经双方同意,分居生活。现有房子六间,老房子三间,新房三间。老房三间归彭年、小年俩人所有,各间半,由哥东弟西。新房三间归桂年两间,老人一间。老人生活费,每人每年五十元,年终一次付清。桂年成家后,照样付给老人生活费五十元。另外,老人寿木板各负担一人,父亲由彭年起立,母亲由小年起立,一切开支由兄弟三人平均负担。父母亲有病,彭年主管父亲,小年主管母亲医药。老人变卖新老院内一切树才,归老人所有。老人遗留产业,兄弟三人分得。空口无凭,立字为证。

家族:张林明　张玉发　张新发

公元一九八二年四月初八日

析产文书五[②]

立:遗养老人书:(母亲一份)

(根据此单立日起由本人负责,谁办不到谁负责)

今因父亲去世,只留母亲一人,原来对父、母二人,是维文遗

---

① 洛阳契约文书博物馆藏《闻喜县神柏村张桂年等兄弟分居单》,文书编号:035826-A-1。
② 个人自藏《张维文、张维光立遗养老人书》,文书编号:02011。

养父亲，维光遗养母亲，我兄弟二人为了母亲今后生活上方便，今与中见人与我们双方共同协商，对母亲今后遗养立一单据为凭。

1. 维文负责给老人置棺木一支。

2. 维文对七六年两个老人欠下大队的一百二十余元还清。因父在世时维光给过两人三年的补助生活工分，每年九百分。

3. 维文今后每月给老人吃菜、烧炭等生活费款每月八元。

4. 维光每年负责给老人基本口粮款，并负担柴、水、米、面、领用等。

5. 母亲单独生活，自己根据身体好坏安排对于照管孙子外甥，不受任何限制，想照管谁家照管谁家的。

6. 对于母亲百年以后，维光负责安葬，开支下的款二人均摊，恐口无凭，立此遗养单为证。

特批（家中维文分到东西由母亲负责，不干涉别人）

兄张维文（手印）弟张维光（印章）立

中见人　魏育英（印章）武振云　程致华（印章）王万春（印章）张尔玉（印章）

书人　张玉力（印章）

公元一九七七年农历七月十二日

析产文书六①

立明白字据人，李廷枢、李廷龙，兄弟二人早已……分灶过活，并立有分书为据，现因为居住方便和奉养二老问题上，有些不很妥善，故此同人说合……一块商议，兹议定条件如下：

（一）养老人方面：①二老由兄弟俩各包养一老，一管到底，所

---

① 洛阳契约文书博物馆藏《李廷枢李廷龙奉养分配单》，文书编号：030757-A-1。

有生时粮食和零星菜洋、医药费（在每年本之内）。另外，寿衣、寿木等物及殁后葬理一切费用，谁管那老，谁就承担一切，就是葬礼中亲友们所添的洋□，即归谁理。②二老在世生活，同居兄弟们每人每年各供应麦子五百斤，洋钱十元。麦在夏收后晒干，乃付出，洋在年底交清，不准讨要。③所有寿板批子由老人答配，谁用哪付，谁归谁管，由二老自由选定，兄弟们互不争推。并决定，父由长子廷枢养，母由三子廷龙管。④言明不论那一老先逝世，另一老就由包养人同灶奉养，若老愿单独生活者，包养人就付给规定的一切费用。

（二）议定宅基方面：①所有二老原留的养老房两间，因和廷枢住房相连，房不归排院，形不正，为方便其见，商定拆去廷龙拆养老房一间，其余由廷枢之子金斗拆去，另建一切，记由金斗执管，双方各有情意，绝不异言。②二老住房问题，待金斗新房建好后，隔两间让爷奶居住，一直住到二老去世葬礼后，金斗方能径出，中途绝不允许有追撵老人和出言不良，使老人生气等表现。③因院由金斗居住，而廷龙家老幼到家奉养老人出入，双方本着和睦团结的态度相待，绝不允双方推骂敲打等不道的现象发生，若那方引起争端者，后果就由那方负责。④廷龙院基归正由村委会从廷枢院东界起丈量够规定院基，其余归廷龙所有。⑤廷枢、廷龙中间之院墙，待新房建好后，双方联系，共同按界砌起，绝不推迟。

（三）为保兄弟们永久团结和睦，自调解后双方不能再设家务长短，更不能在街头邻家说长道短，以免事端。空口无凭，立字据为证。此书一式三纸，父亲，兄弟各执一张。

父亲：李自敏（印章）

兄：李廷枢（手印）弟：李廷龙（手印）

同说合人：徐元辉（手印）范国璋（手印）李自强（手印）

公元一九八八年农历八月初十日

以上六份均是涉及养老议题的析产文书，立约的时间从晚清直到 20 世纪 80 年代。析产文书一柴双印因年老，不能照料家事，将家产均分给三个孙子。从这份柴连级收执的分单可知，上面不仅清楚写明自己所分地亩产业，还专门写明祖父、祖母的养老地产，并规定三孙子要共同均担二老的粮差及日常花销等项。

析产文书二张鲁氏乃是遵先夫临终遗嘱主持分家，将院落田产均为四份，分给三子和长孙，其中情因长孙清源和少子体胖尚未婚配，对他们特殊照顾，"于清源除王姓三两会一个"，体胖"坡地二段，计地二亩二分"，以为娶亲聘礼之费。另外，根据遗嘱，张鲁氏留养老地二段，计地八亩二分三厘，作为自己养老的资本。言明自己百年之后，该地留祭奠地二亩归于长孙清源，其余部分四份均分。民初的民事习惯调查，根据陕西扶风县习惯曾有"兄弟析产多由家产内先为其父母提出若干地亩，以作生养死葬之资，其父母故后，其地多归长房耕种，每年所有出息，作为祭扫之资，名曰香火地"[1]。河洛地区分家留养老地是传统习惯，一般来说，老人百年之后，养老地多被长子承业或协议均分。这里给长孙留二亩作为祭奠地，也符合河洛地区长门长子顶门立户，承袭香火的习俗。

析产文书三上记载了兄弟四人的房屋分配和对父母亲的医药费、生活费的分配状况，其中对于房屋什么时候归谁所有，医药费具体谁来承担以及生活费的给款日期都有着十分详细的记载。

析产文书四是 20 世纪 80 年代所立，但其格式与传统分家析产文书保持一致。张桂年三兄弟因父母年迈，不能管理家务，协商分家，分单的主要内容是兄弟三人如何赡养二老。有关养老的规定非常详细，如老人与长子桂年住新房，"桂年两间，老人一间。老人生活费，每人每年五十元"，还包括老人

---

① 施沛生编：《中国民事习惯大全》第三编《亲属》，上海书店出版社 2002 年影印本，第 4 页。

生病医药费、去世丧葬费等问题。传统民间俗语有"亲兄弟，明算账"，兄弟之间将父母养老问题协商好后，在文书中写明，也有利于避免产生家庭矛盾。

析产文书五和析产文书六也是20世纪七八十年代所立，其格式和析产文书四稍有不同，关于具体分配事宜在文书中进行了详细的分条列举。前者是由于父亲去世，维文和维光两兄弟对母亲的遗养问题进行重新分配，文书中对具体生活和丧葬事宜都有详细的记载。后者是李氏两兄弟分家过后就父母的赡养问题再次立书，从养老人的具体事宜和议定宅基方面都进行了详细的分配，为防止之后产生事端，一式三份，兄弟、父亲各执一张。

当然，析产文书的主要功能是家产的剖析分配。传统家庭的同居共财形式，使得父母也有责任把家产分解传递给下一代，但是如子女不孝不赡养老人，老人则有收回家产或不给予产业的权利。如民国三十三年（1944）"立父子分割字据人父袁大罡、子天佑，因父子不和，每逢议事就像公堂打官司的原告与被告，各说各理。轻则磨口舌，重则斗殴，经维持会多次调节无效。父子央本村助理员从中说合，三方议定父子分割，家里所有财产全归父亲经管，其父拿出国币三十五千元整交与天佑，现时大洋两清无欠，即日赤身离开家宅，从此以后永不回家，对父生前无养，死后不葬（此处有指印两个），若有亲族纠葛，双方各负责任一半，空口无凭，立字为据"①。此为一份分单兼断绝父子关系文约，从文书的用词可以看出父子之间不可调和的矛盾已将上升至暴力冲突，最终以分单决裂告终。父亲将家产全部收归自己经营，儿子不赡养父亲，也丧失了家产的继承。

四、婚书中的养老问题

传统婚姻的目的是"合两姓之好"，更有维持家庭稳定和家族延续的功能。男女一旦成婚便意味着成人，就有了承担包括赡养老人在内的家庭责任

---

① 个人自藏《洛阳县袁氏同子分单兼断绝父子关系文约》，文书编号：00890。

的义务，养老本是婚姻的应有之义。民间婚书最早起于唐代，宋元明清沿袭未改，长期以来婚书均由民间自行开立，受传统礼俗文化的影响，官府很少干预。[①] 一般婚书的内容比较格式化，较少涉及养老问题；一些特殊婚书如招赘婚书，往往对养老问题有专门表述。民国初期的民事习惯调查指出，河南开封习俗，"无子者，留女赘婿以养老，其赘婿对于岳父母，有终身扶养之义务"[②]。河南宜阳县，"有夫家贫，女家招赘者。更有无子，赘婿为子，谓之养老女婿者"[③]。陕西洛南保安华阴等县习惯，乡民无子（或子尚冲幼），而仅有女者，既不愿爱女适人，又有需人奉养之必要，往往赘婿于家，养生送死，由婿负责，先生之子，承继岳父宗祀，再生之子，归婿。产业按两股平分，赘婿仍依原姓，不随岳家更改，间亦改名换姓，永承岳父宗祧，完全承受财产者。[④] 可以说，无子有女家庭招赘婿解决养老问题是一种现实的选择。养老在招赘婚书中多有体现，如：

招赘养老文书—[⑤]

　　立写招赘文字阳城村永善，因无妻子孤身无靠，同人说合，情愿招赘于翟家湾陈曹氏为婚，刘永善改姓为陈，又代平地八亩护身十两，陈万学情愿主婚，并无异说。日后但有争端，有陈万峰一面承当，恐后无凭，立招契为证。

　　道光二年三月初二日　立字人：刘永善、陈曹氏

　　主婚人：陈万学

　　说合人：王漏子、杨大春仝在

这则道光二年（1822）的入赘婚书，是一份比较典型的成年男性自愿入赘他家进行养老的文书。刘永善因无妻子而孤身无靠，自己情愿招赘于陈曹

---

① 郭松义、定宜庄：《清代民间婚书研究·前言》，人民出版社 2005 年版，第 7—8 页。
② 施沛生编：《中国民事习惯大全》第三编《亲属》，上海书店出版社 2002 年影印本，第 5 页。
③ 谢应起、刘占卿：《宜阳县志》，（台北）成文出版社 1968 年版，第 455—456 页。
④ 施沛生编：《中国民事习惯大全》第三编《亲属》，上海书店出版社 2002 年影印本，第 26 页。
⑤ 洛阳契约文书博物馆藏《刘永善入赘养老婚书》，文书编号：036523。

氏为婚，并改刘姓为陈姓，同时自带土地八亩和纹银十两作为入赘后依仗的养老之资。

改嫁养老文书二①

　　立婚书人董汝和，因弟汝煜病故，遗妻姚氏并无子嗣，难以度日。今同人说合，情愿嫁与杨徐见为妻，又有二女亦与杨姓为女，异日成人与董姓无干。当日面受财礼银二十三两。此系两家情愿，并无异说，故立婚书以为后日执证。

　　嘉庆十七年契约廿九日　　立婚书人：董汝和（押）

　　同人：张氏

改嫁养老文书三②

　　立各方同意契人周喜法，只因胞兄周长法去世，其嫂寡居无依，商同各方改嫁于刘六堂为妻，各方言订婚费洋五百万元，自结婚后，各无异说，恐口无凭，立同意婚契为证。

　　中华民国三十六年十二月初三日　　立同意婚契人：周喜法（押）

　　婚介人：刘长顺（押）、王法进（押）

以上二、三两则为寡妇改嫁养老文书。婚书二系董汝和之弟汝煜病亡，其弟媳姚氏因为没有生育儿子，仅有两个女儿，家庭贫困难以度日，无奈经董汝和同意后改嫁杨徐见为妻，其两个女儿也随之改嫁并改为杨姓。杨徐见所付二十三两财礼由董汝和所得，而婚书三则系周喜法因其兄周长法亡故后其嫂寡居没有生活依靠，经其同意和做主，其嫂改嫁与刘六堂为妻维持生计，并向周喜法支付婚费五百万元。

---

① 洛阳契约文书博物馆藏《董汝和弟媳改嫁文书》，文书编号：025659。
② 洛阳契约文书博物馆藏《周喜法兄嫂改嫁文书》，文书编号：025476。

自主婚书养老文书四①

　　立写自主婚人河南济源孙瓦房庄黄门王氏，因为本区天远荒旱，三年未收，无法度生，逃难至济谋生。今有山西永济鲁庄人张良成足下为妻，同家长商讨，情愿收流（留）为妻，白头到老，两心情愿，各无异说。今有河北人王永和、永济人杨全根说合，言明身价新洋一千一百元整。当日洋元两相交清，分文不短。日后若有亲族自己丈夫来找，有主婚人一面承当。因人心不古，立写婚书为证。

　　主婚人：黄门王氏

　　介绍人：王永和　杨全根

　　公证人：村长李　闾长李

　　取（娶）妻人：张良成

　　民国三十三年二月廿四日立

　　这则民国三十三年（1944）黄王氏自主婚书系自主改嫁婚书。黄王氏因三年荒旱之灾被迫背井离乡而逃难至永济谋生。大旱之年，灾民遍野，饿殍遍地，一个女性更是无力维持生计，万般无奈的情况下，自主婚书而另嫁他人以求活命。该婚书系墨书于红布之上，书体潦草多误字，从文书中可知其丈夫并未与其在一起逃荒求生。

招婿婚书养老文书五②

　　立写招宿文字人闫玉珍，兹因为膝下无子，年老力衰，难以为日，所生一女，心起孝心，在家奉祖母，要将父母养老送忠（终），同家族户长介绍人等李王生招在家，改名还姓，双芳（方）愿情改名闫起明，于闫门立户，要将父母养老送忠（终），不许东跑西走，不能远行，若是心存二意，东跑西走，有闫姓产业于他，李姓恐（空）口无凭，立招宿字具为证。

　　---

① 洛阳契约文书博物馆藏《黄王氏自主婚书》，文书编号：012956。
② 洛阳契约文书博物馆藏《闫玉珍招婿婚书》，文书编号：010166。

公元一九五八年八月十六日立招宿文字　闫起明（签章）

介绍人：王五娃（签章）

亲族人：闫玉玺　闫成盛　同在

同中人：刘德义　杜允荣

这则1958年书立的招宿婚书，是一份比较典型的招赘养老女婿的文书。闫玉珍夫妇年老无子，女儿有孝心，在家侍奉祖母，愿为父母养老送终，于是按照传统程序招宿上门女婿李王生，并改名闫起明在闫家顶门立户。当然，不一定都是女儿招赘，也有丈夫亡故，妻子拖家带口度日艰难者，以妻自身招赘，民间称为"招夫养子"或"招夫养老"。如道光二年（1822），陈曹氏因丈夫陈进学病故，携带二子年幼无靠，因此情愿招于阳城村刘永善为夫。招夫行为与其胞弟陈万学协商并得到支持，陈万学还是这次招夫婚姻的主婚人。① 同治三年（1804），李法有因长子去世，年老无所依靠，将儿媳做"亲女改嫁"，"情原于段小回招夫养父"②。寡妇再嫁有违礼教，但出于生存的需要，往往在一定情况下成为一种特殊习惯。

结　语

综上所述，通过对数量众多的河洛民间契约文书的分析，从中能够看到一幅较为复杂的家庭养老民事习惯图景。传统社会中，规范性的社会养老保障体系还未形成，人们还主要依赖于"反馈式"的家庭成员养老模式。从河洛文书资料来看，出于生存的需要，人们逐渐积累了一系列的养老智慧，形成了一些养老民事习惯，包括提前协商书立养老字据、以房院养老、以土地养老、组织养老会、写立养老遗嘱等，还包括通过立嗣活动、分家活动、婚姻活动等补充养老条款，进行养老私力救济。以上养老民事习惯，帮助多数基层民众解决了家庭养老的后顾之忧，避免了不必要的家庭纷争。

---

① 洛阳契约文书博物馆藏《陈曹氏立写招夫养子文字》，文书编号：036492。

② 洛阳契约文书博物馆藏《李法有立写儿媳招夫养父婚书》，文书编号：032849。

　　然而，我们也应该看到，在传统民间社会中，人们所能解决的养老仅仅是"生养死葬"的基础性养老。各类涉及养老契约文书，多讨论的是房院的多寡、养老地的多少、养老费用的分配，以及丧葬安排和香火祭奠等问题。相关文书中有关养老物质分配的书写，无疑给人一种冷冰冰的感觉，同时也是当时生产力水平低下、妇女地位低下，特别是寡居的女性在社会和家庭中处于从属地位的真实写照，一张张寡妇改嫁文书的背后，是寡居女性无奈悲惨的血泪生活。寡居女性如无过继宗族子嗣继承香火和养老送终，最终因无儿子而生活无依，只能经已故丈夫的家人同意后被作为商品（再嫁婚费或财礼）进行交易，而改嫁所议定的婚费和财礼则由已故丈夫的家人收取后才能改嫁。自主婚书的女性则因天灾大旱无法度日，只能自主改嫁他人以度日活命，更是旧时社会生产力普遍低下和社会养老保障制度体系空白的真实反映。今天，我们已经明白传统家庭养老不仅具有经济供养的功能，还具有生活照料、日常陪伴与精神慰藉等更为深入、更为人性化的功能。对于传统社会里还处在温饱线上挣扎的人们来说，生存才是第一紧要的事，如此才能对河洛地方社会的这些养老民事习惯给予"同情之理解"①。随着社会的发展进步，其中一些养老民事习惯也许已经显得相对落后，这是我们应该注意的。当前中国正在逐渐步入老龄化社会，养老已然成为一个热门的社会议题，探究传统家庭养老的历史资源，对于当代社会无疑也是一种借鉴与启示。

---

　　① "理解之同情"一说出自陈寅恪《冯友兰中国哲学史上册审查报告》（1930）所言"了解之同情"，"所谓真了解者，必神游冥想，与立说之古人，处于同一境界，而对于其持论所以不得不如是之苦心孤诣，表一种之同情"，载陈寅恪《金明馆丛稿二编》，生活·读书·新知三联书店2001年版，第279页。

第九章　河洛金兰谱与结义习俗

人们对兰花的喜爱由来已久，《说文》解释："兰，香草也。"兰花被喻为王者之香，有香祖之称。相传，战国时期楚人屈原酷爱兰花，以兰自喻高洁，袒露赤子情怀。到了汉代，人们对兰花的推崇达到极致，汉武帝刘彻作《秋风辞》："兰有秀兮菊有芳，怀佳人兮不能忘。"人们往往将兰比作诸多美好的人和事物，譬如宫廷藏书处称"兰台"，优秀文章称"兰章"，肺腑之言称"兰言"等。在形容朋友之间深厚友谊的时候，则常用"金兰之交"或者"义结金兰"。金兰，原指牢固而融洽的友情，后来用作异姓结拜为兄弟姐妹的代称。义结金兰是旧时中国社会的交际习俗，两人或数人之间要好讲义气、情投意合或为了共同的利益，进而结为异姓兄弟或姐妹，民间俗称"结拜""换帖""结磕头弟兄"或"拜把子"。从汉代晚期开始一直到民国时期，义结金兰一直都是社会各阶层的重要行为，甚至影响到社会的发展与历史的进程，已经演变成中国文化的一种重要小传统。结拜通常都要交换"金兰谱"。"金兰谱"又称"金兰簿""金兰小谱"，简称"兰谱"，是人们在进行异姓结拜时所书写的代表各自出身身份等信息的纸质文书。河洛地区作为中国传统文化的核心区域，明清以来结义习俗很是盛行。这里根据洛阳契约文书博物馆馆藏的部分金兰谱实物资料，结合传世文献，探讨传统结义的起源发展，重点关注河洛地区的结义习俗和兰谱文化的具体内容。

一、义结金兰的起源与发展

早在春秋时期，就有羊角哀和左伯桃结义的故事。据说，左伯桃有"治世之才"，可是年近四十，仍然功不成名不就。听说楚王招贤纳士，他就冒着严寒风雪奔向楚国，途中求宿于羊角哀家，受到羊角哀热情接待。当夜，两人抵足而眠，畅谈胸中学问，十分投机。第二天，他们就结为兄弟，并决定结伴一同前往楚国求功名。谁知天公不作美，一路上，风雨交加，他们盘缠用尽，身上衣服单薄，干粮又不多了。左伯桃想，在这种情况下，两人一同去楚国，几乎没有可能，若一个人单独去，可能还有希望。于是，左伯桃就把衣服脱给羊角哀，逼他独自走。羊角哀坚决不肯，也要脱下衣服给左伯桃，让左伯桃独自去楚。两人争执不下，左伯桃以自杀来劝，最后羊角哀怀着无限悲痛，取了衣粮，悲伤哭泣着离去。在楚国得官之后，羊角哀回去找寻左伯桃，在他冻死之处，埋葬了左伯桃的尸体。左伯桃的陵墓临近荆轲墓，夜夜受其阴魂侵扰。想到"脱衣共粮"的真情往事，羊角哀决定自刎而死，葬于左伯桃的墓旁，陪伴于他。这就是人们所称道的"羊左之交"，也称"舍命之交"。

羊左舍命相交的故事说明异姓之间情同手足，视为兄弟，这样的友谊很早就有记载。《易经·系辞上》有："二人同心，其利断金；同心之言，其臭如兰。"讲的是两人心意相同、行动一致的力量就犹如利刃可以截断金属；在语言上谈得来，说出话来也会高雅、娓娓动听，就像兰草那样芬芳动人。"金兰"一词最早出现在《世说新语》，南朝文学家刘义庆在《世说新语·贤媛》中记载："山公与嵇、阮一面，契若金兰。"讲的就是山涛与嵇康、阮籍二人一见面，就情投意合，成为莫逆之交。"义结金兰"的典故出自《太平御览》引《吴录》："张温英才瑰玮，拜中郎将，聘蜀与诸葛亮义结金兰之好焉。"另外，最为人们所熟知的桃园三结义就是发生在这个时候。据《三国演义》记载，刘、关、张结拜的誓言为："既结为兄弟，则同心协力，救困扶危；上报国家，下安黎庶。不求同年同月同日生，只愿同年同月同日死。皇天后土，实鉴此心，背义忘恩，天人共戮。"南北朝末期颜之推在《颜氏家训·风操篇》中曾讲道："四海之人，结为兄弟……至有结父为兄，托子为弟者。"这段记载更加明确地表明，在南北朝末期结拜成中国人相当流行的风俗。隋唐时期，"沿袭魏晋南北朝风气，有异姓结义之俗，且结义时必焚香火"①。隋朝末年，李世民就曾与突厥人"焚香火"结为兄弟。到了唐代，文人冯贽所写《云仙杂记》卷五引《宣武盛事》记载："戴弘正每得密友一人，则书于编简，焚香告祖考，号为金兰簿。"这里戴所称的《金兰簿》可能是《金兰谱》的雏形，但当时是用来"焚香告祖"并不作为互相交换的凭证。此时结拜的对象也扩展到了女性之间，唐崔令钦在《教坊记》中就曾这样记载："坊中诸女气类相似，约为香火之兄弟。"元末施耐庵的《水浒传》中亦曾记载宋时梁山众好汉义结金兰的故事。

结义是要在家族之外缔结拟兄弟关系，这种关系不受传统家族制度的束缚，既以家庭名义相处，又要做家族以外的事情。可以说，结义为人们提供了一种修正的泛家族主义方案，在不改变家族制度的情况下，把外人变成了兄弟。流动人口即游民阶层是结义文化的需求者、创作者和载体，明代中叶以后，移民和流动人口增多，虚拟家族观念日益盛行，结义也逐渐开始成为全民性的需求。② 明清以后，在地方社会渐渐形成一套十分讲究的祭拜换帖仪式，结拜时（通常会请阴阳先生选定良辰吉日），每人都要填写一份《金兰谱》，男用大红册页，女用粉红色册页，折成信封大小，兰谱制作逐渐格式化。清朝统治者为了加强自己的统治，曾多次以法律的形式明令禁止结拜。顺治时期规定："凡歃血结盟，焚表结拜兄弟者，著即正法。"③ 之后，相关条

---

① 万建中、周耀明、陈顺宣：《汉族风俗史·隋唐五代宋元汉族风俗》，学林出版社 2004 年版，第 232 页。

② 于阳：《江湖中国：一个非正式制度在中国的起因》，当代中国出版社 2006 年版，第 35—37 页。

③ 《雍正大清会典》卷一九四《刑部·奸徒结盟》。

例被编入《大清律例》谋叛律文下，规定极为详尽："凡异姓人，但有歃血定盟，焚表结拜弟兄者，照谋叛未行律，为首者，拟绞监候；为从，减一等。若聚众至二十人以上，为首者，拟绞立决；为从者，发云贵、两广极边烟瘴充军。其无歃血盟誓焚表情事，止序齿结拜弟兄，聚众至四十人以上，为首者，拟绞监候；四十人以下二十人以上，为首者，杖一百，流三千里；不及二十人为首者，杖一百，枷号两个月；为从，各减一等。"[①] 尽管如此，朝廷的禁令并未能阻止民间结拜聚众之风的蔓延。有学者甚至指出，正是因为清廷对结拜、帮会太过敏感，过度的打击政策反而致使一般良善的帮会也被逼上梁山，酿成官逼民反。[②]

民国时期，结拜禁令被解除，民间结义风气进一步盛行。市面上出现了专门由出版机构印制出售的《金兰谱》，制作精美，使用简单，只需在结拜时买回来填写、交换、收藏。但女用金兰谱市面印制出售的很难买到，故常以自绣单幅丝绸请人代写有关文字的基本信息。民国时期的金兰谱在字体上与前代有了很大的变化，过去的金兰谱为毛笔手书，而民国时期使用的则是现代的印刷字体。究其原因，有学者分析除了当时现代化的印刷业发展迅速之外，还有一个更重要的原因就是因为民国时期是一个比较动荡的时期，仅仅只靠个人的力量生存有困难，家庭成员之间的亲情关系已不足以应对复杂的政治社会形势，对集体力量的需要带来了人与人交往的频繁化，人们思想更加趋向求实、结盟以求自保，于是就出现了义结金兰的高潮。为了适应这种社会上的需要，一些商人就大量生产了印刷的金兰谱，这就反映出了民国社会人们存在有广泛结拜需求的社会现状。现以一份民国十九年（1930）的金兰谱为例，简要介绍。

---

① 张荣铮、刘勇强、金懋初点校：《大清律例》卷二三，天津古籍出版社1993年版，第360—361页。

② ［加］王大为著：《兄弟结拜与秘密会党——一种传统的形成》，刘平译，商务印书馆2009年版，第148页。

金兰谱①

夫埙篪合奏，兄弟固一本之亲，而玉石资攻，朋友亦五伦之次，则应求悉洽即骨肉无殊，何必吴虎蜀龙，始兢门庭之爽王珠程璧，方符兄弟之交。某等十一人偶合萍踪，如亲兰臭，踵桃园之胜事，结契殷怀联梓里之通家，订盟有愿。从此衣冠展拜，吾翁即是若翁，胶漆愈坚，同志依然同气，齿年历叙，脚色兼详。各将楮墨珍藏，勿负笠车旦誓。

曾祖高飞　祖父清兰　父绍烈

罗云书　字秋如　年二十五岁　丙午相　生于光绪三十二年五月二十四日卯时　住于阳平里北阳平村后巷　　通讯处　本县中山东街东南城壕门牌四十二号转交

曾祖魁　祖父丰泰　父世桢

贾殿杰　字与庵　年二十五岁　丙午相　生于光绪三十二年七月初一日辰时　住于县城东街仁爱巷　　通讯处　县城中山东街仁爱巷门牌三号交

曾祖秘若　祖父心一　父作桢

李武学　字承轩　年二十三岁　戊申相　生于光绪三十四年元月十一辰时　住于菅田里香什村　　通讯处　本县城中山东街泉协玉号转交

曾祖舞凤　祖父荣祖　父魁友

薛四维　字张初　年二十三岁　戊申相　生于光绪三十四年五月十五日午时　住于底董里坡底村　　通讯处　文底镇泰源丰号转交

曾祖中立　祖父玉同　父重学

---

① 洛阳契约文书博物馆藏《罗云书等人金兰谱》，文书编号：001771。

王镇坤　字子厚　年二十三岁　戊申相　生于光绪三十四年十月初十日西时　住于本县西关东北寨村　通讯处　本县西关东北寨村门牌五十七号交

曾祖化麟　祖父万枝　父天秀

王翰章　字墨林　年二十二岁　己酉相　生于宣统元年五月十五日字子时　住于前西里西姚村王家巷　通讯处　陕西潼关县东街世兴德号转交

曾祖含福　祖父益　父先甲

李英才　字育亭　年二十二岁　己酉相　生于宣统元年七月初五日寅时　住于原北里北寨村　通讯处　文底镇万福通号转交

曾祖荣魁　祖父金满　父砚田

姚福星　字德轩　年二十一岁　庚戌相　生于宣统二年二月初五日　时　住于又西里上姚子头村　通讯处　文底镇庆余生号转交

曾祖亲贤　祖父佩琴　父德柄

王师浚　字少骧　年二十一岁　庚戌相　生于宣统三年三月二十八日寅时　住于坊廓里高柏村　通讯处　本县中山东街长顺和号转交

曾祖鹤亭　祖父景星　父安国

刘德润　字玉如　年二十岁　辛亥相　生于宣统三年三月二十八日亥时　住于本县城内三民街　通讯处　县城中山西街三民街三十八号交

曾祖千祥　祖父庭选　父习敏

崔效官　字少南　年二十岁　辛亥相　生于宣统三年八月十二日申时　住于本县东街射圃厅　通讯处　县城中山东街射圃门牌四十九号交

中华民国十九年四月十日

该金兰谱为红纸，毛笔书写，小楷，长 108.7 厘米，宽 27 厘米。在这张金兰谱上，曾祖、祖父、父三代的姓名，本人的姓名、字号、年龄、属相、生辰、住址和通讯地址均详细写明。结拜人一共 11 人，年龄在 20 岁至 25 岁之间，从所留住址和通讯地址来看，他们应是本县及周边村落在县城活动的一群人。文书书写规范，用词极其讲究，要件完整，可见当事人对结拜之事的重视程度，绝不是临时起意，而是深思熟虑后严肃郑重对待的事情。

二、河洛地区结义的缘由

民间社会，人们熟悉三国时代刘备、关羽、张飞"桃园三结义"的故事，志趣、性格等相近，互相投缘的人继而仿效，通过一定的形式结为兄弟姐妹关系，生活上互相关心、支持帮助，遇事互相照应，久而久之，演变成一种具有人文色彩的礼仪习俗。民间结义贯穿着儒家"义"的思想，填充于亲情与友情之间，是一种友情升华为亲情的特殊社会人际关系。结义习俗的形成与"义气"二字有着莫大的关系。义气，本指节烈、正义的气概，引申为刚正之气，也指为情谊而甘愿替别人承担风险或自我牺牲的气度。人们结为"拜把子兄弟"后，便以"义气"相交，同心同德、同甘共苦、互信互助。结义有规范性的礼仪程序，即以自愿为基础，通过协商后决定，选择吉日良辰，在一个大家都认为较适宜的地方，如祠堂、关帝庙等处义结金兰。结义者不分男女老少，人数无限定，男的称兄弟，女的称姐妹，结拜的原因多为志趣相投，或同病相怜，或是各有所求。从河洛地区的情况来看，人们义结金兰主要有以下几个方面的原因。

（一）社会生活中的弱者为了互相援助而结拜

清代诗人东岭《岭南乐府·联袂轻生》卷四记载了女子结拜的故事："顺德县少女多订为异姓姐妹，少者数人，多者十余人。或相约不嫁，或同日嫁，一女见梗，则众女皆自杀。"① 从这则材料中不难发现：尽管清代顺德县的少女们结拜的具体原因现在已无从考证，但是有一点可以确定——她们的结拜与她们的婚嫁有着密切的关系。从她们约定要么不嫁，要么同嫁，一女遇到来自家庭或者其他方面的阻碍，其他女性都去自杀的事例，再结合当时男尊女卑的传统，大概可以知道，在当时的顺德县可能是由于出嫁的女性在嫁入夫家后或者在其他情况下的地位低下，女性为了防止自己受到委屈而通过结拜的方式团结在一起，来维护自己的利益。当然，这里的弱者也不单指女性，还有身体残疾、生活困难、社会地位低等处于劣势的人群，多是男性之间出于异姓相互援助的考量而义结金兰。俗语"在家靠父母，出门靠朋友""一个篱笆三个桩，一个好汉三个帮""四海之内皆兄弟"，讲的就是这个道理。洛阳契约文书博物馆藏有一份民国三十五年（1946）的金兰谱，谱序中写到"互相扶助，共同悲难"，是互助型结义的典型，特录文如下：

金兰同契②

桃园结盟，义重如山，情同骨肉，至今流传。我辈继行前人之鉴，相交以诚，手足一般，兄宽弟忍，宜做先贤互相扶助，共同患难，如松如竹，海空石烂。吾侪衷心，有天可鉴。

李荣庭　字增耀　年二十四岁十一年六月初二日　时生　河南省偃师县籍人　现居黄太王庙村　职业农

曾祖讳广和　祖讳乾元　父进粮　母王氏

兄书正　弟荣增　荣卿　姊　妹

妻张氏氏　子　女

蔺树仁　字增乐山　二十三岁十二年二月八日　戌时生　河南省登封县籍人　现居君召镇上蔺沟村　职业农

---

① 赵杏根、陆湘怀：《实用中国民俗学》，东南大学出版社2005年版，第137页。

② 洛阳契约文书博物馆藏《李荣庭等金兰同契》，文书编号：027390。

曾祖讳清智　祖讳如锡　父有才　母李氏

兄　弟树义　姊　妹

妻梅氏　子　女

王功昭　字　年二十三岁十二年七月十七日　酉时生　河南省偃师县籍人　现居老城东关　职业农

曾祖讳光训　祖讳　父宗炉　母萧氏

兄　弟　姊　妹

妻　子　女

戴家俊　字增耀　年二十三岁十二年十二月二十七日　时生河南省偃师县籍人　现居缑氏北寨　职业农

曾祖讳书简广和　祖讳礼源　父传仁　母

兄　弟　姊　妹

妻　氏　子　女

张克俊　字仲杰　年二十一岁十四年五月二十三日　时生　河南省新安县籍人　现居磁涧镇阎湾村　职业农

曾祖讳东鲁　祖讳作平　父景祥　母陈氏

兄克和　克顺　克家　弟　姊　妹

妻陈氏　子　女

李冠卿　字元辅　年二十一岁十四年八月十四日　时生　河南省偃师县籍人　现居高龙镇郭家屯　职业农

曾祖讳星和　祖讳宗贤　父金标　母谢氏

兄庭旺　长松　弟　姊　妹

妻任氏　子　女

段书田　字文甫增耀　年二十一岁十四年九月十八日　时生河南省偃师县籍人　现居段湾西镇　职业农

曾祖讳保和　祖讳春芳　父鸿斌　母任氏

兄　弟　姊　妹

妻戴氏　子　女

王维勤　字敏斋　年二十一岁十四年九月二十二日　时生
河南省偃师县籍人　现居王坨□村　职业农

曾祖讳遇晋　祖讳景瑞　父广升　母郭氏

兄惟诚　弟　姊　妹

妻王氏　子　女

王维勇　字毅斋　年二十一岁十四年十一月二十二日　时生
河南省偃师县籍人　现居王坨□村　职业农

曾祖讳遇晋　祖讳景瑞　父广升　母郭氏

兄惟正　弟　姊　妹

妻黄氏　子　女

孔宪鑫　字仲达　年二十岁十五年正月初二日　卯时生　河南
省新安籍人　现居中岳乡孔沟北岭　职业农

曾祖讳　祖讳广育　父昭然　母王氏

兄宪忠　弟　姊　妹

妻杨氏　子　女

李应祐　字受之　年二十岁十五年二月二十日　时生　河南省
偃师县籍人　现居槐庙德丰仁转吕家窑　职业农

曾祖讳之升　祖讳天一　父国荃　母任氏

兄应斌　弟　姊　妹

妻杨氏　子　女

李德宾　字锡卿　年二十岁十五年五月十六日　时生　河南省
偃师县籍人　现居安滩村　职业农

曾祖讳四乐　祖讳金科　父明贤　母史氏

兄　弟　姊　妹

妻杨氏　子狗娃　女

戴海欣　字家杰　年二十岁十五年九月十二日　时生　河南省偃师县籍人　现居缑氏北寨　职业农

曾祖讳书简　祖讳礼源　父东　母段氏

兄　弟　姊　妹

妻氏　子　女

邵元英　字　年十九岁十六年八月十三日　时生　河南省偃师县籍人　现居大屯镇　职业农

曾祖讳耀宗　祖讳书林　父贞臣　母吴氏

兄　弟　姊　妹

妻氏　子　女

高凤元　字鸣歧　年十九岁十六年十二月十九日　时生　河南省偃师县籍人　现居枣庄　职业农

曾祖讳中立　祖讳雨顺　父瑞亭　母侯氏

兄　弟　姊　妹

妻氏　子　女

刘万轩　字文俊　年十七岁十八年二月十八日　时生　河南省偃师县籍人　现居孟津城正义永转刘家坡　职业农

曾祖讳德恕　祖讳克礼　父镜甫　母王氏

兄　弟　姊　妹

妻氏　子　女

如兄荣庭惠存

如仝鞠躬

中华民国三十五年元月一日

盟于洛阳

（二）为了共同的道德理想、文化事业而结拜

所谓"道不同不相为谋"，意见或志趣不同的人就无法共事。相反，有着共同道德标准、兴趣爱好的人，为了共同的理想目标、文化追求而相聚结拜，古往今来比比皆是。自从刘、关、张桃园结义以来，有多少弟兄在历史上不同时期的结拜推动了历史的进步，推动了行业的发展，干成了一番番轰轰烈烈的大事。洛阳契约文书博物馆藏一份民国十七年（1928）所立的金兰谱中就体现了出于共同理想、共同事业而结义。兰谱中写道：

> 盖闻朋友乃世界上之一大伟事，而为人人所不能少的。今吾等聚堂三月，貌虽异，而心则契；性虽殊，而志则同。为砥砺道德、研究科学计，所以虽不敢效桃园之结义，亦窃慕荆树之故事也。谨将吾友籍贯、姓名、三代、年庚，开列于左：
>
> 籍贯　山坨□　姓名　戚象乾（仲庸）
>
> 年庚　丁西相，现年二十八岁，四月十七日
>
> 三代　曾祖讳载汤，祖福庆，父贵卿
>
> 籍贯　孙家湾　姓名　李松延，字寿亭
>
> 年庚　乙巳相，二十四岁，五月二十三日吉时生
>
> 三代　曾祖讳性敏，祖新凝，父方茂
>
> 籍贯　大槐树　姓名　马绍周，字唐宝
>
> 年庚　乙巳相，二十四岁，八月初一日
>
> 三代　曾祖玉书，祖士杰，父廷栋
>
> 籍贯　西寺庄　姓名　韩景虞，字孝卿
>
> 年庚　乙巳相，二十四岁，十二月二十九日
>
> 三代　曾祖锡福，祖裕新，父雨三
>
> 籍贯　孙家坡　姓名　李开科，字世则
>
> 年庚　丁未相，二十二岁，十二月十三日

三代曾祖毓春，祖步云，父德庸

籍贯　西蔡庄　姓名　李荣生，名振拜

年庚　巳西相，二十岁，九月初一日

三代　曾祖堂，祖天德，父文蔚

籍贯　石桥镇　姓名　王振标，字正则

年庚　乙酉相，十一月十五日

三代　曾祖宗周，祖作舟，父克绍

大中华民国十七年阴历十一月十一日立盟书①

可以清楚地看到，这几位是由于彼此砥砺道德、研究科学而走在一起，最终义结金兰。俗话说"物以类聚，人以群分"，从兰谱资料来看，近代有部分读书人出于一定文化使命感走在一起，以文会友，结拜为兄弟。这无疑是传统文人结社和近代学会等社会组织的有机结合，这些小团体对推动近代文化事业的发展也起到了一定的作用。

（三）为了互相的经济利益而进行结拜

在中国历史上，特别是明清时期，是商帮大发展的时期，一些经常在外地经商的商人鉴于个人力量薄弱，出于追求商业利益的目的而在同族、同地域之间进行一些联合，组成商帮，他们其中就不乏通过结拜的形式来加深彼此之间的关系。这些商人的结拜有时不仅仅是在商帮内部，与外地人特别是在自己经商之地，也与一些当地熟人进行结拜。除了商人与商人之间的结拜之外，还有一些比较特殊例子，就是一些商人为了经济利益与政治人物进行结拜，孟洛川家族就是一个例子。孟洛川（1851—1939），名继笙，字洛川，山东济南人，清末民国著名商人。清末民初的时候，军阀割据战乱不断，孟氏为了自身的利益，需要维护其在政治上的声望，于是极力地拉拢一些政治

---

① 王支援等主编：《故纸拾遗》卷二，三秦出版社2007年版，第338页。

人物作为他们在经济活动中的靠山。他们通过各种关系，交结官府、军阀和新旧政客，或联姻成婚为"秦晋"，或结交拜把成"金兰"。在孟氏家族中，把结拜这种方式用来维护经济利益做到极致的，是孟洛川的远房族侄孟觐侯。在他任瑞蚨祥的全局总理之后，展开了广泛的社会活动。他与北京九门提督王怀庆、东三省的权贵鲍贵卿、山东督军张宗昌结拜为兄弟，通过这种方式使得他在当时的经济活动中获得了极大的好处。

（四）为了某种政治利益而走上结拜

清末民初，出于政治目的的结拜更为普遍。一个典型的例子就是张作霖与他的那帮兄弟们的结拜。1927 年 6 月 14 日，张作霖进入北京。由于政府的更迭，局势还比较混乱。为了对外稳定局势，对内加强团结统一，以张作霖为主导在潘复的家中进行了一次大的结拜，所结拜的对象除了已经结拜的吴俊升、汤玉麟等五人外，又增加了孙传芳、张宗昌等七人，一共是十二人，其中值得注意的是在他们十二个人当中官职最小的也是个军长。因而不难看出，此次结拜的主要原因就是出于政治目的。除此之外，民国时期的风云人物蒋介石，他的结拜兄弟先后就有陈其美、黄郛、张静江、张群、戴季陶、许崇智、李宗仁、阎锡山、冯玉祥、张学良等人。他在几十年的政治风云中得以攀缘而上，攫取权势，维护政权，得以成为乱世枭雄，其借助结拜兄弟之力是很多的。通过这些事例不难看出，在民国时期一些政治人物为了其政治利益而结拜，这已经成为一种社会风气。

金兰谱①

祝亭

緊夫程生倾盖宣尼，曾脑面以杼诚谢，茫兰梁武乃倾心而折节，

---

① 洛阳契约文书博物馆藏《王德甫等人金兰谱》，文书编号：001773。

诗歌伐木，易卜断金，知屈原之独立，难支惠施之测有术矣。兹有共和启运大地交通，以平等之胸怀，为自由之结纳文明。胄裔黄人尽是同胞，知识灌输皙种都为良友。适叶武臣之数，幸缔耐久之交，溯三代之渊源，何论貂珥叙一家之眷属。并附蝉联，从此济闲扶危，各尽云霄之高谊庶几。海枯石烂，不忘天日之盟言。是为启。

王德甫　字　年三十八岁五月二十八日　时生

通信处　舞阳北舞渡南十八里姜店街西头

祖　凤章　父　盖臣　母　祁氏　兄弟　五人　妻冻氏　子　海钦

孙文学　字希贤　年三十六岁十二月初五日　时生

通信处　舞阳东北三十里田陈

祖　耀宗　父　道长　母　殷氏　兄弟　三人　妻刘氏　子　国卿

王世超　字文亭　年二十八岁十月初十日　时生

通信处　偃师东屯村

祖　永敬　父　庆福　母　宋氏　兄弟　一人　妻齐氏　子　长水

刘公连　字廷甫　年二十五岁二月初六日　时生

通信处　巩县小黄治村

祖　锡奇　父　延卿　母　孙氏　兄弟　三人　妻巴氏　子　炳有

秦治滨　字祝亭　年二三岁正月十三日　时生

通信处　偃师北二十里光明镇

祖　文章　父　兴教　母　原氏　兄弟　二人　妻杨氏　子

王树森　字　年二三岁　月　日　时生

通信处　巩县乐尧峪村

祖　　父　林庆　　母　李氏　　兄弟　三人　　妻　刘氏　　子

（五）彼此因为志同道合而进行结拜

中国人的结义行为和"桃园三结义"的故事有很大关系。《三国演义》写道：刘备、关羽、张飞三人情投意合，希望共同干一番事业，于桃园中备下乌牛、白马等祭礼，焚香礼拜，并进行盟誓，大意是刘备、关羽、张飞，我们三人虽为异姓，既然结为兄弟，就要同心协力，救困扶危；上报国家，下安黎庶。不求同年同月同日生，只愿同年同月同日死，皇天后土，实鉴此心，背义忘恩，天人共戮！从此兄弟三人生死与共、精诚团结，成为后世楷模。后来人们对"桃园结义"由崇拜到仿效。往往志趣、性格互相投缘的人，通过一定的形式，结为兄弟姐妹般的关系，生活上互相关心、遇事时相互照应。

金兰谱①

前有管鲍，后有雷陈。道义相勗，历久常新。共和肇造，胞与从同。丽泽获益，他山是攻。车笠虽异，金石永贞。著之于牒，申之以盟。鸡鸣风雨，落月屋梁。凡我知好，永矢勿忘。

司位则　字　年三十九岁八月初九日　辰时生

通信处　洛阳东关松茂栈转交

现居　第三区三十里铺　职业

曾祖讳云霄　祖讳中柱　父字仁辅　母郭氏　兄　弟字平如
妻黄氏　子耀公、耀宸

李业隆　字炳勋　年二十四岁二月二十四日　时生

通信处　伊川三区海角镇转黑龙沟

---

① 洛阳契约文书博物馆藏《司位则等三人金兰谱》，文书编号：027392。

现居　三区黑龙沟　职业

曾祖讳学太　祖讳万顺　父印世全　母刘氏

兄　弟五人　妻杨氏　子肇敏

卢荣先　字　年二十二岁六月六日　子时生

通信处　洛阳第二区南麻屯邮局转卢家村

现居第二区卢家村　职业

曾祖讳　祖讳国宾　父印作霖　母冯氏　兄　弟三　妻张氏

中华民国念五年六月三日　盟于河南第十区师训所

　　该金兰谱封皮暗红色，油光纸，印有金色花卉图案，中部竖排"金兰谱"三字，字为金色；封底中心亦为由金色印字"洛阳东街元章印刷所制"组成的图案。内芯为带暗花的淡黄色宣纸，边缘为白色，共2折6页，毛笔书写，竖排，楷书，均有红色花边。第一页上部边缘有印刷体"孟津"字样。末两页下部各盖一圆形印戳"中华民国军事委员会专用章"（直径4.9厘米）和一枚小形圆印，仅辨出"苏莲"二字。该金兰谱长16.2厘米，宽9.2厘米。①谱序大意是前有春秋时的管仲和鲍叔牙，后有东汉时期的雷义与陈重，他们深厚的情谊、高尚的道义勉励着后人，历久常新。共和建立，我们志同道合。彼此的情感如同相连的水泽相互浸润获益，如同用他山之石琢磨玉器一样相互取长补短。坐车的人和戴笠的人虽然地位不同，情感却像金石一样牢不可破。把情谊记录下来，加以盟誓。鸡鸣风雨，同甘共苦；落月屋梁，常相思念。凡我知好，永不相忘。谱文为个人情况介绍，为结拜人各自的姓名、字号、年龄、生辰、籍贯，及曾祖、祖父、父亲、兄弟、妻室名讳等详细说明。这份金兰谱是司位则、李业隆和卢荣先三人于民国二十五年（1936），在河南第十区师训所义结金兰时所立。该谱的独特之处在于，这本是三名军校同学私下结为兄弟的证明，却盖有一个国家最高军事机构的公章——中华民国军

---

① 王支援等主编：《故纸拾遗》卷二，三秦出版社2007年版，第343页。

事委员会专用章。从金兰谱加盖国家机构的公章来看，足以说明三人对这次结拜的慎重和认真；也说明民国时期，结拜之举不仅盛行于民间，也风靡于军队之中，官方对志同道合的军人义结金兰是持鼓励、赞同态度的。

三、河洛地区结拜的仪式

义结金兰要书写和交换金兰谱，俗称换帖，有着一套完整的流程仪式。那些曾经记录各种美好、珍贵友谊的《金兰谱》，便成了传统社会中兄弟结拜的真实记录。通过洛阳契约文书博物馆藏清末偃师地方十四人结拜的金兰谱，可以一窥当时众人结义的具体内容。

盖闻桃园弟兄三人三姓结为手足之情义，共生死美情之方，古今称为圣人也。今有吾兄弟十四人，虽不及古人之相交，但愿结为同心之好；虽不及古人之殊殒，不啻若一家人耳，则异姓视之如同胞人焉。余不多叙，居住、姓名开列于后。

祖居河南府偃师县城东五里后宋村

曾祖宋　祖父五秉讳　父桂柱讳　乳名牛名　年三十一岁正月初六日生

祖居河南府偃师县城西三里瑶头村

曾祖董　祖父　父孟先讳　乳名聚纯名　年三十岁九月十六日生

祖居河南府偃师县城西五里蔡家村

曾祖蔡　祖父　父末讳　乳名苗名　年二十八岁

祖居河南府偃师县城西三里瑶头村

曾祖刘　祖父振祥讳　父维屏名　乳名三公名　年二十八岁六月初五日生

祖居河南府偃师县城北十里身杨村

曾祖张　祖父三元讳　父虎名　乳名西名　年二十八岁八月十

六日生

祖居河南府偃师县城东二十里石家村

曾祖张　祖父黑志讳　父□讳　乳名进玉名　年二十七岁正月二十一日生

祖居河南府偃师县城东五里王家村

曾祖王　祖父曾福讳　父金禄讳　乳名文兴名　年二十七岁四月三十日生

祖居河南府偃师县城北十五里牛家村

曾祖牛　祖父　父火战名　乳名泉　年二十六岁九月

祖居河南府偃师县城东十五里孙湾村

曾祖张　祖父宗长名　父明高名　乳名玉士名　年二十五岁七月十六日生

祖居河南府偃师县城东五里后宋村

曾祖宋　祖父何讳　父魁士讳　乳名鸟名　年二十四岁

祖居河南府偃师县城北三里北瑶村

曾祖张　祖父富佳讳　父玉秋讳　乳名书贵名　年二十三岁十一月二十五日生

祖居河南府偃师县城西五里高龙村

曾祖郭　祖父　父长太讳　乳名二年名　年二十一岁

祖居河南府偃师县城东十五里孙湾村

曾祖赵　祖父明德讳　父天一讳　乳名西五　年二十一岁五月二十日生

祖居河南府偃师县城东五里后宋村

曾祖朱　祖父金堂讳　父云密讳　乳名四备　年二十一岁十月二十二日生

大清光绪九年十月初二日　敬修①

该金兰谱文书布质，毛笔楷书，长55厘米，宽29.5厘米，从右至左依次写出十四人各自的居住地、姓名、年龄、出生日期，各附有本人曾祖、祖父、父三代清单。有意思的是，十四人三代多数只在祖父下列出姓氏，很多都没有书其姓名。据此判断，这很有可能是份清末豫西土匪结拜入伙的兰谱。近代豫西地区土匪盛行，根据当地风俗，土匪结拜为不辱没祖宗，一般不在兰谱上书写三代姓名，也不在祖宗牌位前烧香焚表，而是要祭拜关公，以忠义相标榜。按照三国刘关张桃园结义的习俗，人们结义往往在桃园进行。后世随着关公信仰的强化与关帝庙的增多，人们结义不再到处寻桃园，而是到关帝庙的关公像前磕头结拜。清代以后，义结金兰的仪式多在关帝庙内举行，即使没有关帝庙也要在关帝画像前举行。不过，洛阳民间的结义风俗与其他地方有所不同。由于洛阳关林庙各个殿宇中，没有刘、关、张三兄弟在一起的塑像，所以洛阳人义结金兰时，一般不进殿内，也不在关公像前，而是在"结义柏"前举行仪式。②

在义结金兰的时候，一般遵循的仪式有：第一，缔结兰谱，分别写出要结拜的人数、各自的姓名、生辰八字、籍贯、结拜时间、誓言及祖上三代（父母、祖父、曾祖父）姓名等有关事项；第二，挑选良辰吉日，上挂关公等神像，下摆三牲祭品，即猪肉、鱼、蛋，一只活鸡（男结拜为雄鸡，女结拜为雌鸡），一碗酒和金兰谱。依年龄大小，依次焚香祭祖祭神，之后互相换帖，宣读誓言；第三，结拜后共进酒食，将鸡血滴入酒中，再把每人左手（女人为右手）中指用针尖刺破，把血也滴入酒中，搅拌均匀，先洒三滴于地上，最后以年龄大小为序，每人喝一口，剩下的放在神像前，歃血立盟以示郑重；第四，酒饭过后，再集体叩拜，撤香案，交换金兰，各自珍藏一份。

---

① 洛阳契约文书博物馆藏《聚纯等人金兰谱》，文书编号：001776。
② 梁淑群主编：《洛阳民俗博物馆馆藏契约文书背后的故事》，三秦出版社2019年版，第188页。

值得注意的是，如果日后结拜兄弟反目成仇，仍要举行断义仪式，一般会将金兰谱烧掉，这称"断义"，也叫"拔香头子"，之后双方便不再有结义关系。

旧社会结拜礼节习俗较多：一是宗亲者不结拜；二是姻亲者不结拜；三是有辈分差别者不结拜；四是八字不合者不结拜；五是破族规者不结拜等。但随着社会进步和文明程度的提高，人们认为只要彼此情投意合，就不再拘泥于某种形式。

四、河洛兰谱的格式与用典

金兰结义仪式之后结拜的双方（或多方）便以兄弟相称，以双方（或多方）的亲人为亲人。结拜起初只是找个合适的时间与适当的地点进行口头上的宣誓承诺，最多也只不过是进行歃血为盟之类的仪式，普通百姓之间的结拜一般也不用换帖，常是互相通报姓名、年龄、生辰后便以兄弟相称。然而，随着习俗的演变，人们对仪式越来越重视，形式也变得越来越庄重与正式，出现了一些兰谱之类的文书，从道义和契约两个层面进行一些约束。从早期义结金兰的典范——刘关张桃园三结义（没有书面仪式）到清末民初的一般金兰谱（基本都具备书面仪式），可以清楚地看到其中明显的变化。对于兰谱上所写的内容，正如佟鸿举先生所说："两人或数人结为异姓兄弟，商定好以后，按人数各用红纸写出每人姓名、生日、时辰、籍贯及父母、祖及曾祖三代姓名的谱帖，彼此互换谱帖以为凭证。"[1]

《金兰谱》的书写有一定的范式，一般由谱序、谱文和落款三部分组成。谱序又有男女之分，男用款式一般多用"管鲍之交""雷陈胶漆""桃园结义"等典故；女用款式则多用"璇闺绣阃""才夸道韫""技擅班昭"等形容女子的才德。现将洛阳契约文书博物馆藏两份有谱序的金兰谱抄录原文如下：

---

① 佟鸿举：《民俗文书收藏趣谈》，百花文艺出版社 2006 年版，第 69 页。

盟约①

盖闻室满琴台，乐知心之交集；床联风雨，常把酒以言欢。是以席地班荆，衷肠宜吐。他山攻玉，声气相通。每观有序之雁行，时切附光于骥尾。源宝与思敏等，编开砚北，烛前西窗，或笔下纵横，或理窥堂奥。青年握手，雷陈之高谊，共饮白水，旌心管鲍，芳尘宜步，停云落月，隔河山而不爽斯盟，历岁月而各坚其志，不以利名相倾轧，不以财德而骄矜，义结金兰。在今日既神明对誓，辉生竹林，愿他年当休戚相关。谨序。

刘思敏　字慎九，年二十五岁，民国六年八月十八日生

世居河北省澡泽县西北留村西头

谨将　三代履历开列于左：

曾祖父　秉衡讳　母

祖父　家振讳　母

父　锡爵　母　张氏

胞兄　里恭　胞姊　春雪

妻　刘氏

子　女

书奉

源宝　如弟　惠存

如兄　刘思敏　鞠躬

大中华民国三十年十月十日

于内乡县大峪村

省立郑□工校

---

① 洛阳契约文书博物馆藏《刘思敏等人盟约》，文书编号：001766。

金兰谱①

尝闻二人同心，其利断金；同气相投，其臭如兰。借助他山攻己之瑕守望相助，事业与共，此朋友之重，故与五伦之列者。今有同志二人心意相投，欲效车笠之盟而结桃园之义，虽非同胞而其情感则有过而无不及。仅以心香两瓣，赤诚一副，以代乌牛白马祭而盟其衷心焉。其后若生三心二意，天鉴□□厌之。

姓名、籍贯、三代详列于后，以志今日之盛而昭流后代焉。

敬洲　孝义赵沟人，现年十九岁，妻秦氏

永久通信地址

祖　讳嵩云　配　氏　兄　姊

父　方斌

弟妹

配氏

张良琛　巩邑驻驾河范家沟人，现年十七岁，妻王氏

永久寄信地址　驻驾河永升泰号移交

祖讳　敬修　配刘氏

父讳　升三　配刘氏

弟三人　妹二人

有的兰谱较为简略，没有谱序，直接书写结拜者各自的情况和结义时间。以下为洛阳契约文书博物馆藏的两份无谱序的金兰谱，其原文抄录如下：

兰谱②

王景祐，字槐庭，行五，丙寅相，十月二十九日吉时生，世居

---

① 洛阳契约文书博物馆藏《张良琛等人金兰谱》，文书编号：001765。
② 洛阳契约文书博物馆藏《王景祐等人金兰谱》，文书编号：001774。

本村。

三代

曾祖百林　祖世喜　父允和　母丁氏　胞兄景玉、景宸、景顺
妻宋氏

晓峰仁弟大人惠存

如兄王景祐顿首拜

光绪十二年九月初三日　之吉

金兰谱①

马绍周惠存

蔡竹林　晋卿　现年三十一岁五月初二日吉时生

籍贯　世居　古亳乡后庄村

三代　曾祖讳协恭　祖讳锡嘏　父讳中悦

薛永和　景融　现年二十九岁十二月十九日吉时生

籍贯　世居　沟口头

三代　曾祖讳印　祖讳之琳　父印椿

刘作栋　廷臣　现年二十八岁九月二十九日吉时生

籍贯　世居　冯岭乡　刘家坡

三代　曾祖讳业儒　祖讳德崇　父印瑸

李绍白　幼莲　现年二十六岁七月二十三日吉时生

籍贯　世居　民族乡　杨庄村

三代　曾祖讳进献　祖讳中伦　父讳赓云

张开景　子美　现年二十二岁六月初九日吉时生

籍贯　世居　仁里乡　后纸庄

---

① 洛阳契约文书博物馆藏《蔡竹林等人金兰谱》，文书编号：001769。

三代　曾祖讳先　祖讳建道　父印鹏光

刘德文　艺庵　现年二十二岁　十月十六日吉时生

籍贯　世居　龙泉乡　坟庄村

三代　曾祖怀俭　祖讳从训　父讳克仁

杨其瑞　辑五　现年二十一岁月十二日吉时生

籍贯　世居村　四维乡　石硖村

三代　曾祖讳尚廉　祖讳克治　父讳广成

曹耀奎　景文　现年二十一岁十二月廿一日吉时生

籍贯　世居　福神香峪村

三代　曾祖讳兰芝　祖讳建功　父印俊三

鲍资悌　恺卿　现年二十岁十月三十日吉时生

籍贯　世居　保定镇　南蔡庄

三代　曾祖讳其则　祖讳根保　父讳遂福

石健　乾甫　现年二十岁十一月二十四日吉时生

籍贯　世居　文博镇　东蔡庄

三代　曾祖讳书文　祖讳西仑　父讳琏如

从以上金兰谱可以看出，大体的格式相似，谱序一般都是先引经据典，叙述历史上生死之交、义结金兰的史实，如"前有管鲍，后有雷陈"。春秋时管仲与鲍叔牙交情深厚，管仲曾言："生我者父母，知我者鲍子也。"后称知己至交为"管鲍"；东汉雷义与陈重为同郡好友，俱学鲁诗等。太守举重（陈重）孝廉，重以让义（雷义），太守不允。刺史举义茂才，义让与重，刺史不听。义遂佯狂，被发而去。乡里为之语曰："胶漆自谓坚，不如雷与陈。"后人以"雷陈"比喻情深意笃的友情。兰谱用这些典故以表达对古人结义交友贤行的倾慕之情以及结盟的虔诚之心，同时抒发同甘共苦、济世救难的豪情壮志。谱文通常是将结义者的名字、排行、属相、生辰、年岁、籍贯、家庭住址、通信地址、职业及其祖上三代（曾祖、祖父、父母）的名讳，以及配偶、兄弟姊妹、子女的姓名等相关内容一一写明。落款处通常为结义的时间、地点，还有金兰谱持有人的名字、照片或者指印。

金兰谱谱序中，除了上述"金兰""雷陈""羊左"之外，金兰谱序中常引用的历史典故还有很多，现列举一些，并作基本解释。

（1）班荆：铺荆于地而坐。《左传·襄公二十六年》："伍举奔郑，将遂奔晋。声子将如晋，遇之于郑郊，班荆相与食，而言复故。"[1] 比喻知心朋友相遇，共坐谈心。

（2）车笠：《太平御览》卷四〇六引周处《风土记》："越俗，性率朴，意亲好合，即脱头上手巾，解要（腰）间五尺刀以与之为交。拜亲跪妻，定交有礼，俗皆当于山间大树下，封土为坛，祭以白犬一，丹鸡一，鸡子三，名曰'木下鸡犬五'。其坛也，人畏不敢犯也。祝曰：'卿虽乘车我戴笠，后日相逢下车揖。我虽步行卿乘马，后日相逢卿当下。'"[2] 后因称不以贵贱而异的深厚友谊为"车笠交"。

（3）乌牛白马：乌牛白马祭礼最早，出现在匈奴。《辽史·地理志》中"上京道·永州"记载了契丹民族起源的传说：相传有神人骑白马，自马盂山顺土河向东；又有天女驾着青牛拉的车，由平地松林泛潢河而下。至木叶山，二水合流，二人相遇，两情相悦成为配偶，生下八子。八个孩子长大后，各自成家立业、繁衍生息，其后族属渐盛，衍为契丹八部，八子各为一部之始祖。学界普遍认为，青牛、白马是契丹人的图腾——青牛代表"地祇"（土地神），象征女性；白马代表"天神"，象征男性。在契丹礼俗制度中，为示"不忘本"，以白马、青牛行祭祀是非常隆重的大典。《辽史·地理志》云："每行军及春秋时祭，必用白马、青牛。"《辽史·兵卫志》也说：但凡举兵，辽国皇帝即率文武臣僚，以青牛、白马祭告天、地、日神，并派遣近臣至太祖及之后诸先帝的皇陵、木叶山通报，之后才向各地颁布征兵诏书。后来

---

[1]　王守谦等译注：《左传全译》（上），贵州人民出版社1990年版，第977页。

[2]　李昉编纂，夏剑钦、王巽斋校点：《太平御览》第四卷，河北教育出版社1994年版，第393页。

"乌牛白马祭礼"成了人们建立联盟、祭祀天地、缔结盟誓时的一种习俗。如《三国演义》中，刘备、关羽及张飞在涿郡张飞庄后花开正盛的桃园，备下乌牛白马，祭告天地，焚香再拜，结为异姓兄弟。

（4）三荆：《艺文类聚》卷八九引周景式《孝子传》："古有兄弟，忽欲分异，出门见三荆同株，接叶连阴，叹曰：'木犹欣聚，况我而殊哉！'还为雍和。"后来人们常用"三荆树"的故事代指兄弟和睦。

（5）附骥尾：喻附于先辈或名人之后。《史记·伯夷列传》："伯夷、叔齐虽贤，得夫子而名益彰；颜渊虽笃学，附骥尾而行益显。"索隐："苍蝇附骥尾而致千里，以譬颜回因孔子而名彰也。"金兰谱中引"附骥尾"比喻普通人因依附名人贤者而扬名，表达个人因他人的帮助而受益。

（6）休戚相关：休：喜庆、欢乐。戚：忧愁、悲哀。彼此的忧喜、祸福紧相关联，形容关系密切，利害一致。《国语·周语下》："晋国有忧，未尝不戚，有庆，未尝不怡……'为晋休戚，不背本也'。"春秋时期，晋国的国君晋悼公姬周，年轻的时候曾因受到晋厉公的排挤，无法留在晋国，只好客居周地洛阳，在周朝世卿单襄公手下做事。单襄公很器重他，把他请到自己家里，就像对待贵宾一样地招待他。姬周虽身在周地，可是听说自己的祖国晋国有什么灾难时就忧心忡忡，听说晋国有什么喜庆的事情时就非常高兴。所有这些表现，单襄公都看在眼里，认为他将自己的忧愁喜乐与晋国的命运连在一起，是不忘本的表现，将来一定大有前途，肯定能回到晋国去做个好国君。为此，单襄公对姬周更加关心、爱护。不久，晋国国内发生了内乱，原来一直害怕失去权力而排挤王室公子的晋厉公被大夫栾书、中行偃所杀，晋国政局陷入了大动荡。晋国大夫派人到洛阳来，把姬周接了回去，让他做了晋国的国君。他做了国君之后，以国家的兴盛和百姓的安乐为己任，实现了晋国的复兴。后人由此提炼出成语"休戚相关"，意思是彼此的喜悦与忧愁共同承担，形容彼此命运联系在一起，息息相关。

（7）貂珥：汉代宦官冠上插貂尾悬珥珰以为饰，后遂以貂珥喻显贵。南朝陈徐陵《徐孝穆集三·劝进元帝表》："珪璋特达，通聘河阳，貂珥雍容，寻盟漳水。"《文苑英华》卷四八二《唐贤良方正策问》："七叶貂珥，表金室之荣；十纪羽仪，峻班门之躅。"在金兰谱中引用寓意朋友之交，不论贵贱。

（8）落月屋梁：出自唐杜甫《梦李白》诗："落月满屋梁，犹疑照颜色。"作者在梦中见到李白，醒来只见满屋月光，似乎还能看见李白的容颜。比喻对朋友的怀念之情。

（9）丽泽：语出《易·兑》："丽泽，兑；君子以朋友讲习。"王弼注："丽，犹连也。"兑，喜悦。意谓两个沼泽相连，滋润万物，所以万物皆悦。后用来比喻朋友之间互相切磋，互相规劝以励品德。

（10）雁行：飞雁的行列，谓并行、平列而有次序。《诗·郑风·大叔于田》："两服上襄，两骖雁行。"《礼记·王制》："父之齿，随行；兄之齿，雁行。"引申为相埒如兄弟，意即兄长弟幼，年齿有序，如雁之平行而有次序。《晋书·王羲之传》："每自称，我书比钟繇，当抗行；比张芝草，犹当雁行也。"按孙过庭《书谱》引羲之此语，谓："此乃推张迈钟之意也。"在金兰谱中引用指兄弟或姐妹长幼有序。

（11）埙篪：埙和篪。埙，古代土质吹奏乐器。篪，古代竹质管乐器。这两种乐器合奏时，声音和谐。《诗·小雅·何人斯》有"伯氏吹埙，仲氏吹篪"之句，后用"埙篪"比喻兄弟亲密和睦，或借指兄弟。

（12）停云落月：晋陶潜《停云诗序》："停云，思亲友也。"唐杜甫《梦李白》诗："落月满屋梁，犹疑照颜色。"后因以"停云"或"停云落月"表示对友人思慕之情。

义结金兰，建立在朋友之间的情谊之上，有的时候朋友之间的情谊可能还会胜过亲情。在我国金兰文化中，就逐渐出现了一些形容朋友之间关系的词语。如：（1）布衣之交：布衣，古代指平民。古代平民穿麻布衣服，所以"布衣"就成了平民的代称。布衣之交语出汉刘向的《战国策·齐策三》："卫君与文布衣交，请具车马皮币，愿君以此从卫君游。"布衣之交原意是显贵的人与平民交往，后一般用以指普通平民之间的交往。（2）竹马之交：竹马，指小孩当马骑着玩的竹竿。竹马之交，指童年时代同骑竹马游戏时的好朋友，也称"竹马之好"。语出南朝宋刘义庆《世说新语·方正》："帝曰：'卿故复忆竹马之好不（否）？'"（3）总角之交：总角，古代儿童把头发向上束成小髻，因指童年。总角之交，指童年时代就要好的朋友。语本《诗经·齐风·甫田》"总角丱兮"（丱：头发扎成两角的样子）。《三国志·吴志·周瑜传》裴松之注引《江表传》："周公瑾英俊异才，与孤有总角之好，骨肉之分。"（4）刎颈之交：刎，割。交，交情，友谊。指同生死共患难的朋友。《史记·廉颇蔺相如列传》："卒相与欢，为刎颈之交。"北宋孔平仲《续世说·奸佞》："裴度上疏言（元）稹与魏（弘）简为刎颈之交。"（5）管鲍之交：管仲和鲍叔，春秋时齐国的名臣，两人相知最深，后常用以指代交谊深厚的朋友。语本《史记·管晏列传》"管仲曰：'吾始困时，尝与鲍叔贾，分财利多自与，鲍叔不以我为贪，知我贫也。吾尝为鲍叔谋事而更穷困，鲍叔不以我为愚，知时有利不利也。吾尝三仕三见逐于君，鲍叔不以我为不肖，知我不遭时也。吾尝三战三走，鲍叔不以我为怯，知我有老母也。公子纠败，召忽死之，吾幽囚受辱，鲍叔不以我为无耻，知我不羞小节而耻功名不显于天下也。生我者父母，知我者鲍叔也。'"管鲍之交，用以指贫贱之交和相交极深的友谊。（6）陈张之交：《史记·张耳陈余列传》中记载，张耳、陈余为秦末汉初人，两人年少时为生死之交，后起兵反秦，因产生嫌隙，互相攻伐。后以此典指势利之交，交情不终，为人耻笑。（7）八拜之交：八拜，原是封建时代对父一辈亲朋所行的礼节。旧时称结拜的兄弟姊妹为八拜之交。典出宋代邵伯温《邵氏闻见录》："丰稷（李稷）谒潞公（文彦博），公着道出，语之曰：汝父吾客也，只八拜。稷不得已，只拜之。"后来常用以指代拜把子（旧时结为异姓兄弟）的关系。（8）知音之交：知音也谓知己，指非常了解、能赏识自己的知心朋友。相传春秋时伯牙善鼓琴，钟子期善听琴，能从伯牙的琴声听出他的心意。伯牙认定钟子期是他的知音之后，在钟子期死后为他弹了一曲《高山流水》，此后破琴绝弦，再也不弹琴了。后因此称知己朋友为"知音"。

（9）忘年之交：忘怀于年岁、辈分的差别而结为朋友。语本《初学记》卷一八引张隐《文士传》："祢衡有逸才，少与孔融交，时衡未满二十，而融已五十，敬衡才秀，忘年殷勤。"祢衡和孔融结交为好友的时候，祢衡未满二十岁，孔融已五十岁了。正是因为孔融看重祢衡的才华，所以愿意为忘年之交。"忘年之交"用来指不拘年岁行辈而结交为友。（10）君子之交：君子之交谊高雅纯净，看来像水一样清淡。典出《庄子·山木》："君子之交淡若水，小人之交甘若醴。"庄子认为真正的朋友贵在交心，不需要丰盛的宴席或利益作为铺垫。真正的君子之交是以人格的相互钦佩和品德的相互青睐为基础的，应该平平淡淡，不掺杂更多的利害关系，反而更长久。

结　语

中华传统文化中，人们对仁、义、礼、智、信、恕、忠、孝、悌、温、良、恭、俭、让等儒家文化的核心十分重视。在战争年代、动乱时期，有时兄弟姐妹不在身边，不能相聚，人们为了寻得生活上的关心、支持和帮助，遇事能够相互照应，就用义结金兰的方式与他人形成兄弟姊妹般的关系，既能够给彼此心理上带来一种安全感，又能寄予生活的些许期望。结义的形式，久而久之就形成了一种具有人文色彩的礼仪习俗。这种习俗以儒家"义"为精神核心，将友情升华为亲情，但在本质上又区别于"亲情"的一种特殊的社会人际关系。这种关系对于社会的发展也有着重要的意义和作用，既有积极的一面，也有消极的一面，需要客观地分析看待。

首先，金兰谱打破了我国传统的宗法制对人民的束缚，使得不是同一血缘的人能够根据他们的共同意愿而团结在一起，这在一定程度上促进了人们之间的团结与交流。血缘关系是由婚姻或生育而产生的关系，是人先天与生俱来的，在人类社会产生之初就已存在，是最早形成的一种社会关系。这种关系应该是人与人之间最亲密的关系，但中国有句老话"远亲不如近邻"，当各种原因使得亲人无法团聚，无法互相取暖时，周围临近的关系比如结拜关系就显得非常重要了。小家庭如此，一个国家、一个民族就更是这样了。因共同的理想、目标而团结在一起，虽不同血缘，但是同心勠力，极大地促进了各民族的团结和交流。

其次，结义的双方（或多方）大多都能做到彼此友爱，同时也出现了许多类似刘、关、张三人可歌可泣的金兰之情，这种情感丰富了中华民族的价值观念与民族精神。义结金兰后，结拜的兄弟姊妹的父母亲人就是自己的父母亲人。早在春秋时期，《礼记·礼运》记载，孔子有曰：故人不独亲其亲、不独子其子，使老有所终、壮有所用、幼有所长、矜寡孤独废疾者，皆有所养。战国时期《孟子·梁惠王上》曰："老吾老，以及人之老；幼吾幼，以及人之幼。"这是我国几千年来始终提倡的价值观念和团结友爱的民族精神，在义结金兰的推动作用下，更是得到了延续和传播。

再次，有些金兰谱以书面的形式表现出来，对于增强人们的契约意识与契约精神有着很大的作用。义结金兰虽属于自发自愿的行为，但是写了"金兰谱"就不再是随心所欲了，而是有了文书约定。在金兰谱上写上结拜的人数、各自的姓名、生辰八字、籍贯、结拜时间、誓言及祖上三代（父母、祖父、曾祖父）姓名等有关事项，甚至还要贴上照片，这种繁复的内容，在给结拜人一种仪式感的同时，还给予了他们一种制约。这就是契约精神，既然做了决定，就要遵守约定。

最后，这种以互相关爱、支持、帮助的结义形式，随着时间、社会环境和人们思想等因素的变化，其形式、内容、作用也大为不同，构成了人与人之间密切而复杂的社会关系。结义作为一个泛家族主义系统，照搬了家族组织的几乎所有内容，可以说，除了血缘之外，家族的一切应有尽有。[①] 结义的盟誓是人们实现人生理想的良好初衷，其最后的结果不是都能预期得到的，人的感情也会因环境条件的变化而变化，或淡若平常，抑或反目为仇。一旦到了这种地步，结拜的盟誓也就被破坏，结盟者常常不欢而散。一般情况要终结当时结义之盟，需要以结义时的形式了结。义结金兰强调"有福同享，

---

① 于阳：《江湖中国：一个非正式制度在中国的起因》，当代中国出版社 2006 年版，第 38 页。

有难同当""重义轻利",也在一定程度上反映了旧时代小生产者互助的需求。金兰谱具有较高的史料价值,通过对不同时期金兰谱的研究,不仅可以了解古代结义习俗的演进,还可以从不同侧面了解当时文字、科技水平的发展。这种记录各种美好、珍贵友谊的金兰谱,是历史上兄弟拜把的真实记录,是研究中国古代"义"文化的重要参考资料。

第十章　河洛地区的契约实践与法律变迁

从魏晋以来的契约中，就已出现"官有政法，人从私契"[①]；"任依私契，官不为理"[②] 一类的套语俗谚，反映出我国法律很早就已经发展出国家制定法与民间私约习惯两种类型。前者是一套以国家律令为核心的正式制度，后者则是以民间的礼仪习俗为基础的非正式制度，二者相辅相成，良性互动，共同组成了中国传统社会治理秩序体系。由于传统国家的直接统治只及于州县，州县以下，则是各种家族、村社、行帮、社团等基层组织，普遍民众的日常生活无不受到各类地方习俗惯例、乡规民约的深刻影响。在长期的历史积淀过程中，广大农村地区经历了普遍性和持续性的契约实践，利用契约，辅以外部力量，形成了一套朴素完整的习惯法，规范着百姓的日常生活。对此，有学者指出，迄自唐代，我国已经确立了政府不主动干预私契的放任原则，法律承认并保护私人之间订立的契约。在私人活动领域，实行私法自治原则，国家原则上不予干预，只有当事人之间发生纠纷不能通过协商解决时，才由国家政府出面予以解决。[③] 国家制定法与民间私约之间既互相补充，又互相影响，尤其是近代以来，国家政权以及政策法令的变迁无不对地方上的契约实

---

① 沙知：《敦煌契约文书辑校》，江苏古籍出版社 1998 年版，第 82 页。
② ［日］仁井田陞：《唐令拾遗》，栗劲等译，长春出版社 1989 年版，第 789 页。
③ 乜小红：《中国古代契约发展简史》，中华书局 2017 年版，第 18 页。

践产生重要的影响。河洛地区一直都是中央政权牢固控制和管理的区域，其契约文书往往能直接反映国家相关政策的演变过程。

一、近代契约格式内容的变化

（一）从卖契到买契

在传统民间社会，田宅、奴婢、畜产以及其他财产的买卖，都需要以契约的方式来相互约定从而促成交易。在经过宋的契约推广和元明清时期坊间广泛流行的各种日用杂书的影响下，明清俨然成了一个契约社会。"只要是接触过明清时期民间文书史料集的人，对于当时的一般民众在日常生活中如何大量地写下和交换称为'契'和'约'的书面材料，对于大部分日常生活或日常社会关系是如何靠这些相互性契约来支撑的，必定会得到深刻的印象。"[1] 体现在买卖契约领域，那就是各类买卖契约的格式都基本定型，并且契约用语也大致固定。清代契约类型多以卖契为主，在国家重视的田宅买卖契约方面如此，在奴婢、畜产及其他民间财产买卖契约中也有体现。

众所周知，买卖契约行为的实质是标的物"所有权在买卖双方之间发生转移"。现代民法一般认为，"所有权"作为财产归属关系在法律上的表现，最本质的东西是权力人在法律上排除他人，将某项财产据为己有，由自己享有独占性的归属和支配。[2] 中国社会自鸦片战争以来整个社会陷入重重矛盾之中，清王朝的统治政权也处在风雨飘摇几欲崩溃的边缘。自然经济的逐步解体和资本主义商品经济的渐次发展、传统观念的转变和西方法学思想的引入都成为清末法律变革的重要内部动因。[3] 清朝统治者发出了"世有万禩不易之

---

① ［日］寺田浩明：《明清时期法秩序中"约"的性质》，载王亚新、梁治平等编译《明清时期的民事审判与民间契约》，法律出版社1998年版，第140页。

② 马俊驹、余延满：《民法原论》，法律出版社2010年版，第318页。

③ 李倩：《民国时期契约制度研究》，北京大学出版社2005年版，第49—57页。

常经，无一成不变之治法"，"法令不更，锢习不破，欲求振作，须议更新"①
的变法上谕，由此拉开了清末变法修律的序幕。《大清民律草案》初稿于宣统
二年（1910）十二月完成，后又逐条添附按说，说明立法理由，于宣统三年
（1911）九月初五日正式编纂完成。② 契约是民法中最重要的概念，买卖契约
又是契约的核心内容之一，因此《大清民律草案》自然涵盖了买卖契约所涉
及的各要素。《大清民律草案》采取了西方民法中严格的物权法定义主义，即
买卖以转移物权为目的。就田宅买卖方面，否定了民间"白契"在转移所有
权上的物权效力。

民国初年，引入西方产权观念，施行不动产登记制度，买主成为产权登
记的主体。在此背景下，买契出现了，契约形式从卖契到买契的转变，一方
面体现了人们对财产权利意识的提升；另一方面也体现了政府对不动产管理
和保护制度的强化。买契的出现，一定程度上缓解了清末民初因社会动荡导
致契约发生变更或者纠纷的现象，为现代契约制度奠定了基础。民国初年开
始出现官版买契，特举一例如下：

> 买契
>
> 卖契事由：立卖契人【邢三车】今将自己名下，计【地一段】，
> 同中言明，情愿卖于【邢永年】名下为业，议定卖价【二十六两】，
> 当日如数收清，自卖之后任凭买主过户承粮，投税管业已产已卖，
> 倘亲族及异姓人等争执，均归卖主自行理直，概与买主无干，恐后
> 无凭，立卖契为据。
>
> 随出卖物
>
> 未卖物
>
> 田产房物：【地一段】

① ［清］朱寿朋：《光绪朝东华录》（四），中华书局1958年版，第4601—4602页。
② 杨立新点校：《大清民律草案民国民律草案》之《中国两次民律草案的编修及其历史意
义——〈大清民法律草案、民国民律草案〉点校说明》，吉林人民出版社2002年版，第5—7页。

坐落：【朱家枣】

卖价：【二十六两】

应纳契税额：【一两五钱六分】

东至：【买主】，南至：【路】，西至：【大路】，北至：【邢合群】

例则摘要

——不动产之买主或承典人须于契纸成立后，六个月以内赴该管征收官署投税。

——订立不动产买契或典契时须由卖主或出典人赴该管征收官署，填具申请书，请领契纸，缴纳契费五角。

——不动产之卖主或出典人请领契纸后已逾两月，其契约尚未成立者原领契纸失其效力，但因有障碍致契约不能成立时得于限内赴征收官署申明事由，酌予宽限。

——原领契纸因遗失及其他事由须补领或更换时仍以第四条第一项之规定缴纳契纸费。

——不动产之买主或承典人逾契约成立后六个月之期限不依本条例缴纳契税者，除纳定率之税额外，并依《续奉核定分期递加罚金办法》如左：

逾初限六个月为第一期，每卖价百元应纳税六元，加一倍处罚六元，共十二元；再逾限六个月为第二期，每卖价百元应纳税六元加二倍处罚十二元，共纳十八元；又逾初限六个月为第三期，每卖价百元应纳税六元加三倍处罚十八元，共纳二十四元，前项逾期之罚金以分期加至三倍为止。

——缴纳契税时匿报契价者，除另换契纸改成契约补缴短纳税额外并处以左列之罚金：

匿报契价十分之一以上未及十分之二者　短纳税额之一倍；

匿报之数虽及以一成而核计短纳税银不及一元者，仍令补足短税免于科罚；

匿报契价十分之二以上未满十分之三者 短纳税额之二倍；

匿报契价十分之三以上未满十分之四者 短纳税额之四倍；

匿报契价十分之四以上未满十分之五者 短纳税额之八倍；

匿报契价十分之五以上者 短纳税额十六倍或由征收官署依所报契价收买之。

——契约成立后六个月，纳税期间限于遵领官契纸者适用之，其私纸所书之契约若事后不换写契纸，以逾限论。

——卖主或出典人以私纸订立契约者，得由征收官署处以五元以上五十元以下之罚金。

——逾限未税之契，诉讼时无凭证之效力。

卖主：【邢三车】

中人：【邢聚】

官中：【徐以成】

中华民国【八】年【八】月【十】日【孟津】县给

河南官印刷局制（粘贴豫省印花税票1分10张）①

　　该官版契约由河南官印局统一印制，抬头就是"买契"二字，这与传统的以出卖人为主书写的"卖契"迥然有别。不过，该契约主体部分"卖契事由"，其格式仍遵照传统的契约程式，受传统契约的影响仍很大。契纸上摘录有民国政府有关契税管理的规定，明确指出"逾限未税之契，诉讼时无凭证之效力"，也就是政府只承认契税的官契，民间白契不再具有法律效力。由于历史惯性，民国时期买契仅仅体现在部分官版契约之中，民间仍以卖契文书为主流。

---

① 个人自藏《孟津县古盟乡双槐村邢永年买契》，文书编号：00058。

(二) 补契的出现及其意义

民国时期由于引进西方产权观念，政府加强了契约管理，实施验契和不动产登记制度，田房业主没有契据或契据丢失，则要书立补契。补契是指买主在原有契约丢失时，为了证明田房所有权的归属，邀请中人、本族、地邻、村长（或里正）参与见证，重新书写的新契，并注明补写契约的原因。新立的补契与其他契约具有同等效力，为稳妥与保险起见，一般要经过官府认可和验证，盖上基层政府的大印。

补契的出现较早，民国以前的补契不常见，但也经常出现在民间的契约活动中，主要用于典地、借债等事，契据遗失，提前写立补契以免后患，因此这类重立的契约也称回头文字或截头文字。如：

立回头人郑大立，因典文灿平地一段，计地三亩，价银一十八两，至十九年三月十九日赎回，立将原契失落，恐后寻出，此契无用。恐后无凭，立回头存照。

此地卖与王佐才永远为业，此照。

典地主：郑璿（押）

中人：文戒

原地主：文灿

乾隆十九年三月十九日 立回头人：郑大立（花押）①

早期的补契均是民间自书，属于私人行为，也只是在签订契约的双方有效。进入民国时期，由于政府实施验契和不动产登记制度，需要提供田宅原契以申领新契。在这种背景下，大量无契田产便需要提供证明以获取新契，补契开始大量出现。民国时期的补契既有民间的自书契约，也有官版补契，其中，官版补契就有补契、官补契、补契状、补契执照、补契证书、申告书、

---

① 洛阳契约文书博物馆藏：《郑大立立回头文约》，文书编号：027813。

保证书、证明书、无约土地证明保结等多种形式。如：

闫万和立平地补契①

　　立补新契人闫万和，情因自己祖遗村北茔地一段，计大平地四亩六分，系南北畛，但原买硃契年久遗失无存，今逢登记，理合会同村长、保证人等遵章补立新契，此地现在东至闫大威，西至弓兆麟，南北至□，四至注明，按时估价大洋四十八元，以资原□，恐口无凭，领此永为证据。

　　中华民国七年九月十号 会同村长与闫万和立（押）

　　闫大东保证（押）

　　村长：闫兰亭（押）吕纯亭（印章）

　　闫镜吾书（押）

李春亨立卖院窑空房补契状②

　　补契状　补第　号

　　立补契状人【李春亨】，现住【下白村】，今有祖遗【院一所，窑二空房三间】，坐落【村东】，其地东至【自平】，西至【守弟】，南至□□，北至【崖】，四至分明，出入依旧，土木相连。兹因代远年湮，契据遗失，爰邀同本区公正本【　】公直及地邻人等公同估价值银【八】两【△】钱，呈请补契，委无私捏旧契及价值以多报少等情弊，以后倘蒙查出，或致启事端，愿甘受罚，谨具补契状存证。

　　上呈县长　察鉴

　　中华民国【四】年【八】月【十一】日具补契状人【李春亨（押）】

　　区公正 公直 地邻（闻喜县印）

---

① 洛阳契约文书博物馆藏：《闫万和立平地补契》，文书编号：031019-A-1。
② 个人自藏《李春亨立卖院窑空房补契状》，文书编号：00066。

段峰坡地补契申告书①

申告书

为申告事窃【段峰】，年【五十】岁，系【襄陵县】人。今有【坡】地/房【七段共六亩五分】，坐落【本县张相村】，东至西至南至北至【四至甚多，难以逐宗填写】，于【先】年月日【将契失遗】，并无【假冒】等事，为此申告伏候核示施行，实为公便，须至申告者。

中华民国【三】年【六】月日具申告书人：【段峰】

第【二千四百三十一】号

杨如魏平地补契证明书②

证明书

汾城县南焦彭村，村长【杨本直】村副【李胜元】，出具证明书事，今有民人【杨如魏】原【买】到，坐落本村【东南平】地【一】段，东至【杨秉仁】，西至【胡庆山】，南至【李春元】，北至【子汧】，计数【四】亩【　】分，因年深久远，字据遗失，无正式契约，遵照整理田房白契办法第三条之规定，邀同村长副查明确系该产业，并无假冒情事，原单据内载明，当集合原业四邻公估价格【大洋十六元整】，每年原/应纳【　】粮【　】，理合出具证明书是实。

村长：【杨本直】村副：【李胜元】

业主：【杨如魏】

四邻：【杨秉仁　李春元　胡庆山】

中华民国十四年【十】月【二】日

---

① 个人自藏《段峰坡地补契申告书》，文书编号：02035。
② 个人自藏《杨如魏平地补契证明书》，文书编号：02038。

王西岐无约土地证明保结①

无约土地证明保结

据第【三】区【瀍资】联保第【八一】保业户【王西岐】声明，本联保第【三】段第【三七九】号土地【一】丘计【一】亩【九】分厘毫，确系和平占有，契约遗失，并非冒占公地或他人之产业。保甲长、地邻等复查无异，为敢会同出具切结，如有不实情事，愿负法律上之责任。

具切结人第【三】区【瀍资】联第【八一】

保保长【王士奇（印章）】

甲甲长【王先温（印章）】

地邻【东王连坤 西李栓 南李正元 北武宗文】

中华民国　　年　　月　　日

以上补契、申告书，证明书等，具有现实证明的作用，尤其在证明不动产归属的文件中占有最为重要的地位。契约所具有的"证"的作用已渗入立契人的内心状态中，成为传统契约文化的重要理念。田房契约是田房所有权或使用收益权的一种公证，契约持有人对契约文书的保护极为重视，但由于各种原因，不免出现契约丢失的现象，契约丢失会对业主的权属主张不利，为保障自身权利，补契文书随之出现。补契的出现使得业主获得了书面的产权凭证，对其所有物的保护，稳定了社会秩序，发展并完善了契约法。不过，由于受到"补契办理手续、契税的收取以及田粮分担等因素的影响，很多百姓在契约丢失后并不是积极主动的办理补契"，地方政府在补契办理过程中起着重要的推动作用。②

---

① 个人自藏《王西岐无约土地证明保结》，文书编号：02040。
② 刘晨虹：《1940—1946年太行地区民间补契考略——以太行山文书中的补契为中心》，《邯郸学院学报》2016年第2期。

（三）从传统契约到现代合同

在中国古代，合同是传统契约的一种。传统契约的研究中也包含合同文书，目前学界对古代合同的研究主要有两个方面：一是对古代合同历史的考察；二是对传统合同与其他形式契约的比较研究。①

中国传统的合同是继早期判书之后出现的一种契约形式。一般认为，其萌芽于汉代，经过魏晋时期的发展，至唐宋已趋完备，一直使用到民国，并演变为当今的合同。从史料来看，今天所能见到的最早的"合同"见于曹魏后期，中古至唐宋契约称为"和同"或"合同契"，正规的法律性文件如《唐律疏议》和《宋刑统》俱称"和同"，而判例中多称"合同契"或"合同文契"。传统合同与契约的最大不同，就是合同分为左右两支，两支上都要写有全部契文，并在两纸契文合并处大写一个"同"字，后来发展为大写"合同"二字，这样每支契上都有"合同"二字的半书，这也是"合同"得名的由来。《说文解字》指出："同，合会也。""合同"就是会合相同之意。在契约上书"同"或"合同"，体现出了缔结契约双方的意思一致，也为日后勘验真伪提供了依据。清代学者赵翼所著《陔余丛考》卷三三"合同"条指出："合同者，以两纸尾相并，共写'合同'二字于其上，而各执其一以为验。"②清人翟灏《通俗编·货财》进一步指出："《周礼·天官·小宰》听称责以傅别，听买卖以质剂。注云：傅别谓为大手书于一札，中字别之；质剂谓两书

---

① 有关合同历史的考察，如席建业：《"合同"的来历》（《供销员之友》1994年第2期）；韦华：《合同自古就有》（《人才资源开发》2012年第2期）；胡元德：《合同演变历史考述》（《南京师范大学文学院学报》2013年第4期）；常语：《"合同"称谓的来历》（《人才资源开发》2015年第13期）等。有关传统契约与合同的比较研究有如贺卫方《"契约"与"合同"的辨析》，（《比较法研究》1992年第2期）；张伟韬《古代契约与现代合同之比较》（《企业导报》2012年第22期）；俞江《"契约"与"合同"之辨——以清代契约文书为出发点》（《中国社会科学》2003年第6期）；但小红：《古代契约制度与现代合同制度之比较》（《政法学刊》2004年第5期）；刘道胜：《明清徽州合同契约与民间合约关系》（《安徽大学学报》（哲学社会科学版）2009年第1期）等。

② （清）赵翼：《陔余丛考》，商务印书馆1957年版，第702页。

一札，同而别之。又《秋官·朝士》：凡有称责者，有判书以治。疏云：半分而合者，即质剂傅别，分支合同，两家各得其一者也。今人产业买卖，多于契背上作一手大字，而于字中央破之，谓之合同文契。商贾交易，则直言合同而不言契。其制度称谓，由来俱甚古矣。"①

唐宋以来，合同文书和单契并行在民间社会发展，合同则主要用于典卖田宅、家产分析、换地、合伙、义结金兰等社会活动。宋代的《名公书判清明集·户婚门》指出："在法：典田宅者，皆为合同契，钱、业主各取其一。此天下所通行，常人所共晓。"② 元代无名氏杂剧《合同文字》讲述汴梁民人刘天瑞出外逃荒前与兄长刘天祥写立合同文书："一应家私房产，不曾分割，今立合同文书二纸，各执一纸为照。"③ 说明宋元时期合同契已经普遍出现在人们日常的经济生活中，合同文书要书写相同的一式两份或多份，作为确立财产的凭证。

民国时期，近代西方意义的合同概念引入我国。"契约自由"成为近代合同最为重要的理念和原则，法律对合同不再有硬性的限制，充分尊重当事人的意志自由。传统契约的内容特征有许多限制，比如，对成契理由的规定，对出卖物所有权的说明，中人的参与和保证等，这是在民间日常生活中逐渐形成的传统习惯。发展至当代，合同所强调的是当事人间的合意，法律对在合意基础上所订立的合同内容没有过多的限制，只要不违反国家法律、公序良俗，都承认其效力。不过，关于契约与合同的称谓也同样具有延续性。直到新中国成立前后，无论实际生活中，还是学者写作，大都使用"契约"一词，翻译外国法律或著作也都使用"契约"而不用"合同"④。如 1936 年南京

---

① （清）翟灏：《通俗编·货财》，商务印书馆 1958 年版，第 522 页。
② 中国社会科学院历史研究所宋辽金元史研究室点校：《名公书判清明集》，中华书局 2002 年版，第 149 页。
③ 卢惠龙等主编：《中国传奇谱公案传奇》，贵州人民出版社 1997 年版，第 126 页。
④ 史尚宽：《民法总论》，中国政法大学出版社 2000 年版，第 310—311 页。

国民政府颁布的《劳动契约法》，使用的便是"契约"而不是"合同"①。

从 20 世纪 50 年代开始，我国在翻译苏联的立法文献和法学译著中开始使用"合同"一词，尤其是在学术界和实务部门中。1957 年以后，"契约"基本上退出了立法文献。② 不过，五六十年代，二者仍在有区别地使用，如 50 年代出版的《写契约的常识》指出："契约是双方或者是多方同意订立的条款文书。它的性质与合同书是一样的，但使用上却不一样，合同书在习惯上一般用于买卖交易，一次交易实现了，合同书的效力便随之消失了。但契约却不同，它的有效时间较长，有的甚至是永久性。"③ 1950 年颁布的《国务院财政经济委员会关于机关、国家企业、合作社签订合同契约暂行办法》中规定："凡机关、国家企业、合作社之间有主要业务的……必须签订合同"，"机关、国家企业、合作社向银行申请贷款中……并签订契约"，区分了"合同"和"契约"一词的不同使用情况。至 70 年代，"合同"在我国得到广泛的承认和使用，"契约"一词则被看作较为陈旧的词语在学术研究和日常生活中偶尔使用，在现行立法中，实际上已经淘汰了"契约"的称谓。④ 1981 年 12 月 13日，《中华人民共和国经济合同法》诞生，"合同"作为通用法律文书名词完全取代了"契约"一词。⑤ 从河洛地区的契约实践来看，新中国成立以来尤其是改革开放以来，最大的变化是契约话语，契约形式由于历史惯性，仍较大程度地保存了传统的内容。

---

① 环球经济社编：《台湾地区劳资关系法规》，商务印书馆 1989 年版，第 5—14 页。
② 俞江：《"契约"与"合同"之辨》，《中国社会科学》2003 年第 6 期。
③ 丁羽、傅欣编：《写契约的常识》，华东人民出版社 1952 年版，第 3 页。
④ 宋美云主编：《天津商民房地契约与调判案例选编（1686—1949）》，天津古籍出版社 2006年版，导论第 2 页。
⑤ 丁海斌、杨哲：《中国当代法律文书名词溯源之继承传统篇》，《档案与建设》2017 年第 11 期。

二、近代契约管理法律的变迁

（一）明清时期的契约法律

明清时期的契约已相当完善，为适应契约文书的发展及维护统治的需要，明清政府制定了相关的法律，对契约制度进行规范。明清的契约发展与国家法令相统一，共同构成了明清时期的契约法律体系，并随着社会经济的发展而不断变化。明清时期河洛地区的契约主要有房契、地契、婚书、分书、立嗣文书等，其范围涵盖了人民生活的方方面面，种类也更加多样化。随着农业经济的发展，土地的归属权越发重要，土地价格不断上涨，契约中土地契约所占比重不断加大，且原主人出卖土地后后悔卖出等现象十分突出，由此引发的诉讼官司也不在少数。故为调节双方矛盾、规范契约格式、维护统治秩序，政府也不断出台相应的法律法规，设立相应的管理机构，强化对契约各方面的管理。

1. 明代的契约法律

明代的契约法律承袭唐宋法律，以解决土地纠纷、维护土地买卖秩序为主，此外，牲畜、车船等大宗动产交易或使用权转移也普遍使用契约。明代统治者在制定契约管理法律之时，不仅对契约格式等主要文书内容进行规范，对契约双方身份、契约对象等诸多方面进行了限制，并且还设立了专门的管理机构，这些无不体现出明代契约法律所包含内容之广泛。

以这一时期最为普遍的土地契约为例。首先，明代初期废除宋、元时期对民间土地交易行为的种种限制，使明代民间土地交易在契约格式与内容的设定及书写方面得以自由发展。总的来说，各地的土地契约在格式上也都大体一致。其次，统治者制定契约法律是为规范契约交易，解决因契约交易而引起的纠纷，因此明代的土地买卖法律制度对于契约双方、交易土地等均进行了严格的限制。《明大诰》中对土地买卖过程中的割让问题进行规制；《大明律》中规定了盗卖、重复买卖土地行为的处罚原则。此外，为加强对土地买卖契约的管理，统治者专门设立税课司等机构，并明确土地权属，严格落实土地契约法律。

2. 清代的契约法律

清代受社会环境的影响，这一时期的契约也以田契、房契为主，不过，其形式有了更多的发展。如房地产绝卖契、房地产活卖契以及房地产典卖契约等均属清代契约中的重要组成部分。尽管此时契约形式已经非常多样，但是从整体来看，清代的契约仍是以买卖契约为主要交易内容，契约文书格式也更趋规范统一。

清政府在《大清律例》和《户部例则》等法律文书中制定了相应的法律规范，并根据不同契约的分类而制定了一些针对性的行政法令，如调整房地法律关系的《垦田法》和《更名田法》等。这也表明清代以来的契约规范更趋制度化，政府在契约制定与实施中的作用越发重要。

清代律例的制定，基本沿袭了明律的相关内容，继承了明代契约法律的可取之处，并根据当时清代的国情政策修正了其不足之处，加以创新。如《大清律例》继承和发展了《大明律》的土地立法内容，在《户律》之下专设《田宅》一门，集中收录了关于房地产所有权保护方面的法律规定。《户部则例》中规范房地产登记交易的重要则例，相较于《大清律例》则更具有可操作性，并能够根据房地产市场的发展适时调整法律规定。[1] 此类法规提高了政府在契约发展中的参与性，并使得契约发展进一步制度化，加强了政府对契约各方面的管理。明清政府制定的契约法律虽然受到当时时代的局限，不可避免地停留在传统法典的层面上，缺乏近代的立法精神，但也强化了对契约的管理，完善了明清时期的契约法律体系，并在不断学习西方先进制度的基础上，加以发展创新，形成了具有时代特色的契约法律体系。

---

[1]　高海燕等：《地契366年：清代以来中国房地产登记制度变迁研究》，法律出版社2015年版，第130页。

（二）民国初期的验契实践

民国建立之初，沿袭清代的田宅制度，承认人们手中契证的有效性。不过，针对政府财政紧张状况，推行了一系列针对土地交易和产权确认的政策。利用民众在纠纷诉讼中需要以契约作为证据的制度和传统，大力推行验契。验契，就是当时的北洋政府要求地方百姓提供个人田宅不动产契据进行调验并换成粘连政府新契纸的活动。1912年颁布的《验契法草案》规定：凡旧契无论有无民国新印，均须呈验，另粘验契执照，并于骑缝处加盖印信。① 1913年，北洋政府颁布《划一契纸章程》规定：（1）在本章程施行以前成立之不动产旧契，无论已税契未税契均应一律呈验。（2）呈验前项旧契，无论典、卖均应一律注册，给予新契纸。每张契纸收纸价一元、注册费一角。其不动产价格在三十元以下者，只收注册费。（3）呈验期限以本章程实行之日起六个月为限，凡逾期补行呈验者，加倍征收纸价。（4）逾期未呈验之旧契，经人告发或检察官查出者，加倍征收纸价。② 1914年，北洋政府颁布《验契条例》和《契税条例》，开始全面举办验契。《验契条例》明确规定"本条例专为查验不动产旧契，确定权利关系而设"，要求"凡旧契除已经呈验交费外，均须一律呈验"③。《契税条例》规定：（1）不动产买主或承典主，须于契约成立后六个月以内，依左列税率，贴用印花，赴该管征税官署呈验注册。（2）不动产之卖主或承典人，逾六个月之期限，不依本条例缴纳契税者，除纳定率之税额外，并处以应纳税额之十倍罚金。（3）税率仍沿袭清制，买契从价计税，税率9%；典契从价计税，税率6%，另收契纸费每张5角。（4）先典后卖之卖契，可以原纳典契税额，划抵卖契税，但买主必须是原承典人。

---

① 中国第二历史档案馆编：《北洋政府档案》，中国档案出版社2010年版，第1545页。
② 江苏省中华民国工商税收史编写组、中国第二历史档案馆编：《中华民国工商税收史料选编》，南京大学出版社1994年版，第232—233页。
③ 《验契条例》（民国三年一月十一日公布），《政府公报分类汇编》1915年第23期，第27—29页。

（5）官署地方自治团体及其他公益法人，为不动产之买主或承典人。（6）凡旧契除已经呈验交费外，均须一律呈验；本条例施行以前，未税之白契除照现行契税条例补税外，一律缴纳查验费。[①] 1915 年 3 月，财政部又公布《验契契税办法大纲》，对契税进行调整：买契按契价征 4%，典契投契价征 2%。1917 年复又通令各省，规定 1917 年 7 月起，买契税率为 6%，典契税率为 3%。[②] 同时又规定，各地可以征收契税附加，但不得超过正税的 1/3。这样北洋政府的契税包括验契费、契税和契税附加三大类。验契费指查验不动产契纸的手续费，包括验契纸价、注册费、因完税超期递增纸价；契税指不动产产权发生转移变动时，就当事人所订契约按产价的一定比例向产权承受人征收的一次性税收；契税附加包括置产捐、查验费、执照费、注册费、监证费、造产收入等。

河洛地区处于北洋政府的直接控制和管辖之下，地方契约文书保留了当时验契活动的大量信息。从相关文书来看，当时的验契契约主要有以下三种类型。

一是乡民携带手上老契验契后，将验后新发官契直接粘连在老契之上，形成二联或三联契约。如河南孟津县邢步瀛卖井地文书：

> 立卖契人邢步瀛，因事不便，今有井地二段一亩一分五厘二毫七丝五忽，坐落村中，其地南北畔，东至胞叔启运，西至大段，南至本主，北至小路。西段东至小段，西至路，南至胞叔启运，北至马羊，俱至分明，情愿出卖于邢群名下，永远为业，同中言明，时值共卖价银一十九两整，即日两交不欠，本地无粮无除，过取外包粮钱一千五百文，行息利钱完粮会使用，各无以（异）说，永无反辉（悔），恐后无凭，立契存证。
>
> 计开：大段南北横八弓一尺，八号，中长七十八号三尺。小段

---

① 章伯锋主编：《北洋军阀（1912—1928）》，武汉出版社 1990 年版，第 538—539 页。
② 金鑫主编：《中华民国工商税收史纲》，中国财政经济出版社 2001 年版，第 119 页。

南北横八弓二尺五寸，八弓一尺五寸，中长七十五弓。

南段地许在北边地走水得便，并许分用。

咸丰七年六月二十五日 立契人：邢步瀛（押）

知见人：胞叔启运（押）胞兄振（押）

牙纪：王逢庚（押）

新卖契

河南国税厅筹备处为发给新卖契事案蒙

财政部电开，民国成立一载有余，今拟定《划一契纸章程》，酌收手数料，各省亟应切实奉行，藉副利国便民之意等因。自应遵照办理，本处现已刊就新契，凡从前成立不动产旧契，无论当卖均应一律呈验注册，给予新契，以资凭证。兹据：

【孟津】县人【邢群】呈到【咸丰七年六月二十五日】所买【邢步瀛】田地【二段】

坐落　价银钱【一十九两】

旧契【一】纸请给新契，前来除验明注册暨应缴之手手数料/注册费洋一元/角，照章收讫外，合行给予新契，仍将原呈旧契粘连于后，一并发给该业主收执为据，须至卖契者。

中华民国三年元月　日

字号　右给业主【邢群】收执①

二是乡民携带手上老契到政府部门验契后，政府机构不再颁发新契，而是发给一纸"验契执照"，或直接在旧契上加盖验契戳记。如河南省孟州赵和乡南临泉霍进春卖地契约：

立卖契人霍进春，因为乏用，今将村东自己麦地一段，计地一亩二分零三丝七呼三尾。其地南北畛，东至买主，西至霍兴义，南

---

① 个人自藏《孟津邢氏家族契约文书》，文书编号：00046。

至路，北至霍启德，四至分明。情愿卖于霍启德耕种，永远为业。同中言明，每亩价银十四两五钱，其银交足不欠，恐口无凭，立字存证。

　　计开：二等行粮折正粮一亩零二丝二呼七尾

　　光绪二十一年正月十八日　立卖契人霍进春（押）

　　中顺六十七步四尺七寸　南北二横四步一尺二寸

　　牙纪：霍金魁（押）

　　同中人：霍连元（押）霍进精（押）霍启安（押）霍有义（押）霍书魁（押）霍启富（押）霍修敏（押）

　　中华民国三年三月二十九日　验讫 孟县验契处（验契戳记）①

　　三是如乡民把旧契遗失，则要先邀请中保人等查验田产，书立补契，然后方可携带补契到政府机关完成验契。由于政府催逼验契紧急，乡民中没有契据的田宅较多，均需先完成补契流程，这种例子很多，如：

　　立写补房契字据人丁焌文，今奉上宪来谕，催验契在紧，兹有祖遗住宅五间，南至城，北至官厅，西至丁庭荣，东至丁根栓，四至分明，遂请合村办公人员，按时作价钱二十五千文，因同治年间土匪扰乱，契纸遗失，理合补契，恐口无凭，立契存照。

　　民国三年十二月初七日　立补契人：丁焌文（押）

　　同官人：丁庆鼇、丁池、丁蒸文

　　官契

　　立卖契人【　】，今因急需钱款，情愿将【住】房/地【五】间/亩 托中卖与【　】为业，其房/地坐落【丁村南间内】，南至【城】，北至【官厅】，东至【丁根栓】，西至【丁庭荣】，四至等载分明，经原中人【丁村官中】并牙纪【　】公同议定承价制钱/足

―――――――――――

①　个人自藏《孟县赵和乡南临泉霍姓文书》，文书编号：00014。

钱【二十五千】，兹已将卖价当面如数收讫，所有房/地【五】间/亩，应照契面划归【丁焌文】永远管业，粮银【　】照契过割，由买主自行遵例完纳，至所卖之房/地【五】间/亩，实系【　】产业，与别房伯叔弟兄姪无干，亦未曾典当抵押他人财务以及来历不明各等情，如有以上一切情弊，【　】情愿出头承当，与买主毫不牵涉，自卖断之日两相允愿，各无翻悔，恐口无凭，填写官契有执为证。

应纳粮银【　】

中华民国【三】年【十二】月【初七】日原中人【丁庆鼍、丁池、丁蒸文】押

立卖契人【　】押

代笔人【　】押

如地亩畸零不止一处一段，应另书清单逐段开明四至粘连契纸，由该管县知事盖用印信。①

验契契约种类繁多，大致可分以上三种情况。这些契约上除了要加盖县政府的"某某县印"之外，由于缴纳契税，也须加盖省国税厅筹备处印信。完成验契的契约，形成了法律认可的产权效力。1915 年 1 月颁布的《补订契税条例施行细则》特别说明："逾限未税之契，诉讼时无凭证之效力。"之后，没有到政府机关纳税和验契的契约，均被视为无效凭证。政府一方面加大舞弊或逾期不纳税的处罚力度；另一方面提升官契公信力的方式，鼓励民众积极纳税验契。尽管验契政策有利于提升人们的产权意识，但对政府而言，更多是为解决财政燃眉之急的一种手段而已。正如有学者指出的："民国时期的历次验契和契税运动，是传统田土管理思路和做法的延续"，"这些政策都以增加财政收入为目标"，"虽然造就了更契税和验契凭证，但这更多具有程序

---

① 个人自藏《临汾丁村补验契文书》，文书编号：02001。

性的意义，并没有实质性地提升契约的可信度"①。同时，验契也加重了政府对地方百姓的勒索，引发了部分民众的反验契斗争。

（三）民国时期的不动产登记

不动产登记是国家登记机构将不动产物权变动的事项记载于不动产登记簿并予以公示的法律制度。② 所谓不动产是指依自然性质或者法律的规定，在空间上占有固定位置，移动后会影响其经济价值的物品，包括土地、土地定着物、与土地尚未脱离的土地生成物、因自然或人力添附于土地并且不能分离的其他物。不动产登记是保护私有财产神圣不可侵犯的重要手段，一个好的不动产登记制度是保障财产私有制的前提和基础。早在明代，政府就将连片的土地进行丈量并成段编号、绘图，标明所有人和四至，称为"鱼鳞图册"；另编黄册，详具各旧管、新收、开除实在之数，分别注明赋税科则，应纳钱粮，官府据此征粮派役，相关制度一直延续至民国初年。这种土地登记制度，主要目的是为了征收赋税，而不是保护私有财产。同时，古代官府施行的征收田宅交易税、使用官版契纸和不交契税处罚的规定，其目的也是为了收税，政府登记只是税收的凭据。总之，我国古代一直未能形成以权利公示为目的的不动产登记制度，现代意义上的不动产登记制度始于20世纪初的国民政府时期，国民政府不动产登记的实践为后来新中国的不动产登记制度奠定了基础。

1922年5月，北洋政府司法部颁布《不动产登记条例》及《不动产登记条例实施细则》，告诫民众必须进行不动产登记来确认不动产物权。《不动产登记条例》分为：总则、登记簿册、登记程序、登记费和附则五个部分共152条，规定：（1）本条例所称不动产以土地及建筑品为限。（2）不动产登记以

---

① 杜正贞：《从"契照"到土地所有权状——以龙泉司法档案为中心的研究》，《中国经济史研究》2017年第3期。

② 王利明：《物权法研究（上卷）》（第四版），中国人民大学出版社2016年版，第273页。

不动产所在地之地方审判厅或县公署为管辖登记衙门。（3）不动产所列权利之设定、保存、移转、变更、限制、处分或消灭应为登记。（4）不动产应行登记之事项，非经登记不得对抗第三人。① 这是我国历史上最早的不动产登记法律，标志着我国不动产登记制度的正式建立。

同时，北洋政府还颁布了《地方审判厅暨兼理司法县公署登记处规则》，规定：地方审判厅或兼理司法县公署办理登记事宜应设登记处，但县公署设登记处者应由高等审判厅或审判处呈司法部核准。这避免了不动产登记机构的设置受到行政权力的干预，一定程度上保证了不动产登记制度的公正性，体现了不动产登记的司法性质。1925 年的《民国民律草案》规定："不动产物权之取得、丧失及变更，非经登记，不生效力。"② 这改变了传统不动产的契据凭证方式，开始实行以不动产登记为基础的土地权利证书制度。1929 年南京国民政府颁布《中华民国民法·物权编》明确规定：（1）不动产物权之转移或设定，应以书面为之。（2）不动产物权，依法律行为而取得、设定、丧失及变更者，非经登记不生效力。1929 年 11 月及 1930 年 6 月，《中华民国民法》及《土地法》先后公布，对于不动产登记，均采用"绝对效力"制。法律规定：（1）依本法所为之登记有绝对效力。（2）未经依本法登记所有权之土地，申请为第一次所有权之登记时提出之登记申请书、土地他项权利清折、契据及其他有关文件，应由契据专员审查之。（3）契据专员审查前条文件完毕，应具审查报告书，记载下列各款事项，并签名盖章。③ 这说明已完成的土地登记具有绝对的行政效力、绝对的法律效力、绝对的公信力。1946 年 10 月，政府颁布《土地登记规则》也规定：凡已办登记之区域，关于土地权利之取得、设定、移转、变更或消灭，非经登记不生效力。

---

① 中华民国：《不动产登记条例》（五月二十一日教令公布），《司法公报》1922 年第 171 期，第 1 页。

② 杨立新点校：《大清民律草案·民国民律草案》，吉林人民出版社 2002 年版，第 305 页。

③ 高海燕等著：《地契 366 年：清代以来中国房地产登记制度变迁研究》，法律出版社 2015 年版，第 161—162 页。

从北洋政府到南京国民政府颁布了一系列法律条文，推动了我国不动产登记制度的发展与完善，填补了我国不动产登记制度的空白，使我国不动产登记逐渐制度化、法律化。不过，由于政局混乱，民国时期的不动产登记并未全面推行，地方社会的土地凭证由传统的契约书证转变为土地权利证书和传统契据并行的局面。河洛地区有关土地权利证书，一般称为土地管业执照。试举例如下：

土地管业执照

孟津县政府为发给土地管业执照事

查本县奉令举办土地陈报左记业户地亩，业经审核无讹合行填发管业执照，以凭执管。嗣后如有买卖、典当、继承、分析、合并、赠与、交换或其他产权转移情事，须以此执照为凭，持向本县田赋管理处办理推收，始能发生效力，须至执照者。

业户姓名：【邢祥云】

住址：孟津县古盟第二保双槐庄村。土地座落：双槐西。检查区段：古盟第三九段。四至：东二四四三七一南三七二西三四一三七三北三四三。坵号：第三四二号。面积：一亩六分四厘五毫。地等：二。用途：宅

右给业户【邢祥云】收执

中华民国【三十】年【十】月日填给①

三、新中国成立前后契证制度的转变

中国共产党致力于解决农民的土地问题。早在土地革命时期就已经积累了较为丰富的土地改革实践经验。解放战争爆发前的 1946 年 5 月，中共中央发布了《关于土地问题的指示》（《五四指示》），决定将抗日战争以来实行

---

① 个人自藏《孟津邢氏家族契约文书》，文书编号：00109。

的土地减租减息政策转变为"耕者有其田"的政策。为了总结土地改革经验，进一步推动解放区土改运动的发展，1947年7月，中共中央在河北省西柏坡召开了全国土地工作会议，会后通过并颁布了著名的《中国土地法大纲》。《中国土地法大纲》是抗战胜利后中国共产党颁布的第一个关于土地制度改革的纲领性文件。它肯定了1946年《五四指示》提出的"没收地主土地分配给农民"的原则，纠正了《五四指示》中对某些地主照顾过多的不彻底性，规定："乡村中一切地主的土地及公地，由乡村农会接收，连同乡村中其他一切土地，按乡村全部人口，不分男女老幼，统一平均分配。"①

之后，新的解放区陆续根据《中国土地法大纲》的指示进行土地改革，极大地调动了农民的积极性。为保卫胜利果实，农民群众踊跃报名参军支前，极大地推动了解放战争的发展。对此，毛泽东曾说："有了土地改革这个胜利，才有了打倒蒋介石的胜利。"美国学者韩丁也评价道："新发布的《土地法大纲》在1946年至1950年中国内战期间的作用，恰如林肯的《解放黑奴宣言》在1861年至1865年美国南北战争期间的作用。"②

新中国成立以后，中国国情发生了翻天覆地的变化，以前只适合中共解放地区的土地法案已无法适应全国土地分配的需求。1950年6月，中央人民政府颁布了"彻底废除封建土地私有制，将封建地主所有制改变为农民的土地所有制"的《中华人民共和国土地改革法》。随着土地改革运动的开展，人民政府给民众重新颁发了新的土地契证，取代了新中国成立前的旧契证。之后，伴随着三大改造的完成及一系列政策的施行，证明土地私有权属的契证也逐渐消失。在这一进程中，每一阶段的措施都对当时的契约实践产生了一定影响。我们以河洛土地契约为例，探讨河洛地区的土地改革、契约管理及契证的变化情况。

---

① 《中国土地法大纲》第六条，新华书店1949年版，第4页。
② ［美］韩丁著：《翻身——中国一个村庄的革命纪实》，韩倞译，北京出版社1998年版，第7页。

（一）河洛地区的土地改革与契证发放

河洛地区各地解放的时间有早有晚，因此进行土地改革的解放区有老区、半老区和新区之分，不同区域的土改政策也有所不同。老区是 1945 年日本投降以前的解放区；半老区是日本投降以后到解放战争战略反攻前解放的区域；新区则是 1947 年 7 月战略反攻后解放的地区。老区早在 1941 年就公布有《晋冀鲁豫边区土地使用暂行条例》，该条例分别于 1942 年、1943 年、1945 年进行数次修订，对土地的所有权、租赁、典押、公地荒地使用进行了规定。目前存留的契证文书，则多属于半老区和新区的，集中反映了战略反攻以来中国共产党的土地政策。

1947 年 9 月 13 日通过的《中国土地法大纲》第十一条规定："分配给人民的土地，由政府发给土地所有证，并承认其有自由经营、买卖及在特定条件下出租的权利。土地制度改革以前的土地契约及债约，一律销毁。"[1] 1949 年 9 月 29 日通过的《中国人民政治协商会议共同纲领》第三条规定："有步骤地将封建半封建的土地所有制改变为农民的土地所有制……"第二十七条规定："凡已实行土地改革的地区，必须保护农民已得土地所有权。"[2] 1950 年 6 月通过的《中华人民共和国土地改革法》第三十条规定："土地改革完成后，由人民政府发给土地所有证，并承认一切土地所有者自由经营、买卖及出租其土地的权利"，并宣布"土地制度改革以前的土地契约，一律作废"[3]。该法事实上宣布土地改革前所有的田宅契约无效，不再承认以前所有民间契证的产权效力。各解放区自从 1948 年，就开始陆续颁发土地所有证，用法律的形式重新确认农民对土地的所有权。1950 年 11 月公布的《关于填发土地房产所有证的指示》，对各地土地改革后填发的土地房产所有证进行了具体部

---

① 《中国土地法大纲》，新华书店 1949 年版，第 6 页。
② 《中国人民政治协商会议共同纲领》，人民出版社 1952 年版，第 2—3，10 页。
③ 《中华人民共和国土地改革法》，新华书店 1950 年版，第 29 页。

署。各解放区在进行土地改革颁发新契证的同时，还展开了轰轰烈烈的焚契运动。各地农会组织群众将地主、富农土地改革前的老契约搜集起来，当着农民的面集中烧毁。焚毁老契约，使广大农民看到了政府改革的决心和改革的真实性。中国共产党通过焚烧旧的地契，重新颁布国家认可的、具有法律效力的土地证，从而彻底消灭了封建地主阶级，彻底改变了农民群众中存在的犹豫和不信任思想，使农民群众实现了"耕者有其田"的目标。

不过，由于很多老契约在土改过程中被当作"变天账"，遭到焚毁或破坏丢弃，大量传统民间契约文书就此消失。① 政府发放的土地房产所有权证和新中国成立后新的土地契约逐渐全面取代了传统契约文书。早期的一些证书明显带有特定时代的过渡特征。如以下这份 1949 年初的晋城的土地证书：

土地房产所有证

华北区土地房产所有证第一联

【晋】字第【一一二七】号

晋城县（市）第【八】区【旧口】村居民【范群虎 妻李小来 子范成堆、范民堆 女范棉桃】依据《中国土地法大纲》之规定，确定本户全家/本人所有土地，共计：【九】段【十五】亩【△】分【△】厘【△】毫，房产共计房屋【六】间，地基【二】段【△】亩【一】分【一】厘【△】毫，均作为本户全家/本人私有产业，有耕种、居住、典卖、转让、赠予等完全自由，任何人不得侵犯，特给此证。

计开：（四至列表略）

中华民国【三十八】年【一】月【廿三】日发②

---

① "变天账"这个词最早出现在 20 世纪 50 年代初，当时全国大搞土地改革，没收了地主富农的田地家产和浮财。有些地主富农就把那些被没收的土地、房屋、财产等做成清单、连同各类田房契约等一切原始凭证悄悄收藏起来，等待哪一天改朝换代了，好作为重新夺回家产的凭证，这些资料和相关契约文书等被统称为"变天账"。

② 个人自藏《晋城县范姓家庭土地房产所有证》，文书编号：01734。

这份文书是晋城土改后，当地政府依据《中国土地法大纲》给农民颁发的，但格式文书仍沿用了"中华民国"的年号纪年。1950年后，河洛地区所颁发的土地房产所有证，则不再采用民国纪年，普遍采用了公历纪年。其格式内容也略有变化，不再依据《中国土地法大纲》，而是依据《中国人民政治协商会议共同纲领》第27条"保护农民已得土地所有权"之规定。如：

　　土地房产所有证

　　河南省土地房产所有证【洛邢】字第【一二二】号

　　洛阳县（市）第【七】区【邢屯】村居民【李多瑞（手印）、毕英美】，依据《中国人民政治协商会议共同纲领》第二十七条"保护农民已得土地所有权"之规定，确定本户全家/本人所有土地，共计：可耕地【三段四亩三分四厘九毫】/非耕地【△段△亩△分△厘△毫】，房产共计房屋【一间半】，地基【一段零亩零分七厘一毫】，均作为本户全家/本人私有产业，有耕种、居住、典卖、转让、赠与等完全自由，任何人不得侵犯，特给此证。

　　计开：（四至列表略）

　　县长：【成解】副县长：【王寿山】

　　公元一九五一年四月一日发①

随着土地改革的持续深入，《中华人民共和国土地改革法》不断深入人心，也反映到当时的契证中来了。如：

　　土地房产所有证

　　河南省【郑】县土地房产所有证　　【郑河】字第【四六五】号

　　【柳林】区【河村】乡【杨槐】村居民【杨宝三 杨傅氏 杨贵五 杨义林 杨文荣 杨代氏 杨文亭】依据《中国人民政治协商会议共同纲领》第二十七条"保护农民已得土地所有权"暨《中华人民共和

---

① 个人自藏《洛阳县李多瑞、毕英美土地房产所有证》，文书编号：00007-2。

国土地改革法》第三十条"土地改革完成后由人民政府发给土地所有证"之规定，确定本户全家/本人所有土地，共计：可耕地 段 亩分 厘 毫/非耕地段亩分厘毫，房产共计：房屋 间/窑洞 孔，地基【一】段△亩△分五厘△毫，均作为本户全家/本人私有产业，有耕种、居住、典卖、转让、赎买、出租等完全自由，任何人不得侵犯，特给此证。

计开：（四至列表略）

县长【孔繁秀】

一九五【二】年【一】月【二五】日发①

土地房产所有证一般是由各省政府统一印制，土地改革完成后，由各地方县政府填写颁发。合法的土地房产证均有县长、副县长签章，还要加盖县政府的大印。有些地方将土地证与房产证分开，对房屋、窑洞等进行分配确权，专门颁发房窑证。对于封建经济中迫害最深的农民来说，"地契"就是土地的唯一凭证，拿到地契才是彻底地将土地掌握在自己手里，真正成为土地的主人。土地证在一定程度上保护了农民的权益不得侵犯，也进一步提升了他们的产权意识。

（二）土改后河洛地区的交易契约

土地改革完成后，农民重新获得土地，成为土地的主人，并拥有"耕种、居住、典卖、转让、赎买、出租等"自由权利，地方上的田土交易又盛行开来，民间契约也大量出现。1950 年 3 月政务院颁布的《契税暂行条例》第 3条规定："凡土地房屋之买卖、典当、赠予或交换，均应凭土地房屋所有证并由当事人双方订立契约，由承受人依照本条例完纳契税。"政府也开始对契证和契税进行有效管理了。这一时期地方政府颁发的格式契约，沿袭传统契约

---

① 个人自藏《郑县杨槐村杨姓契约文书》，文书编号：02012。

文书制式，又有所变通。如：

房窑草契【万】字【282】号

立【卖】契人【王梅梅】今将自己座落在【中渠吞家河场】房【一】所，计【△】间/地【△】段，计【△】亩【△】分【△】厘，东至【公地】南至【杜昌思】西至【道】北至【吞家河】，同中说合，情愿出【卖】与【杜英耀】名下【为业使用，同中】言明，【卖】价本币【四十五万元】整，当日价业两清，各无异说，自【卖】之后，如有亲族产邻争执或其他纠葛情事，由【出卖】人负责，与【承受】人无干，恐口无凭，立【卖】契为证。

原证或原契

原　产　量

村（街）长【杨生花（印章）】

说合人【杜恒耀（手印）邵长贵（手印）武春花（手印）】

产　邻【杜昌思（手印）】

写契人【李安邦（印章）】

公元【一九五四】年【六】月【二十五】日　立【卖】契人【王梅梅（手印）】

（本联由承受人持往县人民政府投税）①

该份契约是1954年山西省洪洞县万安乡村民王梅梅出卖场房草契，与传统的买主和卖主对应，这里称为"出卖人"和"承受人"；参与契约活动的人，除了中人、说合人和写契人外，还包括村长和产邻；文书和正契骑缝处加盖"洪洞县万安乡人民政府印"的红色印信。正契抬头为"山西省洪洞县人民政府正契"，表格制式结构，包括出卖人、承受人姓名、住址、田房种类、坐落、四至、卖价、税率、税额等信息。场房的卖价是本币四十五万元，

---

① 洛阳契约文书博物馆藏《王梅梅卖场房草契、正契二联》，文书编号：035501。

税额是本币二万七千元，计算得出当时的契税税率为6%。从存留的契约文书来看，当时也有不少是乡民自行签订的白契，以出卖房产或地基居多，格式几乎与传统无异。

为防止农民手中的土地买卖行为失控，1955年5月国务院颁发《关于农村土地的转移及契税工作的通知》（以下简称《通知》），对于民间的土地买卖虽没有禁止，但对因生产、生活困难而要出卖、出典土地的，一经发现即行劝阻，并要求帮助解决实际困难。《通知》还规定："农村土地买卖、典当及其他移转，均应首先报请乡人民委员会审核，转报区公所或区人民委员会批准"，之后获得"区公所或区人民委员会的介绍信"才能够办理"契税手续"[1]。对于介绍信的开具也有极其严格的条件，并且要求查明开具介绍信的原因。

此后，随着农业生产合作的深入发展，生产合作社由初级社转为高级社，最终在此基础上成立了人民公社。人民公社下辖生产大队，大队下辖生产队。1962年9月颁布的《农村人民公社工作条例（修正草案）》（《人民公社六十条》）规定："生产队范围内的土地，都归生产队所有。生产队所有的土地，包括社员的自留地、自留山、宅基地等，一律不准出租和买卖。生产队所有的土地，不经过县级以上人民委员会的审查和批准，任何单位和个人都不得占用。"[2] 这表明土改时期颁发的"土地证"成了一纸空文，宅基地所有权变更为集体所有。不过，这一时期宅基地之上的房屋，仍"永远归社员所有"，可以在集体内部成员之间转让，但不得向非集体组织成员转让。本人收藏的一份1962年伊川县平等区宋店乡马回营村房屋买卖契约，房产便是在同村成员之间的转让，并受到本县人民委员会的监管。契文如下：

　　　　伊契字第【五十三】号

---

① 何忠伟主编：《中国农业政策与法规》，中国商务出版社2016年版，第65页。
② 中共中央文献研究室编：《建国以来重要文献选编》第15册，中央文献出版社2011年版，第529页。

伊川县人民委员会印发 契纸

新主姓名【王长友】

新主住址【伊川县平等区宋店乡马回营村】

不动产种类【房屋】

坐落【伊川县平等区宋店乡马回营村】

四邻 东【王长友】西【胡其林】南【程振铎】北【刘敬西】

面积【　】

田地等级【　】

房屋间数【房一间】

旧主姓名【李纪斌】

旧主住址【伊川县平等区宋店乡马回营村】

地价【　】

房价【一百元正】

税率【百分之六】

税款【六元正，另收工本费二角】

原契字据【遗失】

中证人【王结果 程天道】

代笔人【马振六】

右给【王长友】执收

伊川县人民委员会 县长申文（印章）

一九六二年四月六日

伊川县人民委员会印章①

（三）集体化时代契证的消失与余绪

这里所提到的集体化指的是人民公社化。1958 年 8 月，人民公社化运动

---

① 　个人自藏《伊川县平等区宋店乡马回营村王长友买房契纸》，文书编号：01007。

在全国范围内快速展开，土地私有制转化为社会主义公有制。土地改革时期，没收地主的土地分配给无地或少地农民，并发放土地所有证。随着人民公社化的运动，产权收归集体所有，土地私有制转变为土地公有制。

1956 年 6 月 30 日，第一届全国人民代表大会第三次会议通过了《高级农业生产合作社示范章程》（以下简称《章程》），《章程》中关于财产所有权规定："入社的农民必须把私有的土地和耕畜、大型农具等主要生产资料转为合作社集体所有。社员私有的生活资料和零星的树木、家禽、家畜、小农具、经营家庭副业所需要的工具，仍属社员私有，都不入社。社员土地上附属的私有的塘、井等水利建设，随着土地转为合作社集体所有。"① 不过，土地所有权的实际转移是依附于个体农民变为社员的过程一同进行的，也就是说农民需要加入公社，变为社员，土地所有权才会变为集体所有。个体农民变为社员时，土地变为集体所有；若退出公社，则带走入社的土地或同等数量和质量的土地。《章程》实际的执行过程中几乎所有的农民都加入了公社，1958年底以前，有 75 万个合作社合并成了 2.4 万个人民公社。人民公社的规模比官方规定的要大得多。平均每个公社由 5000 个农户（约三万人）组成，不过各社社员数量不均衡，少的社有 5000 人，多的社超过了十万人。

这一时期尚处于农村公社快速发展时期，退社问题并不严重，入社农民的退出权也被保留，同时没有关于土地证的明文规定，土地改革时期给农民颁发的土地证暂时没有收回。1956 年后中国农村集体化实际执行过程中，并非所有农民都自愿加入高级社，由于执行过程中的一些不正当操作，导致了1956 年下半年到 1957 年出现了大规模的退社风潮。1957 年 9 月 14 日，中共中央发布了《关于整顿农业生产合作社的指示》，对退社进行了严格限定，"对于富裕中农，除极少数坚决要求退社的，可以在适当批评之后允许退社以外，应该根据互利原则，按期归还他们入社生产资料（例如，农具、耕畜、

---

① 史敬棠等编：《中国农业合作化运动史料》下册，生活·读书·新知三联书店 1962 年版，第206 页。

果木，等）折价的款项……处理他们入社生产资料的遗留问题"①，实际上取消了土地的退社权。

1958 年 8 月，《嵖岈山卫星人民公社试行简章》（以下简称《简章》）起草完成。《简章》第五条强调："在已经基本上实现了生产资料公有化的基础上，社员转入公社，应该交出全部自留地，并且将私有的房基、牲畜、林木等生产资料转为全社公有，但可以留下小量的家畜和家禽，仍归个人私有"。《简章》第二十条规定："……按照规划新建住宅，由公社统一备料派工。社员原有住宅的砖瓦木料，由公社根据需要逐步拆用。新建的住宅归为公社所有，社员居住要出租金，租金要相当于修理维持所需要的费用"②。不仅宅基地公有化了，而且新建住房也被公有化。不仅生产资料公有化了，实际上把生活资料也都收归集体所有了。

1962 年 9 月，中国共产党八届十中全会通过的《农村人民公社工作条例（修正草案）》，全面肯定了农村土地的集体所有制，此后"三级所有，队为基础"的集体土地所有制在全国范围内逐渐形成，农民不再享有土地的所有权，也不再享有土地的流转权。通过使生产和生活所需的土地资料伴随农民入社集体化，而后取消其退出的权利，完成了土地的集体化，契证的法律效力逐渐消失。20 世纪 70 年代末，我国农村土地产权制度再次发生巨变，在农村实行了家庭联产承包责任制，这时期农村土地产权由原来高度集中的土地所有权分化出了集体土地所有权、土地使用权、土地经营权等各种权利。1982 年《宪法》将全国土地分为国有和集体两类主体所有，不再承认土地私有，契约所调整的对象不复存在。这也意味着以前及土地改革时期发放的各类土地私有权属文书已经失去法律效力。在中国历史上存续了数千年的土地契约

---

① 中华人民共和国国家农业委员会办公厅编：《农业集体化重要文件汇编（1949—1957）》上册，中共中央党校出版社 1981 年版，第 724 页。

② 中共中央文献研究室编：《建国以来重要文献选编》第 11 册，中央文献出版社 2011 年版，第 338、344 页。

文书，至此完成它的历史使命，走进了历史的陈列馆。

传统契约在中国历史上长期扮演着极为重要的角色。一方面，地契、房契在"房地产确权"和保障人们私人财产方面发挥着重要作用；另一方面，这些契约也成为地主士绅压榨下层人民的有力工具。直至新中国成立初期，传统契约在人们的思想观念中仍占据重要地位。新中国成立以后，代表无产阶级利益的中国共产党建立了新政权，传统契约作为旧时代土地所有权的象征而逐渐被新兴政权抛弃。新中国对农民进行了一系列的动员，并采取了一系列维护其利益的措施，其中最重要的一项是焚烧代表豪强地主压迫百姓的地契，并颁发土地证，此举取得了良好的效果，赢得了百姓的支持。随着土地改革的深入，各地开始了当众焚烧地主契约的"焚契运动"，此举大大加快了土地改革的进程，使得劳苦大众得以解放。土地改革运动的兴起和新的契证制度的出现，使得传统契约被百姓称为"变天账"，这也造成代表传统私有财产所有权的契约出现了"污名化"的现象。

尽管如此，由于历史的惯性，传统契证所代表的财产私有制在集体化时代被取缔后，部分契约文书形式依然存在于农村自发的土地使用权出让、宅基地交易和借贷之中。传统契约的程式结构、精神内涵等经过绵延变迁，也依然影响着我们今天的文书形式和契约精神的建构。人们也日益认识到传统民间契约文化可以为社会主义市场经济活动提供本土资源。步入新世纪以后，随着经济的发展和人口的增长，国家逐步完善了对耕地、宅基地等不动产登记和管理制度。各类土地证、林权证、房产证、国有土地使用证、不动产权证的出现，表明国家对于契约证书的改革是随着人民群众的需要和经济形势的变化而不断调整的。民间仍有存在着大量借约、合同、分书和婚书等，说明传统契约文化依然有着强大的生命力。

参考书目

一、资料

1. 洛阳契约文书博物馆藏各类契约文书、河洛地方民间文献。

2. 洛阳民俗博物馆编：《故纸拾遗》卷一至卷六，中州古籍出版社 2006—2017 年版。

3. 李虎主编：《洛阳师范学院图书馆藏地契精选图录》，浙江人民出版社 2015 年版。

4. 康香阁主编：《太行山文书精萃》，文物出版社 2017 年版。

5. 王支援主编：《洛阳民俗博物馆馆藏契约文书精粹》，中州古籍出版社 2017 年版。

6. 梁淑群主编：《洛阳民俗博物馆馆藏契约文书背后的故事》，三秦出版社 2019 年版。

7. 韩彦刚、孙素玲、尚仁杰：《洛阳民俗志》，香港科教文出版有限公司 1999 年版。

8. 王支援、王彩琴、梁淑群、田国杰主编：《洛阳民俗故事》，中州古籍出版社 2016 年版。

9. 吕九卿等主编：《洛阳民国碑刻》第一卷至第五卷，中州古籍出版社

2015—2019 年版。

10. 前南京国民政府司法行政部编：《民事习惯调查报告录》（上、下册），中国政法大学出版社 2000 年版。

11. 施沛生编：《中国民事习惯大全》，上海书店出版社 2002 年影印版。

12. 丁世良、赵放主编：《中国地方志民俗资料汇编》华北卷，书目文献出版社 1989 年版。

13. 丁世良、赵放主编：《中国地方志民俗资料汇编》中南卷，北京图书馆出版社 1991 年版。

14. 洛阳市洛龙区陈李寨村志编委会：《陈李寨村志》，中州古籍出版社 2017 年版。

15. 张传玺主编：《中国历代契约会编考释》（上、下册），北京大学出版社 1995 年版。

16. 张传玺主编：《中国历代契约粹编》（全三册），北京大学出版社 2014 年版。

17. 田涛、宋格文、郑秦主编：《田藏契约文书粹编》，中华书局 2001 年版。

18. 谢振民编著，张知本校订：《中华民国立法史》，中国政法大学出版社 2000 年版。

19. 沙知：《敦煌契约文书辑校》，江苏古籍出版社 1998 年版。

20. 宋美云主编：《天津商民房地契约与调判案例选编（1686—1949）》，天津古籍出版社 2006 年版。

21. 行政院农村复兴委员会：《河南省农村调查》，商务印书馆 1934 年版。

22. 常熟吴瑞书著，吴江许石庵校：《现行实用契约程式大全》，上海中央书店 1931 年再版。

23. 董浩编：《契约程式汇编》，上海法学编译社民国二十六年会文堂新记书局发行。

24. （唐）长孙无忌等撰，刘俊文点校：《唐律疏议》，中华书局 1983 年版。

25. （宋）窦仪撰，薛梅卿点校：《宋刑统》，法律出版社 1999 年版。

26. 张荣铮、刘勇强、金懋初点校：《大清律例》，天津古籍出版社 1993 年版。

27. 田涛、郑秦点校：《大清律例》，法律出版社 1999 年版。

28. 杨立新点校：《大清民律草案民国民律草案》，吉林人民出版社 2002 年版。

29. （清）田文镜：《抚豫宣化录》，张民服点校，中州古籍出版社 1995 年版。

30. （清）李钧：《判语录存》，杨一凡、徐立志主编《历代判例判牍》第十册，中国社会科学出版社 2005 年版。

31. （清）汪辉祖撰，梁文生校注：《病榻梦痕录》，江西人民出版社 2012 年版。

32. （清）孙星衍、汤毓倬：乾隆五十四年《偃师县志》，中州古籍出版社 2002 年版。

33. 中国社会科学院历史研究所宋辽金元史研究室点校：《名公书判清明集》，中华书局 2002 年版。

34. 中共河南省委党史工作委员会编：《河南解放区的土地改革》，河南人民出版社 1991 年版。

35. 何忠伟主编：《中国农业政策与法规》，中国商务出版社 2016 年版。

二、著作

1. 赵修鼎：《契约法论》，上海商务印书馆民国 1927 年版。

2. 刘云生：《中国古代契约法》，西南师范大学出版社 2000 年版。

3. 范一丁：《古代契约法史稿》，法律出版社 2017 年版。

4. 杨国桢：《明清土地契约文书研究》（修订版），中国人民大学出版社2009年版。

5. 郭松义、定宜庄：《清代民间婚书研究》，人民出版社2005年版。

6. 梁治平：《清代习惯法：社会与国家》，中国政法大学出版社1996年版。

7. 李倩：《民国时期契约制度研究》，北京大学出版社2005年版。

8. 段友文：《黄河中下游家族村落民俗文化与社会现代化》，中华书局2007年版。

9. 张佩国：《地权·家户·村落》，学林出版社2007年版。

10. 张传玺：《契约史买地券研究》，中华书局2008年版。

11. 李朝远：《西周土地关系论》，上海人民出版社1997年版。

12. 赵云旗：《唐代土地买卖研究》，中国财政经济出版社2002年版。

13. 尤陈俊：《法律知识的文字传播：明清日用类书与社会日常生活》，上海人民出版社2013年版。

14. 冯学伟：《明清契约的结构、功能及意义》，法律出版社2015年版。

15. 李雪梅：《法制"镂之金石"传统与明清碑禁体系》，中华书局2015年版。

16. 张涌泉：《汉语俗字研究》（增订本），商务印书馆2010年版。

17. 高海燕等：《地契366年：清代以来中国房地产登记制度变迁研究》，法律出版社2015年版。

18. 乔志强、行龙：《近代华北农村社会变迁》，人民出版社1998年版。

19. 蒋晓伟：《中国经济法制史》，知识出版社1994年版。

20. 卞利：《国家与社会的冲突与和整合——论明清民事法律规范的调整与农村基层社会的稳定》，中国政法大学出版社2008年版。

21. 田涛、许传玺、王宏治主编：《黄岩诉讼档案及调查报告——传统与现实之间/寻法下乡》，法律出版社2004年版。

22. 郝毅生主编:《中国历代土地契证》,河北大学出版社 2009 年版。

23. 刘笃才:《民间规约与中国古代法律秩序》,社会科学文献出版社 2014 年版。

24. 王旭:《契纸千年:中国传统契约的形式与演变》,北京大学出版社 2013 年版。

25. 梁聪:《清水江下游村寨社会的契约规范与秩序》,人民出版社 2008 年版。

26. 刘高勇:《清代买卖契约研究——基于法制史角度的解读》,中国社会科学出版社 2016 年版。

27. 阿风:《明清时代妇女的地位与权利——以明清契约文书、诉讼档案为中心》,社会科学文献出版社 2009 年版。

28. 春杨:《晚清乡土社会民事纠纷调解制度研究》,北京大学出版社 2009 年版。

29. 韩茂莉:《十里八村:近代山西乡村社会地理研究》,生活·读书·新知三联书店 2017 年版。

30. 张应强、胡滕:《乡土中国:锦屏》,生活·读书·新知三联书店 2004 年版。

31. 乜小红:《中国中古契券关系研究》,中华书局 2013 年版。

32. 乜小红:《中国古代契约发展简史》,中华书局 2017 年版。

33. 戴建兵:《河北近代土地契约研究》,中国农业出版社 2010 年版。

34. 张振国等:《中国传统契约的意识研究》,中国检察出版社 2007 年版。

35. 于阳:《江湖中国:一个非正式制度在中国的起因》,当代中国出版社 2006 年版。

36. 赵杏根、陆湘怀:《实用中国民俗学》,东南大学出版社 2005 年版。

37. 王沛:《金文法律资料考释》,上海人民出版社 2012 年版。

38. 高朋:《人神之契:宋代买地券研究》,中国社会科学出版社 2011

年版。

39. 徐金星、郭绍林、扈耕田等：《河洛文化论衡》，中国文史出版社 2014 年版。

40. 刘彦卿：《洛阳古井记》，郑州大学出版社 2019 年版。

41. 王坤、李志强：《新中国土地征收制度研究》，社会科学文献出版社 2009 年版。

42. 王利明：《物权法研究（上卷）》（第四版），中国人民大学出版社 2016 年版。

43. 梁启超：《梁启超论中国文化史》，商务印书馆 2012 年版。

44. 费孝通：《生育制度》，商务印书馆 2008 年版。

45. 费孝通：《江村经济——中国农民的生活》，上海人民出版社 2013 年版。

46. 丁羽、傅欣编：《写契约的常识》，华东人民出版社 1952 年版。

47. 佟鸿举：《民俗文书收藏趣谈》，百花文艺出版社 2006 年版。

48. 关永强：《近代中国的收入分配：一个定量的研究》，人民出版社 2012 年版。

49. 鲁西奇：《中国古代买地券研究》，厦门大学出版社 2014 年版。

50. 湖北大学语言研究室编纂：《汉语成语大词典》，河南人民出版社 1985 年版。

51. 刘复、李家瑞编：《宋元以来俗字谱》，国立中央研究院历史语言研究所 1930 年版，文字改革出版社 1957 年重印。

52. 田东奎：《中国近代水权纠纷解决机制研究》，中国政法大学出版社 2006 年版。

53. 胡英泽：《凿井而饮：明清以来黄土高原的生活用水与节水》，商务印书馆 2018 年版。

54. 方孝坤：《徽州文书俗字研究》，人民出版社 2012 年版。

55. 黄征：《敦煌俗字典》，上海教育出版社 2005 年版。

56. 储小旵、张丽：《宋元以来契约文书俗字研究》，人民出版社 2021 年版。

57. 禚效锋主编：《中国碑刻字典》，吉林文史出版社 2014 年版。

58. 仲富兰：《图说中国人生礼仪》，学林出版社 2018 年版。

59. 黄宗智：《清代的法律、社会与文化：民法的表达与实践》，上海书店出版社 2001 年版。

60. 黄宗智：《法典、习俗与司法实践：清代与民国的比较》，法律出版社 2014 年版。

61. 黄宗智：《清代以来民事法律的表达与实践：历史、理论与现实》（三卷本），法律出版社 2014 年版。

62. ［美］韩丁著：《翻身——中国一个村庄的革命纪实》，韩倞译，北京出版社 1998 年版。

63. ［美］沃特纳著：《烟火接续：明清的收继与亲族关系》，曹南来译，浙江人民出版社 1999 年版。

64. ［美］杜赞奇著：《文化、权力与国家：1900—1942 年的华北农村》，王福明译，江苏人民出版社 2010 年版。

65. ［美］李怀印：《华北村治：晚清和民国时期的国家与乡村》，中华书局 2008 年版。

66. ［美］韩森著：《传统中国日常生活中的协商——中古契约研究》，鲁西奇译，江苏人民出版社 2008 年版。

67. ［美］曾小萍、欧中坦、加德拉编：《早期近代中国的契约与产权》，浙江大学出版社 2011 年版。

68. ［加］王大为著：《兄弟结拜与秘密会党——一种传统的形成》，刘平译，商务印书馆 2009 年版。

69. ［日］矢野春隆：《华北地契制度的研究》，南满洲铁道株式会社 1935

年版。

70. ［日］森田成满：《清代中国土地法研究》，牛杰译，法律出版社 2012 年版。

71. ［日］仁井田陞著：《唐令拾遗》，栗劲等译，长春出版社 1989 年版。

72. ［日］滋贺秀三著：《中国家族法原理》，张建国、李力译，法律出版社 2003 年版。

73. ［日］太田辰夫著：《中国语历史文法》，蒋绍愚、徐昌华译，北京大学出版社 2003 年版。

74. *Wakefield*, *David*. *Household Division in Qing and Republican China*：*Inheritance*, *Family Property*, *and Economic Development* ［*D*］. *University of California*, *Los Angeles*, *1992*.

三、期刊论文

1. 吴天颖：《汉代买地券考》，《考古学报》1982 年第 1 期。

2. 陈铿：《中国不动产交易的找价问题》，《福建论坛》（文史哲版）1987 年第 5 期。

3. 章有义：《本世纪二三十年代我国地权分配的再估计》，《中国社会经济史研究》1988 年第 2 期。

4. 贺卫方：《"契约"与"合同"的辨析》，《比较法研究》1992 年第 2 期。

5. 王荣武：《当前乡村分家习俗的民俗学思考》，《民俗研究》1994 年第 3 期。

6. 王天奖：《近代河南农村的高利贷》，《近代史研究》1995 年第 2 期。

7. 李祝环：《中国传统民事契约成立的要件》，《政法论坛》1997 年第 6 期。

8. 苏亦工：《发现中国的普通法——清代借贷契约的成立》，《法学研究》

1997 年第 4 期。

9. 赵晓力：《中国近代农村土地交易中的契约、习惯与国家法》，载《北大法律评论》编委会编：《北大法律评论》1998 第 1 卷第 2 辑，法律出版社 1999 年版。

10. 张研：《对清代徽州分家文书书写程式的考察与分析》，《清史研究》2002 年第 4 期。

11. 张正明：《清代丁村田契研究》，《明清晋商及民风》，人民出版社 2003 年版。

12. 任吉东：《近代中国契约文书及其研究》，《历史教学》（高校版）2007 年第 7 期。

13. 许光县：《清代契约法对土地买卖的规制——以红契制度为中心的考察》，《政法论坛》2008 年第 1 期。

14. 彭凯翔、陈志武、袁为鹏：《近代中国农村借贷市场的机制——基于民间文书的研究》，《经济研究》2008 年第 5 期。

15. 张思：《国家渗透与乡村过滤：昌黎县侯家营文书所见》，《中国农业大学学报》（社会科学版）2008 年第 1 期。

16. 麻国庆：《分家：分中有继也有合——中国分家制度研究》，上海社会科学院家庭研究中心编《中国家庭研究》第 2 卷，上海社会科学院出版社 2008 年版。

17. 俞江：《"契约"与"合同"之辨——以清代契约文书为出发点》，《中国社会科学》2003 年第 6 期。

18. 俞江：《论分家习惯与家的整体性——对滋贺秀三〈中国家族法原理〉的批评》，《政法论坛（中国政法大学学报）》2006 年第 1 期。

19. 龙登高、任志强、赵亮：《近世中国农地产权的多重权能》，《中国经济史研究》2010 年第 4 期。

20. 乜小红：《秦汉至唐宋时期遗嘱制度的演化》，《历史研究》2012 年第

5 期。

21. 李华丽：《晚清华北地区女儿养老研究》，《中州学刊》2013 年第 2 期。

22. 刘晨虹：《1940—1946 年太行地区民间补契考略——以太行山文书中的补契为中心》，《邯郸学院学报》2016 年第 2 期。

23. 杜正贞：《从"契照"到土地所有权状——以龙泉司法档案为中心的研究》，《中国经济史研究》2017 年第 3 期。

24. 王云红、杨怡：《中国传统民间契约履约机制探析》，《公民与法》2016 年第 7 期。

25. 王云红：《近代河洛地区施地碑与施地民事习惯问题》，《中州学刊》2018 年第 1 期。

26. 王云红：《华北民间契约文书中的家庭养老民事习惯问题》，《中国农史》2020 年第 4 期。

27. ［美］宋格文：《天地之间：汉代的契约与国家》，李明德译，载高道蕴、高鸿钧、贺卫方编：《美国学者论中国法律传统》，中国政法大学出版社 1994 年版。

28. ［美］罗伯特·C. 埃里克森：《无需法律的秩序——邻人如何解决纠纷》，苏力译，中国政法大学出版社 2003 年版。

29. ［日］岸本美绪：《明清契约文书》，载王亚新、梁治平等编译《明清时期的民事审判与民间契约》，法律出版社 1998 年版。

30. ［日］寺田浩明：《日本对清代土地契约文书的整理与研究》，载《法律史研究》编委会主编《中国法律史国际学术研讨会论文集》，陕西人民出版社 1990 年版。

31. ［日］寺田浩明：《关于清代土地法秩序"惯例"的结构》，载刘俊文编《日本中青年学者论中国史·宋元明清卷》，上海古籍出版社 1995 年版。

32. ［日］滋贺秀三：《中国家族法原理》，张建国、李力译，法律出版社

2003 年版。

四、学位论文

1. 吕鹏军：《以契约为依据的清代田房典当研究》，中国人民大学硕士学位论文，2000 年。

2. 张英辉：《中国农村土地制度研究》，东北农业大学硕士学位论文，2001 年。

3. 王德庆：《契约、规范与乡村秩序——清代中后期陕南地区土地关系的实证研究》，陕西师范大学硕士学位论文，2003 年。

4. 周进：《清代土地绝卖契约研究》，武汉大学硕士学位论文，2005 年。

5. 闫冬：《从明清契约到当代合同的动态发展》，上海大学硕士学位论文，2006 年。

6. 李文静：《建国初期中国共产党农民思想政治教育研究》，东北师范大学硕士学位论文，2007 年。

7. 刘高勇：《清代买卖契约研究》，中国政法大学博士学位论文，2008 年。

8. 唐红林：《中国传统民事契约格式研究》，华东政法大学博士学位论文，2008 年。

9. 饶立新：《中国印花税研究》，江西财经大学博士学位论文，2009 年。

10. 张仲伟：《财产、权力与国家——近现代晋中民间契约文书研究》，山西大学硕士学位论文，2010 年。

11. 于吉燕：《中华民国时期契约制度研究》，郑州大学硕士学位论文，2010 年。

12. 赵志云：《民国河北契纸研究——以土地契约为例》，河北师范大学硕士学位论文，2010 年。

13. 凌承纬：《清代福州府土地契约文书的若干分析》，厦门大学硕士学位论文，2010 年。

14. 刘楠楠:《民间契约文书与日常生活——对河洛 L 村刘氏家族的考察》,辽宁大学硕士学位论文,2013 年。

15. 高岩:《契约文书套语的词汇学价值研究》,陕西师范大学硕士学位论文,2016 年。

16. 任文琴:《〈故纸拾遗〉俗字研究》,陕西师范大学硕士学位论文,2018 年。

17. 张慧然:《清代洛阳地区民间借贷研究》,郑州大学硕士学位论文,2019 年。

18. 杨露:《清抄本乾隆〈河南省例〉整理与研究》,暨南大学硕士学位论文,2019 年。

19. 李卓清:《清至民国时期山西借贷契约整理与研究》,河北大学硕士学位论文,2020 年。

20. 郑文慧:《清水江文书契约套语研究》,贵州师范大学硕士学位论文,2020 年。

附录一：计量换算单位

1. 土地计量单位

顷、亩、分、厘、毫、丝、忽、微、纤、沙、尘、埃、渺、模糊、逡巡、须臾、瞬息、弹指、刹那、六德、虚空、清静等。

1 亩 = 10 分

1 分 = 10 厘

1 厘 = 10 毫（毛）

1 毫 = 10 丝

1 丝 = 10 忽（蚕吐丝为一忽）（呼、乎）

1 忽 = 10 微（末）

1 微 = 10 纤

……

1 公顷 = 100 公亩 = 15 市亩 = 2.5 英亩 = 10000 平方米

1 英亩 = 4000 平方米 = 40 公亩 = 6 市亩

1 公亩 = 100 平方米

1 市亩，通称亩，我国传统的面积单位，一般说的占地面积的亩是指市亩。

中国历史上所说的"亩"其实是一个非常模糊的概念。吴承洛在《中国度量衡史》一书中明确指出："惟中国历代对于地亩之数，本无精密统计，又未经清丈，亦无法确定计亩之单位。"按照周朝的规定，6尺为步（有的说6尺4寸，也有8尺之说，至隋唐以5尺为步），100步为亩（宽1步、长100步）。秦国商鞅变法废井田，以240步为1亩。秦并六国，汉承秦制，大小亩并行。至汉武帝统一田亩步数，一律以240步为亩，推行全国。此后，1亩广240步，至清末未有变化。

明、清的亩数比现在的定制稍小，1亩约等于666.67平方米＝10分＝60平方丈＝600平方尺＝6.667公亩；1顷＝100亩。

2. 粮食计量单位

石（dàn）、斛（hú）、斗、升、合（gě）、勺（sháo）、撮（cuō）、圭、抄、颗等。

1石＝10斗

1斛＝5斗

1斗＝10升

1升＝10合

1合＝10勺

1勺＝10撮

1撮＝4圭＝10抄

每斗重量各地不同，每斗约重10—15斤。后来粮食等就由"容量"改用"重量"来计量了。

在河洛地区有"大斗""小斗"之分，1大斗＝1.333小斗。如以装小麦换算成重量，1大斗＝60斤，1小斗＝45斤。还有用"斛"做容量单位，古时一斛相当于1石为10斗，后来改为1斛为5斗。用斛量粮食时，要在斛上倒成尖尖，有粮食外撒为止，即所谓"无尖不成商"，这是过去生意人敦厚实诚的表现。后来随着世风日下，商人道德素质下滑，"无尖不成商"渐被人们约定俗成说成了"无奸不成商"。

1949 年前后民间粮食交易还用"秤"。"秤"是衡量轻重的器具，旧时用 16 两秤，叫老秤。1949 年后废除了老秤，一律改用新秤 10 两秤。老秤 16 两＝1 斤，新秤 10 两＝1 斤。此外，还用"磅秤"。改革开放后，工商管理部门又规定不用杆秤，通用"电子秤"。另外，还有种更小型的秤，叫作戥子。用来称金、银、药品等分量小的东西。由于中医古方的原因，称中药材的戥子（秤）仍以 16 两为 1 斤。

旧制 1 斤＝16 两，1 两＝10 钱，1 钱＝10 分

新制 1 斤＝10 两＝100 钱＝1000 分，1 千克＝1 公斤＝2 斤＝20 两＝200 钱＝2000 分。

3. 房屋计量单位

旧时本地老百姓多为砖木结构的坡顶瓦房，由于制作主梁（当地称柁子）、次梁（当地称为梁子）的木料跨度有限，房屋进深一般为 5—6 米，一间的面宽为 3.0—3.3 米，故一间房的面积约为 15—20 平方米。本地有一间、一间半、两间作为一个生活单元的传统做法。

4. 度量衡说明

度，计量长短；量，计量容积；衡，计量轻重。度量衡，即是计量长短、容积与轻重的统称。

中国传统的长度单位有里、丈、尺、寸、仞、扶、咫、跬、步、常、矢、筳、几、轨、雉、毫、厘、分等。

1 里＝15 引＝150 丈

1 引＝10 丈

1 丈＝2 步＝10 尺

1 步＝5 尺

1 尺＝10 寸

1 寸＝10 分

1 分＝10 厘

1 厘 = 10 毫

1 毫 = 10 丝

1 丝 = 10 忽

5. 货币计量单位

（1）制钱系统

制钱是我国封建时代长期使用的一种货币，历史悠久，自秦统一币制后，历代均有铸造，以铜为主币材，每朝有统一的镌文，圆形方孔，民间有"孔方兄"之说。明清时期，始形成较为完备的制钱制度。清制，凡是所铸之钱，京城户、工二部宝泉、宝源两局所铸，供内廷者曰"样钱"，行于全国者曰"制钱"。

制钱的基本单位是"文"，即 1 枚铜钱称为"1 文钱"，也称"1 个钱"。1 文钱的币值较小，常常大量一起使用，常用的单位有"陌"（佰）和"吊"，也称"贯"或"串"。

1 陌 = 100 文

1 吊/贯/串 = 1000 文 = 1 两（白银）

实际上从南北朝开始，制钱"陌"和"吊"就不断缩水，称为"短陌"或者"省陌"；到北宋时，政府曾规定 1 陌 = 77 文，1 吊 = 770 文，从而把换算比价的变化官方化。

明清时期，国家垄断钱币的铸造，制钱与银两并行流通。一般而言，大额的国家财政收入、官员俸禄、兵饷、商人大笔交易多使用银两；小额的日常消费、近程交易多使用制钱。法定 1000 文为 1 串，合银 1 两，但在实际流通中，银钱比价经常发生变动。晚清时期，由于鸦片走私泛滥，白银大量外流，导致国内银贵钱贱，有些地方银钱比价从每两合 1000 文持续攀升至 1600 文，甚至更高。

黄钱、青钱、红钱： 古人铸钱为铜、铅、锡的合金，黄钱、青钱和红钱是依据钱币颜色对货币的称谓。制钱的主材为铜，习惯上称为红铜或紫铜。

由于铜质地坚硬，不易锻造，所以掺入合金乃为必要。一般而言，以红铜六成、白铅四成配铸者，色黄，谓之黄钱。以红铜五成、白铅四成一分半、黑铅六分半、锡二分四配铸者，色青，谓之青钱。清朝制钱主要有二色或三色不含锡的黄钱和四色含锡合金的青钱。此外，还有一种红钱，又称普尔钱，原流通于新疆天山南路，用纯铜铸造，重1.2—2钱，无孔，小而厚，与光绪末年铸造的铜元相似。普尔钱原非清朝所铸，乾隆中后期朝廷始依照制钱形制，铸造普尔钱，内地也有流通。不过，民间流通仍以青钱为主，故契约文书中多以青钱代指制钱。

大钱： 所谓大钱，就是面额和名义价值远远超过其本身金属含量实际价值的钱币。近代大钱指清咸丰年间所铸造的劣质铜铁货币，有当五、当十、当五十、当百、当二百、当三百、当四百、当五百、当千数种。其中，当五十以下者称为"咸丰重宝"，当百以上者称为"咸丰元宝"，后因不断贬值停铸。

京钱： 清代流行于北京及其周边地区的一种价格标准，是该地区行使制钱以一当二的一种特别方式。为了增加铜钱的购买力，康熙皇帝曾规定制钱在全国一枚当二枚流通使用。北京（直隶）、山东和河洛等部分地区采取了制钱一枚当二枚使用的政策，这些地区也就变成了有京钱流通的地方。这样造成了京钱与制钱的价格比差，1制钱＝2京钱，这样京钱1000文也即1两，实际只有制钱500文。不过，即使在使用京钱的地方，铜钱的购买力也没有增加，那是因为用铜钱表示的物价也翻了一倍。后来，例以制钱1文当京钱2文使用。

大粮钱： 田宅买卖中买方付给卖方因丧失土地、房屋所要求的必要的生活费用，多寡由双方协定，一般按年付给。

二八钱： 币制用语。指将私铸钱掺杂于制钱中使用，每一千文中，掺入私钱二百文，制钱为八百，因此称为"二八钱"。

（2）金银系统

黄金

黄金作为货币在我国出现于商周时期，长期以来一直是硬通货。秦汉时期开始大量流通，一般以饼状、麟趾或马蹄成形，每斤约值一万钱，主要用于大额交易、储藏、赏赐、赎罪等用途，使用量相当大。近年来，西汉海昏侯刘贺墓中就出土有金饼285枚、马蹄金48枚、麟趾金25枚以及20块金板。

东汉时期由于战乱严重影响黄金开采，黄金使用量下降，黄金货币逐渐失去法定货币的地位。唐代由于政局稳定和国力强盛，黄金的使用又开始增多，尤其是在大量的对外贸易中，黄金和白银成了主要支付手段，不过由于唐朝实行的币制是钱帛本位制，黄金主要充作保值作用。

宋太祖开宝四年（971）颁布《伪黄金律》，黄金自两汉以来，第一次被官方定为法定货币。黄金在宋朝的货币形式，主要是金币和金叶子。金叶子主要出现在南宋，是用纯金打造的金箔，一个大概在一两左右。

明朝时期，白银是主要的流通货币。黄金货币一般用来储藏或者赏赐，并不作流通使用。清朝的流通货币以白银、铜钱、钞票为主，黄金并非法定的货币，但清朝的王公贵族或者富商大贾喜欢金元宝，金元宝被视为财富的象征。

民国的金条有 **"大黄鱼"** 和 **"小黄鱼"** 之称，"大黄鱼"一条重10两，"小黄鱼"一条重1两。金条一般不参与市场流通，需要到银行或钱庄换成银圆才能消费使用。民国动乱，有钱人家大多会在家中存储几条"小黄鱼"，以备不时之需。

根据《汉书·食货志》记载，"黄金一斤，值万钱"，又说"白银值三千"，表明同量黄金仅比白银贵三倍。从唐代以后，黄金比价有明显提升，据《靖康纪闻》记载，北宋末年"金每两三十二千，银每两二千五百"，一两黄金能兑换32000文，一两白银只能兑2500文，黄金比白银贵出十几倍。之后，金银之间的比率更是进一步加大了。

白银

白银货币最早在春秋战国时期使用，当时的银币有布状、版状和圆饼状。秦始皇统一货币后，禁止以白银为货币。到东汉时期，随着黄金作为机制货币被停止使用，另一种贵金属白银开始以货币形式在东汉流通。魏晋、隋唐有少量银币，宋代白银使用范围和数量大大增加，白银在流通领域的地位超过黄金。长期以来，银两系统和制钱系统是并行的，官方并没有固定的主币—辅币之分，也没有固定的比率。在宋代及宋代以前主要是使用制钱，使用白银的非常少。元代使用纸币和制钱。明代起白银大量被用于日常的流通，明清时期，一般情况下国家财政收入、官员俸禄、兵饷、商人大笔交易多使用白银。

银两

金银的基本单位是"两"。白银主要是以两为秤量单位的货币形式，故称银子为银两。银两主要为银锭和银饼。银锭是熔铸成锭的白银。银两起于汉代，盛行于明清。作为法定货币单位，止于 1933 年的"废两改元"，1933 年后仍在民间使用。银锭主要有四种类型：第一种是大锭，呈马蹄形，也称"元宝"，每锭重 50 两；第二种是中锭，多为锤形，每锭重约 10 两，又称"小元宝"，系大宗交易所用；第三种是小锭，形式如稞子，中有蜂巢，每锭重一两二三钱不等，民间书写田房契约常用此计价，多称为**"元丝银"**，小稞或稞子；第四种是不足一两的散碎银子，有滴珠、福珠等称谓。秤量银两的平砝，因地区和使用单位各异，全国有 170 余种，非常庞杂，并不统一，最主要的是库平两、广平两、关平两、漕平两等。光绪三十四年（1908）清政府规定库平 1 两等于 37.301 克。

清代银子的铸造并非全部出自官方，因此康雍乾时期各地银两的成色也有所不同，大概有 100% 纯银、99% 以上的足银、93% 以上的纹银以及 90% 以上的标准银，其中纹银是法定的银两标准成色，起源于康熙时期，银含量为 93.2%。在银两的实际流通中，各种宝银都以纹银作为标准核算价值。

通常情况下，1 两白银大约可换到 1000 文铜钱，即 1 贯钱或 1 吊钱＝1000 文，不过银钱之间的比价经常发生变动，不同时期不同地区有所不同。在明代及清代前期，1 两银子大约可以换取 600—800 文，从乾隆时代开始，制钱随着白银的流入逐步减少并渐渐转为外流开始逐步贬值，到鸦片战争后常常能换取 2000 文以上了。白银一般用重量单位表示称量单位，除了两、钱之外，还有分、厘、毫等。

银圆

元是银圆的简称，是清代末期及民国初期的货币单位。银圆初出之时，一般一个银圆即为一两银子，但后来银圆越来越假，这样的换算实际上已毫无意义。

1914 年北洋政府颁布《国币条例》，规定以银圆为基本货币单位，银圆（现大洋、大洋或银洋）称为国币，民间称为"袁大头"。银行发行纸币以元为单位，一元纸币兑换一元银圆。这次币制改革使全国的金融制度得到了基本统一。1933 年，国民政府宣布废两改元后，中国的银两逐渐退出了流通领域。南京国民政府还铸造有孙中山头像和孙中山骑马像的银圆。

另外，清末民初还流通有铜元，因与传统的圆形方孔钱不同，中间无孔，故也俗称"铜板"。铜元的种类很多，民间流通最广的是当十铜元，每枚当制钱十文，俗称"单铜板"或"小铜元"；另有当二十文的铜元，俗称"双铜板"或"大铜元"。民国初年，河洛地区还流行当五十的铜元，后因滥发，也不断贬值。

大洋： 即银圆，民间也称"现大洋""光洋"等，是清末到民国期间各种流通的"壹圆"型银币的统称。基本属性是：重量在 27 克左右，成色在 90%左右。主要包括西班牙本洋、墨西哥鹰洋、法属印支坐洋、日本龙洋、英国站洋、奥匈帝国"大奶妈"、（清朝）各种龙洋、（民国）（袁）大头、（孙）小头、船洋、汉版等，也包括荷兰的 2.5 盾、法国、比利时的 5 法郎等，也就是说凡是符合这个规格的都可以认为是大洋，这是当时中国政府放任银币自由铸造、流通的结果。

小洋： 指旧时货币"银角"，"大洋"的对称。

本洋： 又称"双柱洋"，是指最早流入我国的西班牙银圆，币面图案中有代表直布罗陀海峡两岸的山岩的两根柱子，每枚重约库平七钱二分，明朝万历年间（1573—1620）开始流入中国。

鹰洋： 又称墨洋，是墨西哥1823年独立后开始铸造的货币。它的币面图案是墨西哥国徽，一只雄鹰站在仙人掌上啄食着一条蛇。1854年开始流入中国，很快取代了"本洋"的地位，成为中国主要流通货币。又因之后英人贩运居多，以讹传讹，民间也称为"英洋"。

龙洋： 1888年，两广总督张之洞以"裕国用！保利权"为由，奏准设立广东造币厂开铸机制银圆，正面有满汉"光绪元宝"四字，周围有"广东省造"和库平"七钱二分"字样，背面中央有蟠龙纹，俗称"龙洋"，每枚含银九成。清政府下令作为法定货币行使，流通于市场。之后，各省纷纷设局仿效，很快流通全国。1910年，清政府颁布了《币制则例》，规定银圆为本位币，以圆为货币单位。

国币： 国币的意思是国家规定的货币，不同时期有不同定制。清宣统二年（1910）颁行的《币制则例》规定："国币单位，定名曰'圆'。"民国三年（1914）北京政府财政部公布《中华民国国币条例》，整顿统一币制，规定民国三年一圆银币为国币，即本位币。同年发行新银币，上镌袁世凯头像，民间一般称"袁头币"或"袁大头"。1933年改"圆"为"元"。1935年，南京国民政府宣布废除银本位实行法币政策后，禁止银圆流通，一般对法币仍沿称国币。

法币： 中华民国时期国民政府发行的货币。1935年11月4日，规定以中央银行、中国银行、交通银行3家银行（后增加中国农民银行）发行的钞票为法币，禁止白银流通。抗日战争和解放战争时期，国民政府采取恶性通货膨胀政策，导致法币急剧贬值。1948年8月，国民政府发行金圆券以取代已经濒临崩溃的法币。

高钱： 指高息借的钱。清律规定，凡私放钱债及典当财物，每月取利，并不得过三分。年月虽多，不过一本一利。违者，笞四十。以余利计赃重（于笞四十）者，坐赃论，罪止杖一百。所谓月利不过三分，是借款者缴纳放债者的最高合法利息，每月不许超过本金的3%，不论年月久暂，利息所得不得超过本金的数额。如果违反上述禁限，取利三分以上或者积算利钱超过本钱，即给予笞四十的处罚，并且仍计算三分之利及过于本钱之余利，以坐赃论罪，不过因民间有需求，律例并无法禁止高利贷的存在。

（3）近现代货币单位

元（圆/块），角（毛），分，厘，毫。换算关系如下：

1元＝10角，1角＝10分，1分＝10厘，1厘＝10毫

人民币： 指中国人民银行成立后于1948年12月1日首次发行的货币，1949年后为中华人民共和国法定货币，至1999年10月1日启用新版为止，共发行五套，形成了包括纸币与金属币、普通纪念币与贵金属纪念币等多品种、多系列的货币体系。人民币在ISO4217简称为CNY（China Yuan），不过更常用的缩写是RMB（Ren Min Bi）；在数字前一般加上"￥"表示人民币的金额。

6. 传统农历月份的别称

正月：孟春、柳月、元月、冠月、端月、寅月、嘉月、首阳、献岁、早春、华月、夏正、新正

二月：建卯、杏月、夹仲、丽月、酣春、花朝、仲春、花月、竹秋、大壮、中春

三月：季春、桃月、姑先、辰月、莺时、末春、蚕月、桐月、秒春、桃浪

四月：槐序、槐月、孟夏、乾月、除月、麦候、建巳、中吕、朱明、正阳

五月：建午、榴月、炎月、午月、幕月、仲夏、蒲月、郁蒸、小刑、鸣蜩

六月：季夏、荷月、遁月、季月、伏月、焦月、署月、精阳、溽暑、季暑

七月：孟秋、兰月、首秋、兰秋、上秋、巧月、瓜月、肇秋、相月、夷则

八月：仲商、桂月、中秋、壮月、仲秋、南宫、桂秋、正秋、商吕、竹春

九月：季秋、菊月、朽月、霜序、暮秋、咏月、晚秋、杪秋、三秋、玄月

十月：孟冬、阳月、良月、子春、初冬、坤月、吉月、上冬、露月、开冬

十一月：建子、葭月、冬月、畅月、黄钟、寒月、辜月、仲冬、龙潜月

十二月：建丑、腊月、严月、残月、冰月、涂月、季冬、嘉平月

7. 基本名词解释

施地： 也称捐地、捐产、舍地、施舍地亩等，是指传统社会中个人或家族出于一定目的将田产捐献给寺庙、宗族或其他个人和组织的行为。施地现象起源很早，最初主要是君王、贵族或官僚散财聚民的一种方式；后世随着民间宗教、家族制度和土地制度的发展，逐渐在地方社会风行起来。不同主体出于不同的动机分别向各类寺庙、祠堂和村社组织捐施土地。

庚帖： 旧俗订婚时男女双方交换的写有姓名、生辰八字、籍贯、祖宗三代等的书帖，以其载有年庚、姓名，也称人字帖，分男性庚帖、女性庚帖。

步弓： 旧时丈量土地用的一种木质工具，又称"步规"或"五尺杆子"。上有柄，略如弓形，两足间相距为一弓或一步，相当于旧时营造尺五尺。旧时（直到土改时），中国农村丈量土地都还在使用"步弓"，实际上就是一根五尺长的竹竿或木杆，一个人拿着它在地里量，两弓就是一丈，给谁家多少

地，量好后楔个牌子或插上地标。使用的时候两脚轮流着地，转动起来很快。民谚云："长十六（步），宽十五（步），不多不少正一亩。"因一亩等于二百四十平方步。《明史·食货志》有"凡田以近郭为上地，迤远为中地、下地。五尺为步，步二百四十为亩，亩百为顷"。传统社会由于各地丈量土地的步弓有所差异，亩数也不统一。

1米＝3市尺，1市尺＝0.33米，1弓为五尺约等于0.33米×5米＝1.65米，360弓＝1里，240方弓＝1亩。

弓口： 原指步弓两脚之间的距离，田地丈量的起始点，后泛指土地面积。民间步弓标准并不固定，有五尺为步者，也有以六尺、七尺、八尺为步者。

弓手： 旧时持步弓丈量地亩的人。

上手契： 指凡产权经过几次转移，对最后的产权承受人来说，以前几次所订立的契约，都叫作上手契。例如，甲的房屋卖给乙，乙又卖给丙，丙又卖给丁。对丁来说，甲和乙、乙和丙所订立的契约，都是上手契，其中如有白契，即为上手白契。土地买卖时，备齐土地交易之前的买卖或质佃相关的所有上手契，可让新买主确实拥有那些土地的所有权或收租权。上手契约由出卖方转移给买受方，表明旧业主原有产业所有权的消灭，新业主借此获得对此产业所有权占有权利的变更。

补契： 指买主在原有契约丢失时，按照原来的内容重新写的新契，并注明补写契约的原因。订立补契时，田主可邀请本族、田邻、村长（或里正）做证，立就的补契与其他契约具有同等效力，为稳妥与保险起见，一般要经过官府认可和验证，盖上基层政府的印章。

换契： 指用于土地、宅院等产业置换的契约。河洛地区多山地，耕地分散，同时农户不断开垦荒地，随之产生新的耕地，农户之间为了保证土地的完整，或为了把耕地调得离住地更近、更方便些，便于耕种和照应，就要进行土地置换。置换土地时，往往一方先有交换意愿，然后通过中间人找另一方商量，如果对方同意，就可商量置换条件。置换成功后，双方就要立换契，各执一份，内容相同，署双方落款，中人画押，以作证明。

复约： 即复地价文约，河洛地区因年荒不便出卖的土地，民间习惯可以回赎，如到期无力赎回，可以找价一次，称为复价，复地价后要写立复约，钱地两清后，将该地绝卖，该地不能再回赎，也不允许再找价。

过割： 也称"推收"或"推手"，旧时田宅买卖、典当或赠予所办的过户或转移产权手续，同时转移的还有附着其上的赋税义务。清代契约经投税加盖官印后，新业主即可持往过户；过户后，产权即移入新业主名下，同时承担赋税。

割食画字： 也称过割画字合食、盒食画字、合食画字、画字银（钱）、合食银（钱）或画字，指田宅买卖中中间人的饭食费及佣金，河洛地区买卖田房，画字钱一般包含在买价内由买主给付并要求在契约内注明，称"割食画字俱在价内""画字俱在价内取"等。

画押： 旧时在公文、供状或契约的结尾处署名，并在名字后写"押"字、画指、画"十"、画"○"等符号，也有直接按手印或手模的，签押者多数为不能书写的文盲，通过画押以表示对文书内容的真实性、有效性以及约束力负责，认可其法律效力，一般简称"押"。用设计好的草书签名形体稍花者，称"花押"，也称"花字"或"花书"。画押为据以示信用，与印章同样具备示信于人的功能，画押还具有防奸辨伪功效，以防文书作伪。

牙纪： 也称牙人、牙中、经纪等，是中国旧时城乡市场中为买卖双方说合、介绍交易，并抽取佣金的居间角色，有时也指牙商的同业组织。中国古代交易中的牙纪现象由来已久。早在春秋战国时期，就有在牛马贸易中充当居间人的，称为"驵"或"驵侩"。魏晋南北朝以后，中介扩大到一般的交易领域，称为"互郎"，至唐以后被称为"牙郎"或者"牙人"。至迟在明代，已经有了明确的官牙与私牙之分。凡在政府有关部门登记注册的经纪人称官牙，也称官中、官纪；未经政府批准者为私牙纪。官牙制度在清代趋于成熟，国家详细规定了官牙的执业资格、取得执业资格的程序、官牙的权利义务等内容。田宅交易中大多可见牙纪的身影，官府利用牙纪一方面控制市场上的价格，同时更为重要的是监督纳税，只有经过牙纪加盖牙戳，买主才能继续履行缴纳契税的义务。这种牙纪的机构通常称为"田宅牙行""地行""土行""五尺行"或"产行"等。

契税： 又称"契本工墨税"，是政府针对买卖、典押房屋、田地等不动产及牲畜等行为所课的税。我国契税起源于东晋时期的"估税"至今已有1600多年的历史。当时规定，凡买卖田宅、奴婢、牛马，立有契据者，每一万钱交易额官府征收四百钱即税率为4%，其中卖方缴纳3%，买方缴纳1%。北宋开宝二年（969），开始征收印契钱（性质上是税，只是名称为钱）。这时不再由买卖双方分摊，而是由买方缴纳了，并规定缴纳期限为两个月。以后，历代封建王朝对土地、房屋的买卖、典当等产权变动都征收契税，但税率和征收范围不完全相同。如清初顺治四年（1647）规定，民间买卖、典押土地和房屋登录于官时，由买主依买卖价格，每一两银纳三分（3%）。到清朝末年，土地、房屋的买卖契税税率提高到9%，典当契税税率提高到6%。民国初年，改定新章，买契4%，典契1%，各省征收附加税，但以不超过正税的1/3为限。契税一般由正课和契纸工本费两部分组成，其中契纸工本费是以"契纸"为单位进行征收，税额固定，而正课则以进行交易的田地、房产、头匹的价值按比例进行征收。另外，还有一些免税规定：官方、自治团体和具有公益性的法人在买卖、典当土地房屋时免纳契税。后税率不断变化，各地也有较大差异。1927年国民政府公布验契暂行条例及章程，将契税划归地方收入。1934年国民政府第二次全国财政会议上，通过了《契税办法四项》，要求各省整理契税，规定买契6%，典契3%为税率高限，附加税以不超过正税的一半为原则。至此，契税税率在全国统一起来。1942年修改《契税暂行条例》，将税目扩大为买卖、典当、赠予和交换，后又增加了分割和占有两个税目。正税外往往又有附加，逾期、匿报都将受到处罚。

原粮： 亦称"自然粮"。收打后未经加工的粮食，如未碾成米的稻谷，未磨成面粉的小麦，是小麦、稻谷、大豆、高粱、谷子、玉米、蚕豆、豌豆、大麦、薯干等的统称。明清时期，原粮借指田赋，即"皇粮"或"公粮"，由田地所有者按地亩面积计算征收的数额。清代雍正年间"摊丁入亩"后，地丁银摊入地亩，按地亩之多少定纳税银的数目，地多者多纳，地少者少纳，无地者不纳。

正粮： 清代有漕省份所纳漕粮中，称米为正粮，以别于豆麦、荞麦等杂粮，后以正粮代指正税。清黄六鸿《福惠全书·钱谷·漕项》有"凡百姓上仓交粮，正粮之外，有加耗"。

行粮： 土地制度用语。清代的田地有行粮地与不行粮地之区分。凡按科则正常缴纳赋税之田地，称为行粮地或行粮熟地，分为数等，如"三等行粮"，折算成正粮税银征收田赋；凡尚未起科或永不起科之地，无粮，称为不行粮地。

印花税： 印花税是对经济活动和经济交往中书立、领受具有法律效力的凭证的行为所征收的一种税，因采用在应税凭证上粘贴印花税票作为完税的标志而得名。印花税是中国晚清政府引进的一个西洋税种。为了实行印花税制，清政府曾分别于 1896 年请英国印制了 3 年印花税票，1902 年请日本、1908 年请美国两次印制税票。由于不能实施，唯有"红印花"后被加盖成邮票，而日本、美国所印税票均没有被派上用场。辛亥革命后，北洋政府于 1912 年 10 月正式公布了《印花税法》，并于 1913 年正式实施。这是中国征收印花税的起始。新中国成立后废止旧的印花税制度，1950 年公布《印花税暂行条例》，1951 年公布了《印花税暂行条例施行细则》，从此统一了印花税法。直到 1958 年全国施行税改，中央取消了印花税并将其并入工商统一税。改革开放后，出于市场经济发展的需要，印花税重新恢复征收。

印花税票： 印花税票是一种有价证券，指在凭证上直接印有固定金额，专门用于征收印花税税款，并必须粘贴在应纳税凭证之上。

附录二：有关地方规范的谣谚俗语

1. 婚姻家庭

男大当婚，女大当嫁。

父母之命，媒妁之言。

千里姻缘一线牵。

有闺女不愁没有婆家。

一家有女百家求。

女生外向。

女大不中留。

赔钱嫁女儿。

一个女儿三个贼。

一辈子闺女，三辈子祸害。

嫁出去的女儿，泼出去的水。

儿承家，女吃饭。

儿子的江山，闺女的吃穿。

闺女养不了娘，荞麦完不了粮。

嫁鸡随鸡，嫁狗随狗。

嫁汉嫁汉，穿衣吃饭。

在家从父，既嫁从夫。

出嫁从夫，夫死从子。

死寡易守，活寡难熬。

好马不配双鞍，好女不嫁二夫。

割不断的亲，打不断的邻。

天无二日，土无二王，家无二主，尊无二上。

兄弟同心，其利断金。

同宗（姓）不婚。

劝和不劝分。

好合不如好散。

皇帝女儿不愁嫁。

宁拆十座庙，不毁一桩婚。

娶媳由父，嫁女由母。

头嫁由亲，二嫁由身。

初嫁随爹娘，再嫁由自己。

爹死娘嫁人，各人顾各人。

世间最亲骨肉亲，断了骨头连着筋。

亲不过父母，近不过夫妻。

家有千口，主事一人。

当家人疾老。

当家三年狗也嫌。

当家人，恶水缸。

不当家不知柴米贵。

穷死不耕丈人田，饿死不进萝卜园。

树大分权，业大分家。

水井不分家，磨碾大家用。

一门两不绝。

四马不和，取道不长；父子不和，其世破亡；

兄弟不和，不能久同；夫妻不和，家室大凶。

肥水不流外人田。

抱的儿子有一半，随娘儿子干瞪眼。

养子方知父母恩。

儿大不由娘。

姥姥不疼舅舅不爱。

路遥知马力，日久见人心。

打不断的亲，骂不断的邻。

一马不配两鞍，一脚难踏两船。

有柴有米是夫妻，无柴无米各东西。

有事叫公公，无事脸朝东。

创业百年，败家一天。

衣是新的好，人是旧的好。

爷有不如娘有，娘有不如在手。

破家值万贯，一搬三年穷。

酒肉朋友，柴米夫妻。

一夜夫妻，百日恩。

一家和气值万金。

儿女是冤家，儿大不由爷。

儿孙自有儿孙福，莫为儿孙做牛马。

不是一家人，不进一家门。

庄稼不照只一季，娶妻不照是一世。

床头吵架床尾和，夫妻之恨不隔夜。

夫妻本是同林鸟，大难临头各自飞。

夫妻交市，莫问谁益；兄弟交争，莫问谁直。

夫妻是冤家，儿女是债主。

无冤不成夫妻，无债不成父子。

不是冤家不聚头。

夫荣妻贵，夫唱妇随。

娶妻娶德，娶妾娶色。

子承父业，妇承夫财。

宁娶寡妇，不娶生妻。

男儿无妇财无主，女子无夫身无主。

天上无云不下雨，地上无媒不成亲。

折了膀子往里弯。

打仗亲兄弟，上阵父子兵。

父子一条心，黄土变成金。

三兄四弟一条心，门前土地变黄金。

田要冬耕，儿要亲生。

宁养顽子，莫养呆子。

有儿靠儿，无儿靠婿。

有其父必有其子。

不孝有三，无后为大。

有子万事足。

家丑不可外扬。

虎毒不食子。

有钱难买灵前吊。

田地易求，兄弟难得。

兄弟是手足，妻子如衣裳。

知子莫若父。

家私不论尊卑。

家和万事兴。

要想家不和，只消娶个小老婆。

清官难断家务事，家家有本难念的经。

树高千丈，叶落归根。

养儿勿论饭，打铁勿论炭。

养子要教，养老要孝。

丈母娘疼女婿。

一个女婿半个儿。

多子多福。

大让小，小养老。

养儿防老，积谷防饥。

养儿别养俩，养俩轮官马。

生儿别生仨，生仨没有家。

一母能养七儿，七儿难养一母。

只有义子，没有义孙。

外甥见舅，如见娘。

侄儿如子一般亲。

至亲莫如郎舅。

亲故亲故，十亲九顾。

一世不管两世人。

好男不吃分家饭，好女不穿嫁妆衣。

女顾娘，顾不长；娘顾女，顾不起。

天要下雨，娘要嫁人。

在家靠父母，出外靠朋友。

2. 田土交易

地不爱宝。

无土不成人。

有土地，就有生计。

田地是庄稼人的命根子。

要想家业稳，作田是根本。

多买田宅，以发子孙。

鬻田而穷，保田而裕。

但存尺寸地，留与子孙耕。

以末致财，用本守之。

地是聚宝盆，有地才有人；地是黄金板，有地就有脸。

小孩望过年，大人望种田。

三十亩地一头牛，老婆孩子热炕头。

穷人三件宝：老手、薄地、破棉袄。

一亩园，十亩田。

生意钱，三两年；衙门钱，隔夜完；庄稼钱，亿万年。

人勤地不懒。

一典千年有份，一典千年活。

典田千年在，卖地当日死。

买田买地，勿如买书。

与其欠钱，不如卖田。

租不拦典，典不拦卖。

小修归佃，大修归东。

头年房子过年地。

隔河不找地。

立秋不赎秋，立夏不赎夏。

当白回白，当青回青。

青地青赎，白地白赎。

田宅无定主

富不过三代。

千年田换八百主。

千年田，八百主。

千年田土八百翁。

十年田地转三家。

田是主人，人是客。

君子之泽，三世而斩。

有千年产，无千年主。

崽卖爷田不心疼。

千年房舍换百主，一番拆洗一番新。

瓜田不纳履，李下不整冠。

水成田，衣成人。

水利通，民力松。

靠山吃山，靠水吃水。

一方水土养一方人。

有钱不买争差地。

跑得了和尚，跑不了庙。

普天之下，莫非王土。

耳无反轮，祖业如尘。

好儿不在分家产，好女不在嫁妆衣。

好儿不争庄稼地，好女不争嫁妆衣。

庄稼活，不用学，人家咋做咱咋做。

3. 钱债买卖

亲兄弟，明算账。

冤有头，债有主。

杀人偿命，钱债还钱。

五月及泽，父子不相借。

屈死不告状，穷死不借钱。

人死账不死，父债子还，夫债妻还。

人死账烂，人死债结，人死债入土。

中人不挑担，保人不还钱。

做中做保，担待不小。

没有中人难说话。

好借好还，再借不难。

有借无还，开口就难。

升米恩，斗米仇。

三分毛利吃饱饭，七分毛利饿死人。

出价是买主。

褒贬的是卖家。

上赶子不是买卖。

漫天要价，就地还钱。

货卖一张皮。

捆绑不成夫妻，强迫不成买卖。

家有万贯，还有一时不便。

一分钱难倒英雄汉，有钱难买不卖物。

大河无水小河干，小河有水大河满。

有钱不置（买）半年闲。

买卖不成仁义在。

钱财如粪土，仁义值千金。

钱财乃身外之物。

宁可卖了悔，休要悔了卖。

刻薄不赚钱，忠厚不折本。

前人栽树，后人乘凉。

杀人偿命，欠债还钱。

一本一利，本到利止。

好账不如无，无债一身轻。

好借债，穷得快。

招钱不隔宿。

虱多不痒，债多不愁。

病重难治，债多难还。

爱借的人不爱还。

于官不贫，赖债不富。

先小人，后君子。

君子爱财，取之有道。

借钱是孙子，欠钱是大爷。

人穷穷在债里，天冷冷在风里。

拆东墙，补西墙，窟窿原在。

借债还债，一时宽泰。

小斗进，大斗出，小秤进，大秤出。

在家靠父母，出外靠朋友。

常借常还，再借不难；有借无还，开口就难。

放债容易，收债难。

立着放债，跪着讨钱。

一分价钱一分货，十分价钱买不错。

上门买卖好做。

千卖万卖，折本不卖。

一样生意两样做。

宁贱不能欠。

千钱赊不如八百现。

赊得不如现得。

长袖善舞，多钱善贾。

本钱易寻，伙计难讨。

生意不怕折，只怕歇。

百里不贩樵，千里不贩籴。

卖饭人不怕大肚汉。

物以稀为贵。

物离乡贵。

将本求利。

物随主便。

钱入山门，功归施主。

钱无耳，可暗使。

钱到公事办。

揭债要忍，还债要狠。

有钱常记无钱日。

吃饭穿衣看家底。

盛世古董，乱世黄金。

二一添作五，八九不离十。

同行是冤家。

不孝怨父母，欠债怨财主。

一手交钱，一手交货。

不怕不识货，就怕货比货。

王婆卖瓜，自卖自夸。

要钱没有，要命一条。

一客不烦二主。

有钱买马，没钱买鞍。

死要面子活受罪。

天无一月雨，人无一世穷。

太阳瓦面过，富贵轮流做。

4. 签约习俗

官有政法，民（人）从私契。

有契斯有业，失契即失业。

私凭文书，官凭印。

官凭文书，地凭契。

空口说白话。

口说无凭，立字为据。

白纸黑字，板上钉钉。

当面鼓，对面锣。

宁做媒人，勿做证人。

说话为空，落笔为踪。

地头文书，铁箍的桶。

纸寿千年。

千年纸墨会说话／千年的字据会说话。

有文便不斗口。

八字没一撇。

好记性不如烂笔头。

好脑子不如烂笔尖。

好人死在证人手里。

一客不烦二主。

一人做事一人当。

一言既出，驷马难追。

一是一，二是二。

依样画葫芦（照葫芦画瓢）。

马看牙板，人看言行。

宁可一日没钱使，不可一日坏行止。

老人不讲古，后生会失谱。

明人不做暗事，真人不说假话。

银钱如粪土，脸面值千金。

金乡邻，银亲眷。

远亲不如近邻。

做中做保，自讨烦恼。

有事的中人，无事的代字。

车、船、店、脚、牙，不死也该杀。

不做中人不做保，一生一世没烦恼。

不当媒人不做保，不管闲事不烦恼。

不做中，不做保，不做媒人三代好。

馋人做媒，痴人做保。

官不保人，私不保债。

信人调，丢了瓢。

一物必有一主，物各有主。

物见主，必定取。

有事先记账，晚了后思想。

事前先记账，忘了后悔难。

口说是假，落笔为实。

买卖不成仁义在。

得价不择主。

谷折钱，钱折谷，借一石，死一屋。

远亲不如近邻，近邻不如对门。

在家千日易，出门一时难。

嘴上无毛，办事不牢。

吹牛不纳税。

慈不主兵，义不主财。

船家不打过河钱。

会说的两头瞒，不会说的两头传。

人有脸，树有皮。

无功受禄，寝食难安。

挂羊头，卖狗肉。

牛头不对马嘴。

失之毫厘，谬以千里。

前人栽树，后人乘凉。

大树底下好乘凉。

5. 调解诉讼

衙门八字朝南开，有理无钱莫进来。

一字入公门，九牛拖不出。

一字入公门，千牛不能拔。

瘦田无人耕，耕开有人争。

听人劝，吃饱饭。

赢了官司，输了钱。

有钱能使鬼推磨。

穷死别做贼，冤死不告状。

饿死不做贼，屈死不告状。

一言不实，百事皆虚。

不见棺材不掉泪。

不以规矩，不成方圆。

三里不同俗，五里改规矩。

得理让三分，一理胜百邪。

认理不认人，不怕不了事。

民不告，官不究。

恶人先告状，恶狗先咬人。

理不短，嘴不软。

丁是丁，卯是卯。

论诉田业，只凭契照。

冤冤相报，祸及子孙。

有理摆到事上，好钢使到刃上。

有理走遍天下，无理寸步难行。

好人争理，坏人争嘴。

不怕先告状，就怕后没理。

天凭日月，人凭良心。

告人一状，十年不忘。

无谎不成状。

天网恢恢，疏而不漏。

犯法身无主。

有治人，无治法。

官无悔笔，罪不重科。

法不责众。

律设大法，礼顺人情。

见官三分怕。

瘟官多告示。

县官不如现管。

新官上任三把火。

为官一任，造福一方。

强龙不压地头蛇。

天下乌鸦一般黑。

刑不上大夫，礼不下庶人。

有罪跑不掉，无罪不怕告。

公说公有理，婆说婆有理。

解铃还需系铃人。

各打五十大板。

要想人不知，除非己莫为。

官有正条，民有私约。

千金不死，百金不刑。

大事化小，小事化了。

后　记

　　本书是我的国家社会科学项目"河洛地区新见民间契约文书整理与研究"（项目编号：17BZS016）的最终成果之一。选择河洛契约作为自己的研究对象，纯属机缘巧合。2007年以来，本人为适应高校的科研要求，不断向国家社科项目发起冲击。一开始，我以自己的博士论文"清代流放"为中心，先后报过几次，怎奈每次都无功而返。为此，夫人曾嘲弄我曰："人已经流放至此，项目流产，还是将'流放'暂且放放吧！"在此期间，2013年我初次在洛阳民俗博物馆见到一批河洛地区的契约文书。当时，我就感觉这些民间文书相当珍贵，值得花些功夫深入挖掘挖掘。

　　王支援馆长以这批文书致力于打造国内首家契约文书博物馆，也陆续整理、出版了数卷《故纸拾遗》。我被王馆长的这股精神所感动，逐渐被吸引到河洛契约文书的研究方面来。一方面，我利用学生实习的时机，多次组织学生到民俗馆帮助整理这批契约；另一方面，数年来，我坚持经常去民俗馆阅读抄录部分契约文书。之后，我也陆续搜集、购买了几批数千件民间文书，按照一定规范进行了分类整理、拍照存档，并建立了自己的收藏档案和数据库。以这些地方文献为基础，进行初步的研究并尝试课题的申报。幸运的是，最终课题获得了国家社会科学基金的立项。

　　有了项目，我总算是在学校立住了脚跟。与此同时，也使自己的研究和河洛文化建立了一定的关联。以洛阳为中心的河洛地区自古以来就是中华民族的核心区域。作为黄河文化的重要组成部分，河洛文化不同于一般的区域文化，是华夏文明的核心文化，具有根源性和主流性。身在洛阳，不能不关注河洛，不能不为河洛文化的发展贡献绵薄之力。作为史学工作者，我也一向认为，学术研究材料是基础，只有以坚实的史料为基础，河洛文化研究才能走得更远。长期以来，我们对河洛文化的研究多专注于传世文献；未来，简帛、墓志等出土文献，碑刻、文书、档案等民间文献，将是重要的学术增长点。

我生在农村，长在乡下，自然熟悉农村，和农民有着天然的亲切感。通过契约文书，差不多又一次重温了乡村生活的一些重要方面。我惊讶于河洛地区还存留有如此多的地方文书，也惊奇地发现某些乡间习俗仍流转不辍，历史的惯性大到惊人。有时能够从古人中观到今人的影子，有时也能够从今人中看古人的孑遗。小人物塑造的历史尽管不如精英人物那般精彩，但往往是结构性的。当然，由于本书主要采用专题的研究方式，诸多方面的考察尚不深入，甚至有失偏颇。权当抛砖引玉之作，希望相关领域，能够有更多的同道和后来者一起努力。

研究过程中，洛阳民俗博物馆馆长王支援、副馆长（现任洛阳周公庙博物馆馆长）田国杰、副馆长葛珊等，给予了史料方面的大力支持；洛阳轴承厂退休职工林炎乐先生，无私地把自己收藏的河洛文书供我参考，忘年之交弥足珍贵；南开大学法学院冯学伟、河南大学杨松涛、柳岳武、郑州航空工业管理学院吕宽庆、河南省社科院历史所魏淑民、商丘师范学院法学院张雷、河南科技大学吴小伦、李瑞广等诸位好友，均提供了不同程度的帮助。同时，本书的出版，也离不开河南科技大学人文学院罗子俊院长等领导的关心和支持。学术的研究清苦、单调，也感谢夫人段笑蓉和小女王天然的陪伴、理解和支持。

感谢人民出版社和本书责编邵永忠先生的辛勤付出。正是编辑的专业和严谨，方使书稿以更完善的面貌呈现。一如既往，书稿的瑕疵和不足将由作者承担，期待诸位师友的不吝指教。

王云红

2022 年 10 月于洛水之滨

责任编辑:邵永忠

特约编辑:王鹏杰

封面设计:黄桂月

图书在版编目(CIP)数据

河洛民间契约与地方社会秩序/王云红 著. —北京:人民出版社,2022.11

(黄河文明与河洛文化丛书/罗子俊 主编;王东洋 副主编)

ISBN 978-7-01-024155-5

Ⅰ.①河…　Ⅱ.①罗…　②王…　③王…　Ⅲ.①契约-关系-社会秩序-研究-河南-明清时代　Ⅳ.①D927.610.36②D691.22

中国版本图书馆 CIP 数据核字(2021)第 247344 号

河洛民间契约与地方社会秩序

HELUO MINJIAN QIYUE YU DIFANG SHEHUI ZHIXU

王云红　著

人民出版社 出版发行

(100706　北京市东城区隆福寺街 99 号)

北京九州迅驰传媒文化有限公司印刷　新华书店经销

2022 年 11 月第 1 版　2022 年 11 月北京第 1 次印刷

开本:710 毫米×1000 毫米 1/16　印张:26.25　字数:420 千字

ISBN 978-7-01-024155-5　定价:90.00 元

邮购地址 100706　北京市东城区隆福寺街 99 号

人民东方图书销售中心　电话 (010)65250042　65289539